増補 大衆宣伝の神話

マルクスからヒトラーへのメディア史

佐藤卓己

筑摩書房

目次

増補　大衆宣伝の神話
マルクスからヒトラーへのメディア史

【凡例】

一、ドイツ語の新聞・雑誌の原タイトルは、初出時に（創刊−廃刊年）とともに表記した。

一、人名のファーストネームは同姓別人と区別する以外は原則として省略し、索引に原綴りで示した。

一、引用において既に邦訳がある場合は註に訳書の当該箇所を示した。必要に応じて手を入れたものもある。

一、引用文中の強調は特記しない限り、引用者による。

一、引用文中の省略についてのみ「…」と表記し、前略および後略は省いた。

一、引用中に差別などにかかわる不適切な語句があるが、今日の視点で史料に手を加えることはしなかった。ご理解を賜りたい。

はじめに――問題の所在

「さまざまな偉大な社会運動への参加者は、その主義主張の勝利を確実にする闘争というイメージで自らの将来の行動を想い描いている。私はこうした構造を神話と呼ぶよう提起したが、この構造を理解することは歴史家にとって、非常に重要なことになる。(1)」ジョルジュ・ソレルがこう問題を提起したのは二〇世紀初頭である。さて、その二〇世紀も余すところわずかとなった今日(初版刊行の一九九二年)、社会主義の神話は崩壊したという声も高い。だが、今世紀の課題として歴史家に提起された「神話の構造」について、未だ十分な回答が出されているとは思えない。

「大衆宣伝の神話」というタイトルのもとに小著で論じようとするものは、まさにこの構造である。この構造をメディア史から考察し、大衆政治の「メディア神話」を明らかにすることが目的である。本書で展開されるメディア神話の主旋律は、「大衆的公共性のメディア史」と呼ぶべきものである。副題「マルクスからヒトラーへのメディア史」はマルクス時代の市民的公共性からヒトラー時代の大衆的公共性へのメディア通史を意図している。その視点から、各章は「祝祭―新聞―イラスト―漫画―ラジオ―シンボル」というその時代の政治的公共圏に特徴的なメディア分析から構成されている。

その際、本書の対象となるドイツ社会民主党（一八七五年から一八九〇年までの正式な略称はSAPDであるが、統一的に以下SPDと略記）こそ、二〇世紀初頭に史上初の百万党員を擁する大衆組織を創出し、大衆宣伝における相当数の宣伝技術を体系的に試用した最初の大衆政党であった。今日に至るまで、社会主義政党の理念型を論じる際のモデルとなる所以である。かつては権威のあったレーニンの言葉などを引用しておくことも悪くはなかろう。

「ドイツ社会民主党はその組織性と運動の統一性と結束性、マルクス主義文献の多様性と内容の豊富さにおいて、あらゆる社会民主主義運動の頂点にある。こうした事情からSPDの諸大会の決議がしばしば殆ど国際的な意義を持つのは当然である。[2]」

だが、SPDはマルクス主義政党の宣伝を確立したばかりではない。その宣伝技術は、かのヒトラー・ナチ宣伝が模範として採用したものであった。この「マルクス主義」大衆政党の「メディア神話」の歴史的分析を行うことは、こうした現代政治宣伝の栄光と挫折の歴史をたどることである。

もちろん、それは社会的意識形態を規定するのが経済的構造であるという従来の図式を否定するものではない。しかし、究極的にそうであるとしても、現象的には政治意識がメディアによって規定される以上、コミュニケーション論からの分析が存在してもよかろう。

我が国のSPD史研究の蓄積は、[3]こうした冒険を許す水準に達しているものと思う。各章のテーマを要約すれば以下の通りである。

第一章では、「市民的公共圏＝読書人的公共性」に対抗して登場した「労働者的公共性」を扱う。ラサールによる市民的公共性批判とラサール祝祭を題材に、メディアの公共性論議に抜け落ちがちな祝祭・行進・デモについて考察する。

第二章では、市民的＝文筆的公共性の伝統を強く留めたアイゼナハ派主導の機関紙が、社会主義者鎮圧法下のメディア環境下で社会主義大衆機関紙へ変容する過程を分析する。そこに労働者的公共圏が市民的公共圏の下位システムとして成立する過程を見出す。

第三章では、ユーゲント様式《シュティール》の華開く世紀末ミュンヘンの市民的公共圏で生じた文芸的モデルネと労働者的公共圏における社会主義宣伝の遭遇を考察する。のちに風俗史家として名を成すフックスが編集した『南独郵便御者』Süddeutscher Postillon の分析を通じ、サブカルチャーとなった労働者的公共性の問題点を明らかにする。

第四章では、第一次大戦以前のドイツ語圏で最大の発行部数を誇った風刺漫画機関誌『真相』Der Wahre Jacob を分析する。労働者的公共圏と党組織の関係の変化からSPDの発展を煽動政党―宣伝政党―大衆組織政党への移行としてとらえる。そして、SPDの国民国家への統合プロセスを「自由の女神マリアンヌからドイツ国民の守護神ゲルマーニアへ」のシンボル変容のうちに明らかにする。

第五章では、ワイマール共和国の政権党となりながら、その「党公共性」にカプセル化した「新聞政党」が当時のニューメディアであるラジオ放送と如何に取り組んだかを明らかにする。ニューメディアをともなった大衆的公共性の擡頭によって市民的公共圏が崩壊するとき、それと対抗関係にあった労働者的公共圏が如何なる運命をたどったかを検討する。

第六章では、「階級政党か国民政党か」で揺れ動くワイマール期SPDが、近代的組織政党として大衆宣伝の神話とシンボルを喪失していった結果を考察する。SPDの宣伝理論家セルゲイ・チャコティンの主著『大衆の強奪』（邦題は『大衆は動く』）とミーレンドルフの「シンボル闘争」論を中心に、新しい「煽動政党」ナチ党の鉤十字の前にSPDが無力となっていった理由を明らかにする。

終章では、SPDのシンボル闘争を思想的に支えた神学者パウル・ティリッヒ、文化社会主義者ヘンドリック・ド・マン、国家学者ヘルマン・ヘラーなど『社会主義新報』Neue Blätter für den Sozialismus サークルの議論を中心に大衆政治における神話とシンボルの可能性を考察する。

第一章

預言のメディアから予言のメディアへ

「すべての神話は、空想のなかで、また空想によって自然力を克服し、支配し形づくる。だから、自然力に対する現実の支配が出現するとともに神話は消え失せる。……そもそも『イリアード』が印刷道具、まして印刷機械とともに存在しうるであろうか。歌謡や伝説やミューズの神は、印刷機の締め木の出現とともに必然的に無くなり、つまり叙事詩の必要条件は消滅するのではなかろうか？」

カール・マルクス『経済学批判序説』（一八五七年）

1　ラサールと「市民的公共性」

ラサール神話の誕生

「ユダヤ人の両親から今一度新たな精神が誕生したのは、四月一一日、春への変化が現れた直後であった。新しい精神の出現した揺籃の地はかつても東方であったが、今度もその精神自身の大地の東方、つまりゲルマーニアの東方であった。その地こそ、神自ら贖罪した新たな精神の出発点であり誕生地でなければならなかった。(1)」

自らをキリストの再来にして世界精神の体現者と呼ぶ驚嘆すべき自負心の持ち主、これがSPDの創設者フェルディナント・ラサールである。彼は一八二五年四月一一日プロイセン領シュレジアの州都ブレスラウ（現在、ポーランドのヴロツワフ）にユダヤ人絹商人の長男として「聖誕」した。(2)

これによく似た文章を何処かで読んだことがある。

「イン河畔のブラウナウがまさしく私の誕生地となった運命を幸運な天命と今日私は思う。この小都市は二つのドイツ人国家の境界に位置しており、少なくともこの両国家の再統合こそ、我々青年があらゆる手段を使って実現せねばならない畢生《ひっせい》の事業と考えるからである。……このドイツ的殉教の光によって輝いたイン河畔の小都市に、血統的にはバイエルン人、国籍はオーストリア人である私の両親が前世紀八〇年代末に住んでいた[3]。」

アドルフ・ヒトラー『わが闘争』の冒頭である。歴史家トライチュケが「一九世紀ドイツ最大のアジテーター」と呼んだラサールと二〇世紀最大の宣伝的人間ヒトラー、この二人の境界的人間《マージナルマン》にしてカリスマ的指導者の性格上の類似を指摘することが、ここでの目的ではない。しかし、今日ラサールのアジテーションを論じる際には、ヒトラー的な政治宣伝の既視感《デジャヴュ》を拭えない。

一八六三年四月一六日、一つの神話が誕生した。四千人を集めて行われたライプツィヒの労働者集会に居合わせた医師ハイナー博士の証言は次の通りである。

「いっそうの期待に満ちた静寂がある。突然、黒々として大群衆が波立ち、あたかもナイアガラ瀑布の轟音が天井に出現したかのような割れんばかりの拍手、長くこだまする波響の中で有象無象の人垣から、華麗繊細な姿の若々しい蓬髪が浮かび上がり、光の中に立った。それが、フェルディナント・ラサール、すでに当時彼の支持者が呼んだ、そう、独裁者であった。それは言い様もないほど魅力的な出現であった。青白い面長の容貌は貴族的な目鼻立ちで、額は高く広い。黒茶色の濃密な巻き毛で、鼻はかなりはっきり尖っているが、ちょうど中程で高くなっており、口はやや突き出ている。目は青いが疲労の色が浮かんでいた。品位と精神的な光輝をもったその容貌は、かの歴史的人物のオリエントの血筋を鮮明に想起させた。立ち振る舞いは堂々たるもので毅然として高雅であった。服装もまた、完璧なサロン衣装であった。腕組みをして、彼は瞬時感極まり、熱狂する群衆を見渡した。そして、ほんの少し、まったく無頓着に右手を持ち上げた。この瞬間、広々とした大広間を墓場のごとき静寂が支配した。こんなことを私は後にも先にも経験したことはない。あたりに立ち尽くした人々の表情からは、準備もせず魔術のように大衆を掌握した感動が読み取れた(4)」

それから約一月後の五月二三日、ラサールにより全ドイツ労働者協会(Allgemeiner Deutsche Arbeiter-Verein)が創設され、ここにSPDの歴史が始まる。しかし、ラサールの国家社会主義 Staatssozialismus は、ヒトラーの国民社会主義 Nationalsozialismus との邦訳名の類似性から否定的なイメージが先行し、またマルクス=レーニン主義というもう一つの国家社会主義によっても長らく歪曲中傷されてきた。だが、ラサール主義の「国家」とは、市民的自由主義の「自己救助=自助」に対する「国家救助=国助」、つまり「社会的自助」を意味しており、それは国家による社会政策を国民統合の基盤とする今日に至るSPDの社会国家(福祉国家)政策の源である(5)。

「近代的大衆政党の創設者(6)」ラサールは実践家であって、理論家マルクスとの比較においてその思想のみを検討してもラサールの歴史的意義は明らかにならない。ここではラサールのアジテーションにおいて中心的位置を占めた市民的公共性批判を取り上げ、彼によって生み出された労働者祝祭を始めとした「労働者的公共性」を考察する。(7)

「読書する公衆」の公共性と街頭の公共性

「市民的公共性」については、J・ハーバーマスの『公共性の構造転換』における言説が我が国ではよく知られている。ハーバーマスによれば、サロンや読書サークルに拠った自律的な市民が「公衆」の自覚に立ち、この公衆の公開討論を経た合意が政治秩序の基礎となる、そうした公共性が一八世紀以後のヨーロッパに登場した。だが、本書ではこの対話的理性に基づく価値概念としての公共性に対し、歴史的実体概念としての公共性をただ「輿論《よろん》／世論《せろん》を形成する社会関係」とのみ定義し、その社会空間を公共圏と呼ぶ。戦後の当用漢字表によって「輿」の使用が制限され、輿論《よろん》 public opinion と世論《せろん》 popular sentiments の使い分けができなくなったこともあり、我々はつい「印刷された意見」published opinion を「世論《よろん》」(セロンと書いてヨロンと読む民意)と見なしがちだ。しかし、O・ネークトの「プロレタリア公共性」論を引くまでもなく、規範としての輿論はともかく、現実の世論が自律的な知性や公開の討論によって生じたものではなく、暴動やストライキ・デモ行進によっても醸成されてきた事実は看過しがたい。(8)

図1・2　いずれが「世論」を形成するのか？　三月革命前夜（1847年）の二つの公共圏。「ベルリンの珈琲ハウス」（上）と「シュテッティンの食料暴動」（下）

それにしても、公共性の歴史的考察を「自由主義的モデル」に限定したハーバーマスにとって、政治的公共圏において近代合理的コミュニケーションを担う公衆とは誰のことをさすのであろうか。それは「読書する公衆」Lesepublikumである。つまり、「財産と教養」が市民的公共圏への入場資格であった。それに対して本書が扱うSPDの「大衆宣伝」は、このような市民的公共圏との対抗の中でその外延に成立したもう一つ公共圏の理念といってよい。それは批判理論家ハーバーマスが存在を認めながら理念型の枠組みから排除した公共性であり、(9)本書の目的の一つはそこに光をあてることである。

周知のように市民階級が政治的公共性として要求した言論出版・集会結社の自由は市民革命の過程で基本的人権として結実した。ところで、新聞、サロン、コーヒーハウスに代表される市民的な「文筆的公共性」登場以前の世論を形成したメディアは一体何であったのだろうか。それはハーバーマスが「代表具現の公共性」repräsentative Öffentlichkeitと呼ぶ宮廷祝祭、君主の行列、教会でのミサなどである。君主が臣民に臨んで威光を顕示するこれらの儀式はバロック様式の宮廷祝祭において頂点に達したが、初期資本主義の成長により封建的基盤が揺らぐと国家から社会が分離し始め、公権力の諸制度は官僚制と常備軍によって客体化され、宮廷の生活圏は私的なものとなり「宮廷公共性」は解体された。他方で、市民社会が国家に対する私的生活圏として登場する。その社会では人物が「何であるか」でなく「何をなすか」が問題にされ、「具現する貴族」ではなく「生産する市民」

（もちろん情報も生産される）が、「公衆」のなかで中心的な地位を占める。公権力の受け手としての「公衆」の出現は、行政官庁がその公示を公衆に宛てて「新聞」発表し始めることからも裏付けられる。こうして「文筆的公共性」の政治的機能が動き始める。

おおよそ以上のようにハーバーマスが叙述した「具現的公共性から文筆的公共性へ」の発展には、「教養＝財産」なき民への視線が欠落している。同様に、民衆《フォルク》を語って、なお教養なき民への視線を欠いた市民的メディア観を、とりあえず『ライン新聞』Rheinische Zeitung（1842-43）編集長マルクスの一八四三年元旦の論説に聞こう。

「新聞は民衆の中に生き、その希望と恐怖、その喜怒哀楽のすべてを誠実に共感する。希望或は恐怖をもって受け取る事柄を新聞は声高に告げ知らせ、この瞬間において心情と思想が赴く処に従い、激情にまかせて判断するものだ。だが新聞は、今日報道した事実と判断の中にある誤りを明日になれば訂正するだろう。新聞とは、本来の意味での「自然発生的な」政治なのだ。」[10]

実際、高度なリテラシーを必要とする高価な新聞とは無縁の民衆が市民的公共圏の外部に生活していた。この市民的公共圏が国民の多数派を構成する労働者を排除し続けた時、普通直接選挙導入による国民的規模への公共圏拡大を目指した運動が出現する。それは市民的公共圏の辺境に胚胎した。かつて、教養ある市民的前衛が宮廷貴族の社交界と接触することで公共的論議の術を習得したように、労働者的公共性はマージナルな教養人ラサールの市民的公共性を橋頭堡として成立する。

ラサールと市民的新聞

ラサールの父ハイマンがブレスラウ市会議員になった一八四一年、十六歳のラサールは「ハイネ―ベルネ論争」に関する『ブレスラウ新聞』Breslauer Zeitung（1828-1937）への寄稿で文筆的公共圏へデビューした。四三年一〇月、ブレスラウ大学に入学したラサールは文献学、哲学を専攻し、四五年にはベルリン大学に移って本格的にヘーゲル哲学の研究に打ち込んだ。ラサールは後年マルクスとエンゲルス宛書簡で自らを「一八四〇年から革命家、四三年から確信的な社会主義者である」と書いているが、その社会主義は書簡で表明されるにとどまっていた(11)。また、四五年一二月、大学卒業前のパリ遊学でプルードン、ハイネと接触してはいるものの、ラサールの社会主義がサロンで語られ、書簡で論じられるという意味では、市民的公共圏の社会主義者であった。当時のラサールのメディア観を四五年六月にラサールがフォン・シュテュッカー男爵に宛てた手紙に見ておこう。

「語られた言葉は力強く心の内に響き渡るが、吐く息に運ばれてそれと一緒に消えてしまいます。熱狂させ、感動させ、機をえた行動を惹起させますが、その効果はその瞬間、その短い命に限定されてもいます。……確かに活字になった言葉は死んで生まれたようなものとも言えますが、まさしくそれゆえに確固として不変な存在であり、永遠に新鮮で活字同様に持続的です。語られた言葉が感性の対象であるように、活字は理性と冷静な熟考の対象です。……だから、女性を魅了したいなら、語るのです。刹那的なことでなく、まったく熟慮を要す重大事を問題にするなら、男性にむけて書くのです。だから、こうして私はあなたにお手紙しております。(12)」

ここには市民的公共圏に典型的な理性、男性中心的な活字志向がよく表現されている。だが、こうしたメディア認識はやがて市民的公共性との対決の中で変化することになる。

ハッツフェルト伯爵夫人離婚訴訟と四八年革命

この若きサロン社会主義者の転機となったのは、三月革命勃発に先立つこと二年、四六年のハッツフェルト伯爵夫人との出会いであった。夫の横暴に抗して離婚を求める夫人に同情したラサールはその代理人として五四年の勝訴まで三月革命を挟んで八年間、全ドイツの貴族社会を敵にまわして離婚訴訟の弁護を勤めた。以後、夫人は終生ラサールの運動を全面的に支援することになった。ラサールは離婚裁判に有利な世論を形成するため、自由主義新聞に工作して「封建的抑圧体制の象徴ハッツフェルト伯爵」を攻撃する情報操作《キャンペーン》を行った。新聞記者の仲介を依頼した友人にこう書き送っている。

「新聞は驚くべき威力だ。ここでも諸君の仲間は三日付『マンハイム夕刊』Mannheimer Abendzeitung（1838-49）や、そうそう一二日付『トリーア新聞』Trier'sche

Zeitung（1830–51）のように、決定的な打撃を与えた。感謝の思いは到底上手には表現できない。ところで我々も怠けていたわけではない。一四日付『マンハイム夕刊』は私の論文を載せている。私はその論文をグラートバッハの名を借りて送り付けたのだが、検閲によって旨いところは削除された。それでも、概要は読み取ってもらえるだろう。……満を持した新聞の集中砲火が如何なる効果をもたらすか、諸君には思いもよるまい。我々の敵はまったく狼狽している。⑬」

さらなるスキャンダル攻勢のため、伯爵の愛人宅から文箱を窃取するよう教唆したラサールは四八年二月二〇日に逮捕された。ラサール逮捕の二日後、パリでは反政府派が計画した改革宴会の禁止を契機としてバリケード戦が勃発し、全ヨーロッパを震撼させた四八年革命の狼煙となった。三月一三日にはウィーンで暴動が発生し、ウィーン反動体制は瓦解した。同一八日、ベルリンでも合同州会の召集、検閲制度廃止、出版の自由を要求するデモへ軍隊が発砲したことから三月革命が勃発した。この結果、プロイセン国王はベルリンを逃れ、かつてマルクスと『ライン新聞』で一緒に働いたこともあるライン州出身のカンプハウゼン＝ハンゼマンのブルジョア内閣が成立した。この自由主義内閣は、出版・結社の自由などを認めた法律を四月六日公布したが、バリケード戦の主力となった労働者・職人など下層の民主化要求を拒絶するにおよんで革命主体は内部分裂し、やがて一一月、ベルリンでも反革命が成功した。ベルリンに帰還した国王は、出版・結社の自由を追認する憲法草案を発表して事態の収拾を図った。

「ビラの中の革命」とも呼ばれ、新聞雑誌も百花斉放とばかりに創刊された四八年革命は、活字メディアにとっては画期となった。パリにあって革命勃発直前、共産主義者同盟のために『共産党宣言』を脱稿したマルクスは、ドイツでの革命成功を聞いて四月にはケルンに戻り、五月三一日『新ライン新聞』Neue Rheinische Zeitung（1848-49）を発刊した。ラサールは、この『新ライン新聞』を通じてマルクスとの交流を始めた。四八年八月、『新ライン新聞』の「F・ラサールに対する刑事裁判経過」の連載記事はラサールと『新ライン新聞』の深い繋がりを示している。裁判の結果、無事出所したラサールは一一月二二日、プロイセン政府に対し納税拒否を行うよう訴えた煽動演説により再び逮捕され六カ月間拘留された。この間『新ライン新聞』では、マルクスとエンゲルスが「党友」ラサール弁護の論陣を張った⑭。しかし五月一九日、いわゆる赤版三〇一号を最後に『新ライン新聞』もついに発禁となり、マルクスはロンドンに亡命した。それはドイツにおける市民革命の最終的な敗北の象徴であった。

プロイセン欽定憲法の自由と市民的公共性の閉鎖性

パリの革命宴会に端を発したこの市民革命のドイツにおける挫折の要因は、政治的公共性の観点から見れば、財産・教養なき民衆に排他的な市民的公共性から説明できる。革命で出版・集会の自由を獲得した市民的公共圏の閉鎖的な実態は、民衆にとって旧体制の公共性と大差あるものではなかった。かつて「具現的公共性」を担った宮廷劇場や城内劇場が物見高い下層民 Pöbel の自由な入場を許したのに対して、入場料を課す市民的な観劇・音楽会が彼らを実質的には排除したことを想起すればよい。ドイツ市民層の公共性への渇望は奇妙な逆流と同時併行していた。外には、民主化の一翼を担う労働者層に門戸を閉ざしてゆき、内には家庭、つまり私的な生活領域を公共圏からわざわざ切り離して専ら内向する「室内楽」的空間を爛熟させていった。[15] 一九世紀前半のドイツ市民の芸術文化をビーダーマイヤー風と呼ぶが、室内楽はこの文化空間の基調であった。一八世紀の末に至るまで、すべての音楽は具現的公共性の機能に結び付けられた儀式音楽であり、社会的機能としては礼拝の厳粛さ、宮廷祝賀の荘重さ、晴れやかさを表現するものであったが、室内楽はおのずから非公開で閉鎖的な私的空間を生み出した。このビーダーマイヤー的空間こそは、労働者をそこから排除するとともに、女性、子供を家庭に囲い込み、家父長的で市民階級に限られた政治的公共圏を形作っていった。以前の具現的公共性においていずれにせよ「世論」形成に動員された民衆が、閉鎖的な市民的公共圏の維持に加担するはずはなかった。

市民層が封建的貴族勢力と政治的に妥協することで終熄した三月革命は、欽定憲法において形式的にしろ市民的公共性を確認することになった。憲法第二章「プロイセン人民の権利」には「別に定める法律」により実質的に空文化されたとはいえ出版・集会・結社の自由が盛り込まれた[16]。一方、五四年七月一三日公布の「ドイツ連邦結社法」によって、三九の領邦からなるドイツ連邦内で社会主義・共産主義を含むあらゆる政治目的の労働者団体が禁止された。かくして、ラサールの運動が市民的公共圏を揺さぶるまで社会主義者は秘密結社的な地下活動を続けることになった。すでに四八年革命以前にも初期社会主義者の運動は存在したし、それが文筆的公共性に少なからざる影響力をもったとしても、その活動はなお秘密結社的であった。革命直前にマルクスによって執筆された『共産党宣言』は、後世への影響力はともかく、当時は大衆的な呼びかけではなかった。この宣言が「万国のプロレタリア団結せよ！」と結ばれていることは周知の通りだが、マルクスが読者を労働者大衆と想定していないことはメーリングの次の記述の通りである。

「マルクスとエンゲルスは国際的なプロレタリアートの少数エリートに語りかけた。このエリートは、もう何年も、いな何十年もヨーロッパの交流の中心地にいて、ドイツ哲学の難解な諸問題も英仏の社会主義もよく知っていた[17]。」

一説によれば、三月革命後のドイツ国内に『共産党宣言』はわずか二部しか残っておらず、そのうち一部がラサールの書架にあったと言われている[18]。一方、自由主義的市民は五〇年「集会・結社の権利の濫用防止法」に対し、五九年シラー祭など国民的祝祭や読書サークル、射撃協会、合唱サークルなどを利用して市民的公共圏を組織していった。そのため五一年「プロイセン出版条例」による政府の規制、保証金没収にもかかわらず、伝統ある『フォス新聞』Vossische Zeitung（1721-1934）や『国民新聞』National-Zeitung（1848-1938）などに加えて、『ベルリン人民新聞』Berliner Volks-Zeitung（1853-1944）や『南独新聞』Süddeutsche Zeitung（1859-60）など自由主義的政治新聞が続々と創刊された。こうした市民新聞が対ビスマルク憲法紛争に至る自由主義勢力の結集の核となったことはいうまでもない。だが、論壇上の華々しい憲法紛争とは裏腹に、この市民的公共圏が教養なき大衆を排除し続けた結果、やがてラサールの前にアジテーションの舞台が出現する。実際、三月革命の挫折を契機に、つまりマルクスがドイツを離れたと同時に、「公器」としての新聞の英雄時代は終焉していた。六〇年九月一一日付マルクス宛書簡でラサールは次のような見解に達していた。

「ああ、検閲がなお存在した時代は、我々にとって問題はすべて単純で、むしろ黄金時代だったのです。今や、新聞自体が警察精神と下劣な奴隷根性を受け継いでおり、もちろんいかなる警察も必要としません。これこそ新聞が新たな出版の自由と名付けたものなのです。」[19]

2 「煽動政党」の成立

『労働者綱領』『憲法の本質』

五九年四月イタリア統一戦争が勃発すると、ドイツ全土でナショナリズムが沸騰しドイツ統一を要求する自由主義者はドイツ国民協会を結成した。五月、ラサールも時事パンフレット『イタリア戦争とプロイセンの任務――民主主義の声』を発行して、オーストリア帝国の敗北に乗じて統一を急ぐよう主張している。こうして盛り上がった自由主義運動は六一年六月、議院内閣制を求めた国民協会左派による進歩党結成に至り、やがて宰相ビスマルクと対決してゆくことになった。六二年九月二九日ビスマルクが下院予算委員会で行った「鉄血演説」では、新聞とは異なる「輿論」の存在が主張されている。

「輿論は変わってきております。新聞が輿論ではありません。新聞がどのように作られるかは、もはや周知の事実です。代議士たる者、世の声を善導し、その上に立って行動するという高尚な使命があるはずです。……現在の大問題（ドイツ統一）は、演説や多数決によっては解決できません。それによって解決できると考えたことが一八四八年と一八四九年の大きな誤りだったのです。鉄と血によってこそ問題は解決できるのです。」[1]

これに対し、進歩党は軍備費を含む予算案を下院で否決したが、ビスマルクは予算未成立のまま統治を続行した。これ以後、六六年普墺戦争後の事後承認法成立まで、下院では予算案否決が繰り返された。世にいう自由主義者の「憲法闘争」である。国民協会と進歩党はビスマルクのいう「世の声」を善導するため、各地で労働者に教養と技術を授けるための労働者教育協会や労働者協会を組織したが、その理念はシュルツェ＝デーリチュの「自助」的共同組合論であった。だが、「高尚化」と「自助」の呼びかけは、労働者を市民的公共圏に参入させることを意味しなかった。教育協会のカリキュラムは国家問題や社会問題ではなく、自然科学や職業教育を中心にした「非政治的」教養で構成され、労働者を政治的に組織するよりは「世論」として利用されないように政治から隔離することが目標とされた。[2] 実際、憲法紛争で政治意識に目覚めた労働者教育協会の労働者会員が上部組織である国民協会への加入を申請することは、高額の会費によって事実上閉ざされていた。労働者たちはこの意味では国民ではなく、才能と勤勉と幸運によって市民＝国民と成りうる人々にすぎないのであり、当面の間は、法律の保護を受けるが自分では法律を作る資格のない単なる被保護者であると考えられた。このため進歩党は自分たち高額納税者に有利な三級選挙制度に満足して普通直接選挙を要求することもなかった。

このように自閉的な自由主義運動に対して、ラサールは六二年四月一二日、ベルリン郊外オラニエンブルクの機械製造工協会で後に『労働者綱領』として知られる講演を行った。その中でラサールは理念的には四八年革命とともに市民階級の支配は終わり、労働者階級がその原理を社会の支配原理としようとしていると主張した。その障害こそ新聞である。

「民衆教育は、……中世においては聖職者にまかされていました。その後、新聞がこの役目を引き受けました。しかし、保証金は積まねばならぬ、我が国やフランスなどでも印紙税は課せられているので、いよいよ日刊新聞は極めて多額の資力がある場合にのみ創立されうる機関になっています。そのため今や民意 Volksmeinung に働き掛け、これを啓発、指導できる能力すら大資本所有者の特権となっているのです。」[3]（傍点は原文）

ラサールは新聞発行を資本家の特権としようとする試みが、市民革命の最初からあったことを、一七八九年七月二四日のパリ自治市の布告にまで遡って批判している。[4] 新聞に代わる輿論実現の手段としてラサールは普通直接選挙を要求したが、彼が進歩党と決別する事態を招いたのは、その四日後、ベルリンの進歩党系集会で行われた講演『憲法の本質』であった。「憲法問題は本来、法律の問題《レヒツフラーゲ》ではなく、権力の問題《マハトフラーゲ》である。一国の現実の憲法はその国の現実的かつ事実上の力関係の中にのみ存在する」[5]とした上で、ラサールは、憲法違反を言論上で批判するだけで、大衆を政治動員する行動力を欠いた進歩党の無気力と臆病に猛省を促した。

「諸君、ご存じのように我々の都市には『〔ベルリン〕人民新聞』を機関紙とする一政党があります。言うならば、戦々兢々としてこの旗の残片、つまり我々の効力なき憲法に群がっている党、それゆえに憲法遵守党と自称している党です。その合言葉はこうです。「憲法を遵守しよう！　後生だから憲法を！　憲法は助けだ、救済だ、憲法が危い、危機が迫っている！」[6]

　これに対し、進歩党系新聞は一斉にラサール批判を繰り広げた。ここで名指しされた『ベルリン人民新聞』をはじめ、当時発行部数においてドイツの三大紙であった『フォス新聞』（二万二千部）、『国民新聞』（八千五百部）の編集者はいずれも進歩党に属していた。特に比較的大衆向けであった『ベルリン人民新聞』は六三年には三万六千部に達し、憲法紛争を政治的にリードしていた。これに対し、保守系新聞は最大の『新プロイセン新聞（十字新聞）』Neue Preußische (Kreuz-) Zeitung (1848–1939) でも六三年に八千五百部であり、プロイセン全域では自由主義系の発行部数二十五万ないし三十万に対し、保守系はわずか四万にとどまった[7]。

　こうした圧倒的な自由主義新聞に対し、ラサールは演説原稿のパンフレットを発行して応戦した。一一月一九日の講演原稿『今何を？』では、ラサールの主張はさらにエスカレートしている。鉄血演説以後も、議会での多数決でビスマルクに勝てると夢想している進歩党に対し、一切の妥協を排して下院を無期停会とし、非立憲政治の責任を政府に負わせる戦術の採用をラサールは要求した[8]。これに対し進歩党系新聞は、「力《マハト》が法《レヒト》に先行する」

というラサールの主張こそビスマルク政策に先行する危険思想と批判した[9]。ラサールは二月一三日付パンフレット『権力と法』で、反論記事掲載が新聞に拒否され、広告として掲載することさえ妨げられたとして、公開討論を建前とする市民的公共性の欺瞞を次のように糾弾している。

「進歩党のガラクタ思想を凌駕するものは、すべて口を封じ、黙殺し、抑圧すること、これが進歩党とその機関紙の戦術である[10]。」

ここに至り、ラサールは市民的公共圏での内在的批判の立場を放棄することになった。

『学問と労働者』と『公開答状』

『憲法の本質』に対する進歩党の反発はともかく、『労働者綱領』はそれが演説された時点では必ずしも大きな反響はなかった。だが、これがプロイセン刑法第一〇〇条「無産階級を有産階級に対して憎悪と軽侮に駆り立てた罪」で起訴されると俄然世の注目を集めた。裁判は六三年一月一六日から始まり、憲法第二〇条「学問と学説の自由」を論拠に反駁したラサールの法廷弁論草案は公判前に『学問と労働者』と題して配布された。ラサールは『労働者綱領』の「非学問的性格」を主張する検事側を次のように批判した。

「検事はあからさまにこう言っている。この講演がどこでもよいから、ともかく講壇か、或いは合唱協会で、教養ある公衆のいわゆるエリートに行われたのであればよかろう。

だが、この講演は民衆そのもの、つまり労働者を前にして、労働者に向けて行われた。それこそが、この講演を非学問的なもの、そして犯罪的なものにしているのである！[11]」

こうした市民的公共圏の障壁を打破し、学問を民衆のものとすることをラサールは要求している。没収された『労働者綱領』の内容はこの公判によってドイツ全土に広まり、労働者運動家ラサールの名を知らしめることになった。ちょうど、ベルリンに滞在していた労働者協会ライプツィヒ中央委員会のファールタイヒとダマーも公判に出席し、全ドイツ労働者大会の準備をしていた彼らの求めに応じて、六三年三月一日ラサールは労働運動の具体的戦略を示す『公開答状』を著した。ラサールはシュルツェ＝デーリチュの共同組合論を「平均賃金は、一国民が通常、生命の維持と子孫の繁殖のために必要とする生活費にまで絶えず引き下げられる[12]」という賃金鉄則論から否定し、この賃金鉄則を民族共同体であり労働者の巨大な組合である国家の援助によって克服するという展望を示した。そのためには進歩党から独立した労働者組織による社会国家の実現が前提となる。

『公開答状』をうけて、六三年三月二四日ライプツィヒの労働者集会は一三五〇対二で『労働者綱領』を結党綱領とすることを採択した。ベルリンをはじめ進歩党の拠点都市の労働者協会はこれに反発し、『ベルリン人民新聞』を筆頭に進歩党系新聞は一斉にラサール批判の論説を掲げた。

「もはやベルリンの新聞だけでなく、全ドイツの新聞が私へ怒号をあげています[13]。」

四月一三日付書簡でラサールはこう述べている。これまでラサールとハッツフェルト伯爵夫人のサロンに集まり、また彼の学問的著作を称賛した読書人も去っていった。これこそ、「教養と財産」に裏付けられた市民的公共性の実体であった。市民的公共性の対等性と開放性は市民階級の共通利害を前提として成立する以上、ラサールが主張した普通直接選挙導入は無制限な「公衆の拡大」をもたらし、市民的公共性の前提そのものを掘り崩すことを意味していた。

四月一一日付で『ベルリン人民新聞』編集部へ送られたラサールの手紙は市民的公共性への最後通牒とみなすことができるが、それは以下の文句で結ばれている。

「自由主義政党とその新聞によって自分たちの決定を公表することとさえ奪われて、公表のためには反動派新聞の利用もやむなしと労働者階級が気づいたなら、労働者階級に激怒と本物の敵意を招来しかねまい。それは私の目的を大きく超えており、その責任はただ自由主義新聞のみに帰するものである。敬具。」(14)

それでも例外的にラサールの寄稿を掲載した自由主義新聞としては、ライプツィヒの『ドイツ一般新聞』Deutsche Allgemeine Zeitung（1843-79）があったし、ラサール没後に正式な機関紙となるハンブルクの週刊紙『北極星』Der Nordstern（1860-66）を始め、経営難でわずかな影響力しか持たない小新聞ならラサールも利用できた。『北極星』は四百部程度を発行していたが、ラサールの財政的支援にもかかわらず機関紙としての機能は十分に果たさなかった。[15] いずれにしても、このような微力の活字メディアによっては、自由主義新聞の隊列にはとても対抗できない状況であった。この自由主義新聞に対抗する公共性として『公開答状』で打ち出された労働者的公共性、そのメディアこそアジテーションであった。『公開答状』の結びでは成功例として「穀物法に対するイギリス民衆の偉大なアジテーション」が示されている。

「あのイギリスの穀物法に対する偉大なるアジテーションのように、普通直接選挙権の必要性を、いたるところで、毎日、絶え間なく繰り返し、公開の宥和的な集会においても、非公開の集会同様、討論し論議せよ。諸君の声が何百万倍ものこだまとなって反響すればするほど、この声の圧力は抵抗しがたいものとなろう。[16]」

ドイツ特有の「アジテーションとプロパガンダ」

ラサールは労働者運動組織化の中心メディアとしてアジテーションを位置づけた。「プロパガンダとアジテーション」は通常「宣伝と煽動」と訳し分けられるが、プレハノフの定義を踏まえたレーニンの記述が一般に流布している。

「宣伝者は一人あるいは数人の者に多くの思想を与える。煽動者は一つあるいは少数の思想を与えるにすぎないが、その代わりに相手とするところは多数である。」

「宣伝者は主に活字になった言葉を、煽動者は口から出るままの言葉を使用する。」

典型例として、レーニンは同時代の宣伝者カウツキーと煽動者ベーベルを挙げている。[17]もちろん、レーニンの定義では煽動と宣伝の価値に軽重はない。マルクス主義者としてはそう書けなかったとしても、より適切な理念型としては宣伝者マルクスと煽動者ラサールを挙げるべきであったろう。しかし、このレーニンのアジテーション概念はドイツ史、とりわけSPD史の文脈における歴史的概念とはニュアンスが少し異なっている。

一七世紀ローマ教会の反宗教改革運動に由来する「プロパガンダ」はフランス革命期に政治的概念として成立する。四八年革命以後ドイツでは秘密結社、破壊活動をにおわせるアナーキズム的ニュアンスで使われ、これを避けてSPDでは公共圏での政治的宣伝一般を「アジテーション」と呼ぶ伝統が長らく存在した。このドイツ特有のアジテーション概念の確立にラサールの果たした役割は決定的であった。アジテーションという政治用語もフランス革命に由来するが、プロパガンダに比べると一八三二年版のブロックハウス百科辞典に記載がないように、ドイツの市民的公共圏では目新しい言葉であった。これがラサールの活動により「密教的プロパガンダと顕教的アジテーション」という対概念に発展する。もっとも、ラテン語agere「駆り立てる」に由来するアジテーションが、市民的公共圏において「労働者」という言葉同様、蔑まれていたことは確認するまでもない。[18]この負の語彙に正の価値を見出すことで、ラサールは対抗的な公共性を生み出した。

秘密結社的プロパガンダから離れた公開的アジテーションとして、ラサールは機関紙ではなく、演説パンフレットや集会というメディアを採用した。当時の新聞購読料を考えれば、労働者に開放されたメディアとして必ずしも新聞雑誌が適していたとはいえない。新聞雑誌に連載された後にまとめられたマルクスの著作の多くは、ラサールの演説パンフレットに普及の大衆性で比較にもならなかった。それは、決して内容の難解さだけでなく、メディアの違いに由来する問題でもある。また、ドイツで演説集会が運動媒体として成熟した背景には、反動的な結社禁止法の存在のために、公開された労働者運動は相互交流を禁止されている労働「組合」ではなく、労働者「集会」に依拠する必然性もあった。そこに秘密結社に対する公開政党、すなわち「煽動政党」[19]が成立する基盤があった。

こうしたアジテーション概念の位相の違いからすれば、当初ラサールのアジテーションは今日の政治概念ではプロパガンダにより近いものであった。『公開答状』までのパンフレットは、いずれもその冒頭で科学性や論理性が強調されている。たとえば『労働者綱領』では、労働者階級の理念を「厳密に学問的な方法で扱う（傍点は原文）」ことが強調され、『学問と労働者』でも「無思慮な激情に訴えたり、現存制度に対する誹謗と侮蔑とをひろめたり、群衆の雷同しやすい直接的感受性に訴えたり、憎悪と軽蔑の感情を煽ったりすること」が退けられていた。[20]六三年四月一六日のライプツィヒ労働者集会での演説の模様を、後のアイゼナハ派指導者ベーベルの回想録から引用しておこう。ラサールが演説する演壇にはルター対エックばりの公開論争が始まるかのように、大型本の上に書籍が積み重ねられた。」[21]

この演説の眼目は経済学者の引用により賃金鉄則を証明することにあった。このように運動の出発点においては、アジテーション=公開演説は市民的公共性の形式を継承したし、内容も法廷弁論の延長として読書人の知性に訴えるものであった。それにもかかわらず、ラサールの演説が市民に与えた印象は違っていた。ベーベルと同じくこの集会に居合わせた医師ハイナー博士の証言は本章冒頭に引用したが、それはラサールのアジテーションと市民的公共性との断絶をよく表現している。ベーベルがラサールに宗教改革者ルターを重ねて見たように、自由主義者ハイナー博士がこの集会に「宗教的なもの」、つまり「完璧なサロン衣装」にもかかわらず市民的公共性にとって異質なものを読み取ったことは明らかであろう。具現的公共性は近代社会では「宗教的なもの」として顕現する。市民的公共性の擡頭に抗して具現的公共性の伝統を守ったものは、市民社会で私的領域とされた教会であった以上、具現的公共性を採用するものが宗教的性格を帯びることは自然であった。ラサールは『労働者綱領』の最後で、イエス・キリストがペテロに与えた言葉[22]（マタイ伝16—18）を踏まえ、「諸君は、その上に現代の教会が建設されるべき岩なのです!」と述べている。聴衆はそれに続くはずの「われ天国の鍵を汝に与えん」（同16—20）の句を聴き取ったはずである。その意味では、若きラサールがイギリスにおけるカトリック教徒の政治指導者D・オコンネルに憧れ、その肖像画を飾っていたことも重要である。[23]宗教に批判的な「自由宗教家」が強い影響力を持った労働者教育協会[24]でラサールの運動に猛反発が生じたのは、こうした宗教的性格のためでもあった。

3 「労働者的公共性」の出現

『祝祭、新聞、フランクフルト代議士大会』と「ライン観閲式」

六三年五月二三日、労働者教育協会多数派の猛反発の中、全ドイツ労働者協会（ADAV）の創設大会がライプツィヒに一一都市の代表を集めて開催され、ラサールを任期五年の総裁に選出した。採択された規約第一条では「普通平等直接選挙権によってのみドイツ労働者階級の社会的利益が満足に代表され、社会の階級対立が真に解消できる[1]」ことが唱われている。この規約成立のおよそ十日前、憲法紛争の渦中にある宰相ビスマルクはラサールと会談した。そこでラサールは普通選挙の導入を要請している[2]。

ビスマルクは五月二七日、会期中の下院を一方的に閉会したが、これに抗議した進歩党は徹底抗戦の姿勢を誇示すべく議員大祝祭の準備と宣伝を始めた。これをみたビスマルクは六月一日「プロイセン新聞条例」を公布し、「公共の安寧をたえず脅かすような態度の故をもって、二度にわたる事前の警告の後、国内の新聞の発行を一時的もしくは永久に禁止する権限」を行政当局に与えた。大臣訓令は、この権限を説明して「新聞は政府の施策に関して、それが違法であるとか憲法違反であるとかの論評を公表してはならない」としている。この新聞条例を憲法違反と抗議したベルリンの六つの自由主義新聞は、即座に第一回目の警告を受けた。この威迫に対して自由主義新聞の示した反応は、ラサールの「ブルジョア新聞」観を決定づけた。メーリングも指摘しているように、明白に憲法違反であるこの新聞条例を実際にビスマルクに発動せしめること、それこそ憲法紛争の理念にそった戦術であったはずである。しかるに、下院が再開され新聞条例に廃案決議が出される一一月二一日まで、自由主義新聞は発禁を恐れて自粛を続けた。[3] こうした状況下でラサールの演説『祝祭、新聞、フランクフルト代議士大会——公共的精神の三つの症候について』は行われた。今日に至るまで、ドイツでは資本主義のメディア支配と市民的公共性をめぐる議論でしばしば引用されるものの、我が国のラサール研究がその内容についてほとんど無視してきたこの演説の成立を見ておこう。[4]

メーリング『ドイツ社会民主主義史』は「ラサールの戦術転換」の章を、この演説に至る経緯から説きおこしている。しかし、この演説に転換を見出すとしても、それは副題に「公共的精神の三つの症候について」と明記されているように「公共性」との関係から明らかにさせるべきではなかろうか。この演説は、何よりも市民的公共性の病理を糾明するものであった。確かに『労働者綱領』や『憲法の本質』にも市民的公共性への批判は存在するが、その主張は労働者も含めた国民的公共性への拡大に力点があった。もちろん、この演説においても公共的精神の症候を問題にする以上、ラサールが健全な国民的公共性の理想を放棄したわけではない。しかし、ラサールはこの症候が膏肓に入ったとの診断を下しており、結果的には市民的公共性の拡大よりそれとの対抗、つまり労働者独自の公共圏の創出を宣言する内容となっている。

第一の症候＝祝祭

この演説より先、六月七日進歩党は全ドイツ労働者協会（ラサール派）の拡大を阻止するために、自己に忠実な労働者教育協会を統一した「ドイツ労働者協会同盟」の設立大会をフランクフルトで行った。後にアイゼナハ派創設者となるベーベルをはじめ、四八都市から五四協会の代表を集めた総計一万七千人の大組織の成立により、労働者協会の大多数はなお進歩党の指導下にあることが誇示された。[5] こうした状況に鑑み、ラサールは迅速な大衆結集の必要性を協会書記ファールタイヒへこう書き送った。

「国民協会の会員数をもってする大衆運動は笑止である。ならば、我々はそれよりも七倍も多くの大衆を摑まねばなるまい。さもなくば笑止千万な難破を来たすことになろう。[6]」

これに対し、ファールタイヒは会員わずか千人の現状では解散か別組織への改組しかないと返信した。八月二九日付書簡でラサールはこう応えている。

「つまり、我等の協会全体でおよそ千人！　それがさしあたり我等の活動成果だ！　私が指が痺れるほど書きまくり、肺も裂けよと弁じた結果がこれなのだ！　親愛なるファールタイヒよ、この大衆のアパシーが絶望するにあたらないといえようか！　純粋に彼らのためであり、もっぱら彼らの利害に立って行われる運動で、また実験済でフランス民衆の間では大成果をもたらした、精神的に無限の可能性をもつアジテーションを使って、このようなアパシーを見ようとは！　この愚鈍な民衆は何時になったら惰眠を払いのけるのだろう！」(7)

伝統なき運動の組織化には、新しい伝統を作る手段が必要であった。こうした状況下に起死回生の「新しい手段」(8)として、ライン遊説が計画された。九月二〇日バルメンを皮切りに、二七日ゾーリンゲン、二八日デュッセルドルフで行われた数千人規模の大演説会で、労働者的公共圏は出現した。ラサール自身が観閲式 Heerschau と呼んだ新しい具現的公共性である。三千人を集めたブレーメンの集会は六回の興奮したラサール万歳で開会され、労働者の縦列が護衛した通路を赤旗に先導されたラサールが入場した。講演の妨害者は発見されるや否や場外に引き出された。演説中にもシンボル的儀礼が導入され、挙手の宣誓が呼びかけられた(9)。こうした演出の中で行われた講演こそ『祝祭、新聞、フランクフルト代議士大会――公共的精神の三つの症候について』だった。

ラサールによれば第一の症候は市民の政治的祝祭である。祝祭は日常の政治活動と相補関係にあって初めて有効な世論形成の手段となる。それ故、祝祭が政治活動を代行し、権力意志の欠如を馬鹿騒ぎの乾杯でごまかそうとすることは公共的精神の堕落形態に他ならない。ビスマルクの新聞条例を批判すべくケルン、ローランゼックで催された進歩党の政治祝祭をラサールは次のように批判した。

「この変人たちは何を祝ったのか？　国土のありさまは喪に服するが当然の時に彼らは祝祭を催している！　フランス人が革命の勝利の後に祝宴を催すことを常としたのと反対に、彼らは敗北の後で祝宴をするのだ！　現実の闘争を免れんと、彼らは祝宴を催し、敗者は酒肉のうちに凱歌をあげるのだ[10]」

第二の症候＝新聞

第二の症候は新聞である。この「ライン観閲式」自体が対抗的な政治祝祭であり、祝祭そのものは槍玉に挙がっていない。それと異なり、市民階級に独占された新聞メディアへの批判はより徹底している。

「我等の主要敵、つまりドイツ精神とドイツの国民性のあらゆる健全な発展を阻む主要敵、それは今日、新聞である。新聞は人民にとって最も危険な敵であり、変装して現れる時ほど一層危険な真の敵である。新聞はそうした発展段階に到達している。新聞の虚偽性、その堕落、その猥褻性はおよそ新聞の無知を除けば諸悪の全てを凌駕している。[11]」新聞は啓蒙の担い手から広告の担い手へと変化し、今や「産業的な資本投下と投機」の場となった。資本主義社会における新聞業は「精神的淫売産業」であり、新聞記者は労働ではなく魂を売るプロレタリアートになったとラサールは批判する。

「彼らはペンをさげた近代の徒歩傭兵《ランツクネヒテ》であり、つまり精神のプロレタリアートである。彼ら新聞記者の常備軍が世論を形成し、兵士の常備軍よりもひどい深手を人民に負わせるのだ。後者は外的暴力でのみ民衆を抑圧するにすぎないが、前者は民衆を内面的に腐敗させ、血液そのものを汚染させるのだ。[12]」

このメディア認識からラサールは労働者の組織化メディアとして新聞を退けた。

「確かに、ブルジョアジーの運動は新聞紙がなければ全く不可能であろう。自分の意見を新聞から形づくることを習慣にする俗物がおり、朝にコーヒーを飲みながら読んだことを夕べにワインを片手にペチャクチャやる以外には何もできない奴らなのだから。こうした新聞の支配から自由であることは、労働者階級の有り様からして必然である。ろくでもない新聞が言おうとすること全てに自発的に断固として反発する階級本能が既に労働者階級には根深く息づいている。世の凡ゆる新聞記者から独立し、一本筋の通った労働者独自の思考が既に生まれているのだ。[13]」

その思考はアジテーション集会という労働者的公共圏で育まれるのであって、政治新聞や、それを取り巻く読書サークルはもはや不用となる。それでも、ラサールは未来の社会民主主義国家における新聞について、その前提となる四条件を挙げている。「完全な出版自由」「保証金廃止」「印紙税廃止」に加えて「新聞と広告の完全分離」がそれである。ラサールは市民新聞の腐敗の原因を商業広告制度にあるとし、広告を掲載しない官報のみを認めるよう、ここで主張している。(14) 新聞の公的経営により国民的公共性が実現するという展望は、ラサールが「自由の理念の実現形態」としての国家を考えるヘーゲル主義者であれば当然の帰結である。

第三の症候＝フランクフルト代議士大会

第三の症候、「フランクフルト代議士大会」はドイツ統一をめぐる政治状況を反映している。八月一七日プロイセンの憲法紛争に乗じて統一問題で指導権を握るべくオーストリア皇帝はドイツ連邦改革を審議するフランクフルト諸侯会議を召集した。これをビスマルクとの闘争に利用すべく、進歩党は同じフランクフルトに各領邦の議員三百人を集めた代議士大会を開き、連邦国家的統一を支持する声明を発表した。ラサールは進歩党の節度なき政略を次のように批判した。

「進歩党員たちは、フォン・ビスマルク氏を恐れさせようとして、諸侯に色目を使っている。彼らはドイツ諸侯に媚びることでビスマルク氏を威嚇しようと望んでいる。これこそ最もみじめな輩の手段だ! 我々がフォン・ビスマルク氏と決闘するとしても、引き金を引く瞬間にさえ公正にこう認めざるを得まい。奴は男だ、と。だが、あいつらは腐った女だ。腐った女が周囲に色目を使って、男を怯え上がらせた例など一度たりとてないのである。[15]」

ラサールは国民国家統一に対する進歩党の態度をビスマルク以上に反動的で軽蔑に価するものと攻撃した。進歩党への罵倒で貫かれているこの演説は、理論を学問的に開陳したこれまでの演説と明白に異なる。ここに、現代的な意味での「アジテーション」は登場した。

この演説との関係では、所謂「ゾーリンゲン電報事件」がよく知られている。二番目の遊説先ゾーリンゲンで、妨害に入った進歩党員を激昂した労働者たちが叩きだし、ナイフで傷つける事件が発生した。これに対して、進歩党員のゾーリンゲン市長は集会解散を命じ警官隊を派遣したが、ラサールは公然とビスマルク宛てに市長の厳罰を要請する電報を打った。従来、この事件は興奮したラサールの無思慮な行動による大失策と片付けられてきた。[16]だが、ラサールの市民的公共性への認識からすれば、その行動のリスクを承知の上で、進歩党系新聞を挑発したと見るべきだろう。彼らの「ライン観閲式」批判が結果的にその運動をドイツ全土に喧伝するよう仕向けたと言えなくもない。例えば、六三年六月二七日付告示などにもラサールの意識的なメディア戦術が表明されている。

「諸君が煽動すればするほど、敵はいやがうえにも我々と競わざるを得ず、我々に立ち向かわざるを得ない。彼らが我々と競えば競うほど、彼ら自身、我々の要求の正当性を認めざるを得なくなり、我々の目的の手助けをすることになり、彼ら自身のアジテーションによって我等の支持者の隊列を増加させざるを得ない。民主社会的アジテーション万歳[17]！」

ビスマルクと自分の関係のリークは、こうしたメディア戦術の産物と考える方が合理的であろう。ここでビスマルクとラサールの会談については、これ以上語る必要はない。たとえ進歩党に対する共闘を条件とした政治的取引によって普通直接選挙の欽定をラサールが目指したとしても、それ自体、労働者階級への裏切りと非難するにはあたらない。というのも、全ドイツ労働者協会の設立目的がまず普通直接選挙権の獲得であったからであり、当時の政治状況で普通直接選挙は決して改良主義的な議会主義を意味したのではなく、それとは逆に従来の資産家や論壇名士中心の議会制度の一掃を人々にイメージさせたからである。当時の活動家の証言として、F・ヴァイリッヒの回想は示唆的である。

「ラサールが何を選挙権の本質と考えていたか、彼を知っている者ならすべてこう話すことでしょう。「普通選挙権について何度も言及したが、それはあなた達には革命、繰り返しますが、革命と理解されているに違いない」とラサールがかつてフランクフルトの素晴らしい集会で言ったのです、と。[18]」

ラサールの「輿論」批判

ライン観閲式の成功から一挙に進歩党の牙城である首都を制圧すべく、一〇月七日ベルリンに戻ったラサールは、『祝祭、新聞、フランクフルト代議士大会』一万部に加え、『ベルリンの労働者へ』と題するパンフレット一万六千部を配布させた。しかし、『祝祭、新聞、フランクフルト代議士大会』は一〇月二一日押収され、ラサールは階級間憎悪煽動の罪科で起訴された。一方、進歩党系諸新聞は「ゾーリンゲン事件」を歪曲して、警察がデマゴギーに激昂した労働者からラサールを保護した、という捏造記事までも載せている[19]。

ここに至って、ラサールの新聞批判は「輿論」Öffentliche Meinung 批判に到達する。かつてハッツフェルト裁判において彼が輿論に訴えたように、アジテーション活動開始以前のラサールに輿論自体への批判があったわけではない。六三年五月一七日の演説で、一年前の『労働者綱領』で既に論じたことだと断った上で、ラサールは輿論を糾弾しているが、『労働者綱領』で槍玉に上がったのは新聞であって輿論ではなかった[20]。この読み替えの過程こそ、対抗文化的「煽動政党」確立の過程であった。

「あらゆる時代は支配的な原理を持ち、現在の支配的原理は資本である。何時の時代も輿論は支配的原理に支配されており、それゆえ今日では資本の支配下、つまり資本の刻印を帯びている。輿論とは資本によって支配された時代の公的な偏見である。[21]」

こうした見解はさらに半年後の六四年一月に刊行された『バスティアー＝シュルツェ・フォン・デーリチュ氏』の末尾で一層激しく繰り返された。

「労働者階級は輿論から独立することで、市民性に対する決定的な精神的優越と市民性を変革すべき自らの使命を示すのである。[22]」

輿論に惑わされない労働者による普通直接選挙によってこそ社会問題が解決されることを、ラサールは保守系『新プロイセン新聞（十字新聞）』書評への反論記事で以下のように述べている。

「巨大な大衆の健全な理解力ほど、真に親和力のある知性は存在しないし、巨大な大衆ほど組織能力のあるものは存在しない。……我々の時代の大いなる病である、この騒々しく不平ばかり叫ぶ自由主義者の個人主義ほど組織能力を欠き、インポテンツで知性に乏しいものは存在しない！　この騒々しく不平を鳴らす個人主義は決して大衆病理ではなく、至極当然にも唯ブルジョアジーの四分の一ないし八分の一を占める知識人に根ざす病である。理由は明白である。大衆の精神は、その存在状況に相応しく、いつも客観的で実質的な目的に向けられているのだから。[23]」

こうした「輿論からの自立」の呼びかけは、労働者的公共圏の形成とともにドイツの労働運動の強固で閉鎖的なサブカルチャー「労働者運動文化」の発展を促すことになった。[24]

というのも、未熟な組織はラサールが遊説しない地域では絶えず進歩党の巻き返しを警戒せねばならず、そのために全ドイツ労働者協会の集会場所として労働者酒場を組織すると同時に、協会員を市民的公共圏から隔離する試みが積極的に推進された。(25) 六四年七月二七日付で協会書記ヴィルムスに宛てた手紙で、ラサールは地域組織が個別に公開の場で敵と論争することを禁じ、次のように述べている。

「(敵との公開討論は)ありえない。なぜなら、我々の規則に従えば、公開集会でも非協会員が発言するようなことがあってはならないからである。……我々の文書で納得できない者が、そのような討論で納得するなどいっそう稀である!(26)」

ここでいう規則とは、六三年六月一七日付の『全ドイツ労働者協会代理人への訓令』第七条だが、この条文には確かに集会では「協会メンバーと傍聴者の間を識別できる障壁」を設けることも指示されている。(27) また、フランクフルト組織代表ベッカーが労働者教育協会の集会を粉砕した攪乱部隊の活躍を報告しているように、自派の集会防衛のみならず敵側の集会への突撃も行われた。(28) ラサール自身、進歩党側の妨害を批判する文脈ではあるが、公開集会攪乱の容易さを次のように述べている。

「攪乱者は少数であっても常に成功するということを諸君、理解したまえ! まず騒動を起こし、もう一方で平静を叫べば、騒動はますます大きくなるからである。(29)」

こうした攻撃的な集会戦術に加えて、ラサールは伝統的な市民サークルである射撃協会、体操協会から旗行進や松明行進を運動に採用した。このデモ行進がメンバーの連帯感から自然発生したのではなく、公共圏に注意を喚起するために計画的に組織されたことは、ベッカーが六四年六月二九日付でラサールに送った手紙の追伸からも明らかである。

「我々は貴殿を鉄道までお迎えします。たった三日のご滞在とは残念です。貴殿のために松明行列を行うつもりです。新聞どもが黙ってこれを見過ごすことはできないでしょう。」(30)

この時の松明行列は警察に許可されなかったが、それが持ったメディア・イベント的性格は明らかである。こうした祝祭行進が市民的公共圏に与えた恐怖は六四年三月一二日ベルリン国事裁判所で行われた公判における検察側弁論の速記録に象徴的に現れている。

「一体労働者とは何者でしょうか。それは肉体的な力を表現しております。もし平穏で祝祭的な労働者の行進にこの街頭であなた方が出くわしたとしたら、きっとこう考えて不安で胸が一杯になることでしょう。今は平和な行列の中で動いているエネルギーが、もし解き放たれ、この現代の一つ目巨人族《キュクロプス》が、仕事場の工具だけにしろ武器を取り、現存秩序に対して蜂起したとしたらどうなるでしょうか?」(31)

こうした街頭公共性が市民にもたらす恐怖も、自らの裁判の政治的効果と同様、ラサールには計算済みであった。そのことは、V・フーバー宛書簡から窺《うかが》い知れる。

「私への敵意により、現在とりこみ中の反逆罪訴訟一件と既に刑事訴訟五件と大繁盛で、大変結構な事態です！　世の中全体は分別や愛情より、恐怖に一層敏感なのですから！」[32]

ロンスドルフ演説と「殉教」

六四年五月九日、ラサールはライプツィヒの演説を皮切りに、一四日ゾーリンゲン、一五日バルメン、一八日ヴェルメルキルヘンで演説集会を行い、二二日ロンスドルフで全ドイツ労働者協会創設一周年記念祭を行った。二度目の「ライン巡幸」により、新型の政治祝祭が労働者層に開花した。千人以上の労働者がエーベルフェルト駅で万歳を繰り返して総裁を迎え、ロンスドルフの祝祭広場へ向けて儀式用馬車を連ねて彼を運んだ。街頭は、花飾り、花輪、聖霊降臨祭で戸口を彩る新緑、横断幕で飾られ、労働者の娘たちが総裁の車に花吹雪を投げた。老いも若きもひしめき合い、歓呼は絶え間なかった。集会所は大衆で溢れて、予定されたダンスなど不可能となり、祝宴も中止せねばならなかった。[33]「ロンスドルフ演説」の名で知られるこの演説でラサールは一年間の活動を総括している。シュレージエンの職工代表が国王に謁見した事例を引用して、これこそ全ドイツ労働者協会のアジテーションの成果であり、国王が労働問題の法的改善と普通直接選挙法を約束したことを意味すると主張した。演説の最後に、所謂「見識の独裁」のテーゼが打ち出された。

「確かに諸君は私に五年間この権威を依託したのだが、誰かが不満や不承知を唱えれば、私が自らこの権威を辞することを諸君は知っていよう。この最も進歩した自由意志に基づく権威によって、あたかも電光石火のごとく伝達され、諸君は全員一丸の行動を取ることになる。……この規律はまさに我が協会の精神そのものに基づいている。つまり、個々人の不平不満といった病弊からではなく、ただ見識の独裁 Diktatur der Einsicht によってのみ、強大な社会の変革運動は遂行されうるという聡明な洞察である。[34]」

「教皇不可謬説」を想起させる指導者原理「見識の独裁」は、政党組織の中で活動する訓練を受けた経験のない労働者の存在状況に規定されていた。メーリングがラサール派活動家について述べた次のような状況も「見識の独裁」を肯定している。

「比較的わずかな会員しか持たず、一労働者として日々の労働に追われた後でアジテーションを行い、その上でなお会計し報告書類を書く義務をもつ代表者の大半に、どれほどのことが期待できたろうか？　ペンを使うことすら不慣れであるのに。[35]」

こうした状況ではおそらく不可避であった「見識の独裁」の核となるカリスマ性をロンスドルフ演説の速記録は次のように伝えている、と言うより、この演説は後世までラサールのカリスマの証拠として読み返された。演説の末尾で自分に加えられる迫害を、運動の成功の最後の証しであると主張したラサールこそ、三カ月後の「殉教」を「預言」する者とみなされた。

「諸君も判っていようが、私個人がこの旗のもとに破滅するであろうと正確に予見することなくして、私がこの旗を握ることはなかった。（集会者全体が大変な興奮状態）。私個人は虐殺されるだろうと悟った時、私の心に浮かんだ感情を要約するのに、ローマ詩人の次の言葉ほど適したものはあるまい。"Exoriare aliquis nostris ex ossibus ultor!" ドイツ語で言えば「我が虐殺されしとき、我が死骸より、たれか復讐し後継する者の甦らんことを！」この強力な国民的文化運動が我が肉体とともに没落することなく、諸君のただ一人でも生き残る限り、我が点せし大いなる炎がより一層侵掠せんことを！　諸君、それを私に誓うのだ、その証しに諸君の右手を高く掲げよ！（最高度に興奮した集会者全体が腕を掲げた。何度も繰り返される拍手喝采が長く続く）[36]。」

「国民的文化運動」、ラサールは自らの運動をこう呼んだ。この速記録を校訂したベルンシュタインは、ここに註を付け、この箇所によりマルクスのインターナショナリズムに対峙する「国民的社会主義者」Nationaler Sozialist のレッテルがラサールに貼られたと指摘している[37]。この文脈では「国民的」という言葉が「地域的＝領邦的」との対比で運動の「統一的」性格を示すことはベルンシュタインの言う通りとしても、ＳＰＤにおけるラサール主義の水脈、つまり「国民的な社会主義」がここに発することもまた歴史的事実である。

すでに結党時より党内から多くの機関紙創刊要求がラサールに寄せられていたが、ロンスドルフ演説の直後にも演説パンフレットの印刷を請け負っていたベルリンの出版業者R・シュリングマンから「労働者新聞」創刊が要請された。[38] とりわけ『人民新聞』など民衆向けの新聞が影響力を持つベルリンで運動が停滞したことはラサールに機関紙問題を再考させることになった。[39] ようやく六四年七月八日、ラサールは編集者に指名した弁護士J・B・フォン・シュヴァイツァー、退役将校J・B・フォン・ホーフシュテッテンと会談し、ベルリンで全ドイツ労働者協会機関紙『社会-民主主義者』Der Sozial-Demokrat(1864-71)を創刊することを決定した。だが、同年一二月一五日の創刊号をラサールが手にすることはなかった。もっとも、ラサールが生きていたとして彼の創出した煽動集会と宣伝機関紙がどのように両立できたか、それは一考に価しよう。全ドイツ労働者協会の運動がカリスマ性を保持しつつ機関紙システムに拠る大衆組織への発展を遂げるためには、カリスマが非日常的なもの、個人的なものから、より日常的で人格に依存しないものへ移行して行かねばならない。つまり、祝祭から機関紙への移行には、カリスマの「制度」的継承が不可欠であった。

八月三一日、避暑地ジュネーブでH・フォン・デンニゲス嬢への求婚をめぐる決闘によりラサールは死んだ。それは、全く政治的な死ではなかった。にもかかわらず、その時、全ドイツ労働者協会の組織と機関紙はラサールの「殉教」とそのカリスマ継承の儀式を必要としていた。その意味でそれは、あまりにも政治的な死であったといえよう。

4　崇拝の合理化と祝祭の世俗化

創られたラサール崇拝

ラサール崇拝は、科学的社会主義の正統史観ならずともドイツ帝国の権威主義的社会が生み出した「臣民精神」の労働者階級における反映と、はなはだ否定的に紹介されてきたが、(1)ここでは崇拝の原義に立ち戻り儀礼としてのメディア機能から再考してみたい。

ラサールの横死が伝えられると、ハッツフェルト伯爵夫人はラサールの遺体を棺に入れて三度目の「ライン巡幸」を計画したが、遺体はケルンで警察に押収された。しかし、各地の支部ではラサールの慰霊祭が厳粛に行われ、これ以後、命日八月三一日に近い日曜日には毎年「ラサール祝祭」が執り行われるようになった。会場は黒い布地で飾られ、演台近くには花で囲まれたラサールの胸像が置かれ、音楽と合唱で幕が開くとラサールの功績を称える代表者の演説が行われ、この賛辞に合わせて少女がラサール像へ花輪を懸けた。ラサールを称える演劇も催され、唱和と合唱が繰り返された。(2)ラサール祝祭における連帯感の組織化に伴って、会場の防衛、整理を行う体操クラブ、祝祭劇を担当する演劇サーク

図3 「労働者祝祭(ラサール祝祭)」 弁士の脇に棕櫚と花輪で飾られたラサール像(右側中央)。まるでミサに行くように盛装した家族連れの姿。(*WJ*. 1899. Nr. 280)

ル、頌歌を唱える合唱団は労働運動文化の中核的担い手へと発展していった。数多くの頌歌がラサールに捧げられたが、中でも一周忌祭のために作詩された「労働者マルセイエーズ」は後のゴータ合同大会でSPD党歌とされたものである。その最後の一節は次のように結ばれている。

「種まく人《ゼーマン》も倒れたり、
種は望ましき地に落つ
大いなる御業残されり、
聖なる遺志はその全て！
敵なぞものの数ならず、
いかなる危険も恐るるまじ
いざやラサールが示しし道、
続けよ、共に、勇敢に！[3]」

この歌詞に添えられた挿し絵（図4）には棕櫚の葉を掲げて行進する労働者の姿が

図４　「労働者マルセイエーズ」を歌いながらの祝祭行進。「正義」の剣を持つ自由の女神の「赤旗」と、巡礼の伝統「棕櫚の葉」が共存する聖空間。（*WJ*. 1891. Nr. 141）

描かれている。棕櫚の葉は死に打ち勝ち、永遠の幸福に至る印（黙示録7－9）、殉教者のエンブレム、「義なる者」の印（詩篇92－12）であり、棕櫚の木の上で生まれ再生する不死鳥のイメージが表現されている。祝祭行進において掲げられた棕櫚の葉がキリストのエルサレム入城を再現しており、その背後にあるラサール・マルクスの文字が「約束の地」へと導く「労働者の王」を意味することは言うまでもない。

祝祭の舞台ではラサール自作の英雄悲劇『フランツ・フォン・ジッキンゲン』はもちろん、後に総裁となるフォン・シュヴァイツァー作のラサール史劇なども上演された[4]。ラサールの生前にも、シュヴァイツァーはラサールの演説から抜き書きし、その教義を小説化した『ルツィンデもしくは資本と労働』を出版しているが、ラサール自身もこの「社会小説」を「最大級の重要な宣伝手段」として高く評価していた。[5] こうしてみるとラサール崇拝が決して支持者による自然発生的なものでなく、ラサールと後継者たちを含めた指導部による高度に計算された文化装置であることは明らかである。後継総裁ベッカーはラサール祝祭の起源についてこう述べている。

「私が発議した慰霊祭は、社会民主主義に大打撃をもたらす脅威であったラサールの死を党の接合材として利用しようという党利に発する思惑に基づいていた。というのも、これまでの指導者の死亡通知が、全ドイツ労働者協会に参加した労働者に彼らの目標を放棄させることは容易に起こりうることだったのだから。事態の打開のために宗教的―狂信的な衣を纏った社会主義的宣伝の一時的な現出は賢明な判断から必要と見なされた。[6]」

約一年で総裁を辞任したベッカーの後年の回想に過度の信頼を置くことはできないとしても、ラサール神話が後継者によって積極的に創作されたことは事実であろう。実際、神話が必要であった。強烈な閃光をSPD史に放ちながら、ラサールが全ドイツ労働者協会で活動した期間は一年三カ月にすぎない。ラサールはまだ確固とした組織を打ち立てたわけではなかった。ラサールの死亡直後、全ドイツで党員数は四千六百十人にとどまり、約五十の支部があったものの百人以上の支部は三分の一のみで、多くは名ばかりの存在に留まっていた。[7]『社会‐民主主義者』の購読者に至っては、六六年にようやく四百二十人に達したにすぎない[8]。当時の労働者党員の実態を知る上で、ラサールがベーメンのアッシュ地区代表者に任命した靴下製造工マルティンが、機械化により失業し入党した百人の靴下製造工と職工に語った言葉は象徴的である。

「貴賤を問わず聖書に従わねばならない。まさにこれこそ総裁ラサール氏と聡明な彼の信奉者のとる道である[9]。」

図5 「メシアの今昔」 20世紀のイエスの生涯。再臨した「不滅の人」は「平等・自由・友愛」を説いて騒乱罪で逮捕され、世の変わらざることを嘆く。(*WJ*. 1899. Nr. 350)

また『社会-民主主義者』には聖書の言葉を踏まえた次のような信仰告白も掲載された。「ラサールの教えは唯一の真理であり、それは不可謬にして、その信仰は山をも移す。その教義への確固たる信仰なくして、教義のために最初のキリスト者が血を流すことはなかったであろうし、その宗教の不可謬性なくして、宗教が宗教として名をなすことはなかろう。そして、ラサール信仰なくして社会主義は決してドイツ労働者に根を下ろすことはないだろう。その根こそ、いつの日にか歓喜に溢れた人類の木を繁らせるのだ。」[10]ラサールの死を「一九世紀のメシア」の受難と考え、それを招いた「労働者の怠惰」への贖罪として活動に専心した信者は決して少数ではなかった[11](図5)。

新しい民衆祝祭の創造

こうした状況では、ラサールが指令の中で地区の党員組織を「ゲマインデ」と呼んだとき、それを宗教的な信徒集団や礼拝の会衆を意味するものと同時代人が見なしたとしてもやむをえない[12]。そうしたラサール派の救済宗教的性格を考えるなら、ラサール生存中に組織化が停滞した理由は次のようにも説明できる。

宗教的なものを私的領域に封じ込めてきた市民的公共圏内部から出発したラサールも当初は、賃金鉄則、間接税問題、既得権体系など「科学」的論点を強調していた。その限りでは現実の労働者層への影響は限られていた。やがて、宗教を軽蔑した教養市民層の影響下にあった労働者協会同盟との抗争の中で、つまりライン観閲式からロンスドルフ演説に至る「煽動政党」形成の過程で、宗教的要素が急浮上した。この神話的・代表具現的要素はラサールの死後、その人格の殻を破って組織原理として全面展開された、と言えよう。六三年八月、ライン閲兵式に向かうラサールに宛てた協会書記ファールタイヒの提案などもこうした文脈で読まれるべきであろう。

「現在唯一妥当な運動、つまり、より精神的でより理想的な運動を理解するセンスは巨大な大衆にはない。それゆえ、我々の日々の運動全体が耳で聞こえるように、肌で感じるようになるとき、初めて大衆は活気づくだろう。だからといって、我々の努力が時期尚早であると言っているのではない。それにより、中核を作り、来たるべき革命に道を示すことができる組織を整えよう。しかし、今は、我が協会の目標から外れることなくハンブルクの人々が全く正しく選択した路線を採用しなければならないだろう。つまり、社交場と精神的娯楽を参加者に提供することである。それを我々は徹底的に追求すべきだと思う。[13]」

ファールタイヒは地方組織の分権化をめぐってラサールと対立し、翌年二月一日協会書記を辞任することになるが、結果的にこの提案は受け入れられた。もちろん、これまで世俗的な労働者教育協会によって提供されてきた社交場と精神的娯楽をラサールはそのまま踏襲することはできなかった。意識的な差異化の結果、市民的な集会と異なる新しい民衆祝祭が生み出された。六四年「ライン巡幸」途上の出来事を当時の新聞はこう伝えている。

「昨日我々の町で有史以来というべき民衆祝祭が行われた。……キュパーステーク駅までこの地の労働者代表が花輪で華麗に飾られた馬車でラサールを出迎えた。キュパーステークからヴェルメルスキルヘンまで馬車で三時間の道程のあちこちで、全員が在来の青色の作業着に身をつつみ、勢ぞろいして並んだ労働者や農民の群れに出くわした。ブルシャイト付近には、協会員の子供たち、ヴェルメルスキルヘンの少年少女が出迎えのために到着していた。協会員の子供が非協会員の子供に「僕らは今日が日曜日、お前たちはそうじゃない」と言ったため、すごい騒動が発生した。[14]」

成人男子の有権者に限られた市民的公共性ではなく、私的親密圏に囲い込まれていた女性、子供を含め家族ぐるみで参加できる労働者祝祭は、同じく市民社会で私的領域に追いやられていた「宗教的なもの＝代表具現的なもの」をも公共圏に引き上げた。ラサールはハッツフェルト伯爵夫人にこう書き送っている。

「ここでは演説はもはや政党祝祭のものでも政党集会のものでもありません。全住民は言い様のない歓声を上げました。このアジテーションがこれほどまで強烈に地方都市を掌握できた事実は言語に絶しますが、私はまったく驚嘆してしまいました。新宗教創設の瞬間はかくあるべしと確信しました！[15]」

この「ライン巡幸」以後、ラサールは自己のカリスマを意識的に利用し、直筆でサインを入れた石版印刷の肖像画を活動家に販売させた[16]。先に引用した「労働者マルセイエーズ」の作詩者として知られるハンブルクの機械工アウドルフは、次のような熱烈な手紙をラサールに出している。

「マルコーは私の仕事仲間ですが、あなたの著作を読んで仲間に加わり、あなたのすべてに人知れず熱い思いを抱き、あなたの肖像画を手にすることだけを身を焦がす思いで熱望する自分と同じ素朴な労働者です[17]。」

こうした肖像崇拝はラサール没後はより徹底的に利用された。六五年七月一日付『社会‐民主主義者』はラサール主義のシンボル体系を次のように伝えている。

「協会集会所の所有者は会衆に偉大な創設者の半身大の肖像を贈った。この肖像は三重の花輪で囲まれていた。その頭上には大きなドイツ国旗が翻っている[18]。」

こうした代表具現的なラサール崇拝が世紀転換期のSPDにまで引き継がれたことは、一八九四年『南独郵便御者』のラサール祝祭号（図6）にも明らかである。また、労働者祝祭で配布されたラサールの演説抜粋集が、その装飾過剰でメタファーに溢れた文体によって聖書的世界観で育った労働者に状況を直感的に把握させ、解放への道を幻示したことは間違いあるまい[19]。こうしたラサール文書が運動参加への躍動《エラン》の源泉であったことは活動家の自伝など多くの証言から裏付けられるが[20]、七三年五月一九日付エンゲルス宛のベーベル書簡からも読み取れる。

図6　『南独郵便御者』の「ラサール没後30周年記念」号。肖像の下に「労働者は未来の教会が建設される岩である！」の文字。（*SP*. 1894. Nr. 18）

「黙殺できないラサールの著作が、その一般受けする語りによって、大衆の社会主義観の基礎を実際に作り上げたということを忘れてはなりません。これらの著作は他の社会主義的著作の十倍も二十倍もドイツで普及しているのです[21]。」

この大衆的著作に加えて、煽動演説と唱和・合唱・身体儀礼を組み合わせたラサール祝祭の豊穣な象徴メディア空間は、論述的、言語的コミュニケーションと感性的・象徴的コミュニケーションの統合を見事に成し遂げた。これこそ、労働者運動文化の揺籃であった。

一方、市民的公共圏により長く留まったベーベル、リープクネヒトなどアイゼナハ派幹部は、エンゲルスの科学的社会主義の影響もあって、合理的コミュニケーション＝活字メディアによる思想宣伝を過大に評価していた。ベーベルはエンゲルスにこう述べている。

「友人マルクスがリープクネヒトの願いを入れ、『人民国家』Der Volksstaat（1869–76）

の客観的論文で科学的にラサール理論の誤りと欠点を証明すれば、ラサール崇拝へ致命的打撃を与えるでしょう[22]。」

結局、ベーベルやリープクネヒトはラサール崇拝の意味、つまりアジテーションの感性的・象徴的導入の重要性を理解できず、ラサール祝祭と不可分に結びついて発展した労働者文化運動にもほとんど関心を示さなかった[23]。それにもかかわらず、ラサール派に対してアイゼナハ派幹部が反発を強めた理由の一つはその代表具現的公共性、つまりアイゼナハ派組織内部にも及んだラサールへの個人崇拝であった。もちろん、ラサール崇拝の代表具現的公共性と社会主義の近代性の齟齬はラサール派内部でも問題となり、組織化が進むにつれて感性的・象徴的形式は戦術レベルに合理化されて理解されるようになった。三代目総裁C・W・テルケは既に六五年九月に次のように述べている。

「人々の大半は残念ながら幼少より偶像崇拝 Götzendienst に慣れているので、人類の普遍的な幸福への偉大な理念に熱中し、団結して闘争するための結合剤が必要となる[24]。」

テルケはアイゼナハ派との合同が問題となった際にも、リープクネヒトに対し「ラサール崇拝は純粋に戦術的理由から行われているといってよい[25]」と釈明している。だが、崇拝が「戦術的な理由」と合理化されてゆけばゆくほど、七〇年代にはアイゼナハ派内部にもラサール崇拝は運動の形式として受容されていった。

赤旗と「握手」のシンボル

一八七一年九月二日、ビスマルクはドイツ統一を阻むフランス皇帝ナポレオン三世をセダン要塞に降伏させ、ここに事実上ドイツ帝国が成立した。すでにビスマルクと闘った進歩党は分裂し、多数派はビスマルク与党として国民自由党を結成していた。こうして「遅れてきた国民国家」が成立して以降、ドイツ市民は九月二日をセダン記念祭として祝った。他方で、ラサール祝祭は七〇年代にはいってますます盛んになったが、その背景にはビスマルクの「消極的統合《ネガティブ・インテグレーション》」政策が作用していた。国民国家建設を急いだビスマルクは国家内部に「国民の敵」をつくることで諸身分、諸利害の統合を推進した(26)。社会主義者に向けられた「祖国なき輩」のラベリングが浸透すればするほど、九月二日のセダン祭を三日後に控え暦の上で対峙している八月三一日のラサール祝祭の意義は大きくなっていった。それは不完全な国民国家に対する労働者の政治的示威の空間であった。また、国家統合された市民層が放棄した反体制的な政治祝祭の継承者として三月一八日にSPDは「三月(革命)記念祭」を行うようになった。いみじくも、この四日後の三月二二日が皇帝(ヴィルヘルム一世)生誕祝祭であったために、ここでも労働者祝祭は市民(国民)祝祭と対峙するサブ・カルチャーを形成していた。

こうして労働者的公共圏の中核となった労働者祝祭は、「シンボルと英雄」の重視という形態では五九年のシラー祭などの市民祝祭の伝統を受け継いでいるとしても、それが煽動集会であり、かつまた労働者家族の祝祭である点で市民的政治祝祭と決定的に異なっていた。労働者祝祭のプログラムを分析してみるとそれは明白である。例えば、六九年八月にブラウンシュヴァイクのアイゼナハ派が開いた「社会民主主義労働者祝祭」もラサール祝祭を形式として受容しており、楽隊の先導による大パレード、煽動演説、大コンサートと花火が式次第として載せられている。(27) このプログラム冊子には「労働者マルセイエーズ」などが掲載されており、アイゼナハ派内へのラサール崇拝の浸透を証明している。さらに、このプログラム冊子に「旗を持参のこと」と明記されていることも重要である。確かに、六三年五月二四日の全ドイツ労働者協会代議員会議で「旗、紋章など」の導入提案は一度拒否されているが、やがてラサール派は党旗として「握手」を中央に描いた赤旗を制定した(28)(図7)。中世以来、職人組合は都市祝祭において、組合旗とそのシンボルを掲げた行進を行ってきた。その伝統をラサールは労働者運動にそのまま採用することはできなかった。というのも、このギルド文化は労働者に対し

図7　ブレスラウADAVの党旗。「自由・平等・友愛」と「団結は力」の文字の間に、「握手」シンボルがある。リボンには「1863年5月23日(結党記念日)フェルディナント・ラサール」の文字。

ては本来閉鎖的で、大衆性を持ってはいなかった。一例を挙げるならば、フランス革命の影響で一七九一年ハンブルクで職人ストが発生した時、組合の旗や表象を掲げた行列に参入しようとした労働者を職人たちは排除し、仕方なく労働者たちは引き抜いた木々を旗の代わりに掲げて練り歩いた、という記録も存在する。[29] 創設時に旗の導入が拒否されたのは、古い職人組合の伝統と離れて新たな労働者組織の自己主張が必要だったためである。

この赤旗という職種を超えた階級的シンボルの導入により、職人以外の労働者とその家族を含めた数千人規模の祝祭行列が可能となった。七二年ミンデンの労働者祝祭について『新社会 - 民主主義』Neuer Social-Demokrat（1871–76）は次のように報告している。

「三時半ごろ全ての組合が各組合の旗とシンボルをもって参加した行列は動き始めた。赤旗が最初にミンデン要塞の街頭を数千人を従えて通り抜けたことは、厳粛な感情の高ぶりをもたらした。[30]」

このように地方都市でも数千人の動員を可能にしたのは、労働者家族の行列参加であった。市民的祝祭にも女性や子供が加わることはあったが、彼らは有権者である家長に従属しており、個人としては登場しなかった。[31] ブルジョア家族がビーダーマイヤー的生活圏に退行していったのとは逆に、労働者的公共性は私的親密圏を政治的公共圏へ拡大していった。生活水準向上を訴える労働者祝祭には、その限りで「私的」空間と「公的」空間の区分は存在しなかった。その上で、社会主義とフェミニズムが連携しえた理由は、女性参政権を内包する普通直接選挙の要求のうちにも見出せる。

　また、娯楽と運動の結合は、六四年七月二九日付ラサール宛書簡でG・レヴィはこう報告している。ライン地方を中心に青年活動家のアジテーション部隊が結成され、ブルジョア青年がワンダーフォーゲルとして散策するのと同様に、日曜日には周辺地域でアジテーションが展開された[32]。こうした娯楽要素を含み持った活動は、特に、次章で扱う鎮圧法下の弾圧期においては強い抵抗力を発揮した。言論の自由が弾圧されていればいるほど、祝

図８　「メーデー行進」の祝祭性。「万国の労働者団結せよ！」の横断幕、「8 時間労働日万歳」の花輪に、仕立屋・家具職人・左官……など職人組合の伝統的シンボルが続く。（*WJ*. 1901. Nr. 385）

祭文化は労働者運動の存続を公共圏にむけて主張する重要手段になった。ラサールの命日には工場の煙突や教会の塔に赤旗が翻り、夏の一日を労働者とその家族は党集会の代わりに遠足や舟遊びに出かけた。

祝祭の世俗化と大衆化

このようにラサール派による祝祭文化の創造は、激烈なアジテーションとあいまって市民的公共圏から労働者を切り離し、結果的には市民層とは隔絶した労働者的公共圏を形成してゆくことになった。鎮圧法下で社会主義運動が衰退しなかった理由は、祝祭と煽動が混合した運動文化が存在し、それが党員のみならず家族まで含むサブ・カルチャーであったためであろう。国民的な文化の中で自立したこの下位文化の中で、やがて党出版社による新聞・書籍の配給はもとより、消費共同組合を通じて必要な日用品も賄われるようになった。各種の文化サークルから集会所を兼ねた党の居酒屋まで労働者の生活全般がそこに包括されていった。

だが、こうして成立した労働者的公共性が党公共性 Parteiöffentlichkeit として拡大する過程で、『祝祭、新聞、フランクフルト代議士大会』の公共性批判は片隅に追いやられ、『共産党宣言』により近い『労働者綱領』『学問と労働者』の文化社会主義的要素が過度に強調されていった。こうしてラサール崇拝は「マルクス主義」文化に組み込まれ、進歩と学術の神格化に利用されるまでになった[33]。ワイマール期に出版されたP・カンプフマイヤーの『ラサール――労働者文化運動の覚醒者』などはその典型である。

「自然を科学的に認識し制御することは、世界を包括し万人の福祉に基づく社会主義社会の不可欠の前提である。社会主義はそういう信念を強固な基盤としている。……学者そしてアジテーターとして、ラサールは人間の自由の絶え間ない拡大という意味で世界を変えようとするのだ[34]。」

こうして労働者運動が過剰に「科学」を標榜し、一方でラジオやグラフ雑誌などのマスメディアが労働者家庭に浸入し、大衆娯楽が個人化した一九二〇年代にラサール主義は別の形で復活することになるが、それは本書の後半でもう一度論じたい。

ラサール祝祭や三月記念祭は、社会主義者鎮圧法時代にも続けられた。しかし、一八八九年第二インターナショナルの成立とともに労働者の祝日として「メーデー」が決議され、また鎮圧法廃案後に「労働組合祭」が盛んになると、次第に風化し始めた[35]。その変化自体は伝統志

図9　1912年ハレにおける五千人のメーデー行進。盛装した「一つ目巨人族」の整然とした行進。

図10 「労働組合に組織された軍隊は楽隊をメーデー行列に投入する。」 総力戦後のメーデー行進。（*WJ*. 1920. Nr. 880）

向の記念祝祭から未来志向の闘争祝祭への変化とも言えよう。また、「ゼクト」から「キルへ」へ発展したSPDにとって、ベンヤミンの概念を使えば礼拝的価値より展示的価値が重要となったのだ、と解説することもできよう。さらに言えば、宗教的なものは科学的に否定され禁止された場合よりも、科学的に理解されて「信仰」されつづけることで、そのエネルギーを喪失する。ラサール崇拝を「党の接合材」として容認し、ラサール祝祭の形式を党大会のセレモニーとして採用したSPDは、ラサール的伝統を残しつつラサール的情熱を喪失していった。一九〇四年のプロイセンのSPD大会で修正主義者ベルンシュタインが三級選挙制度改革要求のために要求した街頭デモ行進の組織化は激しく批判され、執行部案「言葉と書物による不断のアジテーション」の実行が決議された。[36] ラサール著作集の編纂を通じて、「神話」なきマルクス主義から離れたベルンシュタインはラサール没後四〇周年のこの年、『フェルディナント・ラサールと労働者階級におけるその意義』を刊行している。

一九〇八年帝国結社法によって集会規制の一部が緩和され街頭デモは容易になった。SPDによってプロイセン選挙法改正要求の集会・デモが「街頭公共性」として組織され、自由主義左派など市民層の一部も参加するようになり、労働者祝祭の旗や棕櫚の葉は後退した。こうした大衆集会では祝祭の伝統的アウラは消えていった。一九一〇年四月一三日付中央党機関紙『エッセン人民新聞』Essener Volks-Zeitung (1868-1941) の記事はそれを裏付けている。(37)

「戸外のデモ集会は外国、つまりイギリスから輸入された。新ドイツ結社法はそれを原則的に認可することを決めている。我々はこの新しい習慣を受け入れねばならないだろう。」

最終的には第一次大戦を境にSPDにおける政治集会のスタイルは変化する。繰り返し反軍国主義が主張されたにもかかわらず、その式典には宗教的礼拝と宗教用語に代わって軍事的規律と軍事用語が採用されていった。(38) それと平行して言論表現、集会結社の自由が確立したワイマール憲法下の護憲与党SPDにおいて政治集会の祝祭性も枯渇していった。それに加えて、SPDは大衆化した組織を運営するために、党組織の官僚化を進め、官僚化は文書化を促進し、運動はより活字メディアに依存するようになっていった。元来、ラサールの運動戦略は活字メディアを独占した市民層に対して、その垣根を撤去して政治的公共圏の開放を実現する戦略であった。皮肉にも、そこに成立した労働者的公共圏は大衆的に拡大すればするほど、組織の近代化の必要から機関紙を中心とした活字メディアへの依存を強めていった。

以上のようなラサール崇拝の合理化、つまり運動のエートスの近代化は、次のような問題を投げかける。活字メディアを中心に公共性を把握すること、あるいは公共圏で祝祭性を放棄すること、それは確かに近代化の流れにそったものである。だが、こうした公共性への視野狭窄のために、近代主義者はナチズムの公共圏制圧を許したのではなかったか。

誤解を恐れずに言おう。ＳＰＤの未来を大衆に約束した者はカリスマ的「預言者」としてのラサールであり、科学的「予言者」としてのマルクスではなかった。だが、ＳＰＤの近代化の過程はマルクス主義化、つまり「預言」に「予言」が取って代わる過程であった。その結果、この近代化＝脱魔術化＝世俗化された党を待っていたものが何であったか、については本書の最後で再び論じることになろう。

第二章

市民的啓蒙新聞から社会主義大衆機関紙へ

「手工業職人は出版物を必要とはしなかった。彼らの生活していたささやかな関係の中では口頭伝達で十分であった。今日、巨大な賃金労働者大衆を組織統合し、統一行動に導くには出版の助力なくしては全く不可能である。」

カール・カウツキー『エルフルト綱領解説』（一八九二年）

1 社会主義者鎮圧法時代のメディア環境

踊る「カール・マルクス」

一八九一年元旦午後五時半、テンペルホーファーベルクのベルリン・ボックビール醸造所で読書クラブ「カール・マルクス」の男女合同公開集会が開催された。ラサール派旗揚げ時の幹部会委員T・メッツナーによる「行く年来る年・回顧と展望」と題する公演、討論の後、「くつろいだ《ゲミユートリツヒ》ダンス」が行われるとの広告が中央機関紙『前進』Vorwärts (1891-1933, Berlin) 創刊号に載っている。(1)「行く年」で十二年間に及んだ社会主義者鎮圧法の廃案が回顧され、「来る年」に合法化された運動の組織化が展望されたであろう。

何も「カール・マルクス」が社交的《ゲゼリツヒ》に踊るのがけしからんというわけで、この広告を取り上げたのではない。ラサールが労働者を市民的公共圏から意識的に差異化した「煽動の舞台」を作り上げ、ここに市民的公共性と対抗する労働者的公共性が登場する過程はすでに述べた。それから約三十年、男女合同の政治集会で「社交的ダンス」が登場する。確かに、女性を加えた政治集会は当時の市民的公共性に対抗的であるが、読者クラブ、社交ダンスは、この労働者的公共性が市民的公共性の下位システムであることを良く示している。支配的文化に対抗的でかつシステム的に組み込まれた労働者的公共圏は七四年の帝国出版法成立、七五年のラサール派とアイゼナハ派のゴータ合同、七八年以後十二年間の社会主義者鎮圧法時代の経過のうちに成立した。

アイゼナハ派の文筆的公共性とラサール派の集会公共性の合同

七一年第二帝国成立により、アイゼナハ派とラサール派の争点であったドイツ統一問題も既になくなり、ラサール崇拝は統合手段に合理化されたことで七五年に両派の合同が実現した。両派の合同は当然、両派メディアの合同であり、両派の中央機関紙『新社会-民主主義者』と『人民国家』は、七六年八月合併して新たに『前進』Vorwärts (1876-78, Leipzig) となった。こうして成立したSPDにおいて機関紙政策とメディア観が統一されたことは重要である。マルクス『ゴータ綱領評注』の批判が示すように、アイゼナハ派がラサール派よりマルクス主義的であったわけではない以上[2]、この両派の相違は「ラサール主義」対「マルクス主義」の教科書的図式ではなく、公共性観の差異、あるいは宣伝媒体における「集会」対「新聞」の対比において捉えねばならない。ラサール派が集会や祝祭を基軸メディアとした組織と考えれば、秩序維持のために中央集権的原理が導入されたことは当然である。また、新聞を基軸メディアとするアイゼナハ派では紙面での情報統制が比較的容易なため、中央集権的原理を強調する必要はなかったとも言えよう。また、ラサールの新聞憎悪と対照的なベーベル、リープクネヒトの新聞崇拝という指導者のメディア観も両派の宣伝活動を規定したことは間違いない。アイゼナハ派創立大会でベーベルは次のように主張している。

「機関紙によって党員同志は様々な問題について、一度または数度、民衆集会で演説を聞くよりも、一層よく啓発されるであろう。というのは、民衆集会の効果は長続きせず、ただ刺激的に作用するのみだからである。[3]」

図11　ゴータ合同党大会記念のビラ。「ラサールとマルクスの党」の頭上にはラサール派のシンボル「握手」がある。

さらに中央機関紙『人民国家』の役割をリープクネヒトは、こう述べている。

「それは労働者に考えることを教えることである。そのため、なるべく高級な内容を保ち、紙面には出来るだけ多くの啓蒙的論説を載せねばならない。論説がしばしば理解し難いとしても、だからこそ労働者は自分の頭を大いに働かせねばならないのである。[4]」

もちろん、この教養主義的な新聞政策に対してはアイゼナハ派内部でも不協和音があった。七二年マインツ党大会での家具工T・ヨルクによる批判はその典型である。

「ここで編集者ヘプナーが『人民国家』は識字力が低い読者のために書かれているのではないと釈明するのであれば、こう返答せねばなるまい。読者の大半は確かに識字力が低いわけではないが、学者や教養人や文筆家はもっと少数なのである。[5]」

こうした議論の背景には、進歩党・人民党の文筆的公共圏に組み込まれていた労働者協会連盟を基盤に発展したアイゼナハ派の市民的教養主義の伝統があった。一方、アイゼナハ派を「文筆家の溜り場」と呼び、「唯一真性の労働者政党」を自負して反インテリ主義を強調したラサール派においては、新聞編集の能力と経験を持つ活動家の数が比較的に乏しかった。それも、両派のメディア対応の違いとなったはずである。[6] 合同までに機関誌十四紙を持つアイゼナハ派と、三紙しか持たなかったラサール派を比較しても、両者のメディア観の相違は明白である。[7] その上で、異なったメディア観にたつ両派の合同は、間接的コミュニケーションと対面接触コミュニケーションの弁証法的統一であり、ここに独自の大衆的情報回路を創出したSPDが大衆組織化に向けての足場を確立したと、一応は言えよう。

社会主義者鎮圧法のパラドックス

しかし、合同したSPDの前には、社会主義者鎮圧法下の非合法時代が待ち受けていた。この十二年間に党出版物が被った発禁は、定期及び不定期の刊行物延べ約千三百件以上に達した。だが、鎮圧法廃案時にSPDはドイツ全土に二十五万の購読者を擁する六十紙の地域機関紙網を確立していた。つまり、「宣伝政党」システムへの新聞メディアの組み込みは、鎮圧法時代に完成していた。(8) 出版の自由への「例外法」として編まれた社会主義者鎮圧法が生み出したこのパラドックスは如何にして起こりえたのであろうか。

先に創刊号の集会広告を引用した『前進』は、鎮圧法発効直後に禁止されたライプツィヒ発行中央機関紙『前進』の伝統を名実ともに継承すべく創刊された合法化後の中央機関紙である。だが、一八七八年に発行部数五千部で低迷したライプツィヒ『前進』と、一九一二年には十六万五千五百部に達するベルリン『前進』は、全く異なるメディアであった。試みに、十二年間を隔てた二者の紙面構成を比較してみよう。図12はライプツィヒ『前進』最終号全紙面（全四頁：記事三十一＋広告四）、図13はベルリン『前進』創刊号（全十頁：記事七十五＋広告六十一）をコラムインチで量り、記事スタイルごとに内訳を示したものである。「解説記事」「社説」「投稿記事」のベスト3で紙面の八四・三％を占める七八年『前進』と、「ニュース」「文芸欄」「広告」で四四・二％に達する九一年『前進』の間には確かに断絶がある。一言でいえば、これは市民的政治新聞と大衆的政党機関紙との違いである。「参加型ミニコミ」と「享受型マスコミ」、あるいは「啓蒙のメディア」と「宣伝のメディア」の差異と換言してよい。この間に、マクルーハン言うところの「熱いメディア」新聞の成熟過程を見ることもできよう。その臨界点で、SPDがこのメディアの力学を如何に把握し展開していったか、本章ではそれを問題とする。

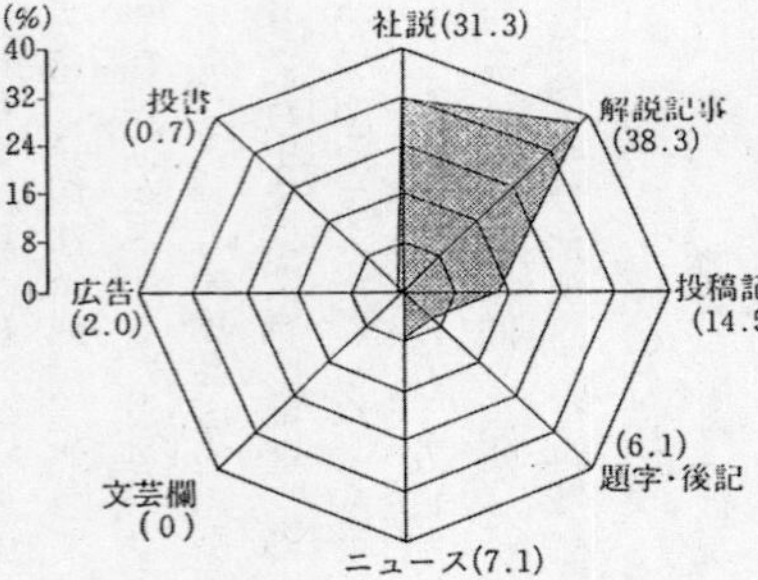

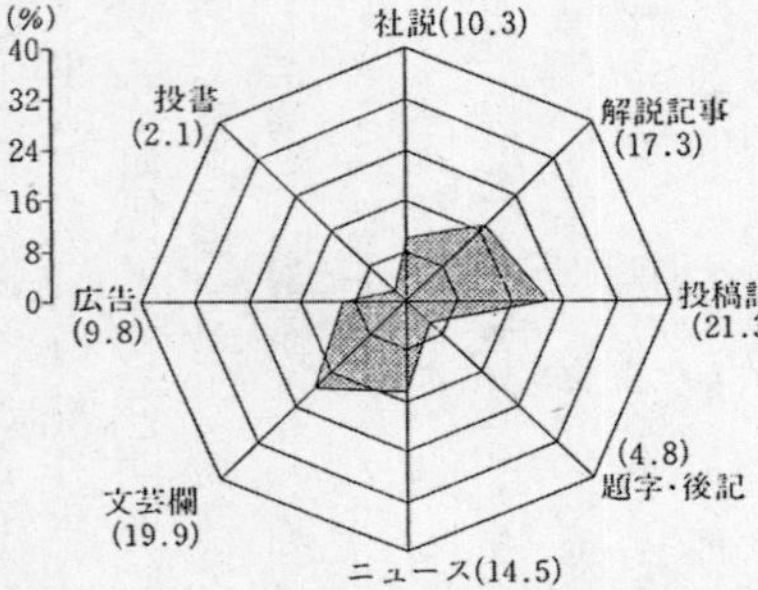

図12・13　ライプツィヒ『前進』終刊号(1878年10月27日第127号。上)。ベルリン『前進』創刊号(1891年1月1日第1号。下)。「解説記事」と「ニュース」は30コラム行以上と未満で分類した。

すでに第一章でラサールが展開した過激なまでの資本主義新聞攻撃をみたが、マルクスが死んだ一八八三年、アメリカではピュリツァーが『ニューヨーク・ワールド』を買収しイエロー・ジャーナリズム時代が到来した。同じ年ドイツでも『ベルリン地域広告新聞』Berliner Lokal-Anzeiger（1883-1945）の創刊をもってマスメディア元年が明ける。ラサールの新聞排撃からカウツキー唱える以下の如き新聞観への転換には、労働者層への新聞の浸透が不可欠であった。

「大半の労働者にとって今日なお、新聞こそ彼が世の出来事から知識を形成する唯一の源泉である。労働者が新聞で見ないものは、彼の頭の中には存在しない。つまり、新聞で見たものを彼は信じきって鵜呑みにし、それを制御することなど到底できないのだ。」⑨

実は、こうしたメディア環境の成立においてこそ、一八七八年は決定的な意味をもった。この年の十月二一日、ビスマルクは「公安を害する恐れのある社会民主主義活動鎮圧法」、通常「社会主義者鎮圧法」と略称される法律を二年半の時限立法として発効させた。⑩その後、四度に及ぶ期限延長を経て一八九〇年十月一日まで十二年間の「社会主義者鎮圧法時代」はSPD史を決定的に規定したとされている。「社会主義者鎮圧法の時代はSPDによるマルクス主義教理の受容の時代であった。そして同法が廃された時、党は一八九一年のエルフルト党大会でこの教理に見合う綱領を打ち出した」とは、往時は亡命中央機関紙『社会民主主義者』Der Sozialdemokrat（1874-88 Zürich, 1888-90 London）の編集長として、マルクス主義普及の最大の貢献者であったベルンシュタインの『ゼクトからパルタイへ』における回想である[11]。またG・ロートは「SPDのサブカルチャー」を語る中で、「もし社会主義者鎮圧法がなかったなら、マルクス主義は強力なイデオロギー上の競争相手を持ったであろう」と逆説的に、鎮圧法体験とマルクス主義受容を結びつけた[12]。あるいは、SPDの精神的外傷《トラウマ》として、つまり、鎮圧法が国家内疎外の「陣営心理」をSPD支持者に植え込んだとされ、それこそ同党をワイマール共和国期に至るまで規定した外部状況への受動性の要因とされてきた。もちろん「ドイツ労働運動の英雄時代」の叙述はなお盛んである。

もっとも、社会主義者鎮圧法の運動全体への効果・影響を直接論じる紙幅はここにはない。ただ、従来の研究がマルクス主義的機関紙『社会民主主義者』とその非合法配達組織である「赤色野戦郵便」の活躍に焦点を絞り、それにより、急進左派による宣伝組織再建の主導権、ひいては党内におけるマルクス主義の浸透を過大評価していること[13]への反省から、ここでは合法地域紙の分析を通じて例外法の意味の再検討を試みたい。

七四年帝国出版法の意味

「マス・メディアは工業生産力の上昇と直接比例した関係で拡大する」[14]という一般法則はドイツの近代化を見る限り、無条件では適用できない。三月革命後の急速な工業化の進展にもかかわらず、ドイツ国内の出版活動が三月前期の四四年水準に回復したのは、社会主義者鎮圧法発効の七八年である。⑮ つまり、政治状況はコミュニケーション過程の関数であるとしても、メディアの発展は政治状況に大きく依存していた。それゆえ七〇年代後半からの出版物のドラスティックな増加は、言論弾圧時代として印象づけられてきた七四年帝国出版法、七八年社会主義者鎮圧法と続く時代のメディア環境の再検討を促さずにはおかない。

社会史の視点からは、労働者の新聞閲読を論じる前提として六〇年代から始まる石油ランプの普及を指摘する見解もある。⑯ 確かに六三年ラサール派、六九年アイゼナハ派の成立は、日暮れて仕事を終えた労働者がランプの灯で読書することが可能となり始めた時代であった。また、七一年のドイツ帝国統一の意味を、統一的郵便・通信制度の誕生と位置づける必要もあろう。同年一〇月二八日の帝国郵便法は郵便強制制度を定め、二マイル圏を超える政治新聞の頒布には郵便の利用を義務づけたが、⑰ これが情報の流通に及ぼした影響は公定料金による配送の低コスト化であり、全ドイツ的規模への労働運動の発展にとってもプラスに作用した。

印刷、鉄道、電信という互いに相補的な三つの発明が結合して、新聞という恐るべき威力が出現すると、「公衆の時代」を論じたのはタルドだが、⑱ ドイツでは新聞の革新が七〇年代に開花した。ドイツで輪転機が導入されたのは七八年鎮圧法実施の年であった。生産コストから見れば、七二年に発明された亜硫酸パルプ生産法が七九年に実用化され、新聞原紙の価格は七六年から八六年の十年間で半額となった[19]。また鉄道網の発展は、四八年の輸送コストを八〇年にはその三分の一に減少させている[20]。電信については、四九年ヴォルフ通信社設立以後も電報の利用は六〇年代までもっぱら相場情報であったが、七〇年ロイター、アヴォスとの独英仏三通信社による通信契約が成立した。これを契機として一般ニュースの電報利用が一般化し、情報伝達の速度アップが日刊新聞の需要を増大させた[21]。

こうしたメディア環境の変容を前提として、まずはビスマルクの新聞政策から検討してみよう。検閲廃止を宣言した五〇年プロイセン欽定憲法第二七条が、翌五一年の出版条例により大幅な制約を受けていたことはすでに前章でふれた。つまり、言論統制の三Cと呼ばれる検閲 Censur、許可制 Concession、保証金 Caution のうち、許可制と保証金は七四年帝国出版法まで存続した。ドイツ自由主義の最後の砦ともいえるこの帝国出版法にSPD史研究書の多くが論及しないのは、メーリング以来の伝統であろう。メーリングは七三年にビスマルクによって企画され、議会で廃案となった帝国出版法政府案第二〇条を引き合いに出し、SPDに対する最初の例外法の試みと呼んだ[22]。ことさらに廃案となった条文だけを取り上げて実際に成立した七四年帝国出版法の内容に触れないメーリング流の叙述は、メディア環境の理解をミスリードしてきたと言えよう。

それでは、七四年帝国出版法はビスマルクの意図に沿った弾圧立法であったのか。図14

は七四年帝国出版法成立から九〇年鎮圧法廃案までの各時期の違法出版物の起訴件数を示している。これを訴因別でみると、各時期で多少の変動はあるものの、帝国出版法違反で起訴されたものは、七〇年代の二・五％、最高でも八〇年代前半の七・六％であり、起訴の八割から九割は七一年帝国刑法に基づくものであった[23]。つまり、帝国出版法自体は新聞に対する直接の弾圧手段ではない。こうした状況は、帝国出版法第二〇条「出版物の内容に基づき処罰すべき行為の責任は現行一般刑法に拠りてこれを定む[24]」の規定によるが、この第二〇条から帝国出版法自体の弾圧法的性格を計ることはできない。むしろ、運用次第で新聞経営に打撃を与え得る第二三条以下「差押え」条項が問題となる。

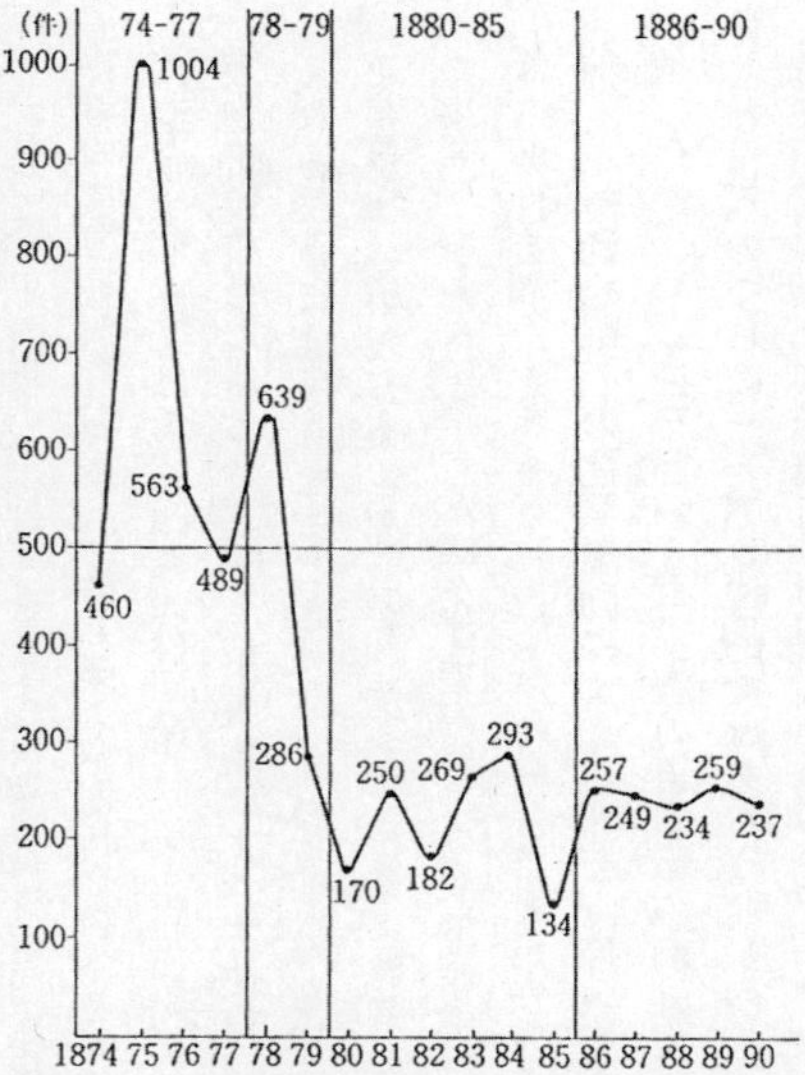

図14「1874-90年　出版違反事件数の変動」(出典：Wetzel, *op. cit.*, S. 300)

第二三条「以下の場合に限り、裁判官の命令によらずして、出版物の差押えをなすことを得。(一)出版物が第六条(印刷者、出版者、著作者の住所氏名記載義務)、第七条(定期刊行物への責任編集者の住所氏名記載義務)の規定に適合せず、又は第一四条(外国発行の不法定期刊行物の頒布禁止)の規定に違反して出版物を頒布したるとき。(二)出版物により本法第一五条(軍事機密保護)に基づき発せられる禁止に違反したるとき。(三)出版物の内容にして帝国刑法典第八五条(国家反逆罪煽動)、第九五条(不敬罪)、第一一一条(教唆および挑発罪)、第一三〇条(階級憎悪の挑発)もしくは第一八四条(猥褻罪)の犯罪事実において処罰せらるべき行為を構成する要件を満たすとき、ただし第一一一条と第一三〇条の場合においては危険切迫し差押えを遅延せばその挑発煽動により犯罪を直接生ぜしむべきときに限る。」

確かに、この差押えという「出版の自由」の例外規定の中に七八年「例外法」の起源を見ると言うのならば、一応論理的ではあろう。しかし、この差押え条項の存在に目を奪われ過ぎると、やはり帝国出版法がSPDのメディア政策の転換に果たした決定的な意義を見落とすことになる。と言うのは、その後のビスマルクの言論統制では帝国出版法が保証した「自由」をどこまで切り崩して行けるかが焦点となったからである。実際、同法全体の響きは、権威主義的ビスマルク体制と不似合いな印象さえ与える。

第一条「出版の自由は本法により規定され認められる制限にのみ服する。」

第四条「独立して出版業を営み、もしくは、出版物を発行、頒布するの権利は行政的または司法的手段をもって剝奪することを得ず。」

ビスマルクの意図はともかく、七四年の帝国出版法は「リベラルな傾向を混入した妥協立法」であった。それゆえこの法律はナチ体制下を除けば一九六〇年代半ばに西ドイツ連邦の各邦出版法が制定されるまで一世紀近くも存続した。そのことを念頭に置かなければ、社会主義者鎮圧法の意図と意味が曖昧になる。[25]

帝国出版法の意義の一つは保証金制度と新聞印紙税を廃止することで新聞発行を無産者階級の手の届くものとしたことにある。鎮圧法下での度重なる禁止にもかかわらずSPD新聞が後継新聞を再建できたのは、この保証金制度廃止のおかげである。ラサールは社会民主主義国家における新聞の前提条件として「完全な出版自由」「保証金廃止」「印紙税廃止」「新聞と広告の完全分離」を挙げたが、「広告禁止」という特別に反資本主義的な要求を除けば帝国出版法によって一応の実現を見たことになる。ラサール死後も伝統として残ったラサール派の「新聞憎悪」は七四年帝国出版法体制成立により一応解消した。翌七五年のゴータ合同大会での中央機関紙『人民国家』編集長リープクネヒトの発言は前年の帝国出版法成立を念頭に置いてこそ意味を持つであろう。

「出版は党の最重要な闘争手段である。その放棄は自殺行為であり、党を敵に委ねることを意味する。新聞は先ず収入源だが、それ以上に我々は新聞で自らの理想を擁護し、普及させねばならない。我々の最も恐るべき敵は兵士の隊列ではなく、敵対新聞の隊列である。敵対紙、つまり政府に買収された新聞に対する我々の唯一最強の武器は我々の新聞なのだ。我々が新聞を持つ限り、新聞は我々がその周りに結集できる旗になろう。[26]」

出版自由体制の例外法としての七八年社会主義者鎮圧法

こうしたSPD新聞政策が帝国出版法成立により確立したとすれば、社会主義者鎮圧法は帝国出版法が認めた出版自由体制に対する「例外法」と理解されねばならない。しかし、現実には次節で見るように「例外法」の十二年間はSPD新聞がマスメディアに発展する契機となった。このパラドックスの成立条件を鎮圧法の条文規定の中に確認しておこう。

全三十条からなる鎮圧法で特に出版に関する条項は第一一条から一五条、及び一九条と二六条の七ヶ条であった。

第一一条「現行国家社会秩序を転覆せしめんとする社会民主主義的もしくは社会主義的もしくは共産主義的運動を、公共の安寧、とりわけ住民諸階級の和を危うくするが如き方法により表明する印刷文書は禁止される。定期刊行物にあって、本法に基づき特定の号の禁止がなさるると同時に、禁止は刊行の継続にも及ぶ。」

形式上の過失（奥付けの不備、無償納本義務不履行など）と刑法に抵触する「内容」を含む刊行物の押収を規定するのみであった帝国出版法の射程を、この第一一条は刊行物の思想「傾向」にまで押し広げた。これにより、編集者、読者からその傾向を割り出し発禁することが可能となった[27]。さらに後段では帝国出版法第一条、四条の規定にもかかわらず、定期刊行物の継続発行を禁止している。

つづく第一二条により、発行禁止の決定権が裁判所から警察に移され、さらに外国刊行物は刑法上の有罪判決によらず無期限の禁止が可能となった。しかし、第一三条の訴願規定により、SPDは発禁に異議を申し立てることができた。その異議申し立ては第二六条の規定によって四人の連邦参議院議員と五人の最高裁判事で構成された帝国訴願委員会で審理されたが[28]、この委員会は八〇年代にはしばしば警察当局の禁止令を却下してSPD合法紙の活動を認めている（図15）。

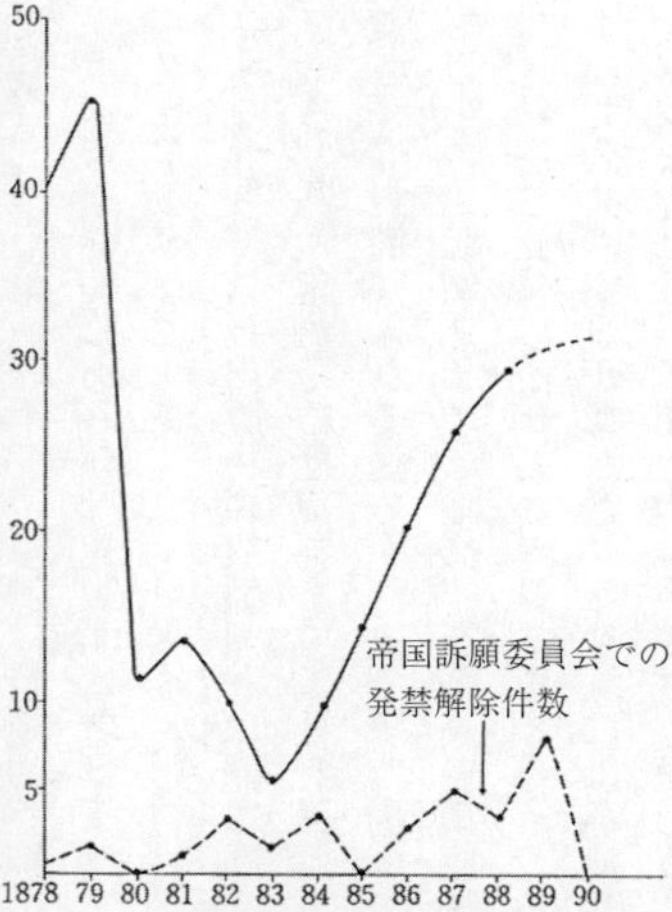

図 15 「SPD 機関紙の発禁件数と帝国訴願委員会での発禁解除件数」（出典：Wetzel, *op. cit.*, S. 308）

さらに重要なことは、第一四条、一五条で帝国出版法の「差押え」規定を拡大し警察権限を強化していたにもかかわらず、その処罰を記した第一九条が著しく不十分な規定であったことである。これによりSPDは鎮圧法下で亡命中央機関紙の国内活動を継続できた。

第一九条「禁止された印刷物

（第一一条、第一二条）あるいは暫定的差押えを受けた印刷物（第一五条）を頒布しまたは刊行を継続しあるいは複製する者は千マルク以下の罰金あるいは六カ月以内の禁固に処せらるべし。」

すなわち、禁止出版物の複製頒布は罪に問えるが、その所持閲覧に対する罰則はないのである。八六年秘密結社裁判まで『社会民主主義者』は読者に、回し読みの際には直接手渡さず、封筒に入れて送るか、決まった場所に置いておくよう呼びかけるだけでよかった。(29)

以上の出版関連条項の他に、悪名高い鎮圧法第二八条「小戒厳」の規定に触れないことは、鎮圧法全体の評価でバランスを損なうだろう。第二八条により、社会民主主義運動によって公共の安寧が脅かされる地域には「連邦の中央官庁により、連邦参議院の許可を得て、少なくとも一年間」の「小戒厳」をしくことができた。これにより職業的アジテーターを法廷の定める地域から追放することが可能となり、またその地域においては印刷業者、出版業者、貸本業者、図書閲覧室所有者、飲食店主の営業許可の取り消しも認められた。七八年ベルリン、八〇年ハンブルク、八一年ライプツィヒ、八六年フランクフルトなどに適用され七百九十七人（延べ八百九十一人）が追放されたが、うち百十二人（一四％）は出版関係者である。SPD指導者のほとんどが新聞編集に携わっていたことを考えると「小戒厳」も実態としては新聞弾圧であった。(30) しかしそれは諸刃の剣であり、特定の大都市中心の組織であったSPD勢力を都市周辺部、あるいは地方都市に拡散させる結果をもたらした。[31] ベルリン、ついでライプツィヒから追放されたフィアエックによってミュンヘンは機関紙出版の拠点となったし、ハンブルクから追放されたディーツによってシュトゥットガルトに国際的にも絶大な影響力を誇るに至る社会主義出版社ディーツ社が設立された。

「総合広告新聞」の出現と鎮圧法時代

鎮圧法を出版関係に限定して見れば、むしろSPD系以外の政治新聞への影響も重要だろう。出版違反件数の変動（図14）から読み取れることは、反政府文書の洪水を引き起こした帝国出版法成立直後と異なり、鎮圧法による七八年度内の初期弾圧以後、全体の出版違反件数が急速に減少したことである。また出版違反の内訳からは、鎮圧法以前では三六％を占めた「国家反逆」煽動による違反が、八〇年代には「鎮圧法違反」を加えても二〇％以下まで減少していることが判る。この変化はSPD機関紙以外の反体制新聞、具体的には憲法闘争の自由主義新聞と文化闘争のカトリック新聞が鎮圧法を契機に体制内化したことを示している。同時にそれは、新しいタイプの大衆新聞の登場に道を開くことになった。八一年九月一日に創刊された『日刊評論』Tägliche Rundschau（1881-1933）は「非政治家の新聞」を副題とし、はっきり政党政治と距離を置き、創刊するや一万人の購読者を獲得した。超党派的政治テーマとして国際問題、海外植民を積極的に取り上げ、海外報道の常設欄を設けて、帝国主義時代の大衆的ナショナリズム擡頭へ対応しつつ、一方で「ドイツ家庭のための日刊紙」を自称し、文芸小説欄・チェス欄・流行通信欄など娯楽欄を充実させて、伝統的「傾向新聞」に革新をもたらした(32)。

『日刊評論』が伝統的な論説新聞の革新であるとすれば、八三年A・シエールが「帝都の中央機関紙」の副題で創刊した『ベルリン地域広告新聞』は一種の革命と言えよう。それは、「総合広告新聞」Generalanzeiger と総称される新しい新聞ジャンルを生み出した。広告新聞は読者層として都市勤労者を設定し、従来のインテリ向け新聞の常識を打ち破った。この広告新聞の特徴は広告とストレート・ニュースを中心的要素とした純粋営利目的の新聞経営にあり、これがドイツ型大衆新聞のモデルとなった。そこでは発行部数拡大が第一義とされ、速報主義、センセーショナリズムなど即時報酬の追求の前に主義主張は問題にされなかった。年内に七万部、一年半後には十万部を超えた『ベルリン地域広告新聞』の成功により、地方に系列の総合広告新聞が簇生《そうせい》し、新聞コンツェルンの時代が訪れた(33)。ラサールが市民的新聞の堕落要因として排撃した広告そのものを売りにしたメディアの画期性は、二〇世紀になるまでドイツ新聞出版社協会が総合広告新聞系の加入を認めなかったことからも推察できよう。ちなみに、一九〇一年『ベルリン地域広告新聞』編集部は、大衆の時代、二〇世紀に相応しいジャーナリストを世に送りだした。後にナチ党機関紙『民族観察者』Völkischer Beobachter（1920–45）主筆となり、ヒトラーに政治的文体を伝授したD・エッカートその人である(34)。それはともかく、営利的立場で無党派を標榜して生まれた総合広告新聞の傍らには、やむなく「無党派」を名乗ったＳＰＤ系地域新聞が存在した。両紙が都市勤労層を巡って読者の争奪戦を行うなかで、ＳＰＤ地方新聞も総合広告新聞の影響を受けて近代化した。鎮圧法時代は、新聞が大衆化する転換期でもあった。

2 宣伝的人間——フォルマーとフィアエック

中央機関紙と地域機関紙の対立

中央機関紙と地方機関紙の対立問題は、ラサール派の中央統制路線と地域紙創刊を奨励したアイゼナハ派の地方分権路線と重ねて論じられてきたが、六九年ラサール派のバイエルン組織によって創刊された『無産者』Der Proletarier（1869-71）をめぐる紛争は典型的事例である。中央機関紙『社会‐民主主義者』編集長を兼ねるラサール派議長フォン・シュヴァイツァーは「一組織に一機関紙」の原則を唱え『無産者』即時廃刊を要求した。これに対しバイエルンの組織はアイゼナハ派に接近し、合流後も機関紙の存続を認めることを要求したが、アイゼナハ派は執行部への服従を条件にこれを承認した。[1] しかし、アイゼナハ派の地域紙拡張政策を終始一貫した組織原理と見なすべきではない。例えば、七四年五月の帝国出版法体制成立が引き金となった新聞創刊ブームに対し、二カ月後の党大会では地域紙創刊の許可制が決議された。(2) 政府の許可制度が廃止された時、アイゼナハ派に許可制が導入されたわけだが、その思惑はベルンシュタインがリープクネヒトに宛てた手紙から読み取れよう。

「結局、地域新聞は何と言っても『人民国家』の競合紙です。調和的な協動は大抵、反目に至ります。我々の七つの党機関紙全部を六百部の『人民国家』に替えてごらんなさい。そうすれば、全党に永続的黒字が流れ込むでしょう。如何に偉大な煽動が始められることでしょう！」(3)

実際には七五年のゴータ合同以降、機関紙数は七六年の二十三紙から七七年の四十一紙へと急上昇した。そのため七七年のゴータ党大会で、地域紙創刊に関する党執行部の認可権が再確認されたように、(4) 鎮圧法直前のSPDの新聞政策には地域紙統制の傾向も看取された。この統制強化を事実上無効にしてしまったのが、七八年の社会主義者鎮圧法であった。

鎮圧法による初期弾圧と組織崩壊

鎮圧法の成立を四日後に控え、党議員団と中央委員会はハンブルクで法案成立後の対応を協議し、同法発効前に解党声明を出すこと、党内コミュニケーション維持と煽動手段温存のためカムフラージュ新聞を創刊することを決定した[5]。合法新聞は禁止された党組織に代わる党の存在証明となるばかりか、党への活動資金調達源でもあり、また機関紙経営と深く結びついていた活動家の生計維持にも不可欠であった。

しかし、図15から判るように七八、九年の初期弾圧は熾烈を極め、発効後八カ月で二百十七団体、五金庫、百二十七の定期刊行物、二百七十八の非定期刊行物が禁止された。これに対して、SPD新聞はまずタイトルを改めることで生き残ろうと試みた。七五年合同から七八年鎮圧法公布までの間に存在した六十八機関紙のうち、Volkszeitung（人民新聞）Volksfreund（人民の友）Volksblatt（人民報）など「人民」Volkを冠する新聞名は三十二（四八・五％）にものぼるが、七八年一一月から一年間に創刊された新聞四十紙のなかに「人民」を冠したものは二紙を数えるにすぎない[6]。試みられた合法機関紙の多くは図15からも読み取れる八〇年以後の「鎮静期」までほとんど生き残ることはできなかった。改名戦術が例外的に成功し生き延びた地域紙は、『フランケン日報』Fränkische Tagespost（1878-1933）と『オッフェンバッハ日報』Offenbacher Tagesblatt（1878-86）のみであった[7]。

特にベルリンの出版活動は七八年一一月の「小戒厳」で壊滅し、その後五年間カムフラージュ紙創刊の試みはことごとく摘み取られた。当初、禁止された中央機関紙の役割を実質的に代行していたのは、ハンブルクの『裁判新聞』Gerichtszeitung（1878-81）であったが、これも八〇年一〇月の「小戒厳」後に粉砕された。これを引き継いだのはライプツィヒの『帝国市民』Der Reichsbürger（1879-81）であるが、ここにも八一年六月「小戒厳」が発動された。このような鎮圧法初発におけるカムフラージュ新聞の徹底的弾圧が、スイス・チューリヒでの亡命中央機関紙創刊の引き金となった。だが、党中央により進められたこの『社会民主主義者』創刊に先立ち、国外から郵便で送り付けられた「地下」新聞も存在した。既に七八年一二月から七九年七月までブリュッセル次いでパリで発行されたC・ヒルシュ編集の『燈火』Die Laterne（1878-79）や、J・モストによりロンドンで七九年一月から発行された『自由』Freiheit（1879-82）がそれである。配布地域もラインラントに限定され、一年たらずで廃刊となった『燈火』はともかく、アナーキズム化した『自由』の国内浸透はライプツィヒの党中央に運動分裂の危機感を募らせ、『社会民主主義者』創刊を急がせた[8]。以下では『社会民主主義者』創立委員に党中央を代表して参加したライプツィヒ組合出版所責任者フィアエックと初代編集長フォルマーの二人に焦点を当てつつ、鎮圧法下のSPD新聞活動の実態を概観しておこう。

「皇帝の御落胤」フィアエックと「無冠のバイエルン王」フォルマー

マルクスとエンゲルスの書簡には□という表記が頻出する時期がある。通常、SPD史において黙殺されることの多いルイ・フィアエックの姓はドイツ語で「四角形」を意味する。その角の立った性格から、やがて彼は党内抗争の表舞台に議員団多数派の最右翼として登場する。このフィアエックと「革命的左派」のホープであったゲオルク・フォン・フォルマーはミュンヘンを舞台に左右両派の代理戦争を繰り広げた。勿論、「ドイツ皇帝の御落胤」フィアエックと「無冠のバイエルン王」フォン・フォルマー、この二人が平均的なSPD指導者というわけでは必ずしもない。しかし、中央機関紙に対する地域機関紙の意味を確認するためには、むしろ鎮圧法時代のSPDを玉虫色に彩るこの二人の宣伝的人間の活動は格好の材料となる。

一八五〇年、バイエルンの王都ミュンヘンでフォン・フォルマーは国王秘書官の由緒ある貴族の子として生まれた⑨。それに遅れること一年、プロイセンの王都ベルリンで宮廷舞台女優が王太子の私生児を生んだ。王太子とは後のドイツ皇帝ヴィルヘルム一世である⑩。その子は母の姓フィアエックを名乗ることになる。その後、フィアエックは大学医学部在籍中に起こった普仏戦争に参加し、健康を損なって戦線を離れた後、法学部に転じ七三年にはベルリン高等裁判所司補となった。その間ベルリン大学でE・デューリングのゼミに参加したフィアエックは、ラサールの著作に感激して社会主義に目覚めた。七七年司補を辞したフィアエックは、『ベルリン自由新聞』Berliner Freie Presse（1876-78）、理論紙『未来』Die Zukunft（1877-78）の寄稿者となり党内右派の若きエース理論家となっていった。

一方、フォルマーは長じて歩兵少尉となり六六年普墺戦争でプロイセンと戦った後、ローマ法王庁の外人部隊に参加し、六八年帰国後はバイエルン郵便・電信局の職員となった⑪。

フィアエック同様、普仏戦争で負傷したフォルマーはアイゼナハ派の運動に加わったが、まずは人民党系『フランクフルト新聞』Frankfurter Zeitung (1856-1943)、『南独新報』Süddeutsche Post (1869-84) で記者活動を始めた。七六年『人民国家』の定期寄稿者となったフォルマーは、編集長リープクネヒトに編集部への採用を要請したが、欠員なく七七年三月にベーベル選出区の地域機関紙『ドレスデン人民報』Dresdner Volksbote (1871-77) 編集長に就任した。就任直後、フォルマーは七七年党大会で党直属の通信局設置を提案してこれを承認させている。[12] ベルリンに予定された党の通信局は外国新聞情報の体系的収集により国内ブルジョア紙からの「切り貼り編集」の克服を狙っていたが、鎮圧法発効で実現しなかった。鎮圧法発効時、フォルマーは皇帝侮辱罪に問われて十カ月の禁固刑で服役中だった。

合法地域新聞のフィアエックと亡命中央機関紙のフォルマー

一方ベルリンでは、フィアエックが鎮圧法で発禁となった『ベルリン自由新聞』の後継カムフラージュ紙『ベルリン通信』Berliner Nachrichten (1878) で改良主義的穏健派綱領ともいうべき社説「我らの要求」を執筆したが、同紙も即時発禁となり、七九年二月「小戒厳」によりベルリンから追放された。ライプツィヒに移ったフィアエックが中央機関紙発行所でもあったライプツィヒ組合印刷所の指導を委ねられた頃、刑期を終えたフォルマーは鎮圧法第二二条の規定によりザクセン邦より追放された。フォルマーが亡命中央機関紙創刊に向けスイスに出発した後、残された国内最重要の出版拠点はフィアエックの手中にあった。

七九年九月二八日よりフォルマーを編集長とした『社会民主主義者』の発行がチューリヒで始まったが、彼は既にこの準備号で、鎮圧法下での合法新聞活動の意義を否定し国内の穏健派を牽制している⑬。さらに、八〇年二月に連載された「何をなすべきか」で、フォルマーは歴史上革命は少数者の偉業であるとして、前衛の権力掌握による多数派形成、そして社会主義体制成立後の普通選挙制廃止、プロレタリア独裁による反革命勢力の一掃という「革命戦略」を打ち出した⑭。当時のフォルマーが如何に「革命的」であったかは、SPDの戦術を攻撃してテロ活動を呼びかけたロンドンのアナーキスト亡命紙『自由』がフォルマーに編集部のポスト提供を申し出たことからも裏付けられる。

これに対しフィアエックは、国内の合法活動を困難にするフォルマーの「未来に関する妄言」の阻止を中央機関紙管理委員会に要求した。エンゲルスさえもまた弁証法的・哲学的晦渋を削ぎ落としたフォルマーの直線的革命観には批判の声を上げた。だが、より過激な『自由』に対抗して非合法という最悪の条件下で『社会民主主義者』を軌道に乗せることができたのはフォルマーの行き過ぎた宣伝の功績と言えよう。まさにフォルマーは中央機関紙を「政論」の場から「宣伝」の場へと変えつつあった。

八〇年八月スイスのヴィーデンで開催された秘密党大会でフォルマーの『社会民主主義者』は党中央機関紙として正式に公認された。「もはやいかなる地域機関紙も存在しない。幾人かの同志が編集・出版している現存の新聞は、党の見解に沿って書かれておらず、これらは純粋に私的経営であり自立せねばなるまい」とされ、「赤色野戦郵便局長」モッテラーが行った新聞活動報告に続いて、地域機関紙の創刊は「現在の政治的・経済的状況に鑑み」自粛することが決議された。[15] しかし、まさにこの八〇年以後八六年まで続く鎮圧法の穏健実施期が始まりSPD地域紙活動が息を吹き返すこととなる。この大会直後、フォルマーは変名で大会決議を伝える次のようなアピールを出した。

「今日政治的経済的にドイツを支配する者は、対話あるいは協調ではなく戦争を、つまり殲滅戦を望んでいる。良かろう、それならやってみるがよい。徹底的にやってもらおう。そして、奴らの首に責任を問うてやるのだ。[16]」

この激越な表現に驚いた穏健派はフォルマーを編集長から即時解任するよう要求した。フォルマーの後見役だったベーベルでさえ「何とも悪趣味な比喩と無遠慮な罵詈雑言の使用」、「粗野な文体」、「政治状況全般のより高度な把握の欠如」を批判するに至り、フォルマーは八一年一二月編集長を辞しパリに向かった。結局、フォルマーの「粗野な文体」で地盤を固めた『社会民主主義者』は後任編集長にベルンシュタインを迎え「科学的マルクス」趣味にかなった機関紙にはなったが、中央機関紙の大衆化への道は閉ざされた。後年ベルンシュタインの修正主義理論が文筆家の一部にその影響力を留めたのに対し、フォルマーの改良主義宣伝が大衆の支持に支えられたことを想起されたい。

パリでフォルマーは『社会民主主義者』の通信員となり、法律学校で国民経済学と法律学を学びつつ各国の亡命革命家と交際を始めた。その頃、フィアエックは党大会の決定により活動資金と国際的支持を獲得するため、アメリカ合衆国に向け煽動旅行に出発した。アメリカ訪問中にフィアエックは党のために一万三千マルクの寄付金を、自らのためには美しき婚約者を獲得し、帰途ロンドンでエンゲルスを立ち会い人として結婚している。

フィアエック出版社の設立と帝国議会議員フォルマーの帰国

帰国後、ライプツィヒから「小戒厳」により追放されたフィアエックは、ミュンヘンに移住した。八一年一一月、フィアエックはかつてフォルマーが記者として勤めた人民党系『南独新報』の経営を譲渡され、翌八二年一一月にはポルナー出版社も買収し、ミュンヘン地区向けに週三回発行の『ミュンヘン特報 - 裁判新聞』Münchener Extrablatt und Gerichtszeitung (1882-85)、娯楽週刊紙『南独郵便御者』を創刊した。その際、編集者として採用された三人がシェーンランク、ケーゲル、エルンストであることは銘記しておきたい。シェーンランクは後年『ライプツィヒ人民新聞』Leipziger Volkszeitung (1894-1933) の編集長となり同紙を党内有数の大衆紙へ変身させた「改革者」として知られている。[17] 後にレーニンが亡命中にミュンヘンで編集した『イスクラ』Iskra（1900-02）の発行者となったエルンストと風刺漫画雑誌の名編集者ケーゲルは次章で改めて論じることになる。フィアエックはミュンヘンに党の出版拠点を作り上げたが、七八年帝国議会選挙でミュンヘンのSPD得票率は第一区一三・六％、第二区一三・二％にとどまっており、選挙戦で有望な土地柄ではなかった。そのため、フィアエックは八一年の帝国議会選挙にはマクデブルクから立候補し決戦投票で惜しくも敗れた。一方、パリ亡命中のフォルマーはベーベルの支援により本人不在のままザクセン第一五区で当選し、帝国議会議員として帰国した。このようなフォルマーの帰国を可能にしたのは、八一年一一月の皇帝教書を契機とする鎮圧法運用の穏健化であったが、この情勢の下で穏健派の活動は勢いづいた。八二年八月開催された議員団と中央機関紙編集・管理委員会の合同チューリヒ会議では、『社会民主主義者』を掌握するベーベル、フォルマー、ベルンシュタインなど急進派とアウアー、ディーツ、フィアエックなど合法地域紙を経営する多数派の対立が表面化した。鎮圧法は間もなく廃止されると主張するフィアエックは「帰路の橋を自ら破壊する」ような『社会民主主義者』の論調を批判した。これに対して、フォルマーは『社会民主主義者』紙上に「例外法の廃止？」と題した挑発的論文を発表した。

「しかり、我々は国家の危険分子である。我々はお前たちを抹殺したいのだから。しかり、我々はお前たちの財産の敵である。お前たちの婚姻の、宗教の、そして全ての秩序の敵なのだ。しかり、我々は革命家であり共産主義者である。しかり、我々は暴力に暴力で立ち向かう。しかり、我々はやがて来る革命と解放を確信し、期待し、秘密組織と煽動、お前たちの法に触れようが触れまいがあらゆる手段に訴え、革命を全力で準備している。(18)」

フォルマーがこの論文で要求した党の秘密組織化は無用な犠牲を招くとして、ベーベルも『社会民主主義者』で行き過ぎを批判した。これに勢いを得たフィアエックも『南独新報』に、この論文は党と無関係であると声明を載せた。『社会民主主義者』編集部は一月二六日号で「卓越した地位にある」党員の中央機関紙掲載論文であると反論して両派の対立はエスカレートしていった。

八二年一一月九日付『社会民主主義者』は「地元のSPD紙が禁止されたあらゆる場所で、党機関紙の購読者数は明らかに増加している」と報告している。こうした情勢に地域紙と中央機関紙の対立を見て取った警察当局は、革命的中央機関紙の国内浸透を妨げる防波堤として合法地域紙に意図的な目こぼしを与えた。(19)こうした鎮圧法の穏健運用期の新聞統制事例としてフィアエック発行『南独新報』の訴願経過を取り上げてみよう。

八三年三月二日バイエルン邦警察は禁止された『フィラデルフィア日報』Philadelphia Tagblatt からロシア皇帝暗殺を煽動する内容の記事を引用したとして『南独新報』に発禁を通達した。これに対しフィアエックは帝国訴願委員会に、引用は合法地域紙『ヴュルツブルク時報』Würzburger Journal からの引用であり、また指摘されたアメリカのドイツ語新聞が禁止された旨の通知は受けていなかったと申し立てた。訴願期間中、フィアエックは系列の『ミュンヘン特報』を『南独新報』の代替として増刷したが、帝国訴願委員会は警察当局の手続き上の不備を認め『南独新報』の再発行を承認した。一方、バイエルン当局はベルリンの帝国訴願委員会のこの処置に態度を硬化させ、翌年五月一三日には第二次の発禁が通告された。鎮圧法第二次延長を批判した『南独新報』社説を帝国刑法第一三〇条（階級間憎悪の煽動）違反を口実に押収した警察当局は、刊行停止のため過去二年間の掲載論文を編集して「社会民主主義的傾向」を立証している。[20] 以上の経緯にも窺えるベルリンの帝国政府とバイエルン王国政府の対抗意識を巧みに利用して、フィアエックは『南独新報』発禁以降ミュンヘンを拠点にプロイセン領内向けの新聞を続々と刊行した。八四年四月に『ハルツ新報』Harzer Post（1884-85）、五月初めに『労働の権利』Das Recht auf Arbeit（1884-90）、『テューリンガー・ヴァルト新報』Thüringer Wald-Post（1884-86）、『ケーニッヒスベルク人民報』Königsberger Volksblatt（1884）、『ライン週報』Rheinisches Wochenblatt（1884-85）、七月『ドイツ国民政治週報』Politisches Wochenblatt für das Deutsche Volk（1884）と十月の帝国議会選挙までに、東プロイセンからラインまでに及ぶ「小新聞の森」を作り上げた。[21] エンゲルスは「社会主義者鎮圧法のおかげでつくりだされた」合法地域紙への対抗メディアとして亡命中央機関紙を高く評価したが、系列新聞経営の導入によりドイツ国内の機関紙を牛耳るフィアエックなど議員団多数派の影響力は無視できないものとなった。[22] こうした同一編集部による「紙名の異なる新聞《コプフブラット》」システムはミュンヘンではL・シューが七七年四月に創刊した『新ミュンヘン日報』Neues Münchner Tagblatt を嚆矢とするが、[23]『南独新報』、その発禁後は『テューリンガー・ヴァルト新報』を基幹としたフィアエックの「小新聞の森」はこのコプフブラット・システムを取り入れたものである。また『ベルリン人民報』Berliner Volksblatt (1884-90)（後の中央機関紙『前進』）がブロースによって創刊されたこの八四年はSPD地方紙再建の画期となった。

フィアエック対フォルマーのミュンヘン機関紙戦争

フィアエックはミュンヘンに出版活動の拠点を打ち立てたものの、自らの選挙運動では依然として当選の可能性が高いマクデブルクやライプツィヒなどに専念した。上は王族から下は労働者にまで及んだプロイセンに対するバイエルンの対抗意識を考えれば、脆弱なバイエルン王都の党組織を背景に生粋のプロイセン人、しかも「皇帝の落胤」がミュンヘン選挙区から選出される可能性はおそらくなかったであろう。かくして、ミュンヘン選挙区の運動は八三年に当地に帰還したバイエルン貴族フォン・フォルマーの手に委ねられた。

フォルマーはこの選挙で前年の党大会で自ら提起した活動規則を無視し、国民自由党との間で反中央党の選挙協力を行いミュンヘン第一区の党員には国民自由党候補に投票させ、自身はミュンヘン第二区から当選を果たした。フィアエックもライプツィヒ郡区で五五・四％の絶対多数を得て当選したが、選挙を通じてフィアエック系新聞の編集長シェーンランクなど編集スタッフがフォルマーの選挙運動に参加したことが、両者対決の引き金となった。

この八四年選挙により勢力を増した穏健多数派のSPD議員団は外洋汽船補助金の政府案にドイツの強国化は労働者の利益でもあると主張し、これを拒否する左派少数派と対立した。『社会民主主義者』がこの問題で議員団を批判したのに対し、議員団多数派は編集長ベルンシュタインの解任を要求し、当時はフィアエック系と目されたシェーンランクを後任に推した(24)。中央機関紙派フォルマーは、人民党系新聞を動員して党内路線闘争を暴露し、下部組織の突き上げによる議員団多数派の押え込みを狙う非常手段にも訴えた。

この路線闘争は、労働組合運動の中央機関紙を目指してフィアエック自身が編集した『労働の権利』と『社会民主主義者』の間での理論闘争へ発展し、八五年夏以降、ビスマルク社会政策の評価をめぐるフィアエックとリープクネヒトの論戦で最高潮に達した。『労働の権利』誌上ではヘーヒベルクが植民地収益の労働者への還元を論じ、シュラムの『ロートベルトゥス・マルクス・ラサール』(一八八五年)もフィアエックの手で出版された。かくして、フィアエックを中心に反マルクス主義派が結集を始めた。この状況を見たバイエルン政府は、八五年一一月『労働の権利』の発禁可否に関するミュンヘン警察の照会に対し『社会民主主義者』との衝突を理由に発禁を否定し、フィアエックを側面から支援することになった(25)。

『労働の権利』創刊以後のフィアエックは系列の地域新聞の編集をシェーンランクに一任し、『労働の権利』による労働組合運動の全国組織化に専念していた。ところが、シェーンランクはミュンヘンの選挙運動を通じてフォルマーに接近し、『社会民主主義者』編集長ベルンシュタイン、『新時代』Die Neue Zeit（1883-1923）編集長カウツキーと、「ラサール主義者」排撃の盟約を結び、やがてフィアエックと決裂した。この結果、シェーンランクはフォルマーと関係が深い人民党系『バイエルン邦郵便』Bayerischer Landbote（1884-86）編集部に移り、フォルマーとフィアエックは党内左右勢力を代表してミュンヘンで論戦を展開することになった。『バイエルン邦郵便』でシェーンランクはフィアエックが「親父（皇帝）」の階級融和政策を期待していると糾弾したが、これに応えてフィアエックは、汽船補助金論争におけるシェーンランクの二枚舌を批判し、彼を名誉毀損で告発した。さらにフィアエックは、フォルマーと人民党・保守党政治家の癒着を暴露して彼の過激発言は弾圧を誘起するものだと批判した。八五年五月にはフォルマー支援のために急進派のベーベルがミュンヘンを訪問すれば、八六年には議員団多数派の領袖アウアーもミュンヘンに乗り込み『労働の権利』『ドイツ週報』Deutsches Wochenblatt（1885-86）の編集を助けた。

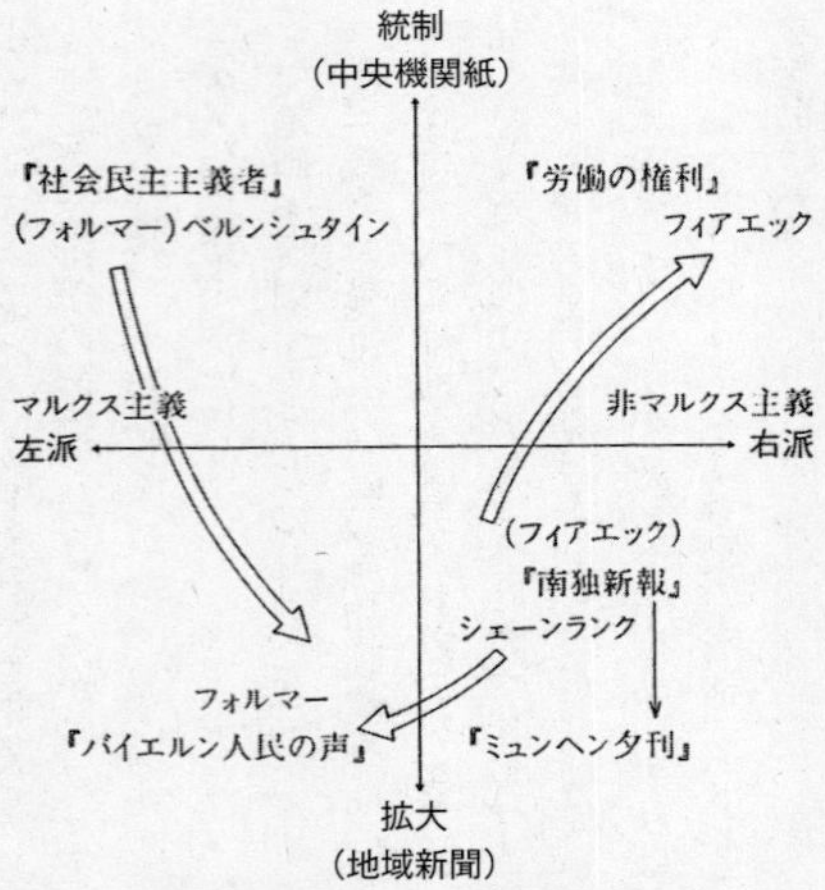

図16 「鎮圧法時代の大衆機関紙成立過程」

八五年一月に『ハルツ新報』と『ミュンヘン特報』の発禁を受けたフィアエックは、二月には新たに『ドイツ週報』『ミュンヘン夕刊－地域広告新聞』Münchener Abendzeitung und Lokal-anzeiger (1885-86) を創刊した。注目すべきことは、フォルマー派に対抗する地域新聞が「地域広告新聞」を名乗ったことである。前節で触れた如く、「地域広告新聞」とは八三年の『ベルリン地域広告新聞』に始まる当時のニューメディアであった。これに対して、フォルマーは自らの手になる地域紙『バイエルン人民の声』Bayerischer Volksstimme (1886) の創刊を決意した。『社会民主主義者』編集長として合法地域紙創刊を批判してから六年の歳月が流れていた。

以上、フォルマーとフィアエックの活動を対比しつつ、鎮圧法時代のＳＰＤ新聞活動を概観してきた。整理のために、中央機関紙の組織統制的機能と地域新聞の組織拡大的機能を縦軸、マルクス主義派（左派）と非マルクス主義派（右派）を横軸とするマトリックスをとって、機関紙の性格とプロパガンディストの変遷を示しておく（図16）。『社会民主主義者』は非合法化された党執行部に代わる統制装置として創られたが、初代編集者フォルマーはマルクス主義左派に属しながらも、選挙運動、邦議会への関与のなかで地域新聞を自ら創刊するに至った。一方、党中央の統制に抗して合法的な地域新聞網を作り上げた国家社会主義者フィアエックは、党中央との対決から組合運動の中央機関紙を目指す『労働の権利』に専心して行き、地域新聞の編集をシェーンランクに委ねて、実践的な宣伝から乖離して行った。そして、後年の機関紙改革者シェーンランクがマルクス主義左派と接近し、フォルマーと結びつくことで第三象限に「マルクス主義的な地域新聞」が登場した。それが、『バイエルン人民の声』（以下『人民の声』、引用では*BV.*と略記）である。

3 マルクス主義地域新聞の成立

マルクス主義地域新聞『バイエルン人民の声』

分析対象として、フィアエック系新聞ではなく『人民の声』を選んだ理由は、資料の保存状況という事実上の制約に加えて、フィアエックの系列紙は「党員読者と深く結びついた地域機関紙の典型ではない」というマルクス主義史家の見解も考慮した。[1] 実際、SPD新聞の大衆化の連続性を考えれば、後に除名同然で党を離れるフィアエックではなく、大衆化の推進者フォルマーの新聞を分析する意味は少なくない。さらに、「国内発行の新聞が如何に書いたかは重要ではなく、その存在だけがSPD存続の礎であった[2]」というイデオロギー的先入観の前で停滞している地域紙研究の現状を考えると、敢えて理念型的な「マルクス主義地域新聞」を論じることは有効であろう。『人民の声』見本紙第二号の記事は明確にマルクス主義を表明している。

「カール・マルクスの命日である今日、この人物の労働者問題に関する偉大な功績に言及することは我々の義務であろう。マルクスの資本の科学的批判はあらゆる労働者運動の成立基盤である。彼の著作を人民が等しく理解すればするほど、その運動はますます赫赫たる勝利となろう。我々は彼の偉大なる生涯をその精神に接することで称えよう。」

(*BV.* Pro. Nr. 2, 14. 3. 1886)

だが、地域紙としてのメディア構造は、『人民の声』の編集にフィアエックも参加したと誤って記述した書誌[3]もある程、他のSPD地域紙と同質である。それは、既に述べたように、フィアエックの『南独新報』とフォルマーの『人民の声』がいずれも人民党系の新聞を母体として生まれたこと、また両紙の編集スタッフの連続性から当然であろう。『人見民の声』創刊の背景にフィアエックとシェーンランクの拗《ねじ》れた人間関係があることは、本紙第二号の記事から読み取れる。

「フィアエックはこの機会（シェーンランクへの名誉毀損訴訟）を我々に対する全く不当な言いがかりに利用した。我々は応戦するつもりはない。『人民の声』はもっと重要なことに利用されるべきだからである。」（*BV.* Pro. Nr. 2. 14. 3. 1886）

『人民の声』は八六年三月に発行された三号の見本紙を受けて、四月一日第一号より五月一五日第三八号まで「労働人民の機関紙」の副題で発行されたが、責任編集者には八四年以来実質的にフォルマー派の機関紙となっていた人民党系『バイエルン邦郵便』からF・レーベンベルクが迎えられた(4)。月曜、祝日を除き週六回発行の日刊紙は鎮圧法時代を通じ全SPD新聞の約三割に留まっていた。講読地域は広告欄、地域欄の記事内容、またミュンヘンとアウグスブルクにあった配達拠点から、バイエルン南部に限られたと推定される。発行部数は一カ月半で禁止となったため資料を欠くが、八四年選挙でのフォルマーの一次得票が六千三百二十九票であり、『人民の声』の後継紙『ミュンヘン新報』Münchener Post（1887–1933）が八九年に千二百部なので、せいぜい一千部程度と推定される(5)。

「投書欄」と読者層

「投書欄」の分析からは確たる読者像は炙《あぶ》り出せない。編集部から投書者への返答は一カ月半を通じて二十八件のみで全て匿名であった。また第三者には意味不明の返答も多く投書者の社会層も特定できない。但し、第四号の投書欄にある編集部の「すでにお知らせした人民党公開集会は月曜日夕刻、中央ホールで開催されます」(BV. Nr. 4. 4. 4.)という返答は人民党の集会広告の存在とあわせて、フォルマーの地域紙創刊に伴い『バイエルン邦郵便』から読者が移ったことを意味するであろう。「家族消息欄」はミュンヘンでの婚約カップルの職業、死亡者の職業・年齢を伝えている。四月中の婚約広告欄の男子百七十二人の職業を見ると職人六十五人、商人三十二人、御者、給仕、日雇いなど労働者二十五人、画家・音楽家など十二人、技師十人、事務職九人、少数だが医者、銀行家、軍人、弁護士の名前が見える。最多の職種ではビール製造職人七人が群を抜いている。ここに工業化の遅れた南バイエルンの小市民的読者構成を確認することもできるし、また組合活動を報じた常設の「労働協会欄」からは職人中心の読者層が読み取れる。読者とSPD新聞の結びつきを示す記述としては、第一一号にある『ベルリン人民新聞』からの転載記事が興味深い。SPDの政治集会が予定されていたビヤホールに警察官が立ち入ったとき、入口で『人民の声』の無料見本を受け取った百人を超える労働者は、「しばらく『人民の声』の学習に没頭し、ジョッキを空にした後、三々五々に静かに酒場を後にした」(BV. Nr. 11. 13. 4.)。また、復活祭直前の第二〇号掲載の記事からは、前章で触れた鎮圧法下の祝祭利用と地域新聞の結合を確認することができる。

「休日のハイキングのお供に『人民の声』を！ 大いにご宣伝いただくために我々はサンプル号を喜んでご用立てします。発行所でご請求下さい。」(BV.Nr. 20, 23. 4.) 購読料は三カ月一・五マルクで広告料は一コラム行あたり十五ペニヒであった。フィアエック社発行のマルクス『資本論』第一巻の価格九マルクは、同紙十八カ月分の購読料に相当する。党、組合の図書館が充実する以前の労働者の読み物がもっぱら新聞であったことは想像に難くない。記事の中で、他紙掲載の「高給！」印の求人広告を取り上げ、有能な機械工、金属工への上限三マルクの日当条件を「ふざけた額」と批判していることから(読者の日当は当然それを上回ると考えれば) 購読料が党員読者にとって非常な負担であったとは言えない(6)。だが、これに併せて『社会民主主義者』の購読料(地域宛小荷物郵送による場合三カ月で約一・七マルク、個人宛封書郵送の場合三マルク)を払うとすれば、党員の負担感は少なくなかったかもしれない。ドイツ全体では増加した『社会民主主義者』の講読者がミュンヘンで八二年の百四十人から八七年には百人に減少していることも、地方機関紙へ読者が移った証拠と見るべきだろう(7)。

中央機関紙『社会民主主義』との紙面構成比較

それでは、『社会民主主義者』との比較から地域機関紙『人民の声』の特色を考察してみよう。ともに四頁構成だが、『社会民主主義者』(縦四四・五×横三〇cm) は、一・二面の社説、三・四面の社会政治評論、四面の党内通信を中心とした大区分重点構成を採るのに対し、『人民の声』（縦四〇×横二八cm）は小区分多角構成を採用している。一面で社説・小説、二・三面で政治社会評論・各議会報告・バイエルン通信・地域（ミュンヘン）通信・裁判報告・組合通信・労働者運動通信・速報・投書・雑報を扱い、四面は広告を中心に劇場演目・人物消息・列車時刻表・ミュンヘン観光案内などを含んでいた。

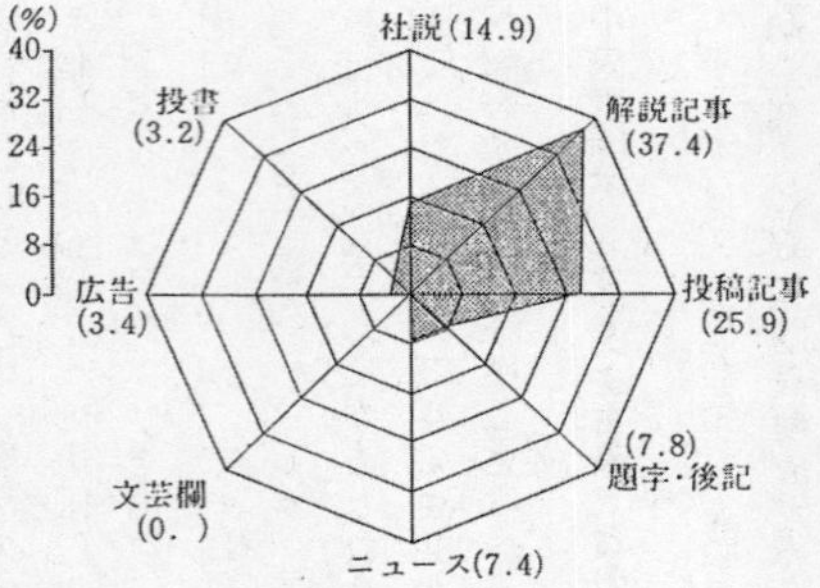

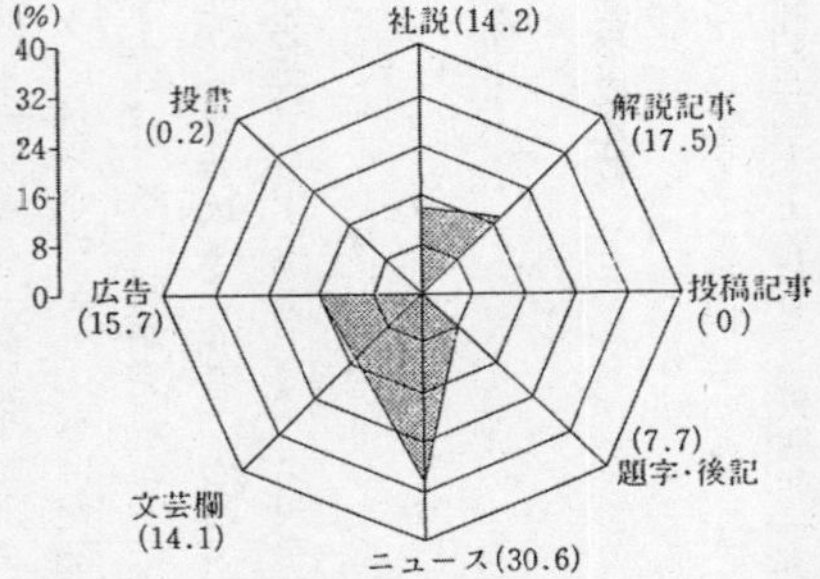

図17・18 『社会民主主義者』（上）、『バイエルン人民の声』（下）の形式別紙面構成比（コラムインチ計量）

図17・18は鎮圧法第三次延長の二週間後の『社会民主主義者』(二号全八頁)と『人民の声』(二二号全四十八頁)をコラムインチで計量した記事スタイルの内訳である。「総合広告新聞」の特徴と言われる広告、および論評抜きのストレート・ニュースの割合が、『社会民主主義者』と『人民の声』で明確に異なっていることが判る。広告に関しては亡命非合法紙という性格上、『社会民主主義者』で少ないのは当然だが、ラサール以来の「広告=資本主義」観による広告排除は中央機関紙の伝統であった。また、四八年一〇月にS・ボルンがドイツ最初の労働者新聞『友愛』Die Verbrüderung 創刊号でニュースは一般紙で読むよう読者に求めて以来、こうした時事ニュース軽視も中央機関紙の伝統であった。[8] 鎮圧法の第三次延長を伝える『社会民主主義者』の記事中にさりげなく書かれた「特に敵性新聞のあらゆる報道は最大の注意を払った上でのみ採用するよう我々の読者に警告しておく[9]」という文句も、時事情報はブルジョア新聞に求めることを暗黙の前提にしているように読める。だが、一般の労働者大衆に複数の新聞を読む時間的、経済的余裕を求めるわけにはゆくまい。彼らがニュース報道中心の地域機関紙を選んだのは当然であろう。

SPDの運動を多様な情報アクセス回路を持たない情報無産者と文化資本として情報の入力回路を市民的公共性の名において独占した情報有産者の階級闘争として捉えるならば、その闘争の目的は階級間における情報ギャップの克服であり、労働者に安価な情報を提供することもSPD系新聞の使命であった。そして、ストレートニュースを中心に都市民衆向けに編集された総合広告新聞がライバルとして登場した以上、SPD新聞も変化を迫られたはずである。その意味で「ニュース」と「広告」だけで紙面の四六・三%に達する『人民の声』は情報無産者の新聞であった。それに対して、歴代の中央機関紙は理論闘争を専らとし情報格差克服への努力を放棄してきた。そのため、鎮圧法時代のメディア環境の変容も『社会民主主義者』の紙面構成に大きな変化を引き起こしていない。本稿冒頭に挙げた二つの中央機関紙の紙面構成を示す図12・13とこの図17・18を比較してみよう。亡命紙の立地条件に基づく投稿記事の増加を度外視すれば、七八年『前進』と変わらない『社会民主主義者』の構成と、九一年『前進』を先取りする『人民の声』の構成が浮かび上がってくる。

『社会民主主義者』を特徴づける投稿記事は紙面に占める割合も大きく、解説記事にも読者からの手紙を取り上げて論評したものが多い。これに対し『人民の声』では投稿記事は皆無であった。投稿記事の分量が、メディアへの読者の参与性の度合いを示すとすれば、確かに『社会民主主義者』は参与性の高いメディアである。しかし、『社会民主主義者』の投稿者は編集長辞任後の通信員フォルマーの例が示すように、その立場は一般読者より編集者に近いし、そのリテラシーは一般読者の水準からは遠かった。一方、『人民の声』は読者の肉声を求めて水曜日の正午から二時間を面談時間と定めており(BV. Nr. 20, 23. 4.)、教養と論文読解力を必要条件としないだけ、文筆的公共圏を超えて広がるメディアであった。

「広告欄」の大衆性と未熟性

広告は、四月一日から一週間の掲載量延べ六十七件で、紳士服、靴など衣料が十六件と断然多く、居酒屋・旅館と医者・医療と新聞・書籍がともに八件、以上で全体の約六割を占めた。以下、富籤《ロト》とパノラマが六件、煙草四件、インターフォン三件、人民党集会二件、保険協会、下宿、引越、銀行、質屋各一件。同じ広告主の繰り返しが多く、五月に入ると広告数自体も減少することから、広告媒体としての未成熟が読み取れる。後年、後継紙『ミュンヘン新報』編集部に入ったK・アイスナーは大衆読者における生活情報の需要を指摘し、特に女性労働者に対する宣伝として広告の重要性を訴えているが[10]、『人民の声』に婦人向けの広告が存在しないことも、このメディアの過渡的性格を反映している。

さらに、広告欄はその後のフォルマーの「現実政治への転換」を考える上では大変興味深い。例えば、毎号繰り返された『パノラマ展覧会―一八七一年パリ包囲』の広告。かつての国際主義者フォルマーを念頭におけば、愛国主義を煽る大衆娯楽の広告は違和感をおぼえる。また、フォルマーがそれまで一貫して批判してきた議員団多数派の地域新聞をすでに容認していることは、『ベルリン人民報』などのSPD系新聞広告からも明らかであろう（*BV.* Nr. 3. 3. 4.）。広告欄から読み取れるフォルマーの「現実政治への転換」の最たるものは、カトリック教会建立富籤の広告である。当選日や当選番号を報道し、第二号の記事では抽選日時・場所を報じるのみならず、次のように読者を積極的に勧誘した。

「末尾の当選番号まで別々に二つの抽選機から引かれます。ですからペンツベルク富籤は全ての人に推薦できます。」(*BV.* Nr. 2. 2. 4.)

ローマで体験した反バチカン感情がSPD入党の前提となったフォルマーだが、第一〇号の社説はカトリックへの寛容を述べている。

「『人民の声』は〝文化闘争〟新聞ではない。だから、こう述べてきた。誰であれ自分の流儀で救済されるべきで、カトリック教徒に完全な信仰の自由を許そう。」(*BV.* Nr. 10. 11. 4.)

ここにフォルマー個人の変化を読み取るよりも、むしろ鎮圧法下の政治状況の変化を見るべきだろう。文化闘争中は反体制派であった中央党だが、鎮圧法下で体制内化が進み、カトリック教徒の不満層もSPDの支持層として期待できるようになった。[11] こうした読者の存在があってはじめて、「教会建立」を強調した富籤が推奨されたと考えるべきだろう。

「記事分野」の量的比較分析

『人民の声』が発行された八六年四月一日から五月一五日までの時期は、鎮圧法下SPD系新聞の性格の試金石となる格好のニュースに溢れている。国内では三月三一日に鎮圧法の第三次延長が帝国議会第二読会を通過し、四月二日に二年間延長が百六十九対百三十七で可決された。四月一一日にはプロイセン内務省によりストライキ禁止令、五月一一日には結社禁止令が発せられ、八一年以来続いてきた鎮圧法の穏健的運用の時代に幕が引かれた。また、国外ではベルギーの労働者蜂起、アメリカで後のメーデーの起源となった五月一日鉄道ゼネストなど国際的な労働運動も盛り上がりを見せた時期でもある。ここでは、鎮圧法第三次延長の報道を中心に『社会民主主義者』と記事内容を比較分析しておこう。図19・20は二週間の両紙の記事内容を国内政治から広告・連絡まで八ジャンルに分け、その記事数の内訳を示している。『人民の声』は六百九十記事、『社会民主主義者』は五十

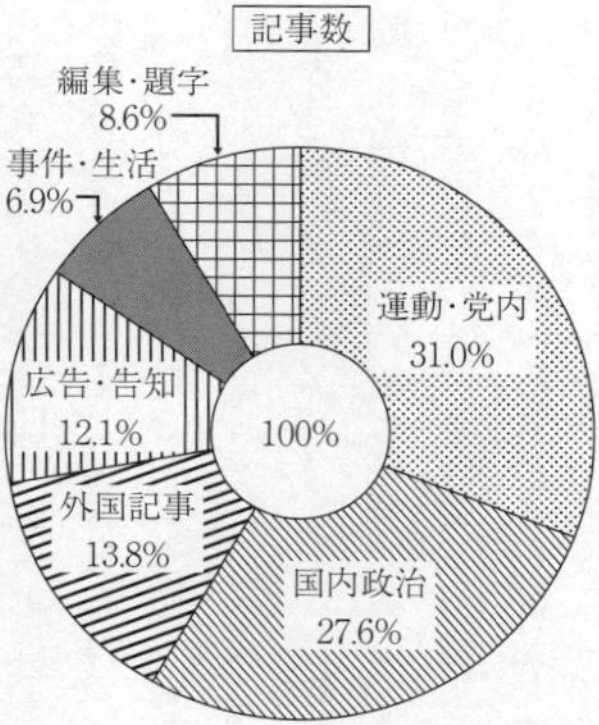

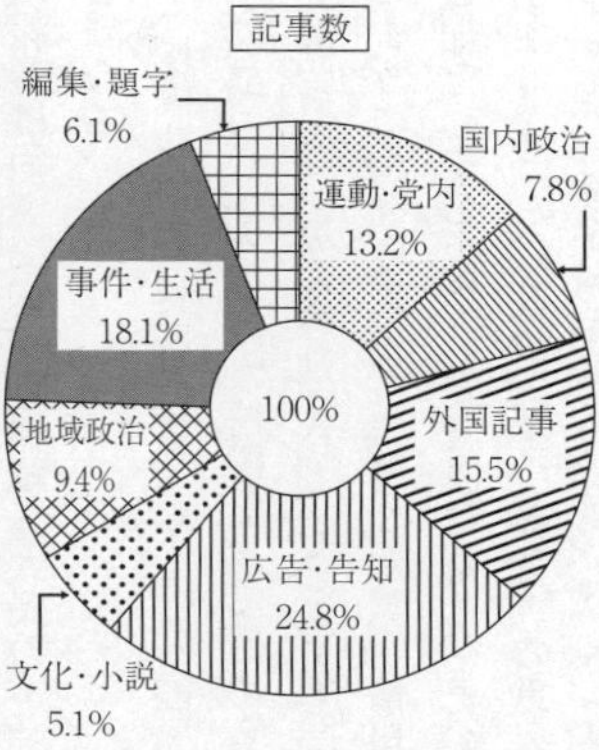

図19・20 『社会民主主義者』（上）、『バイエルン人民の声』（下）の分野別記事数内訳

八記事であり、一週間の記事単位での情報量は約十二倍、日刊紙『人民の声』を一号ごとに換算しても約二倍の情報量を持つことになる。

『社会民主主義者』では「運動・党内」「国内政治」「外国記事」が七二・四％を占め、先に記事スタイルで見たようにそのほとんどが長文の論説か解説記事で占められている。「事件・生活」としてカウントした記事も党員への冤罪容疑を扱ったものなどであり、「運動・党内」への分類も可能である。そのように『社会民主主義者』が党内情報に偏った紙面を構成したのは、非合法下の情報伝達網をめぐる攻防戦が背景にあり、その伝達回路に絶えず侵入を試みるスパイを摘発し告示することが『社会民主主義者』の重要な仕事となっていたからである。[12] 一方、『人民の声』では「広告・告知」二四・八％、「事件・生活」一八・一％が上位にランクされるほか、地方議会の活動報告など「地域政治」九・四％も充実し、株式市況がないことを除けば一般新聞に近い内容となっている。[13]

『人民の声』がバイエルン邦議会・ミュンヘン市議会の報道に多くの紙面を割いたのは地域新聞として当然、という以上の意味がある。フォルマーが「私は議会主義的ではなく、議会政治をただの手段と考えている」と宣言したのは、わずか三年半前の帝国議会演説である。[14] このように議会をアジテーションの場としか考えないとすれば、まだSPD議員のいないバイエルン邦議会報告に頁を割く『人民の声』は奇妙というしかないだろう。第一〇号に掲載された記事は議会活動の統制を求めるリープクネヒトの声明を個人的見解として退け、「SPD議員団で、今まで議員の議会活動を制限する決議をしたことはなく、この問題はまだ一度も議員団会議の議題に上がっていない」（BV. Nr. 10. 11. 4.）と解説が加えられている。フォルマーが革命家から議会政治家へ転向したことは明らかである。

また、記事数のグラフでは目立たないが、A・フックス作の連載小説『貧困と富裕』は毎号平均で全紙面の一割以上を占めており分量としては無視できない。後年フォルマーは、後継紙『ミュンヘン新報』編集部に宛てた手紙で、文芸欄の重要性を指摘した上で、恋愛小説、犯罪小説の安易な掲載を戒めている。⑮ フォルマーが小説に示した関心は、ベーベルが芸術や文学にまったく無関心であったこと、リープクネヒトが「平和な芸術と戦闘的な政治」の硬直した二項対立図式で文学を論じたことと比較して興味深い。もちろん、中央機関紙で文芸欄は軽視され続けた。⑯

論説記事の質的比較分析

それでは、合法地域新聞の時事報道が従来いわれてきたように『社会民主主義者』と比較して「自己検閲による社会主義的立場の隠蔽⑰」にすぎないかどうか、鎮圧法延長法案成立後の両紙論説を中心に時事報道の性格を考察してみよう。三月三一日延長法案の成立以後、四月前半二週間分の紙面に登場する「社会主義者鎮圧法」及び「例外法」の回数は『人民の声』六五回、この期間の『社会民主主義者』十四回であり、報道量では圧倒的な差が存在する。『社会民主主義者』の第一論説は四月一日号が「ベルギーでの蜂起」を、同八日号が「良きラサールと悪しき社会民主党」を掲げており、社会主義者鎮圧法を論評するのは一五日号の「お気の召すまま」と題された全文七四行の短文で、「三月三一日と四月二日の通知によって我々に如何なる状況の変化もない」と受けながしている。(18)

これに対し『人民の声』の論説は、このニュースを徹底的に宣伝利用して鮮やかである。四月一日の第一論説は創刊宣言だがベルリン発三〇日の議会報告を速報として伝えており、二日の論説「ベルギー擾乱」に続く解説記事では延長案をめぐる政府、中央党の駆引きを批判し、『フランクフルト新聞』の議会報告を詳細に引用している。以上の報道を踏まえて三日から六日まで論説は「ミュンヘン第二区代表フォルマー」の議会演説を全文掲載し、七日論説「社会主義者鎮圧法と集会権」では人民党議員の反対演説を、八日論説ではバイエルン選出各議員の鎮圧法延長案への対応を解説し、キャスティングボートを握ったバイエルン中央党の賛成八人・反対八人・欠席十七人という詐術的投票行動を糾弾している。九日論説でも鎮圧法成立から遡って中央党の責任を追及している。これで鎮圧法第三次延長の報道は山場を越え、一〇日以降は「ミュンヘン第二区代表フォルマー」による軍人年金改正法案の帝国議会第二読会演説が四日間にわたり第一論説として連載された。この二週間の論説報道から編集部の意図は次のように解釈することができよう。まず、全体状況を伝える速報を流し、次に論説で自己の主張を伝え、さらに第三者の演説を紹介して「客観的に」補足し、続いてミュンヘン第二区の選挙ライバルである中央党の行動を批判し、それとの比較で、フォルマーの議会活動を宣伝している。「ミュンヘン第二区代表」の頻出から『人民の声』がまず第一に、ミュンヘン第二区の選挙活動機関紙として機能していたことは明らかである。そして、この報道の素描からも『人民の声』が党員を超えて選挙支持層まで意識した説得的宣伝を行ったことは確認できよう。周知の如く鎮圧法がSPD議員の議員資格と被選挙権には手をつけず、選挙活動を容認したため、組織維持活動として新聞発行と選挙活動が強く結合し、「宣伝政党」が形成されたといえよう。それを論じる前に、その後の『人民の声』、またその後のフィアエックとフォルマーについて簡単に触れておかねばなるまい。

4 「宣伝政党」の形成

論説「エッケルト裁判」を掲載した八六年五月九日付『人民の声』第三三号が警察当局により押収され、同月一四日に発禁となった。問題となった論説は父親と継母の虐待による少年餓死事件裁判を詳細に報じ、この事件が「我々の社会状況の反映」であり「この少年の破滅はプロレタリアートの殉教である」とした上で、こう結ばれている。

「人民よ、検事たれ、社会に厳しい警告をする告発人たれ、しかして、より良き状況を作り出せ！」(BV. Nr. 33, 9. 5.)

公然たる鎮圧法批判の論説が許され、こうした煽情的な犯罪報道のレトリックが発禁の引き金となったことは、合法地域紙の運命として象徴的であろう。帝国訴願委員会は一〇月二九日、フォルマーの異議申し立てを最終的に却下した。[1] 鎮圧法の穏健運用期が終了したのである。

『人民の声』の発禁に先立ち、四月二二日には競合紙であるフィアエック系『ミュンヘン夕刊‐地域広告新聞』もバイエルン当局から発禁された。追い打ちをかけるように、七月一一日にはミュンヘンで秘密結社裁判が始まり、フィアエック出版社のエルンストも『人民の声』編集長のレーベンベルクも、ニュルンベルクの『フランケン日報』編集部に移ったシェーンランクも六カ月の禁固刑を被った。活動家への弾圧は同月二六日からのフライブルク秘密結社裁判で最高潮に達し、コペンハーゲン党大会へ参加した党幹部にも及んだ。フィアエック、フォルマーもベーベル、アウアーなど有力議員ともども九カ月の禁固刑を科せられた。これ以後、『社会民主主義者』も配布でなく所持だけで有罪とされた。[2]

八七年「カーニバル選挙」とメディア環境の変容

それでも半年後の帝国議会選挙を控え、服役中のフィアエックは自分の選挙区を対象とした『新人民報——ザクセン地方区の勤労人民の機関紙』Neues Volksblatt（1886）を発行させたが、同年一二月までには『労働の権利』以外のすべての新聞が発禁となった。こうした選挙メディアの粉砕と有力候補者の予防拘束が徹底された八七年選挙でフォルマーとフィアエックはともに落選した。世に言う「カーニバル選挙」だが、その画期性は別のところにあった。意図的なフランス脅威論が非政党的政治新聞を動員して流され、ナショナリズム煽動を組織する体制側の大衆宣伝が本格的に登場した。(3) これを契機として体制側でもマスメディアが政治過程として意識されるようになり、メディア政策としての社会主義者鎮圧法は逆に評価の修正を迫られることになった。

この選挙はSPD党内の路線抗争にも影響を及ぼした。鎮圧法の穏健運用期に勢力を伸ばした議員団多数派は多くの落選者を出し、その発言力は急速に弱まった。八七年一〇月のザンクト・ガレン党大会においてフィアエックは、「労働者新聞を投機的に食い物にした」として欠席のまま糾弾され、あらゆる党職を解任されるに至った。(4) それでもフィアエックは八八年一月なお『ミュンヘン新報』を創刊、続いて『労働者新聞』Arbeiterzeitung（1888-90）、『ドイツ手工業新聞』Deutsche Manufakturzeitung（1888-89）、『改良』Reform（1888-89）など発行し労働組合運動の支持を取付けようとしたが、失意のうちに八九年一二月全ての政治新聞を売却して運動を離れた。(5) 九六年一〇月、外洋汽船「ビスマルク侯」号でアメリカに渡ってからの彼の数奇な生涯は本書の枠を遥かに超えている。

一方、『人民の声』が発禁になった八六年は党内右派との路線闘争に明け暮れたフォルマーにとっても転換点であった。スウェーデンの工業家の娘ジュリアと結婚して、フォルマーの経済状況は一変し、夫妻はシュヴァービィングの文人・芸術家世界の寵児となった。彼と市民的公共圏との関係も自ずと変化した。(6) フィアエックが創刊した『ミュンヘン新報』は合法化以後、ライバルだったフォルマーの手に移った。かつてフィアエックを「国家社会主義者」と呼んで罵倒したフォルマーは、九一年「エルドラド演説」(7)以降、改良主義派の中心人物としてバイエルンの党組織に君臨した。フィアエック、フォルマーと受け継がれた『ミュンヘン新報』はバイエルン社会民主党の機関紙として第一次大戦前には購読者三万人を数える党内屈指の大衆機関紙へと成長することになる。

鎮圧法廃案と『社会民主主義者』廃刊

九〇年一月二五日鎮圧法第五次延長は帝国議会で否決され、一〇月一日、十二年間に及ぶ社会主義者鎮圧法時代は幕を閉じた。この時点でSPDは六十の地域機関紙(総購読者数約二十五万)、四十一の労働組合新聞(同約二十万)、二つの風刺漫画雑誌(同約十一万部)と社会主義理論誌『新時代』、文芸誌『新世界』Die Neue Welt (1886–1919) を傘下に擁していた。(8) 合法化の三日前、亡命中央機関紙『社会民主主義者』終刊号でエンゲルスは「読者への告別状」をこう書き始める。

「変化した状況の下で『社会民主主義者』が、別の使命と別の執筆者と別の読者範囲をもつ、別物になることは必然的でさえある。そして、これほど特定の歴史的役割を果たした新聞、その各欄に、そして、そこにのみドイツの労働者党の生い立ちの極めて重要な十二年間を映し出すことを特色とする新聞――こういう新聞は変身することができないし、また変身してはならないのだ。従来通りに存続するか、存在をやめるかのどちらかである。[9]」

エンゲルスの評価に敢えて異議を唱えようとは思わない。続く文章でエンゲルスは『社会民主主義者』を「党がかつて持った新聞の中でも、最良のものであった[10]」と称えているが、それについてもひとまず良しとしよう。しかし、それは「啓蒙のメディア」の進化の果ての最後の絶滅種として、絶後の最良であった。だから、エンゲルスの言う通り、「従来通りに存続するか、存在をやめるかのどちらか」なのである。ここで「変化した状況」に鎮圧法失効を見据えているのは、当事者の視線として至極当然である。しかしメディア環境の変化を考えれば、既に八三年の総合広告新聞《ゲネラル・アンツァイガー》の登場に、遅くとも八七年のカーニバル選挙に「変化した状況」が語られて良かったはずである。そうしたメディア環境への考察なくして「従来通りに存続するか」という前者の選択肢はSPDが大衆政治状況に適合的であろうとする限り、修辞的な意味しか持たない。マルクス・エンゲルスを通して連なる四八年『新ライン新聞』から『社会民主主義者』までの機関紙観が「存在をやめる」ことが、「宣伝のメディア」への脱皮には不可欠であった。

合法地域新聞から生まれた新中央機関紙『前進』

議員団穏健派のジンガー、ブロースにより合法地域新聞『ベルリン人民報』が創刊された八四年、ベーベルは「『ベルリン人民報』が全く存在しないなら、それはそれで好ましかろう。その影響は有益どころか、有害である」とさえ書き残している[11]。今やその『ベルリン人民報』に編集長リープクネヒトが迎えられ、新たな中央機関紙『前進』となった。

総括すれば、以下の如く言えよう。SPDが新聞活動の重点を中央機関紙から地域新聞に移すことを余儀なくされた鎮圧法下の特殊状況が、メディア環境の革新と重なることで、社会主義大衆紙に絶好の土台を提供した。図16（一一二頁）に示したマトリックスを使えば、フィアエック系新聞や『ベルリン人民報』の如く第四象限の「非マルクス主義的地域新聞」で採用された総合広告新聞の革新が、『人民の声』など第三象限の大衆的「マルクス主義的地域新聞」の可能性を生みだし、鎮圧法廃案とともに、第二象限の『社会民主主義者』を吸収して、座標原点に新しい『前進』を生みだした。しかし、その後のSPDの機関紙大衆化は中央機関紙とベルリン地域紙の二機能を併せ持つ『前進』でなく、第三象限でシェーンランク編集の『ライプツィヒ人民新聞』によって切り拓かれた。その後のSPD新聞の発展のあらましは、それと競合した総合広告新聞の発展からも想像できる。地域新聞である総合広告新聞は全国紙化の道を辿らず、系列紙のコンツェルンとして発展していった[12]。合法化以降の機関紙大衆化が抱えた問題点については、第三章および第四章で論じることになる。

以上の総括を踏まえると、鎮圧法下の合法地域紙は「無色新聞」を装ったという定説[13]についは、「無色新聞」の定義を再考する必要が生じる。『人民の声』の副題に「バイエルン社会民主党機関紙」でなく「労働人民の機関紙」と書かれたことも、無党派新聞の隠れ蓑とは言えない。むしろ、それは非合法的「党員政党」ではなく合法的「投票者政党」として党外の選挙支持者まで射程においた大衆宣伝の成立を意味している。後にマルクス主義左派の拠点となる『ライプツィヒ人民新聞』さえ、「全勤労人民の利害を擁護する機関紙」の副題を合法化後も掲げ続けた。とすれば、鎮圧法時代にSPD系新聞が強いられた「無色」性とは、「煽動政党」の拡大志向性を意味した。こうして、SPD地域新聞は外向的な宣伝メディアへの契機を獲得したと言えよう。

それにしても、この「英雄時代」がプロレタリア対抗文化を生み出すことで、ブルジョア・メディアの影響を排除してマルクス主義政党が成立したとする「プロレタリア文化」論からのメディア史理解は現在も根強い[14]。しかし、『人民の声』の分析で明らかなように、SPD新聞は市民的新聞のオータナティブではなかったし、対抗文化を創ろうとしたわけでもなかった[15]。文化としての宣伝を生み出したSPDが理念としての「プロレタリア文化」と如何に関わったかは、次章で検討しよう。

第三章　「読書する市民」から「感受する大衆」へ

「この世紀は交通機関の速度が、また言葉や文書を複写する装置の能力が、実際の必要をはるかに上廻ってしまったという経験をしている。技術によって無際限に発展しているエネルギーは破壊的なものになる。このエネルギーは先ず第一に、戦争技術とジャーナリズムの戦争準備を促進する。……一九世紀は技術の破壊的エネルギーをまだ意識していなかった。特に、このことは世紀転換期のSPDに妥当する。たとえば実証主義《ポジティヴィスムス》の幻想に対して、あれこれの点で反対したとしても、SPD全体としてはその幻想のとりこになったままであった。」

ヴァルター・ベンヤミン「エドゥアルト・フックス
――収集家と歴史家」（一九三七年）

1 社会主義風俗史家エドゥアルト・フックス

一九二二年ミュンヘンのティエルシュ街の小部屋に無名時代のヒトラーが間借りしていた。その本棚には「エドゥアルト・フックス（ユダヤ人《ママ》）の半ポルノグラフィ的著作集、それに『エロティック美術の歴史』などがおさまっていた[1]」という証言がある。それから十年余り後、フックスの著作は政権の座についたヒトラーの下で焚書リストに載せられた。ヒトラーの書架のフックス、確かに、この取り合わせは想像力をかき立てる。この証言を記録に留めた者がフックスをユダヤ人と誤解したのも想像力のなせるわざだろう。『カリカチュアにおけるユダヤ人』の著者フックス自身がユダヤ人だったとすれば、それもそれで心理劇としていっそう面白いが、どうやらそうではない。その社会主義的性格ゆえに焚書の対象となったはずである。我が国でもフックスに「社会主義」が見出されたのは新しいことではない。一九二六（大正一五）年の『文芸戦線』七月号に守田有秋の次の文章がある。

「エヅワルド《ママ》、フックスの『性慾美術史』を読んで、私は非常に感心した。私は今までフックスを単なる好事家であり、蒐集家であると許り誤解して居たが、何ぞ知らんや、彼は社会主義者であつて、メエリングの『マルクス伝』には序文を書いて居るのだ。」[2]

戦後、安田徳太郎訳の『風俗の歴史』や『エロチック美術の歴史』などで広く読まれたフックスは、今日では唯物史観に立つ漫画文化史研究の先駆者として再評価が始まりつつある。[3] しかし、彼の政治的活動を含めた全体像に関しては、ドイツでも長らくベンヤミンの小論「エドゥアルト・フックス―収集家と歴史家」からわずかに窺《うかが》い知られるのみであった。[4] また、フックスのジャーナリズムへの登場が、ミュンヘンのSPD機関紙『南独郵便御者』[5] Süddeutscher Postillon (1882-1909) の編集長として始まることには、これまでほとんど関心が向けられなかった。

本章では、鎮圧法廃案後の一八九一年より一九〇一年まで十年間フックスが編集した『南独郵便御者』を題材として、大衆レベルの社会主義宣伝と伝統的モラルの相関を明らかにする。特に、SPDの大衆宣伝が大衆の感性レベルで強力な競合者を持った領域、つまり宗教問題、婦人問題、反ユダヤ主義に『南独郵便御者』が如何に対応したか、さらに編集長フックスが市民的公共圏の「モデルネ」に如何に関与したかを検討し、世紀末SPDの性格に論及したい。ここで『南独郵便御者』の歴史に入る前に、我が国ではほとんど知られていない政治家フックスの経歴を概観しておこう。[6]

一八七〇年、プロテスタント系の自営商人の長男としてゲッピンゲンで生まれたフックスは、父親の死で上級実科学校中退を余儀なくされ、シュトゥットガルトの印刷所で簿記係見習いを始めた。そこで社会主義者鎮圧法時代のアナーキスト運動に接触し、自らも武装闘争を呼びかけるビラなどを執筆して、一八八八年には不敬罪で禁固五カ月を被った。それを契機に社会民主主義者に転向するが、今度はＳＰＤ印刷物配布の罪で再度五カ月の禁固に服した。鎮圧法失効が秒読みとなった一八九〇年八月、ミュンヘンへ移住したフックスは『南独郵便御者』『ミュンヘン新報』などを発行するエルンスト社の簿記係に採用され、一八九二年には『南独郵便御者』編集長に抜擢された。翌年にはＳＰＤ党大会の地

図21 「フックスの帰還」 意気揚々と『南独郵便御者』のトレードマーク（ビールジョッキに跨がる御者）と一緒に、不敬罪による禁錮十カ月を終えて監獄から編集部に戻るフックス。「レーベンブロイを一杯おくれ！ 素敵な外気！ 自由だ！ 自由！」。（*SP*. 1899. Nr. 12）

区代表にも選出され、党内左派として戦闘的な機関紙編集を行い、一八九八年には不敬罪で六カ月の禁固を被った（図21）。しかし一九〇一年に出版社主エルンストと対立して編集長を解任された。その後ベルリンに居を構えるが、体制内化するSPD党内でも孤立して運動から離れた。一方で、一九〇一年『ヨーロッパ諸国民のカリカチュア』を始めとする風俗史を執筆し、文筆家としての名声を獲得した。しかし、第一次大戦が勃発するや、K・リープクネヒトやルクセンブルクと行動を共にし、一九一八年にはソビエト政府の依頼でロシア人捕虜問題担当の在独ソビエト全権代表となり、ドイツ共産党設立メンバーに名を連ねた。また、一九二〇年のコミンテルン第二回大会にはドイツ共産党の次席代表として参加するが、スターリニズムの進展とともに共産党を離れ、二八年の除名後はタールハイマー等と共産党反対派（KPO）に参加した。ヒトラー政権の成立後パリに亡命し、一九四〇年一月二六日失意の内に生涯を終えた。

この「万年アンチ主流派」と言うべきフックスの政治的生涯の中で、最も大衆的なレベルで労働者運動に関わった時期が、『南独郵便御者』編集長として活躍した一八九〇年代であった。そして、この『南独郵便御者』もフックス編集長時代にメディアとしての最盛期を誇っていた(7)。

2 世紀末ミュンヘンの『南独郵便御者』

ユーゲント様式《シュティール》の先駆『南独郵便御者』

フックスが身を投じたヴィルヘルム帝政期SPDは二つの風刺漫画雑誌を持っていた。エルンスト社の『南独郵便御者』とシュトゥットガルトのディーツ社発行『真相』である。次章で論じる『真相』は最盛時の一九一二年には三十八万人を超える予約購読者を持った当代でも稀なマスメディアであった。

「ミュンヘン発行の『南独郵便御者』も発行部数では大半のブルジョア誌よりも多かったが、

図22　1893年『南独郵便御者』メーデー号表紙。花柄と流線模様はユーゲント様式の特徴。（*SP*. 1893. Nr. 9）

普及度では『真相』の前に全く比較にならない。しかし、本質的に辛辣な文体と、政治的風刺の精力的な導入において『南独郵便御者』は『真相』を凌駕している。(1)」

これはフックスの自己評価だが、その後の研究者もフックス編集期に限ってはこの評価を肯定している。確かに、『南独郵便御者』は、「社会主義とマスメディア」の視点から見れば『真相』の重要性の比ではない。しかし、「イザール河畔のアテネ」と呼ばれた文芸的モデルネの輝ける都、世紀末ミュンヘン、そこで市民的漫画雑誌『ジンプリツィシムス』Simplicissimusや『ユーゲント』Die Jugendがリードした文芸革新運動との関連からは、「社会主義と市民的公共性」に関する興味深い視座が得られる。というのも、『南独郵便御者』は、漫画家としてM・エンゲルト、R・グリム、O・ガレなどの「無名」画家に混じって、後に『ジンプリツィシムス』の看板画家となるB・パウル、J・B・エングルや、ユーゲント様式画家として名高いE・M・リーリエンを抱えていた。ユーゲント様式の名称の起源となった『ユーゲント』の創刊は九六年だが、九三年メーデー号など『南独郵便御者』の表紙(図22)にはユーゲント様式の特徴とされる花柄と流線の模様が先駆的に登場している。

フィアエックとケーゲルの風刺漫画雑誌

その上、「社会主義とマスメディア」の視座においても、議論をその普及度でなく、その系譜に限れば、ＳＰＤ風刺漫画雑誌の正統である『南独郵便御者』は看過できない。その初代編集長Ｍ・ケーゲルこそ社会主義風刺漫画雑誌というマスメディアに生命を与えたプロレタリア詩人であった。社会主義風刺娯楽雑誌の起源は、一八七一年創刊『ケムニッツ自由新聞』Chemnitzer Freie Presse（1871-78）の週刊付録『胡桃割り』Der Nüßknacker（1872-78）に遡るが、その編集長ケーゲルと中心的執筆者Ｅ・クラーのコンビは後の『南独郵便御者』に引き継がれた。[2] 一方、兄弟誌『真相』の系譜は七五年Ｗ・ブロース編集の風刺漫画雑誌『マインツ・オイレンシュピーゲル』Mainzer Eulenspiegel（1875-76）に連なる。社会主義者鎮圧法の弾圧に抗して、ケーゲルが七九年九月『ドレスデン夕刊』Dresdner Abendzeitung（1879-81）の付録『ヒディガイガイ』Hiddigeigei（1879-81）を、ブロースは同年一〇月ハンブルク地方誌『真相』を創刊したが、両誌とも八一年までには発禁となった。[3] しかし、ケーゲルは八二年ミュンヘンに移って『南独郵便御者』の編集を始め、またハンブルクを追放されたブロースも八四年以来シュトゥットガルトのディーツ社で『真相』を再刊した。だが、『真相』が名実ともにマスメディアとなるのは、八八年ケーゲルの『真相』移籍以降であり、ＳＰＤの風刺漫画誌の伝統は編集者ケーゲルの軌跡とともにあると言えよう。[4]

それにもかかわらず『南独郵便御者』の購読者数が停滞した原因は、その創刊者フィアエックとともに、この雑誌が党主流派から「異端」視されたからである。書誌的に見れば、

『南独郵便御者』はフィアエック社の『南独新報』付録として創刊され、八三年一月に独立週刊誌となり、八四年一〇月からは誌面を倍増、八頁の月刊誌となった。ただしフィアエック系新聞の購読者には無料で配布されていたが、八六年末に『南独郵便御者』を付録とした最後のフィアエック系日刊紙『テューリンガー・ヴァルト新報』も発禁となり、完全な独立誌となった。鎮圧法時代の定期購読者数は約六百とされるが、日刊紙付録としての発行部数は八六年の最高時に書籍行商人の販売分も含めて五千部程度であった。(5) フィアエックの離党に伴い八九年一二月『南独郵便御者』はM・エルンストに売却され、その後は党内左派フックスの編集長就任にもかかわらず「ある種の偏見」(6) は長く残った。

その結果、党首ベーベルや中央機関紙『前進』編集長リープクネヒト、理論家ベルンシュタイン、文芸批評家メーリングなど著名な活動家を含む『真相』の寄稿者に比べ、『南独郵便御者』のそれは極端に知名度が低くなっていた。主な執筆者には、編集長ケーゲルの他、クラー、シェーンランクの三人に限られた鎮圧法時代以降、九〇年代の寄稿者には編集長フックス以下、クラーを筆頭に、K・カイザー、SPD紙編集者O・クリレや詩人L・ヤコービなどがいた。(7) 無署名記事の多くは、中心的執筆者クラーの手になると推定されるが、特定は困難である。

「イザール河畔のアテネ」に「赤い狐」登場

そうした書誌的経過とは別に、八〇年代の「党詩人」ケーゲルから、九〇年代の「視覚人間《アウゲン・メンシエン》」フックスに至る『南独郵便御者』編集長の変遷は、そのまま風刺雑誌の成熟過程であった。八七年一号の購読募集記事で「風刺雑誌中のプロレタリアート」である『南独郵便御者』はイラストに趣向を凝らす余裕を持たなかったと告白しているように[8]、鎮圧法時代の『南独郵便御者』の漫画は文章の付属品であり、それ自体ではほとんど意味を持たなかった。

九一年一月から隔週刊となった『南独郵便御者』に同年半ばより既に「赤い狐《ロート・フックス》」のペンネームが頻出しているが、フックスの責任編集した九二年メーデー号の大成功を契機として次号より編集長フックスは誕生した。タイトル頁は詩から漫画に変わり、メーデー号以降は毎号色刷りイラストが掲載された。このようにフックスは圧倒的なイラスト重視を打ちだし、見開き二頁の大イラストもしばしば登場させ、従来の絵入り新聞の常識を覆した。

しかし、既にこの時点で『真相』の購読者数は『南独郵便御者』の約八倍に達していた[9]。『南独郵便御者』の発行部数は九三年から九六年まで四万三千部、九六年『ジンプリツィシムス』と『ユーゲント』の創刊後は四万部に減少し、世紀転換以降は二万部まで激減している[10]。特に『ジンプリツィシムス』は階級闘争こそ否定したが、徹底した「反プロイセン主義[11]」のために、『南独郵便御者』の読者層にも大いに食い込み得たであろう。

こうした『南独郵便御者』とミュンヘンのブルジョア誌の盛衰を広告料の変遷は反映している。九二年に一コラム行四〇ペニッヒだった広告料は九四年には一行一五〇ペニッヒに上昇したが、その後九七年には八〇ペニッヒ、一九〇一年以降は六〇ペニッヒに値下げされた。この間『ユーゲント』と『ジンプリツィシムス』の広告料は一五〇ペニッヒに上昇している。[12]読者離れを防ぐため、一部一〇ペニッヒという党機関誌『南独郵便御者』の価格は、競合する商業誌『ジンプリツィシムス』が一九〇一年一五ペニッヒ、一九〇六年には三〇ペニッヒまで値上げされた後も据え置かれた。労働者家計での雑誌購読費の重みを量る手がかりとして、九三年三号の「解き放たれたアトラス」から引用しておこう。

「一体ニッケル硬貨で何が買えよう？　葉巻が二本、火酒の二杯、ビールなら一ジョッキ！　しかし、一服するか、一杯やれば、喜びは儚い。だが『郵便御者』を買うなら、子供達も喜び、同じく家庭や職場の同志も喜ぶでしょう。」(SP. 1897. Nr. 3. S. 20.)

『ジンプリツィシムス』登場後の部数低迷の中で編集長フックスと発行者エルンストは対立し、フックスを解任したエルンストが一九〇一年一号より編集長を兼ねた。フィアエック直系の改良主義者エルンストは一九〇二年にはミュンヘン市議会に当選、一九〇六年には市参事会議員となっているが[13]、彼の下で『南独郵便御者』の風刺は攻撃的性格を喪失し、凡庸な誌面が反復された。一九〇九年エルンストの引退後は、誌名から「南独」を削除して『郵便御者』Der Postillon (1909-10) と称し、『真相』を発行するディーツ社編集部に引き取られ『真相』と隔週で発行された。しかし、一九一〇年マクデブルク党大会は赤字増大により『郵便御者』の廃刊を承認するに至り、中央集権化した党は風刺漫画雑誌の一本化も達成した。[14]

過激な「階級闘争」雑誌

以上概観した四十年近い『南独郵便御者』の歴史の中で最も華麗で、しかも戦闘的な時期がフックス編集期であったことは、再度確認するまでもない。フックス自身、「数多くの差止め、押収などは、『南独郵便御者』がその鞭をいい加減に振るったのではないことを証明した」[15]と自賛している。ミュンヘン国立文書館に残る警察史料には、一八九三年から九九年までに二十七件の差止めが記録されている。その中で十六件の訴訟記録が残っているが、訴因は刑法第一六六条　宗教冒瀆罪（七件）、第三六〇条　不穏罪（四件）、第一八四条　猥褻罪（三件）、第九五条　不敬罪（二件）、第一三〇条　階級対立煽動罪（一件）、その他（一件）であった。しかし、三度の罰金刑と九八年の不敬罪でフックスが被った禁固十カ月以外は全て不起訴か無罪となっていた。[16]すでに前章でみたように七四年帝国出版法は運用において統制的であったとしても規定自体は自由主義的であったため、裁判沙汰のセンセーションは却って売上げを増すことになった。

その一例として、『南独郵便御者』九四年メーデー号押収事件を取り上げよう。同号の

図23 「光あれ・光あり」『種の起源』をかかえて教皇に対するダーウィン(上)。「世紀末」が階級憎悪煽動罪で押収された1894年メーデー号(左下)。抗議して配布された黒塗りの版。版面の外側の4カ所に「出版自由を考えるために」「裁判官の判断」「6月20日陪審裁判」「陪審員の評決は無罪!」とある(右下)。(*SP*. 1894. Nr. 9)

詩とイラスト「光あれ・光あり」および「世紀末」は刑法第一三〇条違反で押収されたが、編集部は該当部分を黒塗りして再発行した（図23）。しかも七月二〇日陪審裁判で無罪となると、フックスは「こうした状況に鑑み、この号をドイツの出版自由の興味深い証明資料として検討することを全同志にお勧めする」と広告して八月一四日、完全復刻版を発売した。[17] そもそも、差押えられたメーデー号も、在庫の照会が殺到し経済的な損害は少なかった。実際、後発の『ジンプリツィシムス』の場合はさらに劇的であった。フックスが九八年二号の論説「道徳の世界秩序」と漫画「貴族の玩具」で不敬罪に問われ禁固刑を受けた直後、『ジンプリツィシムス』もいわゆる「パレスチナ事件」で不敬罪に問われ、発行者A・ランゲンはパリに亡命し、画家T・T・ハイネは禁固六カ月をくらった。だが、この言論弾圧事件を境に『ジンプリツィシムス』は発行部数を一万五千部から八万五千部に飛躍させて『南独郵便御者』を陵駕した。その後も『ジンプリツィシムス』は一九〇三年から一九〇七年の間に二十七件の差押えを記録したが、[18] フックス解任以降『南独郵便御者』の裁判沙汰は個人的な名誉毀損一件をとどめるにすぎない。

フックス以後の『南独郵便御者』は、過激性において市民的文芸モデルネ『ジンプリツィシムス』に劣り、大衆性において裁判沙汰を極力避けた兄弟誌『真相』の後塵を拝し、その存在理由を喪失していた。ちなみに、マスメディアへの道を驀進した『真相』の訴訟事件は『南独郵便御者』を吸収合併するまでわずか二回にすぎなかった。[19]

3 社会主義大衆宣伝の意図と機能

常設コラムと読者像

以下、『南独郵便御者』誌上で行われた宣伝内容に立ち入る前に、誌面構成の分析から購読者の性格を分析しておこう。「最も勇敢で辛辣な労働者の風刺雑誌」と『南独郵便御者』は自らを規定したが、党大会報告でもその読者は労働者層と見なされていた。[1]『南独郵便御者』の誌面は常設コラムとその他の記事・詩歌・イラストに分けられるが、ニュースや思想の多くは常設コラムの「語り部」によって読者に伝えられた。この「語り部」の性格と変遷に読者像が反映している。

「シュトラウビンガー兄貴」欄（図24）では伝統的な遍歴職人の格好をしたシュトラウビンガー兄貴が、読者に各地の事件を語りかけた。このキャラクターは「こんちは、シュトラウビンガー兄貴」という遍歴職人を唱った民謡からケーゲルが採用したもので、ケーゲルの移籍以降の『真相』にも散見された。[2] しかし、「シュトラウビンガー」の呼称は既に四二年以降のマルクス・エンゲルス書簡でも頻繁に登場するように、それ自体は遍歴職人

Bruder Straubinger
über die politische Lage.

Meine Lieb
vielen Jahren
ich auf der
und ich hätte
Nützlicheres in
thun können.
schiren auf
straße ist die
Beschäftigung
onen, die heili
des Staatsbür
ganze Jahr b
sich mit dieser
bedeutendsten
tarier. Ein
wurde aufgelö
um? Er w
uf sieben Jah
ie Stiefelsohl
Ma schi ender
gen, weil die
glaubte, es ge
nächst Stiefelsohlen für drei Jahre. Die Neu
„Es wird marschirt!" schrie das Reptil und die

Briefe aus Sachsen.

Mei liewer Bostilljohn

Nu mecht' ich nur in aller Welt wiss'n, ob das eeg'ndlich wahr is, was de Sozjahldemokraden immer behaubden, nämlich daß de Dienamiddadd'ndahde gar nich von d'n Sozjahldemokrad'n, sondern von den Lockschbitzeln gemacht wärd'n dähdn. Merkwärd'g is m'rsch, daß de Geschichte allemal e baar Woch'n vor d'n erscht'n Mai losgeht unn allemal kurz d'rnach wieder offhärt, als wenn's enne Sessongarweid wäre, unn merkwärd'g is m'rsch ooch, daß so viele solche Dinger gefund'n wär'n, ehr'sche losgehn, unn was's allermerkwärdigste is, dasse allemal de Bohlezei selwer findt, als wenn se enne gans besondere Dienamiddnase hädde. 's gibbd ja under d'r Bohlezei gans verfluchte Kerle drunter, die, weeß Gott, f'rn Deifel zu schlecht sinn, unn ich kann m'r ooch gar nich denk'n, was de Arweid'r eeg'ndlich f'r e Indresse dran hamm soll'n, da se durch solche Geschicht'n de Leide geg'n sich einnähm'n. Wenn m'r sich's richtig iewerlegt, da hat ja blos de Bohlezei e Indresse dran, wenn's mal so enn Raddau gibbt, weil da nämlich de Leide gloom, 's is so viel Bohlezei nohdwend'g, weil de Arweid'r Refeluzjohn mach'n woll'n – denn sonst bassirt ja eegendlich 's ganse Jahr nischt, was de Arweid'r in so enner Hinsicht kombrommetirn dähd. Also, so gans geheier is mir die Sache nich, ich kann se dreh'n unn wend'n wie ich will. Wenn awer nu de richt'ge

図 24・25　常設コラム「シュトラウビンガー兄貴」(左)と「ザクセンからの手紙」(右)。遍歴職人の「語り」が労働運動の情報伝達に果たした役割を想起させる。一方、ビーダーマイヤー氏の語りは「手紙」「日記」という市民的形式を取る。(*SP*. 1888. Nr. 1)(*SP*. 1893. Nr. 9)

のシンボルとして流布していた。

ただし、マルクス・エンゲルスにとっては「シュトラウビンガー」批判が目的であり、「時代遅れのギルド意識と偏見に左右され、資本主義的な大工業から小規模手工業に戻ることが可能という反動的、小ブル的幻想にふけっている」[3]手工業者は厳しく否定されている。

この遍歴職人コラムは九五年に常設から外され、一八九九年一号を最後に消えた。それに代わって、九四年から始まる新たな常設欄は、フックス執筆の「失業哲学者の思想」欄であった。「遍歴職人」の後に、「工場労働者」でなく「失業哲学者」が登場する背景に、バイエルンの遅れた工業化と漸進する都市化を垣間見ることもできよう。また「世界の出来事」欄は貴族出身の「特別通信員フォン・ゴルツ」氏が労働者のために解説する形式で書かれているが、これもバイエルン社会民主党指導者フォン・フォルマーの胸像・ブロマイドの広告(4)と並んで、バイエルン社会民主党の気質の一端を示している。

以上の自己同一化キャラクターの他に、読者の憎悪を誘導するキャラクターも常設欄に登場した。「アブデラ市民の日記」欄では、ミュンヘンの「バイエルン愛国主義者」がバイエルン訛りで特にミュンヘンの事件を挑発的に報告した。また、「ザクセンからの手紙」欄(図25)では信心深いドレスデン市民ビーダーマイヤー氏が、労働者を誹謗する手紙をザクセン訛りの口語体で書いた(5)。以上から、『南独郵便御者』の主要講読地域がバイエルンとザクセンであったことが推定される(6)。こうした常設欄のキャラクターと形式は、先行する風刺雑誌からの借用であり、その形式に社会主義的な独創を認めることは難しい(7)。それでも、SPD風刺漫画雑誌は啓蒙的意図と宣伝機能において先行誌と異なる、と言えるだろうか(8)。それを考察する際、一八九六年『新時代』第一四号に掲載された労働者読書傾向調査論文は興味深い事実を指摘している。一般的に労働者に人気のない理論的書物のなかで、労働者図書館で貸出が集中したのは「宗教問題」「婦人問題」「ユダヤ人問題」の三領域であった(9)。以下ではSPDの宣伝が大衆の心性と触れあったこの三領域に絞って、啓蒙的意図と宣伝機能の実態を検討しておこう。

「宗教問題」と礼拝的アレゴリー

第一次大戦前SPDの社会主義に関してはカウツキー流の決定論的進歩主義が革命待機主義に陥ったとして、ダーウィニズムの悪影響が指摘されてきた。[10] 一八九九年ハノーファー党大会でのL・ヴォルトマンの発言は大衆レベルに浸透したダーウィニズムの実態をよく反映している。

「アジテーションに際しては、いっそのこと弁証法の代わりに、それよりもはるかに精確かつ内容豊かな進化の概念を用いることにしよう。その方が、労働者には判りやすいからだ。そもそも、ベーベルはかの偉大なるダーウィンの精神を呼び覚ましてきたはずだ。今や我々はヘーゲルよりもダーウィンの側に近く立っている。[11]」

このようにダーウィンの進化論が積極的に採用された背景には、ここで言及された「判りやすさ」だけでなく、もちろんキリスト教的世界観に対する破壊力への期待があった。日本語ではうまく伝わらないが、「進化」という言葉に内在している無神論的な含意は、植物的な生育や成熟ではなく「神の死」を前提にした世界観である。押収された九四年メーデー号の「光あれ・光あり」（図23）で『種の起源』を持ってローマ教皇支配を告発する人物こそ、SPDにおける進化論者ダーウィンの姿なのである。「ダーウィン主義」と題された詩はそれをよく示している。

「おお、ダーウィン、天才思想家よ、
汝の新理論に我如何に感謝せん！
万物の霊長たる人類は、動物より生まれり。」(SP. 1894. Nr. 13)

しかし、だからといって『南独郵便御者』が非宗教的であったわけではない。編集長解任後に出版した『諸国民のカリカチュア』の最終章「社会主義」でフックス自身がその社会主義宣伝を以下の如く総括している。

「SPDが行った政治経済闘争では、漫画の現発展段階でそれが持ち得る意義に今日なお達していない。つまり、漫画が持つ全ての方法と効力はまだ全然利用されていない。もちろん、それは特にユートピア的起源に遡る根本的特徴が染み込んでいる運動全体の性格によるものである。この理由から例えば漫画では、辛辣な現実風刺に比べて、大仰なアレゴリーが圧倒的に大きな役割を演じている。」(12)

そうした大仰な寓意を「ユートピア的社会主義」の残存と見なすだけでなく、労働者がこの風刺漫画雑誌にもとめた娯楽の性格からも考察されるべきだろう。そうすれば、労働者大衆の「現実逃避願望」あるいは「救済願望」を党の娯楽雑誌に組織することで発展したSPD運動の一面が明らかになろう。『南独郵便御者』の執筆者であるO・クリレは自伝でこう回想している。

「私は喉の渇きに悶え苦しむ人のように、その新しい福音に飛びついた。生活に耐えるためには、信じねばならなかった。……（大半の党員は、）荒れ野から来たイスラエルの民のように、途方もない精神的肉体的な荒廃から来たのだ。絶望しないために、信じねばならなかったのだ。[13]」

そうした読者に対して、社会主義イメージはキリスト教メタファーを使った社会批判として提示された。ここでは、典型的な幾つかの例を挙げておこう。九二年二六号の「クリスマス」と題された詩では「キリストよ再び来たれ、罪悪の世界を解放するために。現に、キリストが社会主義者なら、我らとともに闘わん。」と社会主義者キリストの再臨が詠わ

図26　1895年メーデー号の付録「五月の福音」。ジャコバン帽を被せた「主でなく奴でなく」の旗の横では天使が舞っている。教会フレスコ画の手法である。（*SP*. 1895. Nr. 9）

れ、また九五年二二号の「資本主義の十戒」ではモーゼの十戒を倒立させて「資本主義」のモラルが風刺された。[14] 聖書からの引用も多く、九二年九号のフックスの詩「転換点にて」では、旧約ダニエル書の預言が引用されて革命が暗示されている。[15] 直接の引用がなくても九三年「マルクス没後十周年記念号」掲載のフックス作の頌歌「カール・マルクス」のように、その表現様式は明らかに代替宗教の観を呈している。

「理性の王よ、我ら御身に黙礼す。
理性の王よ、我ら御身を信奉す。
御身の創りし御著作に手をかざし、
我ら誓わん、理性の御著作に。
救済の御業は始まらん。」(SP. 1893. Nr. 6)

こうした礼拝的アレゴリーが図像でも使用された結果、活動家は体制の打倒者でなくキリスト教的救済者のイメージ(図26)で押し出された。[16] SPD運動の起源に由来する礼拝的アレゴリーの使用をフックスはこう解説している。

「近代社会主義運動の出発点では、漫画の煽動目的での活用は当然のことながら問題外であった。その時代には明らかに宗教的な運動の性格がその活用を禁じてしまった。イエスは嘲りを武器として闘ったり諭したりせず、燃え上がる情念と道徳的な憤慨を湛えた説教を用いた。近代の共産主義者の多くはイエスの活動の直系の後継者、あるいはその教説の最も真剣な実践者と自負していた。最も良く読まれたドイツの共産主義者の煽動文書はヴァイトリングの『哀れな罪人の福音』だった。セクト運動から確固たる政治政党――つまり日常闘争に参加し、特に議会活動をする政党――になって初めて、漫画の運用は可能となり実行された。[17]」

『南独郵便御者』は芸術作品が礼拝的価値から展示的価値へ移行する複製技術時代の過渡期にあったのだ、とベンヤミンなら評するであろうか。ちなみに、一九〇五年ロシア革命時にゴーリキーが創刊したロシアの風刺漫画雑誌『妖怪《ジューペル》』Жупел は、レーニンの亡命機関紙『イスクラ』が『南独郵便御者』と同じくエルンスト社で印刷されていたにもかかわらず、いっそう世俗的で礼拝価値を完全否定した『ジンプリツィシムス』を範として創られた。[18]

「婦人問題」と性差別

婦人問題に関するフックスの立場は一九〇六年発行の『カリカチュアの女』にこう表明されている。

「私有財産制に基づく社会組織の原初的時代のみならず、今日に至るまで婦人は変わることなく奴隷である。……歴史上最初で最も重要な階級抑圧は婦人の地位に明示されるのであるから、あらゆる階級支配の基礎が変わらない限り、この地位は原則的には変わりえない。……我らのモダンな婦人団体は一般にこの基本点を見落としている。[19]」

ここでフックスは「男性化」を志向する当時の婦人解放運動を厳しく批判している。それでは、『南独郵便御者』で婦人問題は如何に扱われていたであろうか。九四年一九号掲載のイラスト付き宣伝詩「婦人労働者に捧ぐ」は、確かに婦人に捧げられたものではあろうが、運動の主導権が「捧げる」男性の側にあることは明白である。


「我もまた貧しき家の子、君もまた、貧しき家に生ひ立ちぬ。

いざ共に戦い取らん、日々の糧。

共に貧しき子ならば、いざや君、我に組せよ、我が拳に。

はるかに強き丈夫《ますらお》は、君に平安をもたらさん。」(SP. 1894. Nr. 19)

その挿し絵には、登山着の男子に導かれつつ朝日を望むエプロン姿の女性が描かれており、運動の男性主導性を一層明確に示している。こうした『南独郵便御者』の女性像に対する女性党員の反発は、一八九三年一二号のタイトル漫画「見本市の争奪戦」(図27)を巡る論争から窺い知ることができる。同年のケルン党大会でシュナイダー女史は漫画中でライプツィヒとベルリンを象徴する醜い女性像は女性の尊厳を損なっている、と批判した。これを受けてフックスは九四年一号で、そのような神経質な解釈を許すと、漫画は意味をなさないと反論している。[20] しかし、「婦人運動」が直接風刺の対象となると、問題は表現技術論では済まないだろう。「女性の反論」と題された投稿論文が一八九八年一一月二四日付SPD地域機関紙『ミュンヘン新報』に掲載された。「叫ぶ人の声」と署名した医学博士レーマン女史は、『南独郵便御者』を次のように糾弾している。

「『南独郵便御者』最近号は最終頁に女性と思われる怪物の肖像（図28）を載せている。その衣装は万一より良い裁断で、より人間味のある人物なら良く似合いもし、また実用的で衛生的であろう。肖像の上に『全く的確な発言』と表題が、その下にはエンゲルスの『反デューリング論』からの引用が添えられている。それは、洋服ブラシの名前を変えてもブラシを女性に化けさせることはできないと言う意味である。そして「社会民主党党大会でのローザ・ルクセンブルク」と脚註されている。大変驚いて私は自問した。一体これは何を言っているのか。素朴に理解すれば、これは一般的に政治的女性に対する、また個別には名指しされた人物に対する嘲りである。しか

図27 「見本市の争奪戦」 産業覇権をかけたライプツィヒ（左）とベルリン（右）による「哀れな小汚いポーランド・ユダヤ人」の分捕り合戦を風刺しているが、「哀れなチビ」の都市流入を懸念するニュアンスもある。（*SP*. 1893. Nr. 22）

も、かなり粗野でユーモアのない嘲りである。[21]」

レーマン女史はこの漫画をルクセンブルク個人に対する侮辱[22]としてよりも、党公式の婦人解放スローガンから懸け離れた党内の現状の反映として続けて次のように追及した。

「私の知る限り『南独郵便御者』の件は稀なものであるが、しかしそれは、大方の男性の中に眠っている感情であり、勿論同志諸君の場合公式にではなく、ただビールを飲むテーブルで控えめに口にされるものだが、それにもかかわらず公的私的生活における女性への態度を今なお決定する感情なのだ。なるほど、理論的には我々はとっくにそうした感情を克服しているが。」

バイエルン国立図書館に残るフックスのゲラ原稿[23]ではより直截に『モダンな女性』と題されており、インクの垂れた巨大な羽根ペンを頭に挿したルクセンブルクの漫画はモダン女性の「母性」の欠如を風刺している。このレーマン論文は党内に波紋を与え、フックスは次号でこれを転載し「仲間内での風刺の権利[24]」と題する長文の編集部見解で釈明せねばならなかった。「同感とする多数の握手に加えて、一つの批判的見解がもたらされた」と始まる反論の中にSPD大衆宣伝の実践水準が明らかになる。フックスの反論は、レーマン論文を「ペダンティックな党の教条主義の古典的事例」とし「ブルジョア的風刺」にかわる「社会民主主義的風刺」の必要を訴えている。しかし、一体、社会民主主義的風刺とは何か、果たしてそれは存在したのか。レーマン女史の言葉を借りて問い直せばこうなる。

「まさか、『南独郵便御者』はユダヤ人同志の外見を笑い者にして良いというのではあるまい。それと同じことが、女性に対しては良いというのか。」

しかし、フックスは女史が問題外と考えるユダヤ人の劇画化について次のように答える。

「勿論、良いですとも。どうしていけないのでしょう。……もし我々にユダヤ人の鼻を漫画化することが許されないなら、根も葉もないユダヤ人の結束を非難している反ユダヤ主義者は正しいことになるでしょう。いや、我々はともかく如何なる鼻にも敬意を払わない。ユダヤ鼻にも自分の鼻にも。……我々はあらゆるものを攻撃してよい。……我々は、ブルジョアの料理人（メディア——括弧内著者註）を解雇し、精神的糧としての日々の必需品（情報）を長らく自分の手で料理（報道）してきた。だから、女中である

図 28 「SPD 党大会でのローザ・ルクセンブルク」 もちろん、ローザとは似てもいないが、女性インテリ党員に対する批判的イメージがよく表現されている。（*SP*. 1899. Nr. 23）

ブルジョア的風刺も手放すことができよう。社会民主主義はそろそろ自分の家事（社会主義的風刺）を自ら仕切れる年齢に達したのだから。[25]」

編集長フックスはこのように強弁するが、先に見たように礼拝的アレゴリーを駆使する『南独郵便御者』の実態は「あらゆるものを攻撃してよい」社会民主主義的風刺の理念とはなお距離があった、と言うべきだろう。

「ユダヤ人問題」と資本主義文化

フックス自身がユダヤ人問題に特別に深い関心を抱いていたことは、第一次大戦前に執筆され一九二一年になって出版された『カリカチュアのユダヤ人』の序文で、「ユダヤ人問題は女性問題と並んであらゆる時代とあらゆる国民の漫画に於ける最も人目を引く特殊分野の一つである[26]」と述べていることからも想像できる。実際、一八九三年フックスが編集した啓蒙的な社会科学論集の第三分冊はH・ルクス博士『犯罪者としてのユダヤ人――反ユダヤ主義論議の解明』であり、「反ユダヤ主義者の論拠を科学的に反証した」と同書を『南独郵便御者』で推薦している[27]。

今日からすれば奇妙に感じることだが、先に示した漫画「見本市の争奪戦」（図27）は女性蔑視としては批判されたが、ユダヤ蔑視と非難する声が党大会で上がった形跡はない。この漫画では、大都市が奪い合う出稼ぎ東欧ユダヤ人が戯画化され「哀れでこぎたないポーランド・ユダヤ人」と明記されている。これは一体どうしたことであろうか。そうした目で『南独郵便御者』を読んでいくと、ステレオタイプ化されたユダヤ人像は決して稀ではない。例えば、一九〇〇年一三号でフックス自作の小話「丁丁発止」[28]（図29）ではイエズス会士の服装と「抜け目のないユダヤ人」の鼻が対比されている。確かにイエズス会士の偏見を風刺したこの小話に反ユダヤ意識を指摘することは酷としても、このような既成の「ユダヤ人」イメージの使用は、結局社会が持つステレオタイプの象徴的暴力に絡め取られはしないだろうか。

図29 「丁丁発止」 列車で旅行中のイエズス会士が、相席になったユダヤ人をからかうために、鼻を見て「ご宗旨は？」と尋ねた。ユダヤ人も負けじと、同じ問いを繰り返した。「我々の服装で判らないのですか？ イエズス会です」。「何ですと！ イエズス会ですと？ それは、いずれのイエスの会ですか？ 最初の会、あるいは最近の会ですか？……神によれば、最初のは馬鹿とのろま、最近のは二人の犯罪者」。（*SP*. 1900. Nr. 13）

『ジンプリツィシムス』一九〇〇年九号には、『南独郵便御者』から移籍したユーゲント画家B・パウルの筆になるタイトル漫画「貴族の世界観」（図30）が載った[29]。プロイセンの没落貴族が体面を保つためにユダヤ人資本家の娘と結婚する様子を風刺している。その一年後、『南独郵便御者』は「暴落相場」（図31）と題した後日談を載せ、相場の暴落で妻の持参金が目減りした

図 30・31 「貴族の世界観」(*Simplicissimus*. 1900. Nr. 9. 左)。「暴落相場」(*SP*. 1901. Nr. 17. 右)。「遺憾ながら、義父さんが欠損の六割を埋め合わせてくれないなら、貴方の娘さんへの私の燃える情熱もそれ相応に醒さねばなりません。」

ユンカーが金の切れ目が縁の切れ目とユダヤ人の義父をゆする様子を風刺した。反ユダヤ主義への「科学的」批判を支持した『南独郵便御者』も、大衆宣伝では「ユダヤ鼻」と「ユダヤ資本」の大衆幻想に棹さしていた[30]、と言えばいえよう。確かに、風刺の主要な攻撃対象はイエズス会士やユンカーであったとしても、同時に「こぎたない」「抜け目のない」「資本主義社会を牛耳る」ユダヤ人を笑い者にしていたことは否定できない。

こうした「アンビバレントな傾向」は強烈なナショナリズム文化の中に置かれたサブカルチャーの困難な自律状況に基づくだけではなく、

ＳＰＤが大衆の政治化について抱いた楽観主義にも起因している。一八九三年に党大会で報告されたベーベルの「反ユダヤ主義と社会民主主義」には、余りにも楽観的な大衆動員論が表明されている。

「反ユダヤ主義の煽動者たちは我々の社会の中で、今まで政治的には最も不活発で最も無批判であった階層を動員する。一度、虚ろな無関心から揺り起こされ闘争へと駆り立てられれば、彼らも考えねばならなくなろう。そうすれば、資本主義的ユダヤ人は資本主義社会の一部にすぎないことを認めるだろう。……あらゆる不純で低劣な動機を根底に持ったこの運動は、その指導者の意図に反して結局は社会民主主義のみを利するだろう。」(31)

こうして啓蒙に動員を先行させる政治宣伝の論理は、「ユダヤ人問題」のみならず、「宗教的」アレゴリーの無批判な採用、「婦人問題」での男性中心な既存文化への依存にも指摘できる。そして、現実には大衆心性を政治的動員することへのナイーブな確信の上にこそ「宣伝政党」ＳＰＤの成功は存在した。だが、宣伝の問題を単なる大衆の政治疎外からの感覚的解放にとどめず、新しい規範意識を如何にして大衆自身に獲得させるかという「未完の近代」の、さらなる啓蒙の問題と見なせば、『南独郵便御者』の宣伝には既存の大衆的感性への過度の依存があったと言わねばならない。しかし、大衆社会とは何よりも感性の社会ではなかったか。

4 市民的公共圏のモデルネと労働者的公共圏の相克

世紀末モデルネの担い手としての風刺漫画雑誌

ともかくも労働者大衆の心性を反映した『南独郵便御者』は、ヴィルヘルム期ドイツの文化状況のなかで如何なる位置を与えられるべきであろうか。ベンヤミンが指摘した複製技術時代の到来による既存の芸術的価値の危機[1]は、それと平行したSPDの台頭による名望家政治体制の動揺とともに、ヴィルヘルム期ドイツの政治文化に二重の危機状況を招来した。だが、この文化的危機意識こそ政治と芸術が相互浸透する世紀末独特の艶やかな文化の温床であったし、そこに開花した雑多な風刺漫画雑誌は、社会不満のはけ口のメディアであるばかりか、新思想、新芸術の伝達メディアでもあった（図32）。とりわけ、ミュンヘンの『ジンプリツィシムス』『ユーゲント』は伝統的社会規範から離れ、性的解放、青年運動、文芸モデルネの領域で重要な役割を演じた[2]。そこに、市民的公共圏の内部から公共性を拡大・開放していこうとする動きを見て取ることさえ可能である。それゆえ、この領域は「ドイツ・ブルジョアジーの封建化」テーゼを再考し、ヴィルヘルム期社会のダイナミズムを主張するイギリス社会史派が突きつけた研究の中心領域でもあった。[3]

市民的風刺漫画雑誌研究の通説では、四八年革命時に創刊されたベルリン発行の自由主義的『クラデラダーチュ』Kladderadatsch は文化闘争期以降ビスマルク体制に組み込まれ、九六年ミュンヘンで創刊された『ジンプリツィシムス』『ユーゲント』は保守化した市民的風刺漫画雑誌の革新として登場したとされる。「自由な思考のための闘争誌」を自称した『ジンプリツィシムス』は、その目標を「公的私的生活の新しいモラル、真に人間的な感覚の回復、真実と真の道徳性」と宣言している。[4] つまり、こうした風刺漫画雑誌は市民的公共圏の危機への対応としてドイツ市民階級内部に生じた「モデルネ」の年代記と言えよう。

図 32 「四面楚歌」 ドイツ各地の風刺漫画雑誌キャラクターと、憤る陸軍大臣ゴスラー。SPD の兄弟雑誌『真相』よりも大臣の左右の『ユーゲント』『ジンプリツィシムス』の扱いが大きいことに注目。（*SP*. 1897. Nr. 1）

結論から言えば、四八年創刊の『クラデラダーチュ』と九六年創刊の『ジンプリツィシムス』の間に起源を持つ八二年創刊の社会主義風刺雑誌『南独郵便御者』は、「モデル

図33 『ユーゲント』画家として有名になるリーリエン作の『南独郵便御者』クリスマス号表紙。（*SP*. 1897. Nr. 26）

ネ」を生み出す危機状況そのものであったと同時に、人脈的にも『ジンプリツィシムス』に先行する過渡的で矛盾に満ちたメディアだった。その矛盾は編集者フックスにおいて高密度に集約されている。後年『ジンプリツィシムス』『ユーゲント』の看板画家となるパウルやエングル、リーリエン（図33）をデビューさせた『南独郵便御者』編集長としてシュヴァービングの芸術ボヘミアンから影響を受けつつ、同時に社会主義運動に挺身していた。[5]

既に見たように、『南独郵便御者』が婦人問題では必ずしも伝統的女性観に替わる「新しい女性像」を提示できなかったことを想起すれば、『ユーゲント』は婦人問題の領域では社会主義雑誌より革命的であったといえるかもしれない。それまでの家庭娯楽雑誌が、主婦、あるいは母として描いた女性像の古典的伝統を破り、「猥褻」とされてきた女性の裸体を「芸術」、「青春」のアレゴリーとして強調した雑誌が『ユーゲント』（図34）である。しかも、その編集者G・ヒルトは戦闘的な女性解放論者であり、当時反フェミニズム文献として広く読まれたO・ヴァイニンガー『性と性格』などを誌上で激しく論難し、女性の教育権を次のように主張している。

「つまり、我々フェミニストの要求は、教育と政治参加の権利を、有権者たる男性に劣らない知的女性に認めよ、ということに尽きる。[6]」

もちろん、ヒルトの主張と『ユーゲント』に登場する「解放された女性」の階級性を指摘することは容易ではあるけれども。

伝統道徳とプロレタリア芸術の融合?

図34 「ユーゲント様式」の名称を生んだ『ユーゲント』の表紙。(*Jugend*. 1897. Nr. 14)

これに対して、SPDの道徳厳格主義が性的解放の要求から如何に懸け離れていたかは、『ユーゲント』創刊の年に起こった党内の自然主義小説論争が明らかにしている。自然主義小説を載せたSPD文芸誌『新世界』を党内有力紙『ハンブルガー・エヒョー』Hamburger Echo (1887–1933) の編集長K・フローメはこう糾弾した。

「今、党内で以下のような意見が広まっている。子弟に『新世界』を与える時には必ず、自分でじっくり読んでからでなければならない。（賛同の声）シュタイガー編集の『新世界』が性的な下劣さを売り物にしたこと、またあらゆる礼節観念を嘲笑する叙述があったことは疑う余地がない。（その通り！）……もしシュタイガーとその文筆仲間が、超党的なものと御自賛の自然主義の活動をしたいのなら、何処でもするがいいが、但し『新世界』以外でやっていただきたい[7]。」

こうした党内多数派の道徳主義をフックスは後に『風俗の歴史』でこう説明している。「プロレタリアートは勃興する階級として、あくまでもより高いモラルを発揮しようとした。しかもそれは性的な領域だけでなく、権力闘争においてもそうであった。それ故、モラルの完璧性をも隊列の鉄則として言挙げねばならなかった[8]。」一八九三年一五号の「ブルジョア芸術とプロレタリア芸術」と題するフックスの詩もそうした道徳性に沿ったものであった。

「それは腐敗と衰弱の芸術、君らに言わせりゃ、洒落て「デカダンス」芸術、
君らにとって芸術は、不能な奴をふるいたたす、淫売女の手管に等し。
落ちめの輩の芸術に、救いなんぞはあるものか。
誇り高き先達の、かつて供した美酒のうち
君らに唯一残りしは、模倣という名の残り糟。

若き労働の芸術は、むろん売春化粧など、これっぽちもしていない。
美し我らの芸術よ、人民より生まれ出た、清く正しいハツラツ娘。」(SP. 1893, Nr. 15.)

ワイマール共和国時代にフックスが没頭した仕事はメーリング著作集の編纂であったが、この詩もまた当時党内屈指の芸術理論家メーリングの芸術観の影響下に成立したものと言ってよい。メーリングは「没落するブルジョアの芸術」として自然主義を否定し「勃興したブルジョアの芸術」として古典主義を評価した。だが、「勃興するプロレタリアの芸術」については多くを語らず、革命後に先送りしていた。(9)

「芸術は近代ブルジョア社会ではまったく資本主義的前提の上に立っている。つまり全ての造形芸術と音楽、演劇がそうであり、そもそもプロレタリアートにとって階級的精神が発揮できるのは叙情詩及び叙事詩においてのみであり、こうした作品ならばなくもなかった。」(10)

こうしたメーリングの「傾向芸術」観に立てば、フックスの詩で称揚されている「プロレタリア芸術」が具体的には詩歌であることも明らかだろう。「視覚人間」フックスにして、九〇年代前半には詩集『階級闘争から』(一八九四年)の編者として知られたプロレタリア「詩人」であった。

しかし、一八九六年『ジンプリツィシムス』創刊以降、あたかも文芸モデルネの運動に触発されたかの如く、詩人フックスは『南独郵便御者』に従来なかった長文の芸術評論を執筆し始めた[11]。それは、まさにこの時期から次章で取り上げる『真相』の誌面で論説が占める割合が減少していったのとは対照的であった。一八九八年の禁固刑以降、フックスの編集は大きく変化した。フックスは獄中で翻訳したゾラやモーパッサンの自然主義小説、五回連載の「カリカチュアの一八四八年」などの漫画史・漫画芸術論を掲載し始めた[12]。それは「日常政治から綿密な芸術鑑賞へという関心の移動[13]」というより、『ジンプリツィシムス』や『ユーゲント』の提示した「モデルネ」への接近であったと言えよう。それは論文の対象が従来の「叙情詩及び叙事詩」ではなく、メーリングがプロレタリア芸術の可能性を否定した「造形芸術」であったことからも明らかであろう。また、一八九七年以来フックスが同種の漫画論文をブルジョア文芸雑誌『書籍愛好家雑誌』Zeitschrift für Bücherfreunde に寄稿し始めたことからも判るように、一連の論文は特に社会主義的でも、まして労働者向けでもなかった[14]。

九八年一〇号の論文「絵画の中のメーデー」を先に挙げた九三年の詩「ブルジョア芸術とプロレタリア芸術」と比較すれば、『ジンプリツィシムス』創刊を挟んだ編集長フックスの変化は明白である。いまや「我らの党芸術は偉大なプロレタリア芸術という大木の麗しき枝になった」とし、漫画ではドーミエ、小説ではゾラ、絵画ではラファエル前派のクレーン（図35）を、彫刻ではムニエを「新たなルネッサンスの芸術家」と称揚している[15]。ここに、自然主義やモダンアートをプロレタリア芸術に接ぎ木しようとするフックスの試みは明白となる。

古典主義からの訣別と実践活動からの撤退

一八九九年はゲーテ生誕一五〇年にあたりドイツではほとんどの文芸雑誌がゲーテ記念号を企画したが、『真相』もゲーテを社会民主主義の先駆者と称える啓蒙的なゲーテ特集号を組んだ。これに対して、『南独郵便御者』のゲーテ特集号は「プロメテウス」（図36）と題された『ユーゲント』ばりの官能的な裸体画を付録とし、「カリカチュアのゲーテ」と題するフックス論文を載せて党内にも根強いゲーテ神格化を相対化してみせた⑯。この号は不敬罪の別件で押収されたが、フックスは次々号に「警察に従順なゲーテ号」と冠し、先の裸体画に衣服を書き加えただけの「健全化したプロメテウス」（図37）を掲載して抵抗を示した。このゲーテ特集号にフックスの古典主義的芸術把握からの訣別を確認することができる。

図35　ウォルター・クレーンによる「アールヌーヴォー」風メーデーポスター。

だが、こうしたフックスの芸術論文は当然ながら党理論家の芸術観とも党員大衆の感性ともかけ離れたものであり、先にみた『南独郵便御者』の大衆宣伝とも一貫性を欠いている。しかも、フックスの漫画論文の存在自体が自らの漫画論と矛盾に陥っていた。「漫画を使えば、どんなに詳細な論述でも達成できないほど、ちょっとした特徴ある線で人物の性格を的確に示し、複雑な思想や理念を最も広汎な民衆に明確に理解させることができる。」[17]

このように論述に対する漫画の優位性を唱えながら、漫画の実践の場であるべき『南独郵便御者』で、漫画を論述することの矛盾にフックスは気付いていない。一九〇〇年以後購読者が半減した事実は、こうした編集方針の混乱を裏付けている。その上、フックス自身の芸術観自体もなお矛盾に満ちたものであった。一九〇〇年一〇号掲載の「オノレ・ドーミエ論」でフックスは、革命芸術の本質としてドーミエの漫画を称揚するが、そこで言及された歴史的評価としての「プチブル的限界」と芸術的評価としての「最高芸術」の矛盾は手付かずで残された。[18] 一連の漫画芸術論文は意図としては、支配的(アカデミズムの)芸術イデオロギーの脱構築を目指すものと評価できるとしても、この雑誌の購読者である労働者読者の欲求とは次元の異なる試みであった。労働者運動自体への関心低下とは言えないまでも、フックスの主要な関心が労働者読者から離れて行ったことは明白である。一九〇〇年になると、それまでフックスが自ら担当していた投書欄が実質上消滅し、多くの労働者にとって無意味なフランス語の漫画研究書などが書評欄で推薦され始めている(19)。

つまり、一九〇一年の編集長退陣のきっかけは、左派の編集長フックスと右派の出版社主エルンストの路線対立であったとしても、その背景にはフックス内部に浸透した「市民的モデルネ」と「労働者的公共性」の齟齬があった。フックスの活躍が示すように、労働者新聞の編集部は確かに労働者にも開かれていた。だが、そこで編集長になった人物が仕事の必要から文筆的公共性に習熟すればするほど、自らの意識を労働者的公共圏に留める

図36・37　押収された「プロメテウス」と再出版の「健全化したプロメテウス」(*SP*. 1899. Nr. 17. Nr. 19)

ことは困難になっていくのだろうか。

風俗史家フックスの誕生

一九〇一年に大著『諸国民のカリカチュア』が出版され風俗史家フックスが誕生した。その中でフックスは編集長としての自分が置かれていた苦境を次のように総括している。「労働者はユーモアをほとんど理解しない。彼らにユーモアが欠けているのは、遂行すべき闘争がまったく困難であり、その生活は大方余りに深刻で、悲劇的とさえ言えるからだ。それは、漫画の発展に特別効果的に作用する雰囲気ではないのだ。[20]」

ベルリンに移住したフックスは、その後はメーデー新聞の編集に数度関与した以外、SPDの宣伝活動にほとんど影響力を持たなかった。それとは裏腹に、党外の読書界では一九〇四年の『カリカチュアのエロス的要素』以降、一九〇六年『カリカチュアの女』、一九〇九年『風俗の歴史』と続く大著がセンセーショナルに迎えられた。確かに、『諸国民のカリカチュア』を非学問的と酷評したブルジョア批評に対してシュタイガー、シュタムファー、メーリングが各々フックスの史的唯物論の立場を評価する書評を『新時代』に掲載した。しかし、より「風俗色」を強めた『カリカチュアのエロス的要素』以後の著作に関しては『新時代』は沈黙を守った。[21]『風俗の歴史』を書評した唯一の党内機関誌は修正主義派の『社会主義月報』であったが、『風俗の歴史』は単なる「性風俗の一面的歴史」

にすぎないと酷評している。[22] 風俗史家フックスへの左派の反応は一九〇八年九月九日付『ライプツィヒ人民新聞』のルクセンブルク論文が如実に示している。

「上流階級の芸術が全国民の芸術になり得ないことは、思慮があり誠実な人には議論の余地のない事実である。こう書いたトルストイは、最近名を挙げた芸術狂で、不思慮な熱心さでSPDの労働者層にスレフォークトやホードラーのような退廃的な三文絵画を理解させようとする党同志に比べれば余程まともな社会主義者、史的唯物論者である。[23]」

このように党内で白眼視された『カリカチュアの女』以降、フックスの著作がかつてのライバル『ジンプリツィシムス』の発行元A・ランゲン社から出版され同社を経済的危機から救ったことは、皮肉ではあれ、事の成り行きとして象徴的であった。

ユーゲント様式《シュティール》の夢

『南独郵便御者』編集長フックスは芸術と政治の伝統様式が破綻した世紀転換期の社会主義運動をその生存圏とした。ベンヤミンはフックスの中に「一八三〇年のデモクラティックな情熱」[24]を見出したが、もちろんそれはマルクスとラサールの情熱と言い換えてもよい。その情熱を源泉として楽観的進歩史観に立ったフックスは、社会主義とプロレタリア芸術の統合を『南独郵便御者』の中に夢見て、夢破れた。だが、その挫折は政治と芸術の未分化をその綜合と幻視できた一九世紀の幸福をなおとどめている。二〇世紀はその両極の矛盾を激化させて行く過程であった。政治と芸術の綜合を風刺漫画雑誌に試みた「風俗狐」Sittenfuchs の仕事は、アカデミズムの芸術史からもプロレタリア文化史からも胡散臭がられて、今日に至っている。

実際フックスの胡散臭《うさんくさ》さは、急速な工業化の中で実用と芸術に橋を渡そうとした世紀末ミュンヘンのユーゲント様式の妖しさでもあった。様式喪失の時代の運動であったユーゲント様式も「様式」として確立された一九一〇年ともなると、その革新性は急速に退色していった。手作りの芸術を夢見たユーゲント様式は、皮肉にも工業デザインの時代の幕開けに彩りを添えていた。民衆文化が手作りの夢であるとすれば、大衆文化とは夢を製造する重化学工業であり、その大量消費である。フックスが『南独郵便御者』でデビューさせたユーゲント画家B・パウルは一九〇七年ベルリン工芸美術博物館付属学校長に就任してミュンヘンを去り、一九三四年までプロイセン美術アカデミーの指導的立場にあった(25)。それは、運動として成長したSPDが組織として体制内化した歴史を連想させる。

第四章

社会主義マリアンヌから国民国家ゲルマーニアへ

「一九一四年八月一四日、公式のドイツ社会民主主義は、またそれとともにインターナショナルは惨めにも壊滅した。我々が五〇年にわたって民衆に説き続けてきたこと、これこそ我々のもっとも神聖な原則であると宣言したこと、演説、パンフレット、新聞、ビラなどによって、何度となく繰り返してきたこと、それがそっくり、一瞬のうちに唯の空言であったことが暴露されたのだ。国際的な労働者階級の闘争政党が、まるで悪しき魔法にでもかかったように、国民自由主義の党に豹変し、我々が誇っていた強大な組織も、完全な無力さを露呈したのだ。」

ローザ・ルクセンブルク「あれか　これか」(一九一六年)

1　『真相』の編集部エリート論と読者大衆論

「宣伝政党」の理論と実践

図 38　「理論と実践」（*WJ*. 1910. Nr. 630）

一枚の三コマ漫画がある。一九一〇年SPD風刺漫画雑誌[1]『真相』Der Wahre Jacobに載った「理論と実践」（図38）は、百万党員へ躍進する大衆組織政党の栄光の自画像であった。

第一コマ　巨大な怪獣「資本主義」をルクセンブルク、カウツキー、メーリングたち「急進主義者」は正面から、ベルンシュタイン等ている。

の「修正主義者」は背面から、ペンや鋏で攻撃している。まだ労働者たちは遠くで傍観している。

急進主義者「我々は大胆に、団結した力で我々の必殺の槍をあいつの喉元に突き立てよう。そうすれば、あいつはきっとすぐにくたばってしまうのだ。」

修正主義者「あわてるな、落ち着け！　我々はまずあいつの尻尾をそっと切りとってやろう。そして少しずつあいつの腹わたを全部引き抜いてやろう。あいつが少しもそれと気づかないように。」

第二コマ

「資本主義」は突然暴れ出し、急進主義者のペンは折れ、修正主義者は後退る。

急進主義者「えい、忌々しい。この化物はじっとしていないぞ！」

修正主義者「う、やや！　やっぱりやつは気づいたか！」

第三コマ

ようやく労働者の一群が現場に駆けつけ、ハンマーや斧で「資本主義」を殺してしまう。カウツキーとベルンシュタインは遠くで書物を手に祝福する。

労働者「畜生ってのは、こんな具合にいっぺんに四方八方からやっつけなくちゃだめさ。これこそ正しいやり方なんだ！」（WJ. 1910. Nr. 630. S. 6775）

かつて第一次大戦前のSPDを堕落させたのは、「修正主義」であるという俗説があった。それが幻想である所以は、SPDを発展させたものが「マルクス主義」である、というもう一つの幻想を対置すれば理解できよう。すでに見てきたように、理論は必ずしもSPDを規定してはいなかった。第二帝政期SPDを規定していたのは宣伝であった。宣伝と機関誌は二にして一であり、機関誌は宣伝の必要に応じて初め急進化し、後に体制内化を推進した。とすれば、理論はその時々の路線上において、宣伝に利用されたにすぎない。またその大衆宣伝の需要者たる労働者も理論によっては容易に動かず、むしろその心性を支配するイメージ、つまり「神話」によって行動する。第一次大戦勃発時の「裏切り」が一握りの党官僚や組合幹部のみならず、第二インターの範たる労働者大衆の熱狂であったことを想えば、ほとんど爛熟の極にまで達したSPDの矛盾が、よもや「修正主義」対「マルクス主義」というカテゴリー図式で解明されうる課題であるとは思えまい。

先の漫画を引用したH-J・シュタインベルクは第二帝政期SPDの主潮流を「実践主義」、つまり「党活動に対して拘束力を持つ全ての理論の徹底的な拒否」の姿勢と見なした。(2)「実践主義」概念の有効性に筆者は強く共鳴するが、シュタインベルクは「理論幻想」の解体に急なあまり「実践主義」の実像を明確に提示したとは言えない。以下では「実践」の中核を宣伝と見なし、SPDの最大発行部数誌『真相』の検討を通して、組織と宣伝の実態を解明する。発行部数の頂点を極めた一九一二年には約三十八万の予約購読者を擁し、百五十万を超える読者を集めた『真相』こそ、「宣伝政党」SPDの大衆プロパガンダの代表的傑作であった。この機関誌の分析の中で、宣伝の主体であるSPD組織の投影図が浮かび上がって来るはずである。

それにしても、従来のSPD研究が、機関誌の役割を過小評価してきたわけでは決してない。「労働運動の歴史はその公示学 Publizistik である」[3]と言わないまでも、機関紙活動の重要性は充分指摘されてきたと言えよう。しかし、中央機関紙『前進』や国際社会主義理論誌『新時代』などが史料として持つ重要性の割には、機関誌自体の分析は貧しく、しかも、その研究の多くは、機関誌を指導者と党員大衆のコミュニケーションの中に位置づけ、体系的に新聞学の成果を利用しているとは言えない。以下、本章ではまず編集者（送り手）と読者大衆（受け手）を、続いて『真相』（メディア）とその漫画（内容）を分析し、最後に宣伝を通じてSPD機関誌の果たした役割（効果）とは何であったか、を世紀転換期以降を中心に解明してみたい。

エンゲルスの遺言執行人であり、鎮圧法時代には『社会民主主義者』編集長としてフィアエックなどの国家社会主義者と激しく対立したベルンシュタインが、党の正統教義「マルクス主義」をその宣伝から退けるよう要求した修正主義論争の開始は、一八九七年海軍大臣に就任したティルピッツの「情報局」設置、つまり体制側からの大衆動員たる「艦隊政策」宣伝の開始と時を同じくした[4]。大衆社会への地殻変動はこうして宣伝をめぐる攻防戦の中で明らかになった。

だが、「修正主義理論」自体がここで問題なのではない。第二帝政期SPDの大衆組織を牛耳った党書記アウアーは、修正主義論争終結にむけてSPDの「大司祭」カウツキーに宛てた一九〇二年四月五日付書簡で次のように述べている。「(デューリングをめぐる)当時の論争については、君たちの最近の(修正主義をめぐる)学僧の口論と同程度には、いや、その程度しか大衆は理解しなかったし、気にも止めませんでした。[5]」

これに対して、一九〇三年ドレスデン党大会で一応決着したこの修正主義論争を総括すべく、カウツキーは自ら編集する『新時代』誌巻頭で次の如く宣言している。「我々は第一に、今なお宣伝政党 Propagandistische Partei であることを決して忘れてはならない。我々の実践上の最重要課題は今日まだ権力の問題であるよりも国民大衆の征服である。我々がこの征服を成し遂げて初めて権力の征服が問題となってくるのだ。[6]」つまり、この論争が惹起するはずの分裂を回避すべくカウツキーが提示したスローガンは「宣伝政党」であった。「統合イデオロギー」としての「カウツキー主義[7]」は、E・マティアスの論じるところだが、ここではイデオロギーの問題をひとまず切り離してカウツキーの統合スローガンが「宣伝政党」であったことを確認すれば足りる。その上で、第一次大戦中の「城内平和」という名の宣伝放棄がSPDにもたらした分裂を想えばよい。第二帝政期のSPDは、かくして「宣伝政党」であった。[8]

編集部エリート論

すでに第二章で触れたように、社会主義者鎮圧法の小戒厳により生活の場を追われた活動家は、生計維持のため党新聞の編集者となった。この弾圧が各地で地域機関紙が続々と成立する背景であった。こうして地域機関紙編集部は地域の党本部として政治活動の中心になり、合法化後もアジテーション地区《アギタツィオーン・ベツィルク》を単位として再編成されたSPD[9]は、機関紙というマスメディアと地区集会など対面接触メディアとを弁証法的に統一した「宣伝政党」に成長する。つまり、「マスメディア―オピニオン・リーダー―マス」の情報回路、「コミュニケーション二段階の流れ[10]」を創出したSPDは、大衆組織化に向けての足場を確立した。この回路の中核、オピニオン・リーダーとは、組織活動家・演説家を兼ねた機関紙編集者であった。革命論が国家論のコインの裏側であるように、編集部エリート論は読者大衆論と表裏をなしている。まず『真相』編集部を中心に「宣伝政党」のエリート、編集者について論じておこう。

『真相』誌上でも編集者はしばしば体制側の弾圧を被るSPD活動家の象徴として登場するが、左派右派を問わずSPDの著名な指導者が共通項として持つ経歴は、機関紙編集者の地位である。しかし、党内における編集者の地位について、これまでの研究は必ずしも一致した見解を示してはいない。

M・ヴェーバーは『職業としての政治』において、ドイツではジャーナリストの経歴が政治エリートへの上昇を意味しないと述べた上で、SPDの特殊性を指摘する。「しかし、同党内での編集者の地位は、平編集員のポストという性格が圧倒的に強く、指導者のポジションへの足掛りとはならなかった。」(11)これに対して、L・カントローヴィッは、SPDの編集者がまず第一に政治的指導者であることを統計的に論証しようとした。しかし、G・A・リッターは編集者の地位を党内ヒエラルヒーにおける上位への「踏み切り板」と見なし、R・エンゲルジングも指導者というより昇進を目指す「従士」であると考えた。(12)だが、編集部が党の指導部であるか、「次の世代の高等学校」(13)であるかを静態的に論じてもSPD運動のダイナミズムの解明にはならない。むしろ「煽動政党—宣伝政党—大衆組織政党」の発展史に、その機能と構造の変化を位置づけることが重要であろう。口頭メディアを中心としたラサール時代の「煽動政党」(幹部政党)から活字メディアを中心としたゴータ合同以後の「宣伝政党」(投票者政党)へ、やがて党組織・専従機関によって煽動・宣伝機能が代替される第一次大戦前の大衆組織政党へとSPDは発展を遂げた。

ここでは、一八六七年北ドイツ連邦議会選挙から、一九一八年第二帝政崩壊まで五十一年間のSPD帝国議会議員二百十五人中、「議席を持つジャーナリスト」百十四名(五三・〇%)について詳細な調査を行ったW・シュペーリヒの研究に拠って、五つに時期区分する。『真相』編集長の変遷と対照して区分すれば表1のようになる。[14] ここでは、帝国議会に初当選する以前に、編集者、記者、出版経営者を経験した者を「新聞系エリート」と呼ぶことにする。

「宣伝政党」形成へのブロース・ディーツ期（一八七八―一八九〇年）

一八七八年社会主義者鎮圧法成立以前のSPD系議員（ラサール派とアイゼナハ派）中、「新聞系エリート」の比率は七六・二％であり、揺籃期の党エリートも党機関紙に強く結びついていることは明白だが、フォン・シュヴァイツァーの『社会‐民主主義者』やW・リープクネヒトの『人民国家』の如く、党首または最高幹部による中央機関紙の独裁的編集がこの時期の特徴である。政党社会学上の用語で言えば「幹部政党」に相当するこの時期、主にカリスマ的指導者の「演説の拡声器」として機能することで機関紙と組織は結合していた。『真相』を共同で創刊するW・ブロース（アイゼナハ派）は一八七二年に、J・H・W・ディーツ（ラサール派）も一八七四年に入党しているが、[15] ブロースが大学で言語学を修めたインテリであり、ディーツが植字工の遍歴修業中に運動に加わったという事実は、「宣伝政党」を形成するSPD編集者の二類型をよく示している。こうしたインテリと職人的労働者の合作により大衆的機関誌『真相』は鎮圧法発効直後に創刊された。

SPD新聞編集部に対する鎮圧法の意図せざる影響は、指導者＝中央機関紙編集長の専

表1　SPD初当選議員中の新聞系エリート比率と『真相』編集長

	時期区分	A 初当選議員数	B 新聞系エリート数	B/A (%)	『真相』編集長
プロト 「宣伝政党」期 （煽動政党期）	1867〜 1877	21	16	76.2	
ブロース・ ディーツ期	1878〜 1890	41	32	78.0	1879. 10　創刊（ハンブルク）。 W. Blos, I. H. W. Dietz 1881. 3　発禁。 1884. 1　再刊（シュトゥットガルト）。 R. Seiffert 1885〜1890　I. H. W. Dietz
バスラー期	1891〜 1900	44	28	63.6	1890〜1900　G. Baßler 1900〜1901　F. Fischer
ハイマン前期	1901〜 1911	48	24	50.0	1901〜1919　B. Heymann
ポスト 「宣伝政党」期 （大衆組織政党期）	1912〜 1918	61	39	63.9	1919〜1923　G. Durst → A. Rettelbusch → P. Enderling…休刊。 1924. 1　再刊（ベルリン）名称変更。 F. Wendel 1927. 7　再び『真相』と改称。 1933. 2　発禁。

制体制の解体であった。このため執行部は亡命中央機関紙『社会民主主義者』に「拡声器」以上の統制力を持たせようとしたが、中央機関紙の国外出版はそれが議員に及ぼしていた統制力を低下させた[16]。第二章でみたように、議員団多数派は組織活動の維持を目的として、中立紙・娯楽誌を装った地方新聞を各地で創刊した。その一つがハンブルクの『真相』であり、それを創刊したブロースとディーツは急進化する中央機関紙と対立した議員団多数派に属していた。『社会民主主義者』編集長ベルンシュタインによるマルクス主

義理論普及活動と、多数派による地方紙創刊活動は、後年、修正主義論争、大衆ストライキ論争を惹起する理論と実践の二元論を先取りしていた[17]。そして実践の側からすれば、一八九〇年までに少なくとも十六紙を数える党機関紙を創刊あるいは編集し、「運動が意味を持つところでは、運動はまた機関紙を要求する[18]」と言い放ったブロースの活動は注目に価する。当時、労働者層で圧倒的な人気を博した[19]絵入り歴史書『フランス革命史』等の作者でもあるブロースは、自由主義系新聞の編集者を経て入党したが、彼こそ、ディーツとともに党機関紙を商品流通機構の中に確立した最大の功労者であった。

しかし、まだこの時期は党幹部が編集する時代であって、編集部から党エリートが生まれる体制は、組織と機関紙が合法化される時代を待って確立したといえよう。

「宣伝政党」成立後のバスラー期（一八九一—一九〇〇年）

一八九〇年ビスマルク退陣とともに合法化されたSPDは、鎮圧法下の地方新聞を土台に組織拡大を推めた。一八九一年より約十年間『真相』を編集したのは、G・バスラーである。バスラー期の初当選議員四十四人中二十八名（六二・六％）が「新聞系エリート」であり、現職議員七十八人中六十名（七六・九％）が生計を機関紙に依存していた。一九〇四年有給書記制の導入まで専従職員を大量に抱え込む党・組合の官僚システムは確立しておらず[20]、一九〇六年の議員歳入法成立以前のSPD議員が生活の糧を機関紙活動に求めることは不可避であった。この状況下で「編集者＝煽動者＝組織者」体制が醸成されたと言えよう。

バスラーはこうした活動家の典型と言えよう。植字工としてSPD運動に参加したバスラーは、一八七〇年代後半には『南独人民新聞』Süddeutsche Volkszeitung（1873-78）の編集部に入った。鎮圧法下では合唱サークルを活動の隠れ蓑としたが『シュヴァーベン週報』Schwäbisches Wochenblatt（1882-90）編集長として数度の投獄を経験した。一八八三年ヴュルテンベルク地区代表としてコペンハーゲン秘密党大会に出席したバスラーは、地方紙を理論水準の低さから「低級紙《ヴルスト・ブラット》」と揶揄する中央機関紙側の批判に対し「俺はそんな低級紙で喰っているんだ。つまり俺はソーセージ屋の親爺《オーバー・ヴルストラー》って訳だが[21]……」と洒落混じりの反駁を行った。この開き直りには植字工から編集部を経て上昇した党エリートの自負が感じられる。

一八九〇年一〇二号からディーツに替わって『真相』の編集長となったバスラーは、シュトゥットガルト地区の党と消費組合の議長を兼ね、九四年には党の農業委員会に選出され、翌九五年、同地区から邦議会に選出された。一九〇〇年四月に四十三歳の若さで死ななければ、次のステップを上り帝国議会議員となったであろう。だが、バスラーの如く、編集者が機関紙の印刷と経営を行い、組合、党組織、議員団で活動する体制は、肉体的にも精神的にも個人の能力の限界に挑むものであった。社会学者R・ミヘルスはこの過重労働体制にSPD指導者の早死や精神病の多発の原因を見出している。[22] それゆえ、成立した「宣伝政党」が組織の拡大に応じて宣伝の分業化=組織化を志向したことは当然であった。既に一八九一年エルフルト党大会で議会報告を議員=編集者に替わって一括作成・配給する「文書局」設置が提案された。[23] また同年には中央機関紙『前進』の編集・経営を監査するベルリン地区新聞委員会が設置され、以後ほとんど全ての地方紙にも導入された。[24] 九三年ケルン党大会では『前進』編集部から新たな議員立候補を認めないことが決議された。[25] 実際、新聞編集の作業自体、議員の片手間にできるような時代ではなくなりつつあった。専門化=分業化の進む編集部の風景を『真相』はこう風刺している。

大新聞編集長「こんちきしょう！ ホールの外のひどい騒ぎは何事だ！」
植字工「なんでもありませんよ。ただ政治記者と経済記者の喧嘩です。政治欄では『新時代の曙光』って論説を、経済欄では『大恐慌の前夜』って記事を、同じ号に載せろって言うんです。」（*WJ*. 1900. Nr. 566. S. 3299）

宣伝活動のシステム化は、一九〇五年以降顕在化する党の組織化に先立って浮上した。こうした状況下でベルンシュタインの提起した「修正」は、党員大衆の献身を促すよりも機関紙の理論水準向上に不可欠なインテリを運動に獲得することに有効であったはずである。だとすれば、「低級紙」を活動基盤としたバスラーなど実践家たちが修正主義に冷淡であったのは当然と言えよう。[26] 論争を黙殺して党機構の官僚制化を推進した改良主義者は、一八九〇年代に入党し編集部で頭角を現した第二世代のエリートである。彼らこそ、宣伝が生み、機関紙が育てた党エリートである。

大衆組織政党へ向かうハイマン前期（一九〇一―一九一一年）

図 39　SPD 編集者の給与格差を風刺した『クラデラダーチュ』の漫画（1896 年）。6000 マルクは、1894 年党大会で高給過ぎると批判された『ライプツィヒ人民新聞』編集長シェーンランク。92 年党大会でも『前進』編集長リープクネヒトの 7200 マルクが槍玉にあがったが、保守系新聞編集長などはこの 3 倍以上の年収を得ていた。この格差も労働者出身の党エリートにとっては上昇の階段と映った。

一九〇〇年、党機関紙に長らく君臨してきた『前進』編集長W・リープクネヒトの死去は、一九〇七年の第一書記アウアーの死去が党組織の世代交替を象徴するのと同様に、SPD編集部の変質にとって象徴的であった。一九〇一年『真相』編集長に就任して以来、一九一九年までこのポストにあったB・ハイマンの約二十年間を、ここでは一九一二年帝国議会選挙を境に、前期と後期に分けて論じる。ハイマン前期の初当選議員における「新聞系エリート」の比率五〇・〇％は、先行する時期の六三・六％からの後退、つまり編集者＝議員体制の動揺を示している。一八九〇年代の編集部の組織化は編集者数の急速な膨張をもたらし、以前同様、編集長の栄達ポストとして議席が約束されることはなくなった。それにともない、不安定な「政治家」の地位でなく、職業ジャーナリストを目指すインテリもＳＰＤ編集部に出現した。[27] 同時に、専門知識の必要性が増せば増すほど党内の数少ないインテリの需要も高まり、編集者給与にも著しい格差が生まれてきた（図39）。こうした変化が、一九〇〇年「労働者新聞協会」の設立で顕在化した。[28] ＳＰＤ編集者の職能組合的性格を持つこの協会は、経営・人事権を握った新聞委員会と対立し、一九〇三年ドレスデン党大会での「ブルジョア紙寄稿問題」や一九〇四年以来の『前進』編集部紛争を通じて職能的利益への関心を強めた。[29] 一方、一九〇五年に改良主義者エーベルトを書記委員に迎えた党執行部は、一九〇六年には専門的編集者養成を目指す党学校を設置して、この専門職化に応じた。[30]

『真相』編集長ハイマンは、合法化以後入党の第二世代エリートにおける典型と言える。一八七〇年ポーゼン州のユダヤ人商人の家に生まれたハイマンは、大学在学中にＳＰＤ機関紙に投稿を始め、卒業後の九五年に「社会主義的大学生と大卒者のためのドイツ語機関誌」を副題にした『社会主義教養人』Der Sozialistische Akademiker（1895–97）をＪ・ブロッホなどとともに創刊し、九六年九月より編集長に就任した。この雑誌は翌年『社会主義月報』Sozialistische Monatshefte（1897–1933）と改題して誌面を一新し、やがてブロッホの編集の下に改良主義および修正主義派の拠点となっていった。ハイマンは九七年六月で『社会主義月報』編集長を辞し、『ブラウンシュヴァイク人民の友』Braunschweiger Volksfreund (1890-1906) 編集長となった。翌九八年にはハノーファー第一二区の帝国議会議員候補に、一九〇三年からはシュトゥットガルト市議会、ヴュルテンベルク邦議会の議員になり、同邦の憲法改正問題や予算問題などを『社会主義月報』誌上で論じた。そして一九一二年に『学費と国家負担』と題する著作を物し、ハイマンはSPD文教政策の「専門家」となった。(31) この時期、社会政策のC・ゼーヴェリング、農業政策のO・ブラウン、軍事植民政策のG・ノスケなど後年ワイマール共和国で要職に就く改良主義者たちが、編集長を経て「専門家」議員としての活動を始めている。ハイマンも一九一九年にはヴュルテンベルク邦内相に就任した。つまり、SPD編集部に職業ジャーナリストの意識が浸透するのと並行して、宣伝のための議会戦術から交渉のための議会活動に重点を移した職業政治家が擡頭してきたと言えよう。

編集者=議員体制の以上の如き変質は一九〇七年党中央に「新聞局」が設置されることで決定的になった。同年の帝国議会選挙、いわゆる「ホッテントット選挙」の大敗北は党内で大衆宣伝の失敗と見なされ、これを直接的契機としブルジョア新聞コンツェルンの運営を範として採用されたのが、この新聞局に他ならない。(32) 新聞局による記事・論説・娯楽欄の作成と配給は編集長が議員活動に専念することを容易にしたが、それは各々の編集部が地区の宣伝活動に占めた影響力の低下をもたらした。編集部の威信低下は「宣伝政党」変質の序曲であった。

ポスト「宣伝政党」期としてのハイマン後期（一九一二—一九一八年）

一九一二年の帝国議会選挙でSPDは当選議員を前回四十四名から百十名に飛躍させ、第一党へと躍進した。選挙の立候補者のうちジャーナリストの肩書を持つものは、SPD候補中では約一四％だったが、SPD以外の政党では約二％にすぎなかった。(33) このポスト「宣伝政党」期の初当選議員六十一人中「新聞系エリート」三十九名（六三・九％）という数字は「宣伝政党」の継続を思わせる。だが、一九一四年のSPD議員団百十人中、労働者新聞協会に所属する者はわずか二十名（一八・二％）にすぎない。つまり、同協会所属の編集者二百四十一人のうち帝国議会議員は八・三％で、時とともに減少しワイマール期一九二七年の三・七％（三百七十四人中の十四名）に至る。かくして編集者と議員の分離傾向は明白となった。(34) この専業編集者の典型が、ワイマール期『真相』の編集長F・ヴェンデルだろう。彼はもはや政治家ではなく、漫画編集の「専門家」として『漫画における社会主義』や『漫画における一九世紀』など六冊の漫画研究書を公刊している。(35)『真相』の時代、つまり「宣伝政党」期の栄光を伝える「史官」と言うべきであろうか。ともかく一九一二年以降は執行部—新聞局のヘゲモニーの下で「宣伝政党」が推進した組織化の最終段階であり、第一次大戦を契機とした「大衆組織政党」への脱皮が用意された。

以上、編集部と議員団の関係を軸に「煽動政党」から「大衆組織政党」に至る過程の中間政党として「宣伝政党」の発展を跡づけて来た。この発展をSPD編集者の社会的性格から見れば次のごとく整理できよう。

編集部におけるインテリ党員の占める割合は、「宣伝政党」期の前後を通じて以下のように推移した。市民的公共性の影響下に成立した第一世代編集部（ブロース・ディーツ期）の一八七七年には四十四人中十二名（二七・〇％）、機関誌が育てた党エリートの第二世代編集部（バスラー・ハイマン期）の最終局面一九一四年では二百四十一人中二十八名（一一・六％）、組織化と専門化が極まった第三世代編集部の一九二七年では三百二十二人中五四名（一六・八％）となる。同じように、ワイマール期の編集部への小市民層の流入は、一九一四年に八〇・二％であった労働者階級出身者の比率が一九二九年には六六・一％に減少していることからも裏付けられる。[36]とすれば、インテリ党員の比率が最も低い「宣伝政党」期の編集部は、党内上昇の登龍門として機能することで労働者と党エリートの連続性を生み出したと言えよう。野心ある労働者の「出世」に道を拓いた宣伝政党システムこそ、SPD発展の原動力となった。ここに労働者的公共圏と呼ぶべき空間が成立した。

その労働者的公共圏の中核的メディアが『真相』に他ならないが、その成功は編集者や寄稿者が名もなき労働者大衆の一人であったから可能となったのではない。むしろバスラーのような叩き上げであれ、ハイマンの如きインテリであれ、編集者となった彼らが存在としては労働者から離れていったこと、あるいは離れていたこと、しかも市民的公共圏ではエリートへの上昇可能性を閉ざされていたことを自覚して初めて可能となった。SPD編集者は大衆ではありえず、しかし市民的公共圏では正統的知識人と見なされないことで、大衆を異常なまでに意識する大衆的知識人となった。彼らは観念上の大衆を労働者的公共圏に組織したが、そのメディア『真相』はこの「亜インテリ」にふさわしい。それが「亜」なる所以は、彼らの多くが市民的公共圏の辺境を歩み続けて宣伝という文化に到達したからである。それを辺境と呼ぶのは、そこで科学と土俗が混合され、知識人と大衆が同舟し、階級意識と国民意識が渾然一体となり政治と芸術が互いに侵食し合ったからである。社会主義文学として、まして社会主義理論としてはおよそ一流とは言えない『真相』とその編集者に与えられた煌々《こうこう》たる後光は、いわば労働者的公共性と大衆社会が遭遇した際の創造の火花であった。『真相』の内容に立ち入る前に、さらにその読者像を素描しておきたい。

未熟な読者の熱烈な「聖書信仰」

識字率を左右する教育政策から労働者文化に至るまでの考察、あるいはSPD機関紙読者の統計学的分析も含めて「労働者読書論」は改めて詳論する必要のあることだが、ここでは『真相』読者に考察を限定しておきたい。

鎮圧法時代の「総合広告新聞《ゲネラルアンツァイガー》」に始まる都市労働者層への新聞メディアの浸透は初等教育の拡充と連動したが、それが労働者層の文化的疎外感を解消することはなかった。必ずしも文化格差の是正を意図したわけではない初等教育の実態を『真相』は「重大問題」への一将軍の答弁として次の如く風刺している。

「なお軍隊の中にいる多くの文盲について、なぜ苦言を要しようか。連中が読めない限り社会民主主義の文書も何ら害を及ぼすことはできないだろう。」(WJ. 1906. Nr. 520. S. 5092)

これに対するSPDの労働者運動が如何なる意味を持ったか、という問いには、『南独郵便御者』から『真相』編集部に移籍した詩人、M・ケーゲルの作になる最もポピュラーな党歌「社会主義者行進曲」の一節を挙げておこう。

「大地の恵み　太陽の光輝
理知の栄光　知識の威力
其は全ての民の天賦なり
我等の求めし標なり
聖なる戦の成果なり。」(WJ. 1891. Nr. 136. S. 1104)

これを愛唱した第一世代の労働者出身党員たちの激しい教育渇望と読書意欲は、当時の回想の多くが証明している。しかし、そうした情熱の存在は必ずしも機関紙の内容を労働者が理解したことを意味しない。一八七一年、入党時の状況を『真相』の創刊者ブロースはこう回想している。「私は当時リープクネヒトによって編集されていた『人民国家』をすぐ予約した。私はその中に、直ちに理解することができない、私とはかけ離れた世界を覗いた。[38]」

大学教育まで受けたブロースの回想が幾分誇張されているとしても、独特な用語法と外来語を駆使する中央機関紙の内容が、一般党員にはなおさら難解であったことは確実である。だが「未熟な読者の熱烈な〈聖書信仰〉[39]」にとって活字の内容は二の次であった。特に鎮圧法下の弾圧が機関紙の発禁・押収として体験されたことは、機関紙に「殉教」のイメージを与え、購読者は内容の理解とは別に「資本主義の終末論」や「社会主義の至福千年」を読みとることができた。A・ポップの回想録は、そうした読者像をよく伝えている。

「自分で毎週、新聞を取りに行くようになった。SPD機関紙販売所に初めて足を踏み入れた時、聖域に入ったような気持ちだった。……「新たな購読者を募れ！」「諸君の新聞を普及させよ！」と新聞にはいつも書いてあり、私はこれを実現すべく努力した。それで毎週一部のみではなく二部、次に三部、ついには十部を持ち帰ることができた時、私の感激は比較を絶していた。私が新聞を手にする時は、いつも何やら祝日のような気持ちだった。こうした日には教会に行っていた以前のように、私は最高のよそ行きを着

表2　SPD党員数増加と主要機関紙普及度（＝党員数/購読者数）
（出典：Fricke, *Handbuch.*, S. 308, 559, 566, 588）

	A欄		B欄			C欄
	党員数	増加率（%）	普及度『前進』	普及度『新時代』	普及度『真相』	SPD紙総発行部数
1890						254,100
1891						
1899						400,000
⋮						
1904						600,000
1905						
1906	384,327	—	3.4	53.4	1.9	837,790
1907	530,466	38.0	3.9	66.3	2.3	
1908	587,336	10.7	4.1	69.1	2.5	
1909	633,309	7.8	4.6	70.4	2.5	1,041,488
1910	720,038	13.7	5.9	73.5	2.5	1,160,016
1911	836,562	16.2	5.3	79.7	2.7	1,306,465
1912	970,112	16.0	5.9	94.2	2.5	1,478,042
1913	982,850	1.3	6.3	93.6	2.6	1,465,212
1914	1,085,905	10.5	6.7	102.5	3.0	1,488,345

ていた。[40]」

「民衆」読者から「大衆」読者へ

鎮圧法下の十二年間で機関紙の購読者数は約十七万人から約二十五万人へ一・五倍の増加に留まったが、合法化された一八九〇年代はメディアの技術革新、労働者の実質賃金上昇などの影響も相俟って、SPD紙の購読者数は急速に膨張して行った（表2・C欄）。それでも、帝国議会選挙でのSPD得票数を念頭におけば、SPD投票者の過半数が一般商業新聞の読者であること、つまり機関紙購読者は党員とその予備軍に限定されることは明らかである。[41] 第二帝政期SPDの平均的な党員とは、労働組合に組織された都市在住の熟練工を意味するが[42]、彼らの政治的社会化に『真相』など風刺漫画雑誌が果たした役割は、M・ブローメの「社会主義労働者の読書」報告などからも推測できる[43]。また、F・レーバインは、「農村労働者の科学的社会主義への道程」で一八八〇年代後半の状況を次のように回想している。

「農村においても、今や以前よりも多く社会民主主義について語られ、その会話に私もしばしば参加した。その上、私の傍らにいた年配のカニ漁師は『真相』を持っていた。当時それは大衆向けの風刺雑誌として我々を大変楽しませた[44]。」

SPD地方紙網が浸透できなかった農村地域まで書籍行商人によって持ち込まれた『真相』の読者層こそ、SPDプロパガンダが対象とした民衆の最大公約数であったと言えよう。それは『真相』の党内普及度（B欄参照）からも裏付けられる。党員数の増大に追いつかない中央機関紙『前進』や理論誌『新時代』の購読者数に比べて、『真相』だけが党員二・五人に一誌という異常に高い普及度を維持した。

それでは『真相』は自らの読者、つまり党員大衆を如何に描いていたであろうか。SPDを支持する労働者の姿はエネルギッシュな都市労働者として描かれ（図40）、一方、抑圧、搾取される一般国民の姿は、愚直・鈍重・忍耐を意味する「民衆」Michelの表記ともない、「三角帽」Zipfelmützeをかぶった農民的イメージで描かれた（図41）。この明白なシンボル操作は、都市政党SPDが急速に進展する工業化・都市化の中で「民衆」を

図 40・41　「現代のアトラス」（*WJ*. 1897. Nr. 284. 左）。「1904 年の収穫」（*WJ*. 1904. Nr. 480. 右）。革の腰巻き着て筋骨隆々たる「労働者」シンボルと三角帽を被った貧相な「民衆」シンボル。1896/7 業務年度の株式配当を背負うアトラス＝労働者の背後の都市的風景と資本主義・軍国主義・教権主義に抑圧されるミーケルの農村的風景のコントラストは、工業化・都市化と SPD 躍進の相関を暗示している。

運動主体たる「都市大衆」として獲得した経緯を説明する。それは『真相』の自己規定の中でさらに明白となる。一八九三年一九三号の「『真相』ここにあり」は、小さなアトリエで『真相』の周りに集まって朗読される文句に耳を傾け挿絵を覗き込む職人一家の姿を描いた（図42）。こうした小さな「集会」から巨大な組織は生みだされた。同じ九三年に労働者新聞の読者と党組織の関係をカウツキーは次のように説明している。

「ブルジョア新聞の読者と購買者はまとまりのない大衆を形成する。労働者新聞の事情

図 42 「『真相』ここにあり」(*WJ.* 1893. Nr. 193)

はまったく異なる。労働者新聞は巨大組織に依存することが多い。賃金労働者はその存在の特殊な社会的条件により、巨大な大衆の中で自己統合せざるをえず、それは一時的な目的の達成のためだけではない。彼らは単一の階級を形成するが、その階級は近代国家の内に構築可能な国民的、さらに国際的な大衆組織をもたらした。この組織によって勤労プロレタリアートは独自の新聞を作りだすまでになった。組織とは、新聞の読者と購入者を宣伝調達するものであり、それによりブルジョア新聞が読者圏を獲得するために注ぎ込まねばならない巨大な出費の大半が不必要となる[45]。」まさにその通りであろう。さらにいえば、労働者新聞であれブルジョア新聞であれ、マスメディアによって普及された文化は、創造の文化ではなく統合の文化となる。一九一四年の『真相』購読者勧誘広告は、その統合文化の帰結である。そこでの読者は電車の座席で『真相』を広げるサラリーマンとそれを覗き見る隣席者である(図43)。それは現代の都市大衆の姿に限りなく近い。

こうした大衆読者が多様な内容を掲載した『真相』の中でどの要素を優先的に受け入れられたかは、労働組合図書館などの貸し出し状況を検討すればある程度まで推定できる。[46]この種の資料が示す事実は、党の大衆化に伴って生じた社会主義理論への関心低下と娯楽小説類の需要増大である。成立した労働者的公共圏を維持拡大するためには、こうした大衆読者の需要に応えなければならない。機関紙読者の増大と並行する社会主義理論離れ現象は、機関紙の大衆化が単に数の問題でなく構造の問題として考察されねばならないことを示唆している。

図 43 「如何にして『真相』は新しい読者を獲得するか」(*WJ.* 1914. Nr. 719)

2 マスメディア『真相』の成熟と衰退

『真相』の起源

かつてグーテンベルクによって活字印刷が発明されたマインツが、またその印刷物の検閲誕生の地であったように、言論活動は出版と統制の織りなすドラマである。『真相』は鎮圧法発効の直後、ハンブルクの地域月刊紙（全四頁）として創刊された。[1] 自らも『真相』の主要な寄稿者であったSPD史家メーリングは、その創刊を次のように記述した。

「党が社会主義者鎮圧法施行の直前に創刊した文学的娯楽新聞は、この法律で間接的に潰された。その後、ディーツはルードルフ・ラヴァントおよびブロースの協力のもとに『真相』を党の文学活動のための新しい舞台とした。同紙はもともと漫画新聞で最初は揺れ動く土台の上を用心深く歩いていたが、年を経るにつれてますます内容が豊富になり、数十万の読者を持つようになって、党の中で最も広く読まれる雑誌になった。[2]」

初期の『真相』が「文学活動」をカムフラージュとした地域機関紙であることは既に述べた。こうしたカムフラージュ新聞もある意味では亡命紙以上の危険の中にあった。一八九〇年ハレ党大会を報じた『真相』一一二号は鎮圧法時代をこう回顧している。

「鎮圧法の圧力の下で厳重に禁止されているものが何で、許されるものが何かは、社会主義者もリヒター派も知らなかった。……発禁のダレイモスの剣はしばしば落下して筆舌に尽くし難い努力で作られたものを一撃で破壊したものだった。」（*WJ*. 1890. Nr. 112. S. 900）

一八八〇年一〇月『真相』も発禁となり、ディーツ、ブロース等はハンブルクを追放された。翌八一年一二月三一日、ディーツはシュトゥットガルトでディーツ出版社を設立し、鎮圧法の運用緩和にともなって、八三年一月にカウツキー編集の『新時代』を、翌年一月から全国誌として『真相』を再刊した。[3] この八〇年代に生じたSPD機関紙を取り巻くメディア環境の変貌は既に第二章で論じたことだが、『ベルリン地域広告新聞』など無党派、非政治色、スキャンダル性を呼び物とした近代的営利新聞がドイツでもようやく登場してきた。廉価で大衆的な「広告新聞」は、SPD紙の独占的市場として広がっていた都市労働者層をSPD機関紙と激しく奪い合うことになった。

機関紙大衆化をリードした『真相』

一八八七年、いわゆる「カーニバル選挙」[4] のナショナリズム煽動を『真相』は「悪辣極まるナポレオン流国民投票」と評したが、一八九七年以降の艦隊宣伝、一九〇七年「ホッテントット選挙」を挟んで第一次大戦の総力戦体制に至る情報環境の成立にこうした大衆向け商業新聞の出現は決定的であった。これに対して、一八八八年、隔週刊に改め頁数を倍増した『真相』は、編集長ディーツの大衆化宣言を掲げた。

「編集部は有能な人材によって強化され、同時に新たに芸術家も獲得した。それゆえ、『真相』の内容と意匠はドイツの娯楽文芸の第一線に進むことになろう。」（WJ. 1888. Nr. 58. S. 464）

亡命中央機関紙『社会民主主義者』に替わって、ベルリン地域紙『ベルリン人民報』が中央機関紙『前進』と改称した一八九一年、『真相』も一三五号よりタイトル頁を三色刷りにし、女性読者のための付録年鑑、『真相』絵葉書等の配布、販売を通して多角的な読者層開拓に乗り出した。この成果である、大戦直前の『真相』予約購読者数三十七万人を、主要なブルジョア漫画雑誌の予約購読者数、『ジンプリツィシムス』八万人、『クラデラダーチュ』四万人、『娯楽雑誌』Die lustigen Blätter 七万人と比べれば、『真相』の普及が比較を絶していたことが判る。(5) その成功の原因として、大衆向けの誌面作りの新手法——たとえば音読に適した韻文による論説、刺激的なアフォリズム、宣伝小説、懸賞小説募集など——と、読者との接触を求める編集方針——質疑応答欄、メーデー小説コンテストなど(6)——を挙げるならば、二〇世紀に一般化したSPD機関紙編集の大衆化は『真相』の拓いた地平の上に推進されたと言えなくもない。その顕著な例が一八九四年のシェーンランクによる『ライプツィヒ人民新聞』改革である。同紙編集長就任まで『真相』の主要執筆者であったシェーンランクは、娯楽欄の拡大、漫画、風刺コラム、投書欄の導入を断行し、同紙を中央機関紙に次ぐ党内有力紙に押し上げた。(7) 後年、その編集部にはメーリング、ルクセンブルクなどが加わり党内左派の拠点となる同紙の権威が、理論の革命性でなく記事の大衆性に基づくものであったことは強調されてよい。さらに『真相』は一八九七年、漫画欄を拡大して「イラスト娯楽付録欄」と名付け、これ以降第一次大戦まで続く誌面構成を完成した。

一方、「宣伝政党」の組織化を機関紙発行形態に求めるならば、鎮圧法下で確立した合名会社経営から党の直接経営への移管に確認できる。(8) 一九〇二年の『前進』、一九〇四年のディーツ社本体の党有移管に先立って、一九〇一年には『新時代』、婦人誌『平等』Die Gleichheit とともに『真相』が党有移管された。その際、執行部が『真相』を特に重視していたことは翌年ミュンヘン党大会の会計報告で明らかとなる。

「『真相』は一九〇一年の会計年度で二〇〇二三・四五マルクの純益をあげた。実に喜ばしく、おそらくなお増加可能な成果であろう。しかし『真相』にはずっと以前から彼に親しく寄り掛っていた二つの姉妹誌があった。『真相』は以前からその支援者であった。このことは今も変わっていない。この二人の姉妹誌に『真相』の純益は相当喰い潰されている。『新時代』は一〇三〇五マルクの赤字(謹聴! 謹聴!)、『平等』は四四八〇マルクの赤字で締めた。[9]」

『新時代』編集長カウツキーとディーツの書簡も、この理論誌が大衆誌『真相』の利潤で刊行されていたことを裏付けている。[10]『真相』の収入増加曲線は少なくとも一九一〇年まで全SPD機関紙総収入のそれに対応しており、広告収入増加率では他の機関紙をリードしていた。それは、一九〇二年の第四〇七号で『真相』が一般広告を採用して以降、他のSPD紙もこれに追随したことでも確認できる。[11]

一九一〇年には兄弟誌『郵便御者』を吸収し、党内唯一の風刺漫画雑誌となった『真相』は翌一一年には予約購読者を三十万の大台に乗せたが、翌年の三十八万人を最後に『真相』購読者数の右肩上りの上昇は終息した。この数字は「宣伝政党」の組織化の金字塔である。しかし、この一九一二年の帝国議会選挙でSPDの収めた大勝利は、宣伝の勝利であるよりは宣伝が生んだ組織の勝利であった。既に百万の党員、二百五十万の自由労働組合員、六百万の機関紙読者を組織したSPDの成長は階級政党としての限界点に達していた。

労働者的公共圏の完成とメディア環境の変容

一九一三年、A・ブラウンはイエナ党大会で、SPD日刊紙九十紙中七十八紙の内容は画一化されていると批判したが、それは新聞局による統制が行き渡ったことを示している。

機関紙がこれほどまで管理されているという事実は、一方で組織によって宣伝の消費が管理されていることを前提とする。もちろん、これが即SPDの宣伝が体制内化したことを証明するものではない。だが、エーベルト＝シャイデマンの改良主義指導部によって推進された組織合理化によって、宣伝の方向は組織内部に集中し始めた。総発行部数百五十万に及ぶ九十紙の新聞網は確かに閉鎖的で強固なサブカルチャーを形成していた。党書記シャイデマンによってさえ、この一九一三年イエナ党大会でその閉鎖性は指摘されていた。[12]

「多くの党新聞はほとんど正式な党員のみに向けて作られている。つまり、我々の専門用語全体、我々の誰もがイロハのごとく馴染んでいる言い回しのすべては、我々が獲得を目指す大衆にはしばしば理解不能である。大衆は見知らぬ言葉から時にまったく見当違いなことを読み取っているのだ。」

労働者的公共圏はその膨張を終えて、いまや労働者家庭にも浸透するマスメディアへの防御に転じる必要が生まれていた。この党大会に提出された機関紙に関する議案（第四七号から第五八号）は、そうした機関紙の状況を如実に示している。議案の過半数は、婦人労働者のためのファッション情報の提供（第四八号から第五〇号）、青年活動家のための教育学雑誌の創刊（第五三号と第五四号）、労働者家庭の子供用付録の採用（第五七号）であった。[13]

『真相』一九一四年新年号は再刊三十年を祝った。プロイセン軍国主義を象徴する出来事

図44 「技術の偉業」(*WJ*. 1905. Nr. 504)

であるツァーベルン事件を厳しく批判した同号は、プロイセン軍国主義と戦い続けた『真相』の記念号に相応しい。しかし、わずか八カ月の後には同じ誌面で、第一次大戦勃発と同時に「ツァーリズムに抗して」戦う「戦場の同胞に」向けての愛国主義が鼓舞されている。(14)それを転向と断罪するのは容易だろうが、むしろ一九〇八年ニュルンベルク党大会におけるハノーファー選出代議員ライナートの広告批判を困難なメディア状況の証拠として引用しておこう。

「我々は反軍国主義アジテーションを行うが、諸君がこの蓄音機を買えば、祈りと万歳でセダンの戦いを体験するだろう。こうした広告状況がまさに『真相』にもあてはまるのだ。(15)」

もちろん、『真相』がメディア環境の変容に無関心であったわけではない。すでに一九〇五年にはレコードの出現について「技術の偉業」(図44)を掲載している。

「痛風病みの村長兼教会役員ペーター・グレールフーバーは、シュトラスブルクの神学部で学ぶ愛息フランツちゃんから蓄音機を受け取った。蓄音機でカトリック全国大会を

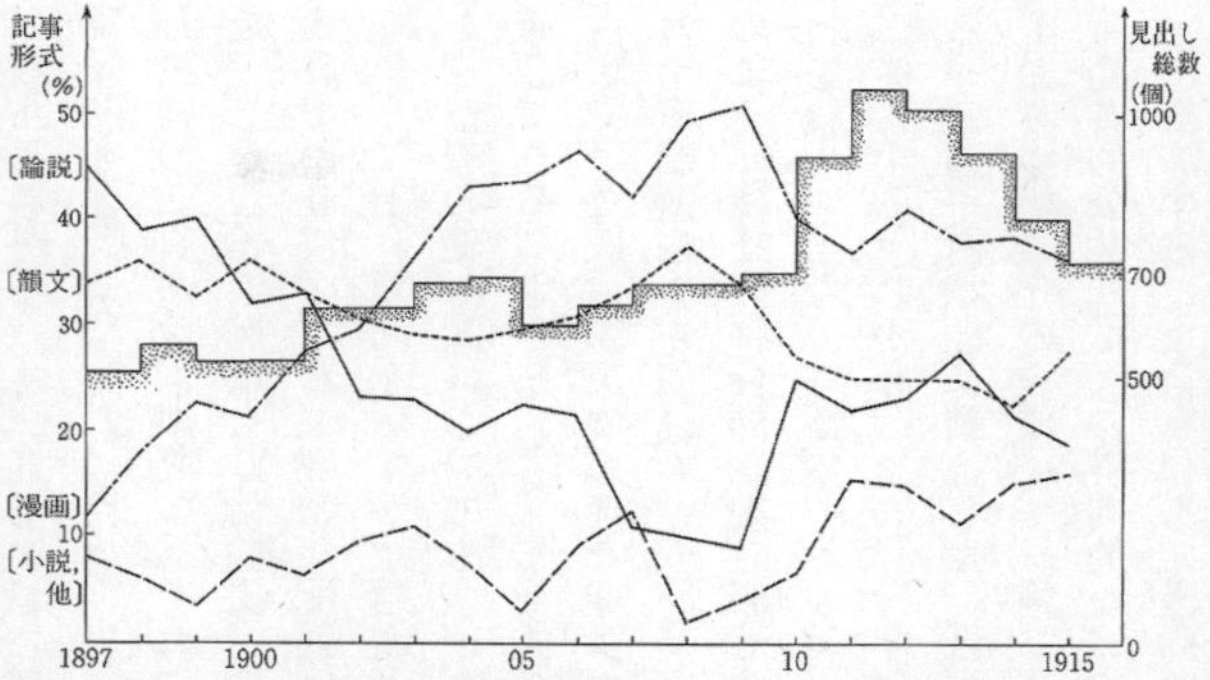

図 45　『真相』各年度の見出し記事総数（棒グラフ）と各記事形式の内訳（折れ線グラフ）。

試聴した彼は、今やそれを使って音楽伴奏付きの宗教的で愛国的な歌を自分の家で唄えるのだ。」（WJ. 1905. Nr. 504. S. 4858）

非文字的な民衆文化を商品化するテクノロジーを欠いた一九世紀資本主義体制においては有効であった集会と新聞のメディア・ミックスが、二〇世紀の文化産業の浸食から労働者的公共圏を守り切れないことは、すでに予感されていた。レコード産業により非教養層で圧倒的な意味を持った聴覚文化までもが資本の投下領域となった時、この「新聞政党」がどう対応したか、それは次章で見てゆくことになる。以下では、『真相』の内容分析を通して『真相』に反映した党の変質を考察してみよう。

「論説」から「漫画」へ？

図45は、大戦まで続いた誌面構成が確立する

一八九七年から一九一五年までの見出し総数と各記事形式（「論説」「詩歌」「漫画」「小説・雑録」その他）の内訳の変化を示したものである。通常『真相』の誌面はタイトル頁を含む最初の四頁が政治風刺で、それに続く四頁から多い時で十頁が娯楽欄と名付けられていた。しかし娯楽欄にも政治論文、社会主義者列伝、文献アンソロジー、政治詩歌などが含まれており、必ずしも厳密な配列は施されていない。見出し総数について見れば、一九一一年まで上昇傾向を示すが、購読者数が最高を記録した一九一二年以降急速に減少に転じた。情報の絶対量においても、一九一二年まででこのメディアの最盛期が終わったことが確認できる。さらに、各記事形式の内訳から判ることは、一九世紀において全体の半数を占めていた政治論説の急速な減少が、漫画の増加と対照的な形で生じたことである。両者の比率が逆転するのは、一九〇二年だが、同年のミュンヘン党大会では「『真相』が以前のように多くの啓発的論説を載せること」[16]が要求されている。だが、この提案は十分な支持を得ることなく、論説の減少は一九〇九年まで続き、漫画五一・三%に対する論説九・二%に至る。しかし、一九一〇年以降、論説は二〇%台に回復し、漫画も四〇%を上下する一定の平衡状態に到達した。漫画の増加が購読者数の増大、組織化の進展と歩を合わせており、組織化の達成後、一種の固定化が生じたと考えるならば、この時期に『真相』が労働者的公共圏拡大の外向的な宣伝メディアから組織内向的な統合メディアに変質したことを意味する。と言うのも、漫画つまり直観的、可視的コミュニケーション手段が党外への宣伝において示す有効性は、論説と比較して疑う余地がないからである。

投書欄と広告欄

次に質疑応答欄、つまり投書欄の扱いについて言及しておこう。一九二九年『真相』五〇周年特別号の指摘どおり、[17]『真相』が読者の積極的参加の、つまり編集者と読者の共同作業の産物であったとすれば、それは質疑応答欄で確認できるはずだ。これを世紀転換期以降採用するブルジョア雑誌に先駆けて、[18]『真相』は一八九〇年一〇五号から最終頁に掲載し始めた。しかし一九〇二年、広告欄が最終頁に設けられると、その誌面は広告に侵食され始め、SPD新聞局創設の一九〇七年を境に常設欄の地位を失った。先に論じたように、新聞局体制を機関紙の中央集権化の帰結と見なすならば、誌上交流の減少も故なしとは言えない。

一方、投書欄を侵食した一般広告については、ラサール以来の広告嫌悪が党内に根強く残っており、商業紙との差異を強調する必要からも広告は厳しく制限されてきた。[19]しかし機関紙の個人購読が一般化してくると、総合広告新聞に比べ割高な機関紙に対する不満が生じてきた。[20]ついに一九〇一年、リューベック党大会では『真相』に広告欄を常設することが提案されたが、それからわずか七年後、一九〇八年ニュルンベルク党大会では、党の品位を損なう広告の掲載に規制を加えよとの提案も出されている。[21]確かに『真相』の誌面

図46　第一次大戦前夜の労働者の消費社会。インチキ広告（左）、宝くじ（左中）、分割払い（右）。（*WJ.* 1914. Nr. 719, 721, 723）

に広告が占める割合と総収益中の広告料依存度は一九〇五年までに急速に増加するが、一九〇六年以後は広告料収入は停滞している。その限りでは、SPD機関紙の体制内化の指標として、広告料収入の増加を過度に強調するべきではない。『真相』誌上に頻出する以下の告示も、むしろ広告募集の困難さを示していよう。

「我々の広告欄を業界に推薦して援助するよう我が購読者にお願いする。」（z. B., *WJ.* 1902. Nr. 414. S. 3780）

一九一三年、イエナ党大会で「『真相』のいわゆるペテン広告がもはや掲載されないよう党大会は改善に努めてほしい[22]」と提案されたように、「身長増伸法」だの「鼻型矯正器」、「毛髪活性櫛」さらには「宝くじ」などの怪しげな広告（図46）が横行した一因としては、大資本や官憲の敵意などによる広告募集の疎外状況があった[23]。しかし、そうした「ペテン広告」さえ一九〇五年以降目につく、カメラ、毛皮、ピアノ、空気銃、蓄音機から「話し方教本」「社交ダンス独習教本」に至るまでの広告同様、大衆社会で一般化する都市型消費の構造——あるいは虚構——の成立を示唆している。第一次大戦勃発時には、戦債募集広告とともに、「支払いは平和になってから！」と謳う信販広告（WJ. 1914. Nr. 741. S. 8545）さえ見出すことができる。

一般的にマスメディアを使った政治宣伝は、思想信条の改変効果よりも政治的先有傾向を具体的行動に結実させる顕在化効果、または補強効果に、その機能の本質を有する。それゆえマスメディアの内容分析が明らかにするのは、メディアがその受け手に対して如何なる方向づけを行ったか、つまり「何を考えるべきか」を読者に認知させる議題設定内容である。以上の限界を踏まえた上で『真相』誌上に展開された大衆宣伝のカテゴリー分析を行い、その性格に考察を加えたい。その際、分析の資料には、特に編集部の「時事に対する態度表明」として表紙を飾ったタイトル漫画を利用する。分析の都合上、国外問題と国内問題に大別して議論を進めたい。

G・A・リッターが「大多数の党員にとって外交問題は一九一四年まで依然として彼らのノーマルな視野の外にあった」と断じた如く、SPDに関して、外交への関心に乏しい内政志向性が繰り返し論じられてきた(24)。図47は一八九二年から一九一三年までのタイトル漫画に、外国人及び国際問題が登場した比率の変動を示したものである。「国内問題」が主題であっても、外国人や外国のシンボルが描かれた場合は「国外問題」にもカウントしたが、これを見る限り『真相』は外交問題や国際的危機に敏感に反応している。つまり、

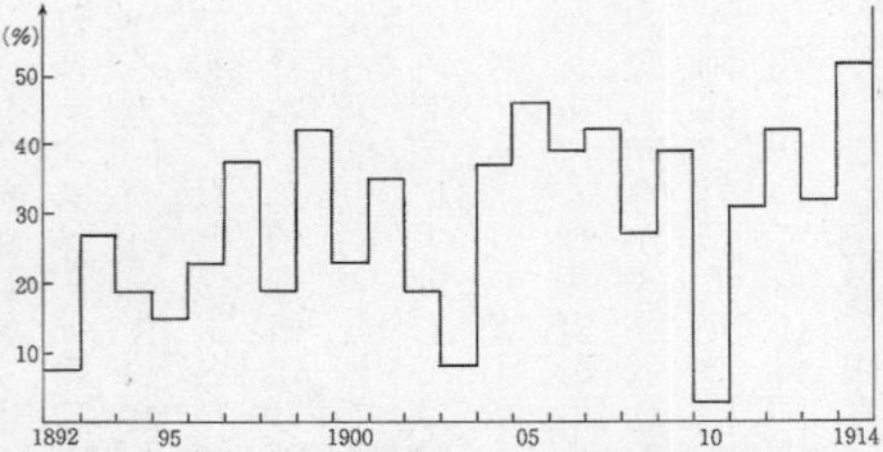

図47　『真相』タイトル頁の国際事項（人物・事件）登場比率。

一八九九年（ボーア戦争、北清事変）、一九〇四－〇七年（日露戦争、第一次ロシア革命、三国協商成立）、一九一一－一二年（アガディール事件、バルカン戦争）などの高い比率から外交問題の軽視を読みとることは難しい。とすれば、問題となるのは、情報の量でなく質と言えよう。

世紀転換期の風刺漫画雑誌を比較研究したS・M・ブライヒは、『真相』誌上で論及、紹介された外国新聞の種類と登場頻度の極端な少なさを指摘しているが[25]、この事実は『真相』が海外情報を収集する際の情報源の問題を浮かび上がらせる。つまり、独自の海外通信網を持たない以上、外国新聞か国内商業紙に情報を依存せざるを得ない。国際問題を扱った『真相』の漫画がブルジョア紙の漫画としばしば酷似した主題と形式を採用したことの原因はここにもあろう。例えば、ニコライ二世の寝室にルイ一六世の亡霊が現れる図で第一次ロシア革命を説明する『真相』の漫画は明らかに一年前の『ジンプリツィシムス』の漫画を引き写したものである（図48・49）。国際問題についてはこのような模倣が特に目につき、社会主義的視点の存在に疑問を投げかける。さらに個別事例を比較検討したいところだが、ここではただ、国外事件の報道において『真相』と他の市民的風刺漫画誌に類似性があったことのみ確認すればよい。それは、国際関係を表現するシンボルの同一性からも裏付けられる。登場頻度の高いロシア、イギリス、フランス、アメリカの四カ国については、明確な価値判断をともなったシンボル操作が行われたが、ロシア＝コサック兵（ヒグマ）、イギリス＝ジョン・ブル（ライオン）、フランス＝マリアンヌ（ニワトリ）、アメリカ＝アンクル・サム（バッファロー）を基本型としたこのシンボル体系（図50・51）は市民的風刺漫画雑誌と共有されていた。[26] 伝統的なシンボル体系への依存は、大衆を既存の世界観へ馴致することにならないだろうか。その意味では『真相』が独自の外交解釈を展開する可能性は

図48・49　ロシア皇帝ニコライ二世の夢枕に立つルイ十六世。1906年6月16日号『ジンプリツィシムス』（上）と1907年7月25日号『真相』（下）の類似性。

図 51　「世界政策」（*WJ.* 1904. Nr. 459）。朝鮮半島をめぐる猿（日本）と熊（ロシア）の争いで、日英同盟のライオン（イギリス）を牽制する雄鳥（フランス）と角付き兜の鷲（ドイツ）。

図 50　「前門の虎、後門の狼――ヨーロッパの災難」（*WJ.* 1899. Nr. 328）。米英露とアナーキズム（ドラゴン）に包囲されたヨーロッパ諸国。

シンボルのレベルで制限されていたとも言えよう。

国際問題でドイツの立場を表現する際のシンボル操作では、帝政のシンボル＝「角付き兜」・「鷲」（図51）と国家のシンボル＝「ゲルマーニア女神」が使い分けられた。ロバ（＝民衆）の引く車に乗った「ゲルマーニア女神」が御者（宰相ビューロー）の過失から泥沼で困惑する姿（図52）に『真相』の国民主義（ナショナリズム）を読みとることは容易であろう。そして、党員大衆の対外意識形成に大きな影響力を持ったであろう『真相』の漫画が、帝国主義

図 52 「植民地の泥沼」（*WJ.* 1905. Nr. 525）。ロバ（民衆）が引く車ごと植民地経営の泥沼にはまった「ゲルマーニア」。御者（宰相ビューロー）は為す術なし。

図 53 ドイツの第一次大戦宣戦を伝える『真相』（*WJ.* 1914. Nr. 733）。ドイツ民衆に叩きのめされているロシア兵、イギリス兵、フランス兵（左から）。「民衆」的愛国主義？

時代の国家と階級の間にあったアポリアを「角付き兜」と「ゲルマーニア女神」を操作することで避けて通ったとすれば、第一次大戦を伝えるタイトル漫画（図53）が愛国心を鼓舞したことも当然の帰結であった。いみじくも、この号はラサール没後四〇周年記念号であり、ベルンシュタインによるラサール顕彰論文が掲げられていた。

「さあ、子供たちよ、やっつけよう！　今はともかく脱穀だけを手伝ってくれ！」

「民衆《ミーヒエル》」は息子たちと一緒に英露仏連合軍を殴りつけている。

この結末においては、外交問題

も一種のゴシップと呼ぶべきであり、確かにノーマルな視野の外にあったと言える。

スキャンダル・ジャーナリズム論

一八九六年当時のSPD機関紙について対立する二つの証言がある。カイル検事のドイツ道徳協会第八回大会報告と、H・ブラウン博士『社会民主主義新聞』の主張である。[27]「私はブルジョア新聞とSPD新聞をしばしば比較する機会に恵まれたが、その比較ではSPD新聞に分があった。論説と読み物においてSPD新聞はブルジョア新聞より上品であり、この事実に我々は恥入っている。」「これほど意識的かつ体系的な方法で、しかも一切の躊躇なしに大衆を煽り立てた新聞は未だかつて存在しなかった。……「全ての悪は上から生じる」とはベーベルが一八九六年四月の帝国議会の討議の際述べた言葉だが、SPD新聞はこの原則に則っている。」一見矛盾するこの証言は、A・ホールの研究『スキャンダル・センセーション・SPD』が明らかにしているように、ブルジョア大衆紙に見られた風俗ネタではなく政治的醜聞を組織的に利用したSPD新聞の性格を両サイドから裏付けるものである。民衆はスキャンダルを通じて初めて政治に参加する大衆となるが、そうした「醜聞」報道に最も適したメディアが風刺漫画雑誌であることは言うまでもなく、その意味でも『真相』はこの時代のSPD機関紙を代表するメディアであった。『真相』の国内問題への言及も徹頭徹尾

「醜聞」批判に彩られていたが、その焦点がどこにあったかは、鎮圧法廃案以降『真相』が被った三度の名誉棄損裁判から推測できる。その原告は、東アジア遠征軍、ブレスラウ警察、カトリック教徒会議であり、この「軍人」、「警官」、「司祭」に「美食のブルジョア」と「肥満のユンカー」を加えたものが『真相』が風刺した主要な標的であった[28]。さらに、表紙のタイトル漫画に登場した人物の分析からは、以下三点が確認できる。

第一に、ほとんどスキャンダル批判の対象者に限られ、SPDの指導者が登場することは稀であった。しかし、一九一二年の選挙記念号を一つの起点として、以後SPDのカリスマ的指導者（ラサール、マルクス、エンゲルス、リープクネヒト、ベーベル）の肖像がタイトル頁を飾る現象が生じる。「宣伝政党」の形成段階ではスキャンダリズムが優先され、その完成局面に至ってカリスマの利用が始まった。それは『真相』が外向的宣伝メディアから内向的統合メディアへ変質した時期と重なる。

第二に、登場人物の数に目を向ければ、批判対象の特定化、集中化が読み取れる。一八九七年の登場人物は二十五名を数えたが、一九〇五年以降減少して一九〇九年十三名、一九一三年には七名に絞られた。組織の凝集性を高めるためには攻撃対象の絞り込みが有効だが、同一人物を叩き続けることで風刺の時事性は損なわれる。一九〇九年ライプツィヒ党大会で、『真相』は時事的な性格を強めるべきだと批判されたが[29]、攻撃対象の固定化は組織の原理が宣伝の原理に優越したことの反映と言えよう。

第三に、現体制の象徴として批判の矢面に立つ人物が宰相から皇帝へ移行したことが判る。一九〇八年デイリー・テレグラフ事件以前は、イギリス王エドワード七世やロシア皇帝ニコライ二世と対置して風刺されたのは、ドイツ皇帝ではなく宰相ビューローであった。やむをえず漫画でヴィルヘルム二世を登場させる場合は、名誉棄損罪を恐れて「大公殿下」などの異なった称号が付けられていた。(30) しかし、一九〇九年以降、市民的風刺漫画雑誌同様、皇帝への風刺は公然化し、一九一三年には帝政批判は皇帝個人への攻撃という色彩を強めた。(31)

以上の考察を小括すると次のようになる。確かに第一次大戦まで『真相』は一見過激なスキャンダリズムを継続したが、その批判内容は集中化＝硬直化へ向かった。その限りでは、皇帝への手厳しい風刺も労働者的公共圏が国民的公共圏に組み込まれていったことを示すと解釈できる。というのは、醜聞暴露は対象の本質において聖性顕現《ヒエロファニー》に通底している。同性愛がスキャンダラスなのは家族制度の「神聖な」原理を揺るがすからである。大衆社会に神聖ローマ帝国伝来の「王権神授説」をもって臨んだヴィルヘルム二世への風刺は、皇帝を糾弾する表層とは裏腹に、国民国家の聖性を育んだのではあるまいか。

もっとも、こうした考察とは別に『真相』の意義を八時間労働制、普通選挙権などの要求や「未来国家」を表現したイラストに求める道もあろう。F・クニーリは『真相』の役割を次のように評した。

「現実的に描かれた絵物語で当時の資本主義社会の搾取システムを暴露し、寓意的な絵画とコマ漫画で社会主義的未来国家を宣伝し、戦術上の寓意によって近接未来の目標へ煽動した。[32]」

この解釈は、正しくかつ誤っている。搾取システムの可視化の成功において正しく、「未来国家」の図式化の失敗において誤っている。ただし、未来像の曖昧さは、大衆組織の形成期には多様な利害を持つ人々を糾合するのに役立ちこそすれ、マイナス要因とならない点で再び正しい。それにしても、社会主義社会を明白に対置できない資本主義批判の宣伝は、それが組織化という形で成功すればするだけ宣伝の意味を空洞化することにならないであろうか。次に『真相』誌上で描かれた「社会民主主義」シンボルとそのイメージの変容を分析し、SPDの発展にともなう宣伝の機能変化を論じておこう。

3 大衆的社会主義のシンボル分析

大衆の目に映った「社会民主主義」

大衆社会において政治システムを作動させているのは、シンボル操作によって生じる

「要求」のイメージとそれに対する「政策」のイメージである。政治学上の用語を使えば、インプットとアウトプットとなるが、その社会関係の意味に関して直接観察が可能なデータに政治的図像がある。

『真相』は隔週刊誌として購読される以外に、メーデー号や選挙特集号のように労働者的

図 54 「1892 年メーデー記念」(*WJ*. 1893. Nr. 181)。左上の「学問」と右上の「労働」を媒介する天使。

図 55 1893 年国会選挙勝利記念「自由(マリアンヌ)への忠誠」(*WJ*. 1893. Nr. 183)

公共圏を拡大するためのパンフレットとして無料配布された。特に党大会でそのメーデー号が取り沙汰された理由は、この特別号が定期的に党内外に運動の自画像を示し、その強度と規模を誇示する目的を持っていたからであろう(1)。そこで描かれたシンボルこそ、大衆の目に映った「社会民主主義」に他ならない。「一八九二年メーデー記念」(図54)は宗教画の影響を色濃く残している。正義の剣を持った天使が運動の守護神として登場し、左上にペンを持つ「学問」、右上に工具を持つ「労働」の理念が描かれている。一八九三年国会選挙記念号の「自由への忠誠」(図55)と題された象徴画では、「自由」の玉座から女神が党員に祝福を与えているが、その周囲にはマルクス、ラサール、ダーウィン、ロベスピエール、クロムウェル、四八年革命の闘士F・ヘッカーや農民戦争時の「農民靴」、ローマの護民官グラックス兄弟が配置されており、「社会民主主義」が大衆レベルで「マルクス主義」だけに還元できないことをよく示している。既にこの図版には赤いフリジア帽(ジャコバン帽)を被った自由の女神「マリアンヌ」が登場しているが、背後に控えた人物との関係で考えると、一七八九年のフランス大革命に由来する「マリアンヌ」はSPD自身のシンボルというより革命的伝統の象徴と考えられる(2)。

フランス革命の姉妹「マリアンヌ」と「ゲルマーニア」

『真相』で「社会民主主義」自身のシンボルが明確に確立するのは、一八九八年以降である。赤いフリジア帽を被ったマリアンヌに「社会民主主義」と銘打ったシンボルが確立した（図56）。もちろん、これはフランス共和国のシンボルともなった「マリアンヌ」（図57）の借用である。だが、さらに重要なことはフランスの国民国家シンボル「マリアンヌ」が、国民国家統一を目指した一九世紀のドイツで「ゲルマーニア」に名を変えて国民国家シンボルとなった事実である（図58）。自由主義と国民主義というフランス革命の二つの性格がドイツでは、市民的公共圏においては「ゲルマーニア」と名乗る国民国家シンボルに、労働者的公共圏では「マリアンヌ」の似姿である社会民主主義シンボルへ引き継がれた。

いずれにしろ統一国家「ゲルマーニア」を達成した帝国から敵視されたSPDがフランス共和国のシンボル「マリアンヌ」を自らのシンボルとして採用した結果、『真相』誌上では「マリアンヌ」像は「フランス共和国」を表わすRFと「社会民主主義」を表わすSDのイニシャル表記によって識別される多義的なシンボルになった。このことは、独仏関係がこのシンボル操作の決定的な規定要因となることを意味した。一九〇五年、第一次モロッコ事件で一触即発の危機に陥った独仏帝国主義を『真相』は「二つの世界」（図59）で批判した。いがみ合う独仏の軍人たちとは別の世界で、SPD党首ベーベルはマリアンヌと、フランス社会党党首ジョレスはゲルマーニアと踊っている。この「二つの世界」は、モロッコ事件でナショナリズムが過熱した市民的公共圏とは別に、第二インターナショナ

図 58　1862 年フランクフルトの全ドイツ射撃祭記念ビラの「ゲルマーニア」

図 59　1905 年「二つの世界」(*WJ*. 1905. Nr. 496)。マリアンヌ(フランス国民)と踊るベーベル、ゲルマーニア(ドイツ国民)と踊るジョレス。

図 56　1898 年「新しい国会選挙に向けて」労働者を祝福する「社会民主主義(マリアンヌ)」(*WJ*. 1898. Nr. 308)

図 57　1878 年パリ万国博覧会のために作られたフランス「共和国(マリアンヌ)」

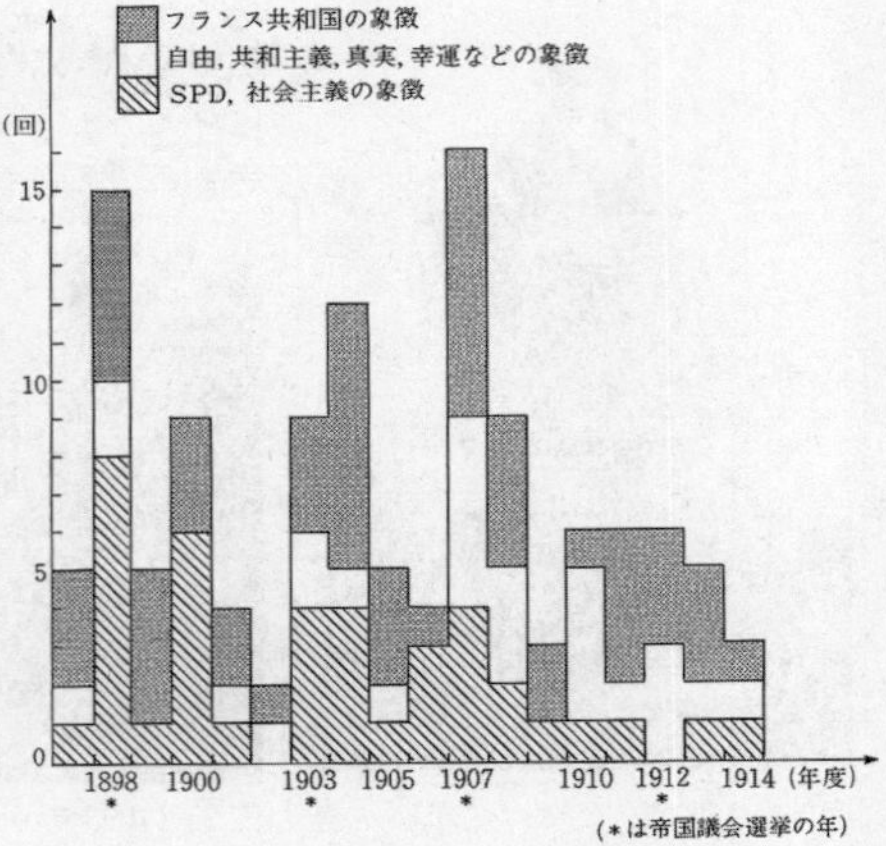

図60　マリアンヌ・シンボルの年間登場数（1897-1914年）と意味内容

ルの労働者的公共圏が存在したことを示している。しかし、マリアンヌ・シンボルの登場数と内訳（図60）を見れば、一九〇七年を境にSPDシンボルとしての「マリアンヌ」は急速に減少していった。つまり、一九〇七年三国協商成立、一九〇八年カサブランカ事件によって独仏外交危機へと事態が深刻化すると、この多義的なシンボルの操作は困難になっていった。

　それ以上に問題なのは、SPDと国民国家「ゲルマーニア」の関係である。確かに、帝政下のSPD党員は「祖国なき輩」「帝国の敵」と蔑まれ、「ゲルマーニア」の寵愛を受けていたわけではないが、彼らもまた彼女以外の母国イメージを持たなかった。一九〇三年帝国議会選挙の大勝を祝った『真相』のタイトル「ゲルマーニアの新たな恋」（図61）は、王冠の代わりにフリジア帽をかぶり、剣に代わって赤いカーネーションの花束をもった「ゲルマーニア」が描かれている。このように「ゲルマーニア」は「マリアンヌ」に変身可能なのだ。

「闘うマリアンヌ」の退場

一九〇七年の帝国議会選挙、いわゆる「ホッテントット選挙」はSPDが伝統的な宣伝方式で臨み敗北した選挙であり、SPDの「戦うマリアンヌ」（図62）にとっては最後の舞台となった。次の一九一二年帝国議会選挙ではSPDシンボルとしての「マリアンヌ」は一度も登場していない（図60）。それに代わって一九〇八年メーデー号の表紙に登場したのは、流行服に身を包んだ淑女であった（図63）。ついに一九一一年メーデー号には、豊饒と繁栄の象徴たる花冠を被った「ゲルマーニア」と交歓するベーベル、フォルマーの姿を描いた「愛のブランコ」（図64）が登場した。こうした「平和な田園詩」が階級政党の本質を裏切っているか否かはともかく、そこに三年後に出現した「城内平和」の予兆を認めることはで

図61 「ゲルマーニアの新たな恋」（*WJ.* 1903. Nr. 445）。ゲルマーニア（ドイツ）はマリアンヌ（共和国）になる！

図64　1911年メーデー号「愛のブランコ：ゲルマーニアは楽しむ」(*WJ*. 1911. Nr. 646)。[手前左] ベーベル、[右] フォルマー。

図62　1907年国会選挙「総決算」(*WJ*. 1907. Nr. 536)。穀物関税政策の打破を目指すマリアンヌ(SPD)。

図63　1908年メーデー号「メーデーへ行こう」(*WJ*. 1908. Nr. 568)。マリアンヌの不在。

きよう。

「マリアンヌ」は『真相』から完全に消滅したわけではなく、階級性を脱して原義である「フランス」シンボルに戻っていった。重要なことは、「戦うマリアンヌ」が退けられた時期が、SPD新聞局設置に象徴される党官僚システムの完成期と一致することである。そもそも「マリアンヌ」こそ百年の伝統を持つ革命のシンボルであった。伝統的シンボルの使用は、その受容者に伝統的な美意識・価値観を変えなくてもよいという保証と安堵感を与える。それが、シンボルとそれに付加された新しい意味の受容を容易にする。「宣伝政党」はこれを有効に利用したが、巨大組織に成長したSPDはその宣伝が切り拓いた労働者的公共圏の中にアイデンティティを確立しており、もはや「マリアンヌ」という借り物のシンボルに固執する必要はなくなっていた。今度は巨大な組織に裏付けられた労働者的公共圏の存在が伝統的シンボルに替わって読者の帰属意識に安堵感を与えるからである。

社会主義シンボル体系と教養主義

「マリアンヌ」以外でSPDまたは社会主義のシンボルとして『真相』で利用されたものも検討しておこう。もちろん赤旗も利用されたが、それは太陽、風車、機関車、ライオン、嵐の中のボート、などのシンボル群の一例にすぎず、「宣伝政党」のシンボル操作が自己表現においては比較的緩やかな体系を形成していたことが判る。このことは、『真相』が党内の理論闘争の外に身を置く娯楽機関誌であったことを考慮しても、多くの分派を内包した巨大な傘の如き存在であった第二帝政期SPDの統合の柔軟性をも反映している。(3)

これとは別に、読者が自己を投影する対象として描かれた「若い戦士」や「巨大なプロレタリアート」も、SPDのシンボルとみなしてよかろう。さらに、古代神話のプロメテウスやアトラス、デューラーの銅版画の騎士像などのバリエーションの他に、ゴルゴダの丘に向かうイエス・キリストからシェークスピア劇の主人公まで登場した。こうした古典、神話、文学からの引用の意義は重要である。宣伝は平均的読者の「知識」を前提とする。その際、漠然とした歴史的・文学的引用が不正確であろうと、読者にとって究極的には無意味であろうと、それを気にする必要はない。なぜなら、そうした引用は理解される必要などなく、ただ生《なま》かじりの教養を呼び起こすだけで目的を達するからである。というのも、教養によって市民的公共性から排除された労働者の運動というSPD宣伝活動の一側面、そして恐らく主要側面からすれば、「教養」あるいは「知識」が政治上の市民的平等を求める労働者に強烈な吸引力を持っていたことは疑い得ないからである。労働者的公共圏は市民的公共圏に対抗しながらも結局、下位システムとして機能するサブカルチャーにとどまった。『真相』の副題に「娯楽と知識のための付録つき絵入り滑稽風刺雑誌」と書かれた時、「知識」の比重は大きい。そしてこの知識は労働者的公共圏内にとどまる限り、必ずしも体系性や論理性を必要とはせず、ただそれを効果的に引き出すための歴史的な広がりを持った視覚言語を必要とした。『真相』のシンボルが市民的公共圏に生み出されたシンボルの借り物である必然性はここにもある。そうしたシンボルの典型が、一八四八年創刊の『クラデラダーチュ』が始めた「三本の頭髪」を持つビスマルク像（図65）であり、(4)『真相』のビスマルク像はほぼ例外なくこの三本毛を踏襲した。

「未来像」の不在と「進歩の幻想」

形式が内容を規定するの謂《いい》は、この際、正しい。『真相』誌上のロシア革命報道が『ジンプリツィシムス』誌上のそれと酷似したものであったことは既に触れた。ここで使用された「絶対主義」対「革命」の図式は、自らをフランス革命のシンボル「マリアンヌ」に擬したSPDとしては当然であったが、そのシンボルの規定性こそ、『真相』がロシア革命の中に、あるいはそれが生んだ「ソビエト」の中に、一片の社会主義革命の可能性すら見出せなかった事情を説明する。(5)だから、ルクセンブルクなどの左派の大衆ストライキ論の

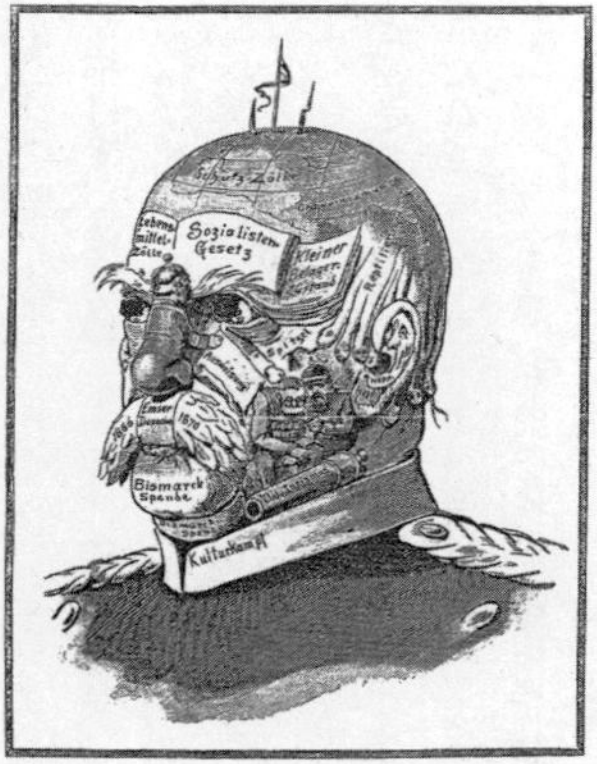

図 65 『クラデラダーチュ』が定式化した「三本毛のビスマルク」（*WJ.* 1898. Nr. 315）

引き金となった第一次ロシア革命を、『真相』が嫌悪すべき流血のスキャンダルとしてしか描けず、そこに一人の社会主義者の英雄的姿も発見できないのは当然であった。同様に、『真相』がフランス革命の彼方に「未来国家」を明示できず、「工業化＝進歩＝社会主義」という発展段階論的な幻想のみ再生産した事実は、「社会主義」に固有なシンボルの不在によって確認できる。その最も典型的な例として、一九〇三年の「わかるのが遅すぎた」と題された漫画（図66）を挙げておこう。ここに登場する「マリアンヌ」は「工業」と銘打たれている。ロシア皇帝《ツァー》は首相ヴィッテにこう囁いている。

「ヴィッテよ、お前が我が国に連れてきた女は、何と社会主義者ではないか！」

図 66 「わかるのが遅すぎた」(*WJ.* 1903. Nr. 450)。マリアンヌ＝共和国＝産業社会の世界観。

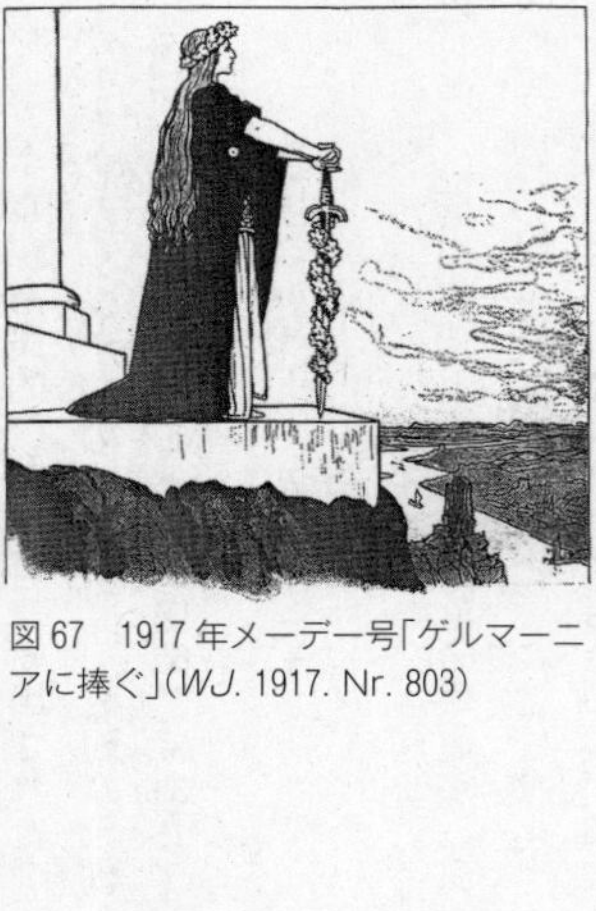

図 67　1917 年メーデー号「ゲルマーニアに捧ぐ」(*WJ.* 1917. Nr. 803)

「マリアンヌ」を「工業」のシンボルにすることの是非はともかく、こうした伝統的シンボルの継承と独創的な社会主義シンボルの不在にこそ『真相』が大衆を組織できた原因と限界があった。そして、この歴史的帰結は、「マリアンヌ」と絶縁した第一次大戦開戦以後、SPDと党員大衆がとった行動として顕在化した。組織化を達成し硬直化した宣伝は、新しいシンボルを採用することができず、もっぱら「ゲルマーニア」への賛美を繰り返すしかなかったのである。一九一七年メーデー号タイトルは緑葉で飾られた剣を持ってライン川を望みつつ平和を呼びかける「ゲルマーニア」に捧げられた（図67）。

ドイツ革命と『真相』の没落

だとすれば、その年に起こったロシア一〇月革命を『真相』が「社会主義革命」として表現することができなかったとしても、もはや何の不思議もない。一九一七年一二月号タイトルはレーニン対ケレンスキーの闘争を、熊と双頭鷲の死闘として描いた（図68）。レーニンも赤軍もソビエトも（図69）、図68の絵の片隅にさえ存在しない。こうした革命イメージの貧困、つまり革命シンボルの不在は、SPDが現実の革命状況へ対応することをきわめて困難にしていた。実際に展開されたドイツ革命のシンボル操作は究極のアクロバットといえよう。

一一月革命勃発直後の八四二号タイトル頁は「新ドイツ」と題し、シラーの次の言葉を引用して国民が「ゲルマーニア」に宣誓する情景を描いた（図70）。

「我々は一つの国民である、だから団結して行動しよう！」

一九一八年一一月一〇日、SPDは独立社会民主党、民主党とともに共和国仮政府を樹立した。ベルリンで一二月二三日「人民海兵団事件」が勃発し、独立社会民主党は抗議して共和国政府から離脱した。『真相』クリスマス号では「マリアンヌ」（図71）が復活している。しかも彼女は「イエス・キリスト」であり、「社会主義」ではなく「自由」の似姿だというのだ。

「急激な世界の激動の中で自由が我々のうちに生まれた。そして自由のみが困窮した民

図 68 「ロシアにおける平和の闘争」（*WJ.* 1917. Nr. 819）。熊（レーニン）と鷲（ケレンスキー）。

図 69　ドイツ共産党中央機関誌『赤旗』のロシア革命二十周年号。（*Die Rote Fahne*, 1925. Nr. 294）

衆のためにパンを生み出す。」

スパルタクス団蜂起（一月蜂起）の鎮圧後、一九一九年一月一九日行われた憲法制定国民議会選挙で独立社会民主党、共産党との分裂にもかかわらず、SPDは総投票数の三七・九％を獲得して第一党の地位を維持した。この勝利を祝うタイトル「大掃除」（図72）は「マリアンヌ」が王侯貴族、軍閥、資本家を箒で掃き捨てている様子が描かれている。剣に代えて箒を持った「マリアンヌ」のいささか小市民的な笑顔に、革命の成果を更に発展させていく意欲を読み取ることはむずかしいであろう。

逆にSPDから分裂した共産党や独立社会民主党が一時的にしろ革命運動をリードした

図 70　1918 年 11 月「新ドイツ」(*WJ*. 1918. Nr. 842)。ゲルマーニアに国民の団結を誓う。

図 71　1918 年 12 月「1918 年のクリスマス」(*WJ*. 1918. Nr. 846)。マリアンヌ（キリスト）の福音「自由のみがパンをもたらす」。

とすれば、ついに『真相』がロシア革命から取り込めなかった社会主義シンボルを採用できたからであろう。「ハンマーと鎌」「輝く赤い星」「レーニン」などロシア起源のシンボルはドイツの市民的公共圏とは無縁であり、それゆえに革命に身を投じた大衆に鮮烈な印象を与えたはずである。

結局、ドイツ革命以後、SPDと共産党の闘いは「マリアンヌ」と「レーニン」の戦いであった。しかし、この「マリアンヌ」はかつての「闘うマリアンヌ」ではない。それでも「レーニン」に勝利した「マリアンヌ」の後日談として、一九二七年ワイマール憲法記念号のイラスト「記念日におけるドイツ共和国の体験」(図73)を挙げておこう。共和国

図72　1919年2月「大掃除」(*WJ.* 1919. Nr. 849)。剣の代わりに箒を持ったマリアンヌ(SPD)。

図73　1927年ワイマール憲法制定記念号「記念日におけるドイツ共和国(マリアンヌ)の体験」(*WJ.* 1927. Nr. 3)。

のシンボル「マリアンヌ」は市民的公共圏からも労働者的公共圏からも愛される淑女たらねばならない。だが、市民的公共圏で彼女は旧帝国旗「黒白赤」記章を着けた紳士たちから敬遠された。「マリアンヌ」が「ワイマール共和国」となることは、それがフランス革命以来の共和国シンボルであったことを想えば自然である。だが、必ずしも居心地の良くない共和国の玉の輿に彼女を乗せることで、SPDは最終的に宣伝政党のシンボルを喪失したのである。

この結果、ワイマール共和国期の「大衆組織政党」SPDは、新時代の「煽動政党」、つまり共産党とナチ党とのシンボル闘争で挟撃に晒され、革命的シンボルの不在、社会主義イメージの貧困に悩むことになる。このことは、宣伝によって創出された「大衆組織政党」が、今度は組織によって、組織のために宣伝を支えねばならなくなったことの結果である。つまり「宣伝政党」は「宣伝の年金生活」に入った。『真相』の購読者数の急速な減少は、その象徴であろう。

4　宣伝＝文化と大衆社会

大衆社会化推進のメディア『真相』

マスメディアの成長が大衆社会の成熟度のバロメーターであるならば、第二帝政社会は大衆社会の成立期であったといえよう。そして、大衆社会とは、大衆文化の創出を通じて伝統的な共同体生活から切り離された民衆が再編された社会である。とすれば、これまで論じてきたSPDの発展は、市民的公共圏への入場資格を持たず、しかも急激な工業化、都市化といった社会変動下で行き場を失った「民衆」を労働者的公共圏に組織化した過程であった。それを「下位文化」形成の過程と呼ぶとしても、その文化とは、宣伝の同義語と言って差し支えない。なぜなら、民衆文化の機能が主体的な経験を共同体内部で追体験し経験の沈澱を共有するのに対し、大衆文化の機能とは情報環境の組織化にあるからだ。民衆文化がギルド的手工芸の夢であるとすれば、大衆文化は重化学工業が製造する夢なのである。素朴な「進歩主義」を媒介に「工業化」を「社会主義」のユートピアと結合させた第二帝政期SPDは、また情報の独自な交換回路とシンボル循環システムの創出によって大衆政治とその制御メカニズムを労働者的公共圏に創出したことにおいて、大衆社会成立期の「宣伝政党」であった。

この「宣伝政党」の中核メディアが『真相』であったとすれば、『真相』もまた大衆社会化推進のメディアであった。市民的公共圏の教養を労働者的公共圏に伝達した『真相』を介して、労働者的公共圏は市民的公共圏内部からも生じた大衆社会化の潮流と合体する。

一九〇四年『真相』は「坊主どもの驚愕」（図74）と題する漫画を掲げた。『真相』を先頭に『ジンプリツィシムス』『ユーゲント』『クラデラダーチュ』……と続く風刺漫画雑誌の一群が大衆化のメインストリートを行進している。その道の片側に、憤る「フロックコート」からなる市民の公共圏を、他方の側に歓喜する労働者の公共圏を配し、その間を進行する大衆文化が描かれている。

図 74 「坊主どもの驚愕」（WJ. 1904. Nr. 481）大衆文化成立期に花開いた漫画雑誌文化の自画像。

帝国宰相ビューローに「風刺漫画雑誌は投石で窓を破る悪童だ」と言わしめた如く、風刺漫画雑誌こそ、伝統的権威への挑発者として一九世紀マスメディアの華であった(1)。比類なき読者数を誇った『真相』が他の市民的風刺漫画雑誌に示した、この連帯表明は、大衆文化に対する自負と自信の表現であった。また、絵と活字の混在をその特徴とする風刺漫画雑誌は、従来、活字文化つまり理性的思考によって不当に抑圧されてきたイメージのコミュニケーションと想像力を民衆に解き放った。教養と結合した公共性に君臨した「フロックコート」たちが漫画を蔑視、憎悪したのは、絵で叙述が理解されることで活字文化に君臨してきた彼らの既得権が掘り崩される可能性を感じたためでもあろうか。かつて司祭の口を介せず直接自分の目で聖書を読んだ彼らの祖先が、近代市民社会で獲得したものが何であったかを考えれば、彼らの脳裏に浮かんだ不安も理解できよう。

それにしても、この時代の風刺漫画雑誌のフロントランナーである『真相』が階級闘争の牙を抜いたとする大衆文化論があるとすれば、それに対しては、『真相』編集部の次のような解答がある。

「『真相』はユーモアなきユーモア雑誌であるという「社会主義教養人」の主張は『真相』の創刊以来存在してきた。……だが、実際『真相』はごく一般的な意味でのユーモア雑誌では決してなく、同志のための闘争雑誌である。その上で『真相』が芸術と娯楽の付録に大きなスペースを与えていることは賢明な同志の気を害することなどないはずだ。」(*WJ.* 1895. Nr. 242. S. 2054.)

おそらく、『真相』を使ったSPDプロパガンダの驚異的な成功は政治と芸術の平準化が並行した大量複製化時代初期の特殊なメディア環境の現象として考えるべきであろう。

その意味ではSPDの「宣伝政党」期が、伝統的な油絵の言語を宣伝ビラのイディオムに翻訳することを可能にしたグラビア印刷技術の革新期、一八九〇年代と重なり合うことは無視できない。そして「教養」「芸術」を平準化するマスメディアの技術導入において、SPDが他の政党をリードしたのは、経済的・政治的不平等と並んで、市民的公共性と労働者的公共性の対抗図式が背景にあったからである。そのためにSPDは、自らを過去の文化的伝統の正当な継承者であり普及者であると主張したのであり、『真相』のグーテンベルク記念号(1899, Nr. 363)、ゲーテ特集号(1899, Nr. 336)、シラー特集号(1905, Nr. 490)、さらにトルストイ(1900, Nr. 361)やヴァグナー(1913, Nr. 699)の評伝、紹介記事などにその主張は明白に現れている。こうした「教養」の大衆化の方向性において「宣伝政党」は都市民衆を労働者的公共圏に統合したのであり、その公共圏のなかで拡大する「宣伝政党」は統合する「大衆組織政党」へと移行して行った。

とすれば、この移行期にSPDがメディア技術革新への関心と意欲を喪失していったのも偶然ではない。一九〇五年イエナ党大会で『真相』イラストの印刷技術の遅れが批判されて以来、印刷技術の向上要求は、党大会で毎年のように提案されている[2]。しかし、莫大な黒字を計上しながらも『真相』の印刷技術に善処の形跡はない。SPDがその採用に遅れた写真印刷技術の革新は、風刺漫画雑誌の時代の終焉を意味していたが、ワイマール期のSPDは、共産党の『労働者画報』Arbeiter-Illustrierte Zeitung (1924-38)、ナチ党の『観察者画報』Illustrierter Beobachter（1926-45）に匹敵する公式のグラフ誌を持つことはなかった。

最後に、「宣伝政党」以後の『真相』に言及してこの章を終えたい。

ワイマール期『真相』――体制的風刺の可能性？

一九二一年『労働者新聞協会報』二〇五号は、時代の変化に適応していない『真相』の内容を厳しく糾弾する論文を載せた[3]。しかし、購読者数が第一次大戦開戦前の四分の一に満たない『真相』の内容を戦前のそれと同列に論じることはできない。中央党・民主党とワイマール民主連合を組んで、ワイマール共和国憲法を制定したSPDは、言論出版の自由、集会結社の自由を獲得した。しかし、これまで『真相』がもっぱら風刺の対象としてきた警察や国防軍との関係は、SPDが共和国政府や邦政府において責任ある地位を引き受けると複雑になった。むしろ、政権についたSPDがスキャンダル報道の標的にされる時代が始まった。一体、防御的な風刺漫画は本来可能であろうか。また「アウトサイダー」がつくったワイマール文化」の出現で、これまでSPD風刺漫画の攻撃性を正当化していた特権的な市民文化も動揺を来たした。逆説的なことだが、強固な市民的公共性を前提として成立した対抗的な労働者的公共性のメディア、つまり労働者向け風刺漫画雑誌は、市民的公共性の凋落によって存立の危機に直面したのである。『真相』の没落は必然的であった。

一九二三年一〇月二二日号をもって『真相』は狂乱インフレの中で休刊し、翌年一月一五日、発行地をベルリンに移した後継誌『進歩的笑い―共和主義的風刺雑誌』Lachen Links (1924-27) が登場した。購読者数では二五年の八万人で低迷し、一九二七年同誌は再び『真相』と改称された。それは大衆宣伝の新時代において、SPDが過去の栄光に囚われ過ぎていたことを示すだけだ。第二帝政期『真相』は「実践」としての宣伝であったが、ワイマール期のそれは「伝統」として虚構化された宣伝であった。むしろ、「実践」としての宣伝をSPDから学んだ者は、『わが闘争』の著者であろう。ヒトラーは言う。

「実際、マルクス主義の新聞が我々のブルジョア新聞から区別されるのは次の点である。マルクス主義の新聞は煽動者によって書かれ、ブルジョア新聞は文筆家によって煽動をやっていこうとする。ほとんどいつも集会場と編集部を往復しているSPDのへぼ編集者は期待にそむかず比類なく大衆を熟知している。……マルクス主義に幾百万の労働者を獲得させたものは、マルクス主義の教父たちのお筆先ではなく、むしろ偉大なる煽動の使徒から始まって、名もない労働組合職員、代議員、討論弁士に至るまで幾万の倦むことなき煽動者の、飽くことのない実に強力な宣伝活動と無数の集会のためである。……さらにこういう宣伝からSPD新聞を読む心構えができた人々が出てきた。けれどもこの新聞自体、やはり書かれたものではなく、語られたものである。」(4)

バイエルン邦立図書館で『真相』を借り出した時、扉の頁に押された「ナチ党文書館」の蔵書印を感慨深くながめた記憶はいまだに鮮やかである。『真相』と訳してきた「真のヤコブ」Der wahre Jacob という言葉は、反語的には「偽物」を意味する慣用語である。その言葉には、盲目の父を仮装によって騙し、兄エサウの祝福と家督を横取りした創世記のヤコブ伝説が潜んでいる。ワイマール共和国の民主主義はナチズムの独裁に終わる。かつて一九〇九年、再刊二十五周年を祝う『真相』は、輝かしい発展を振り返ってこう結んだ。

「ヤコブは我らの赤旗の下に集まる勇敢な仲間に、今、この挨拶を送ろう。諸君、今まで同様、ヤコブを信頼し続けて下さい。ヤコブは二十五年後、再び諸君の前に現れる時まで、闘争と勝利の中でこれからも諸君とともに歩むだろう。」(*WJ*. 1909. Nr. 586. S. 6078)

しかし、その祝福が二十五年後に行われることはなかった。二十四年目の年、一九三三年二月二八日、『真相』もヒトラー政権によって禁止される。人々はいつしか「真相」を語ることを忘れ、ヒトラーのラジオ演説に耳を傾けていたのであろうか。

„Das ist der wahre Jacob!"(奴はいかさまだぞ!)

第五章 新聞政党のラジオ観と労働者的公共圏の崩壊

「同志スターリン。……無線電話連絡によって生きた人間の言葉を可能な限り遠距離に伝えることが、我々の技術でまったく実現可能である。同様に、モスクワで行われる演説や報告や講演を、モスクワから数百ヴェルスタも、ある条件の下では数千ヴェルスタも離れた共和国内の数百千の地方に伝えることのできるような、数百千の受信機を動かすことも、全く実現可能である。この計画を実現することは、宣伝煽動、とくに文盲の住民大衆に対する宣伝煽動の見地から見ても、講演を伝えるためにも、我々に無条件に必要であると考える。我々の許している社会科学のブルジョア教授の大部分が、まったく不適格であり、有害でさえある現在、我々としては、社会科学の講義能力を持った我が国の少数の共産主義的教授たちに、連邦の隅々まで何百という地方に向けてこれらの講義を行わせるようにする他に活路はない。……一九二二年五月一九日　レーニン」

1 ワイマール共和国の「ニューメディア」

社会主義者の希望と教養市民の悪夢

ニューメディアという言葉は、単に「新しいメディア」という以上に「新しい世界」への渇望を呼び起こす呪文でもある。そこから生まれるメディア神話を、『労働者教育 Arbeiter-Bildung』(1920-28)に載った「放送と労働者階級」(一九二六年)に見てみよう。

「『民衆に芸術を』という言葉はかつては空疎な概念に過ぎなかったが、今や技術によって真の意味を獲得した。いや、それ以上のことだ。聴取者がラジオ装置で波長を合わせ、ロンドン、パリ、ベルリン、プラハ、マルメ、バルセロナと次々に、難なく英語、フランス語、ドイツ語、チェコ語、スウェーデン語、スペイン語を耳にする時、つまりヨーロッパ大陸がただの一点に凝縮する時、この聴取者は国境の無意味さと国際的協力の重要性を初めて正確に理解できるのだ。(1)」

こうしたSPDのメディア神話は、「ヒトラーの政権獲得は拡声器とラジオの利用によって容易にされた(2)」という古典的なメディア論とどのように結び付くのであろうか。ドイツ放送史の研究が手薄な我が国では「ラジオなくしてヒトラーなし」という格言がこれまでワイマール期ラジオ放送の政治的機能評価の前提となってきた。[3] そのためナチ党の大衆動員装置としてのラジオという視点からのみ、放送と公共性の問題は議論されてきた。その背景にはナチズムを憎悪した「文化ペシミスト」のラジオ(大衆)文化批判もあったはずである。M・ピカートの『われわれ自身のなかのヒトラー』はその典型であろうか。ピカートは「ラジオ人」の一節でマスメディアの擬似環境とナチズムの因果関係を次のように論じている。

「ラジオは事件を報道するのみでなく、事件をつくるようにみえるのである。世界は実にラジオから生まれるかのようだ。……人間はもはやなんらの内的歴史、なんらの内的連続性をも持ってはいない。現代ではラジオが人間の歴史である。ラジオから人間は自己の存在を受け取っているのである。このような装置があるために、ヒトラーにとっては、彼が自己の——とりもなおさずヒトラーの——姿にかたどって、人間の存在をラジオという装置から製造することはいとも容易であったのだ。[4]」

教養市民ピカートにとって、朝六時「ラジオ体操」から始まり、「レコード・コンサート」「外国語講座」などと続き「ジャズ愛好家の時間」で終わる内的連関なく細分化されたラジオの世界は、「秩序ある市民的世界」の瓦解した姿であり、それは強制収容所でガス殺人の前後に演奏されたモーツァルトの世界に直結していた。

だが、そう性急にラジオ放送というメディアをファシズム擡頭のA級戦犯リストに書き加えるべきではあるまい。実際、ラジオ普及でドイツがヨーロッパの中で突出していた訳ではない。三四年一月の統計で欧州各国と比較すればドイツのラジオ普及はデンマーク、イギリス、スウェーデン、オランダに次いで第五位であり[5]、この場合ラジオ普及度が民主主義の指標といえないこともない。むしろ、ナチズム前史としてのワイマール期ラジオ放送史という既存の観念連鎖から一定の距離を置いてラジオ放送が労働者的公共圏に及ぼした影響を考察することが必要である。三二年六月までナチ党員は放送局でマイクロフォンの前に立てず、政権獲得以前にヒトラーの演説が電波にのることは一度も無かったのである。これに対して、ワイマール民主主義を担ったSPDは、世界恐慌の政治的混乱の中でナチ党が大躍進する三〇年九月の国会選挙の直前においてさえ、ドイツの放送体制を非資本主義的な運営と高く評価していた[6]。SPDのマスメディア政策を論じたH-D・イスケの総括によれば、当時のSPD党内で大勢を占めた見解は、「集団的に生産され受容される映画、ラジオなどのマスメディアは市民的個人主義的文化の衰退を加速させる」という楽観論であった[7]。

何故こうした楽観的な放送文化観をSPDが持つに至ったか。それにもかかわらず、あるいはそれゆえにナチズムの勝利として明らかになるようにラジオ放送がもたらす文化的衝撃に一九世紀的活字メディア時代の伝統を持つSPDとそれが創出した労働者的公共圏が耐え得なかったのは何故か。

ラジオ放送と労働者的公共圏

労働者的公共圏は、前章で見た「マリアンヌ」の変容が示すように、国民的公共圏を求めて市民的公共圏との融合に向かっていた。SPDはワイマール共和国成立の立役者になり、ブルジョア政党との連立内閣でも中心的な役割を演じていた。だが、市民的公共圏と労働者的公共圏の間にあった壁、つまりM・ヴェーバーが「まったく内的に強力に作用する社会的障壁」と呼び、W・ラーテナウが「ガラスの壁」と呼んだ教養の壁が、ドイツ革命で崩壊したわけではない(8)。

一方、労働者的公共圏においてSPD機関紙は購読者数で戦前の水準に回復できなかったものの、組織化の点では二九年に日刊紙二百三紙のネットワークを全国に張り巡らすまでに成熟した(9)。第二帝政期におけるSPDの宣伝の成功は、未成熟な文化産業の間隙を縫って労働者層のメディア市場を開拓したことにあった。その意味で、SPDの運動は非文字的な民衆文化を印刷メディアによって「労働者運動文化」に統合してゆく文化運動であった。それゆえ、映画、レコードが産業として成熟しラジオ放送が始まる二〇世紀になると、この「新聞政党」は大衆文化問題で苦悩することになった。非文字的な民衆文化を商品化できるテクノロジーを欠いた一九世紀資本主義体制においては有効であった集会と新聞のメディア・ミックスが、二〇世紀の文化産業の浸食からその地盤を守り切れないことは、まず映画において明らかになった。また、レコード産業により非教養層で圧倒的な意味を持った声の文化までもが資本の投下領域となったことで、ラジオ放送の問題はSPD文化政策の最重要課題となっていた。

「我々が映画を拒否したにもかかわらず、映画は勝利を収めたのであり、今日我々はその発展を追いかけている。幸いにも我々は拒否することなくラジオと取り組み、それゆえラジオは我々に敵対的には使われていない。」[10]

この発言は共和国が崩壊へと急転回した三〇年、SPD系文化理論誌『文化意志』Kulturwille（1924–33）の「映画・ラジオ」特集号で述べられた総括である。まずワイマール期ラジオ放送史の概観を通じてSPDのラジオへの取り組みを検討してみよう。

2 「国家政党」SPDのラジオ政策

ワイマール期ラジオ放送の特殊性

ドイツにおけるメディアの発展は工業化における技術の問題としてではなく、国民国家における文化の問題として議論されることが多かった。実際、イギリスBBC型の中央集権的公共放送ともアメリカ型の商業放送とも異なり、「私的資本による公的な地方分権的文化放送」として成立したワイマール放送体制は、その文化概念と同様に「政治と文化が分裂したドイツ社会」に独特なものであった。[1] 確かに、ビスマルクは政治的統一を成し遂げたが、それは帝国に文部省を置かず各邦に「文化高権」を認める妥協によって成り立っていた。こうした未完成な国民国家システムはワイマール共和国に引き継がれ、共和国郵政省の全国ラジオ放送計画は「文化高権」を唱える各邦政府の反発により、二二年には挫折した。その結果、翌年一〇月二九日のベルリン放送株式会社の開局を皮切りに、二四年一〇月のミュンスター放送株式会社まで九社の分立体制が成立した。

このように放送体制はもっぱら文化問題として議論されたが、一方では共和国と電波メディアの関係はその出発からして政治的でありむしろ革命的でさえあった。ドイツ革命の烽火となったキール蜂起では一八年一一月四日に反乱水兵がドイツの労働者・兵士に呼びかけたソビエト政府の電波を受信していた。また共和国宣言が行われた一一月九日にはベルリンのヴォルフ通信事務所がレーテ（労兵協議会）によって占拠され、各地のレーテとの通信手段に利用された。[2]

ここで活字の読み書き能力とは異なるラジオの受信送信能力の開発訓練における歴史的背景を見落としてはならない。特にアメリカ・日本などと異なり第一次大戦を総力戦として体験したドイツでは、通信兵の大量の需要が生まれていた。活字のリテラシーが知的特権階級に長らく独占されてきたのとは対照的に、ラジオのリテラシーは戦争遂行という国家目標のために最初から労働者階級にも開かれていた。革命の衝撃から回復した教養市民層が「政治放送」に対して示した極端な警戒心の背景に、労働運動とラジオの接点を生みだす特殊な歴史的状況があったことは間違いあるまい。この結果、四年間に八つの内閣が崩壊した政治的混乱の中で「中立的伝達官庁」郵政省の次官H・ブレドゥが「非政治的」放送事業を主導することになった。ナチ党政権成立の直前まで放送体制に君臨することになったブレドゥは「政治の場は議会と新聞である」として、放送内容を音楽・教養講演・文芸朗読に限定した「娯楽・教養放送」を作り上げた[3]。もちろん、電機・通信の巨大企業であるAEGとジーメンスの共同出資会社テレフンケン社の元重役でありドイツ人民党の創設に加わったブレドゥが政治的に中立な立場にないことは明らかであった。加えて、ブレドゥの放送観の核心である「非政治的文化」という位置づけ自体、教養市民層に独特な文化概念の産物であり、「政治＝文化」運動であるSPDがこれに反対し、ラジオ放送の政治化を要求したのは当然の成り行きであった。

ラジオ放送を政治化する試みは、本格的放送の開始前にもSPD首班のプロイセン政府とドイツ民主党のR・エーザーが大臣を務める共和国内務省によって行われた。二三年五月、内務省の指導下に共和国防衛基金で運営されたニュース番組制作会社「書籍・出版社」が設立され、SPDのプロイセン邦議会院内総務E・ハイルマンとドイツ民主党の内務省参事官K・ヘンチェルの下で経営された。同年八月、SPDのW・ゾルマンがシュトレーゼマン大連合政府の内務大臣に就任すると、彼は政治的安定のため大衆教育のためにラジオ宣伝の実施を要求し、中央党の郵政大臣A・ヘフレ博士も「書籍・出版社」が放送局に政治番組とニュースを独占的に供給することに同意した。ここにワイマール連合政府による放送体制が成立するかにみえたが、同年一一月ザクセン・チューリンゲンの左翼政権に対する共和国政府の軍事弾圧に抗議してゾルマンも他のSPD閣僚とともに辞任した。結局、「書籍・出版社」は「無線通信社」に改組され、ハイルマンも解職されSPDは番組制作過程から閉めだされた④。

最終的に、二五年一月成立したルター右派連合内閣においてラジオ放送の所轄権を争っていた郵政省と内務省、また中央政府と各邦政府の間で妥協が成立した。共和国内務省が五一％の株式をもつ「無線通信社」がニュース番組制作を独占する代わりに、郵政省は同年五月に地方放送局の親会社として設立された「ドイツ国放送会社」の株式五一％を取得して放送業務全般を掌握した。また、各邦政府に対しては各放送局の監督機関である文化評議会と政治監督委員会の委員任免権が与えられた。かくしてドイツ放送会社の役員会議長を兼ねる共和国放送委員ブレドゥのヘゲモニーの下に、議会による法的規制を受けることなくワイマール共和国の放送体制は確立した⑤。その「報道及び講演放送に関する規定」

の第一条には政治的中立が次のように明記されていた。

「放送は一切の政党利害に偏せず、従って放送による全ての報道及び講演は厳格に超党派的に構成されることを要す。(6)」

労働者ラジオ運動の擡頭と労働者放送局の要求

こうした官僚主導の放送体制に対して、二四年四月一〇日ベルリンにおいて「労働者ラジオ倶楽部」(二七年に「ドイツ労働者ラジオ同盟」に改称。以下統一的にラジオ同盟と略記)がSPDと労働組合総同盟傘下の労働者を中心にして結成された。既存の受信機組立サークルを統合したラジオ同盟の目的は、規約によれば(一)放送を労働者の文化活動と考え、(二)ラジオ技術を労働者層に普及させ、(三)放送法制定と労働者の放送経営・番組編成への参加の要求を行うことであった。そのため、あえて政治的目標を明記せず非党員にも門戸を開放していた。(7)しかし、共和国打倒の革命路線に立つ共産党は、当初このSPD系運動を拒絶し、党員の政治意識を鈍化させる娯楽放送を批判して、ラジオ店の打ち壊しさえ主張していた。(8)だが、二六年四月週刊機関紙『新しい放送』Der neue Rundfunk (1926-31) 創刊号で表明されたラジオ同盟の要求も決して改良主義的なものではない。

「労働者ラジオ倶楽部は決してブルジョア的なアマチュア協会や工作倶楽部の類と比較できない。ラジオ放送を単に娯楽としてではなく、むしろ擡頭する階級の文化的意志として宣明し、その装置で人間精神の進歩をその階級に属する者に伝えるドイツ労働者の統一体である。ここで我々は「階級」という言葉を使った。そのことで、精神的物質的効果を見抜いてドイツ放送を独占した連中から非難されたとしても驚きはしない。「君たちは放送で階級的立場を主張したいのか」と言うなら、もちろん、諸君、我々はそう要求する権利がある。それこそ、諸君が数世紀にわたり特権を振りかざして要求したものであり、諸君と違って我々は公然たる誤解のない言葉で話しているだけで、諸君のブルジョア修辞家のように「芸術と文化に階級はない」という台詞や諸君がお気に入りの「芸術は芸術自身のために」というスローガンでごまかしたりしないだけなのだ。」(9)

この「階級的放送」要求の行き着く先は労働者専用放送局の開設であったが、SPD内部では財政的、技術的理由から十分な検討はされなかった。その意味では、ラジオ同盟の主張はSPDのラジオ政策を代表してはいない。むろん、ラジオ同盟は放送政策で決定権を持つ文化組織としての認知を党に求めたが、SPDは放送の全党的な重要性を理由にこの要求を退けた。放送は情報メディアとして映画とともにSPD新聞局の、文化メディアとしてはSPD系文化諸組織の上部機構である社会主義文化同盟の管轄と定められた。(10)

放送の国営化要求と放送への参加運動

二六年にラジオ放送受信者は百万人を超えマスメディアにふさわしい段階に達したが、

SPDは翌二七年キール文化会議で初めて党として具体的なラジオ政策を表明した。「大衆感化と宣伝の手段」である放送への取り組みとして、(一) 機関紙での組織的放送批評の導入、(二) 政治監督委員会と文化評議会へのSPD代表の参加と聴取者大衆の代表組織への改組要求、(三) 労働者向けの番組を指定する特別の放送委員会の導入の三点が示された。また、そうした運動の中心として各地区に「労働者放送委員会」を新設することも決められた。既に二六年にも文化同盟は地区組織に各放送局と接触して番組制作に関与するように呼びかけているが、二七年の年次報告によれば「放送への労働者の参加」も幾つかの放送局で成功している[11]。こうしてみると、相対的安定期SPDの放送活動の展望は、すこぶる明るい。しかし、それは草の根の参加運動というより、党エリートの行政機関への参入、つまり公共的事業に携わるSPDの「国家政党」化によるものであった[12]。

実際、SPDや組合の代表者が各邦政府の任命する政治監督委員会のメンバーとなることで番組内容への介入は始まった。例えば、一貫してSPDが政権を担当したプロイセンでは、二六年から翌年にかけてベルリン放送が『人間と労働』と題した連続講演を行い、また二七年の冬期連続講演『八時間労働』では労使同権が唱われ、『私の職場』や『労働と生活から』など社会政策的視点の番組も放送された。教養番組でも二七年末から始まる連続講座『現代の世界観』では、「プロレタリア世界観」「社会主義世界観」のテーマでSPD党員の大学教授が解説した[13]。他方、教養市民の側にもブレヒトに放送劇を依頼したケルン放送局主任E・ハルトのように階級的な印刷メディアでない国民的なラジオ放送を労働者階級と市民階級の和解のメディアと考える民主主義者が存在した[14]。その実体はともかくシュレジア放送局など「典型的労働者放送局」と呼ばれる放送局の登場によりラジオ同盟内でも労働専用放送局の設立案は消えていった。それに代わって二七年のラジオ同盟の要求は、あらゆる思想信条への考慮、放送の国家独占化、文化評議会の改組、公平な人事政策、放送法の制定、受信料値下げとなった[15]。かくして、「ラジオにおける階級闘争」にかわり「放送の政治化と国営化」がSPDのラジオ放送戦略の中心となった。つまり、「国民政党」としてSPDはラジオ放送の国営化を求め、また民主主義維持のために監督委員会や文化評議会の役割を強調し、番組内容の検閲さえも自ら承認した。その意味では、SPDは「解放のメディア」の議論を超えて「国民統合のメディア」を要求していた。いみじくも、放送の国営化要求が提出された二七年キール党大会の基調報告はヒルファーディングの組織資本主義論であった。資本主義組織と国家組織の対抗の中で、共和主義的な国家機関を通じて経済民主主義を実現しようとするこの戦略に放送の国営化も位置づけられていた。

もちろん、SPDの組織資本主義論に対して、翌二八年コミンテルン第六回世界大会が「社会ファシズム」論を投げ返したように、二七年にはラジオ同盟内部でも主流派に対する共産党系細胞組織が顕在化し、翌年からは独自の機関誌『労働者放送局』Der

Arbeitersender の発行を始めた。結局、二九年九月分離独立して「自由ラジオ同盟」を名乗ったこの共産党系組織は、その機関誌の名称が示すように階級闘争手段として無届けのゲリラ放送活動を実行した[16]。一方、ラジオ同盟の日常活動は福祉ラジオ活動、受信機集団購入、電波障害対策から街宣用の拡声器製作、「労働者アマチュア学校」(三〇年設立)での通信技術者養成まで幅広い。確かに、分裂後も共和国最大の聴取者組織であるラジオ同盟は二八年二百支部八千人から翌年には二百四十六支部一万人へと成長したが[17]、同時期五十万人のペースで増大した受信者総数に比べれば十分な発展とは言えない。このため、SPDが放送参加活動に本腰を入れる二八年になると労組を含むSPD系組織のラジオ運動統合本部として「自由放送センター」が新設された[18]。

「ゼーヴェリングの放送改革」

共和国議会でも既に二八年三月二四日、予算審議に際してSPD議員団幹事クリスピエンが放送における反動的官僚支配を批判し放送の政治化を要求しているが、同年六月ヘルマン・ミュラー大連合内閣の成立によるC・ゼーヴェリングの共和国内相就任が放送改革を政治問題化させた。ゼーヴェリングは内務省管轄の「無線通信社」の役員会を拡大し、学者や教会関係者に加えてSPD新聞局や労働者新聞協会の代表を送り込んだ。ここに所謂「ゼーヴェリングの放送改革」が開始され、これに対しフーゲンベルク系新聞を中心とする右翼勢力は「放送の凌辱・共和国政府の独裁処置」に反対する大キャンペーンを繰り広げた。[19] ゼーヴェリングは政治的中立性を犯す暴挙と右翼から批判を浴びながらも、自らマイクロフォンの前でドイツ革命一〇周年記念演説を行った。

「政治的テーマが放送で扱われてはならないというのは、広く世論に流布した誤解である。かつて各邦政府の協力の下に共和国政府が放送番組編成のために公布した規定には、そのような禁止はない。放送に禁じられていることは、一方的に特定の政党のために演出することだけである。[20]」

さらにこの「報道規定」に替わるものとして、ゼーヴェリングは二八年一二月に現行法と公序良俗を尊重する限りあらゆる政治的見解の表明を認める新規定を内務省令として公布し、共産党とナチ党を除く主要政党の代表と政府委員による「議会監督委員会」を設けた。[21] この規定に基づいて始まった政治討論番組「現代思想」はSPD内部では「政治的中立性から政治的多元性へ」の変化として好意的に迎えられ、政治討論から聴衆は自立的に思考し、各々耳を傾けて自分の意見を形成することを学ぶことが期待された。大衆の政治化に対する過度の楽観視はこの大衆政党の伝統であったが、[22] ともかくこの結果ゼーヴェリング時代には議会報告や時事番組に加えて、事前検閲なしの青年討論会も放送された。

なおもゼーヴェリングは放送を議会の統制下に置くべく以下三点を骨子とする「共和国放送法」案を用意した。この法律によって、(一)放送会社の株式は国家に買収され、

（二）各地方放送会社は統合されて全国放送となり、（三）「共和国放送会社」における郵政省の権限は縮小されて内務省の指導が強化される、はずであった。[23] この放送国営化の意図は、二九年九月の社会主義文化同盟フランクフルト会議におけるハイルマン演説から読み取ることができる。

「もし、ラジオ放送を国家独占の枠組みに押し込んでいなければ、放送の発展は映画の場合と同じ道を歩んだことだろう。つまり、放送はいずれかの大資本コンツェルンの手中に落ちていたはずだ。たとえ、そうした資本主義体制のラジオ放送の片隅に労働者が自前の放送の可能性を持っていたとしても、それは圧倒的な資本の威力に拮抗できなかったはずだ。資本側は財力にものをいわせて、あらゆる分野の最良の芸術家とスタッフを手にすることなど容易であろうから。[24]」

三〇年三月大連合政府崩壊によってゼーヴェリングの共和国放送法案提出は頓挫したが、彼の在任二十一カ月間にラジオ番組は政治化された。もちろん、ここで言う政治化によって「娯楽文化放送」の全体的性格が変化したと見るべきではない。放送の内容の中心は相変わらず全体の六割から七割を占める音楽をトップに講演、朗読と続き、時事報道はわずか一・五％にすぎないが、[25] 先に触れたように学術講演や教養番組に政治的内容が浸透したことや実質的な放送時間の増加を考え合わせると、一定の政治化は実現されたと言えよう。

だが、「マルクス主義に汚染された放送」に対してラジオの中立性を要求するナチ党の批判[26]は問題外としても、この政治化がSPDの望むそれであったかどうかは別問題である。確かに三一年には最初で最後になるメーデー中継が行われたが、一方ではミサ中継が日曜日ごとに検閲なしで放送されたことを考えれば、ラジオ放送は教会も含めた保守勢力にとって最強の文化拠点となっていた[27]。

国民的ラジオ放送の出現とナチ党「国民革命」

しかも、大連合の崩壊以後、放送の政治化をめぐる議論の前提は大きく変化した。SPDが主張した議会制民主主義の手段としての政治放送に代わって、大統領政府は議会に替わる政治舞台としての政治放送を推進した。三一年夏以後、ラジオ放送は政令や大統領令を公表する政府公報メディアとなり、放送された法律は即時発効するようになった。

こうした意図せざる政治化の進展にSPDが適切な対応をしたという証拠を見出すことはできない。むしろ、自らが要求してきた「放送の政治化」とのギャップに戸惑っていたとみるべきだろう。その典型的事例は、共産党とナチ党によって要求された国会中継放送である。この提案は議院運営委員会で却下されたが、SPD内部の意思統一は最後までできなかった。クリスピエン、ハイルマンなどラジオ運動の指導者は国会を国民に公開すれば誰が自分たちの代表か国民が自ら判断できると主張したが、左右過激派の煽動演説に利用されることを恐れて党内の多数派はこれに反対した[28]。かつて第二帝政期においてSPD

が議会を専ら宣伝の場として利用したことを思えば、「宣伝政党」から「統治政党」となったワイマール期SPDの矛盾がここに集約されていたといえよう。

三二年五月になってもSPDは郵政省に代わり内務省が放送の監督権限を強化するよう要求しているが、[29]六月一日成立したパーペン内閣は、それに乗じて一日の内務省通達によって全放送局に対し毎日午後七時前後三十分を政府公報時間として提供させた。さらにヒンデンブルク・ヒトラー会談の結果、六月一五日、共産党以外の政党つまりナチ党にもラジオ演説が認められた。結局、七月二〇日いわゆるパーペン・クーデターによってSPDの牙城プロイセン政府が解体され、これを期して放送の国営化、中央集権化が実現していった。[30]

皮肉なことにSPDも望んだはずの国営放送は、SPDの影響力を排除して初めて成立した。前国会議長P・レーベは一一月革命記念演説を今やオランダから放送せざるをえなかった。[31]ここに至って、自由放送センターはようやく全党に「文化闘争」を呼びかけるアピールを出すが、その闘争手段は聴取ストライキであった。三三年一月九日、自由放送センターはベルリンで「放送の反動に対する抗議集会」を催した。その宣言はSPDラジオ運動の墓碑名の感がある。

「放送が貢献せねばならないのは、全人類を包括する文化、精神力の活性化により個人の水準はもとより全勤労人民の水準を引き上げることができる文化である。放送ではあらゆる政治的見解と世界観が発言権を持たねばならない。それゆえ、巨大な聴取者組織が番組制作と放送経営全般の進歩発展には無条件に必要である。とりわけ生産労働者は時事問題に関して請求権を持っている。その解決によって労働者自身の生活様式が決定的な影響を受けるのだから。それゆえ、自由放送センターが代表する諸組織は放送局指導部が社会主義文化運動傘下の全勢力を引き寄せることを要求し、個々の人民集団に対するあらゆる例外処置を拒否する。[32]」

ナチ党が「国民革命」を祝う松明行列の様子が全国に中継放送されたのは、それから二十日余り後のことであった。しかし、繰り返すまでもないが三二年の国営放送体制は、これまでの発展の帰結であって三三年、つまりナチ政権成立以後の展開の原因ではない。[33] もちろん、一貫して放送の政治化と国営化を要求してきたSPDの放送政策をコミンテルン・テーゼに従って「社会ファシズム」論から論断することも理屈の上では可能である。だが、国営化と労働者参加を結び付けたSPDの放送政策の評価については、なお慎重であらねばならない。それは、SPDのスローガンである「政治化」「国営化」という要求とほとんど無関係に三二年の改革が実現したということであり、換言すれば、SPD自身は国営化の出発点にすら到着できなかったからである。ワイマール期放送制度はSPDが共和国の政権を投げ出した二三年一一月シュトレーゼマン内閣崩壊から二八年五月ヘルマン・ミュラー内閣成立までの間に確立した以上、結果から見れば、SPDの放送政策が後手にまわったことはある程度やむを得ないだろう。だが、ワイマール期を通じてSPDは放送改革に決定的な重要性を持つ郵政大臣ポストを一度も獲得していない。また、「国有化」を連呼しつつも、具体的な株式の処分方法、国営化以後の組織論などがほとんど党内で議論された形跡がないことも、SPDの野党的体質と片付けるだけでよいであろうか。以下では、この党の伝統的な文化政策との関連で、SPDラジオ政策の問題点をその「ニューメディア」観から考察してみよう。

3 ラジオ文化と文化社会主義

「教養の社会化」と「放送の公共性」

「我々は教養の社会化を新しいドイツの建設のために必要とする。」[1]

ドイツ革命の際に叫ばれたこの要求は、ワイマール期SPDの文化活動の基調であった。「教養」Bildungとはドイツに独特な形成をみた教養市民層のサブカルチャーの実体である。教養市民層が「国家と一体化した知識人」として君臨した社会では、[2]「教養」に疎外された労働者は「国家」にも疎外された存在であった。だから、共和国の成立において政治的ゲットーから政権の座につき一応の政治的同権を達成したSPDも、社会的疎外感から解放されたわけではない。なおも教養という「ガラスの壁」で分節化されたドイツ社会において、今や「文化」が階級闘争の争点となったことは、二一年ゲルリッツ党大会で採択に至らなかったものの多くの支持を集めた以下の綱領案からも窺える。

「ドイツ社会民主党はその本質において文化政党である。その目的は文化社会主義であり、その前提条件が経済社会主義である。(3)」

時あたかも、教育の大衆化により学校制度に裏打ちされた市民社会の階級構造は破綻に瀕しており、国民主義の担い手でもあった「自己同一化可能な社会層としての教養人」に代わって「社会的同質性の薄いインテリ」がワイマール文化に躍り出た時代であった。(4) 例えば、教養人の考える「非政治的ラジオ」を激しく非難したK・トゥホルスキーもそうしたインテリの一人である。

「世の中に非政治的なものなどないし、また在りえないことをドイツ人が学ばない限り、放送はみすぼらしく不完全である。非政治的な放送は決してありえず、ただ政治的に中立的な放送のみ在りえるだろう(今日のそれとは違うが)。当然、最も過激なヒトラー的人間にも、違法行為を犯さない限り、放送で彼の著作と彼の英雄と彼の記念日と彼の理想を宣伝する権利がある。共産主義者も同じ権限を持っている。納税拒否の農民も、大工業家も労働者も同様である。堕胎に賛成する婦人も反対する婦人も然り。唯一許されないことは、ある党派が他の犠牲の上に特権を持つことである。検閲よ、消え去れ！自分に気に入らない言葉が我が家に飛び込んでくると憤慨する不寛容な聴衆も消え失せろ！」[5]

この発言が原則論として如何に正論であったとしても、このインテリの発言に共和国を自ら担う責任感は皆無であった。これに対し、前節で示したように、SPDは社会の勢力に応じたイデオロギーの表明を「中立性」として要求しつつも、同時に公序良俗を守る検閲を要求してナチ党や共産党が放送へ進出するのを防ごうとした。人民劇場協会、ラジオ同盟に加え自由放送センターの議長を兼職したバーケの報告「人民国家の放送」でもラジオは次のように位置づけられた。

「ラジオは万人に開かれているのだから、論争も人を傷つける形式は断念せねばならない。とりわけ公的生活にラジオがはたす卓越した教育価値がまさしくここにある。」[6]

ラジオの国民的公共性に対して労働者的公共圏からの対抗意識は退けられた。共和国擁護のために教養市民層に替わって国民主義を担うべき「左翼国民政党」の使命感と「プロレタリア階級政党」の伝統とに引き裂かれたワイマール期SPDの困難[7]を、以下ではそのラジオ論の中に検討してみたい。資料として扱う『文化意志—労働者文化活動の機関紙』はSPD傘下の労働者教育研究所発行の文化理論誌であり、『労働者新聞協会報』は党編集者と党書記の宣伝情報誌である。党知識人が寄稿した『文化意志』におけるラジオ文化理論から伝統的な文化運動と「ニューメディア」との関係を明らかにし、『労働者新聞協会報』の論説からはそのラジオ文化理論を受容することがこの新聞政党に可能であったかどうかを考察する。

『文化意志』における「ニューメディア」論争

二五年創刊の『文化意志』においては、二七年二月号と三〇年七・八月合併号にラジオ放送特集が組まれている。前者は、SPDの放送政策を決定した社会主義文化同盟キール大会の討議に向けた準備号として、後者はゼーヴェリングの放送国営化政策を支持した同フランクフルト大会の総括としてそれぞれ編集されたものである。しかし、それ以前においてもラジオ問題が取り上げられなかったわけではない。

二六年一〇月二日から翌日にかけて行われた社会主義文化同盟ブランケンブルク大会が「ニューメディア」論と労働者文化運動の最初の公式的遭遇の場であった。とりわけイエナ大学教授A・ジームゼン女史の報告「社会主義と芸術」が『文化意志』誌上で論争を引き起こした。女史によれば、最初の複製技術である活字印刷こそ芸術の専門化と大衆からの文化的収奪の出発点であった。だから、活字印刷の発明に匹敵するグラフ誌、映画、ラジオ、レコードの登場によって起こる書籍と演劇の衰退は歓迎すべきことであり、SPDは文化活動における「ニューメディア」の可能性を認識して、積極的にこれを取り仕切るべきである。また、文化運動は単なる余暇娯楽活動ではなく「労働者の新しい生命感とその新しい社会的欲求」の創造を目指すべきである。以上のようにジームゼンは、労働者文化の高尚化運動を超える可能性を「ニューメディア」に求める視点を打ち出した。[8]

これに対して『文化意志』二六年一一月号で、編集長V・ハルティッヒはジームゼン報告を党の有力な文化運動である演劇の「大胆な」死亡宣告として酷評した。[9] 翌一二月号でジームゼン自身が先の報告の要約を載せて反論し、O・イェンセンもSPDの宣伝と文化活動におけるラジオ・映画の重要性からジームゼンを支持した。[10] ジームゼンは「プロレタリア文化政策」の不履行と「共同体文化」の満足できない現状をこう指摘している。

「例えば、それが過去の共同体文化であり我々の若者の生命感に合った特徴を持っているというだけで、青年労働者は現状と全く異なる職工ギルド的文化の民謡・メロディー・民衆舞踊を今なお革命的意志の表現として利用している。」

こうした状況に対して、ジームゼンは映画やラジオが「金メッキされた伝統文化」ではない労働者文化を生みだすことを期待していた。観劇やコンサートの「習慣」がブルジョア的であることを指摘した彼女は、如何にしてオータナティブな文化を創るかを問い掛けていたと言えよう。つまり、批判の矛先はSPD内部に根強く残る文化的古典主義と新聞・演劇など旧メディアの実績にしがみつく運動の硬直化にも向けられていた。しかし、この論争は映画によって演劇が駆逐されるか否かに矮小化されて終わってしまった。[11] 結果からすれば、ジームゼン報告が反発を買ったのは、古い共同体文化批判のゆえではなく、むしろグラフ誌、レコード、映画、ラジオを十把一からげに「ニューメディア」として議論したからであった。実際、労働者運動における映画の意義については党内で賛否両論あったのにもかかわらず、ラジオ放送に関してはSPD指導者が一様に好意的であった(12)。その理由は、同じ「ニューメディア」でも映画が娯楽メディアと考えられたのに対し、ラジオは機関紙の延長上にある情報メディアと考えられたからであり、また既に資本主義化された映画産業と公共的な放送制度との違いも決定的であった。ジームゼンの議論に反発したハルティッヒでさえ、登録受信者四百六十七人でベルリン放送局が開始されてから半年余り後の二四年七月号で次のように書いている。

「疑いなくラジオには偉大な未来が開けている。芸術振興の広汎な領域と、新聞を含む全ての情報伝達装置を根本的に変革する可能性をラジオは秘めている。……映画が陥った道はラジオでは始めから回避されねばならない。だから、労働者層での早急なラジオ獲得は不可欠である(13)。」

新しい情報伝達技術への期待は、登録受信者が百五十万人を超えた二七年の放送特集号の巻頭論文「ラジオの文化的意義」でも高らかに謳われている。

「如何なるメルヘンがここで現実となるか、それだけを考えよう。我々を取り巻く境界なき空間は開かれた。思想や言葉にもはや如何なる障害もない。……地球が唯一の観覧席となり、人類は再び統一を実感するだろう。そう、大変動はまだまだ続く。地球はその尺度を喪失する。なぜなら、ほとんど他人の心拍が聞こえるほど、あるいは近々それが可能なほどに、今や誰もが指呼の間に立っているのだから。それはこれまで信じることさえ困難だったことだ。人が話し、歌い、演奏し、世界中が耳をそばだてる。そこでは階級や身分や財産は何の役にもたたなくなるだろう。[14]」

『文化意志』の放送文化論――ラジオと新聞

それでは、このような技術進歩への信頼の上に『文化意志』では如何なる放送文化論が展開されたであろうか。二七年特集号のA・クリスピエン論文「さらば文化独裁――共同決定権を！」は、キール大会に向けた党中央の見解表明でもあった。クリスピエンは資本主義体制の結果である娯楽番組の下品さ、反動性を指摘した上で、さらに一層問題なのは知識人が出演する教養番組であり、彼らの叫ぶ「超党派性」「非政治性」が如何に根拠のないものかを論じた。その上で、SPDが求める「ラジオの政治化」の必要性を集会や新聞がこれまで果たしてきた国民大衆の政治啓蒙から根拠づけた。[15]二八年三月の国会演説においてもクリスピエンはこう述べている。

「各人があらゆる新聞を自分の好みに応じて買うことができるように、放送においても各人が好みに応じて異なった番組から選べなければならない。[16]」

このように党幹部の多くは「新聞政治」の連続線上に「ラジオ政治」を考えていた。だが、クリスピエンの論文に続くジームゼン論文「放送番組」のメディア観は主流派のそれとはかなり異なっている。

「飢えた者、本を買う金などない者、一つの新聞だけ（それも地域紙かせいぜい党機関紙）しか読まない者、講演など行けないほどに夕方は疲れ果てている者、ふさわしい礼装の持ち合わせなどなくコンサートに行けない者、彼らにとってラジオは世界を揺さぶり変革できるものなのだ。労働者とサラリーマンのために、疲れた主婦と仕事に追われた女店員のために、〝財産と教養〟に無関係な全ての者のためにラジオ放送は新しい世界を開示できる。だから我々にとって放送は公共的で国家的な問題であり、またそうあらねばならない。[17]」

つまり、労働者的公共圏を規定してきた集会と新聞は新たな国民的公共性にとってすでに不適切なものである、とジームゼンは主張する。

「我々の新聞の不幸は、新聞が人々を隔離し、一面的にさせ、自分の読む新聞に載ってない事実に対して盲目にすることである。かつては集会がその埋め合わせをしていたが、今日では集会への倦怠感が蔓延しており政治に関心のある者だけが自分達の集会に行くのみである。だから党見解の垣根はもはや全く打ち破られない。……諸政党と諸集団は秘密政治を行い、その新聞は哀れな大衆に政治を最もよく隠蔽するお芝居を演じてみせる。この悪しき魔法を打ち破るには、映画とラジオが組織化された大集団の政治闘争に活用され、今日なお存在しておらず、様々な政党と党派の私的公共性によって全く不完全に代替されている政治的公共性をドイツにまず再創造する以外にないのだ。[18]」（傍点は原文）

だが、このようにラジオを新聞とは断絶したメディアと考える立場を採用するには、党機関紙と不可分であった党組織を根本的に変えなければならないはずであった。まさしく、ジームゼンの狙いはそこにあった。ジームゼンのラジオへの高い評価は、現実には幹部教育・党官僚養成として機能してきた機関紙活動への反発の裏返しである。つまり、読み書き能力の段階的学習によって情報アクセスの水準が分節された活字メディアでなく、年齢・性・職業を超えてアクセス可能な大衆教育の手段としてのラジオ放送に彼女は期待を寄せていたのだ。それは教養市民文化を断罪し、返す刀で党官僚制、あるいは機関紙編集部と結びついた党エリート養成システムを否定することであったが、ジームゼンが三一年に除名され社会主義労働者党（ＳＡＰ）の執行部に入るように[19]、こうした見解は党内では少数派にとどまった。

放送文化と新しい教養——教養講座・放送劇・音楽番組

このようにキール文化会議に先だって編集された「放送と労働者」特集号は党内にもラ

ジオ放送に関して相対立するメディア観が存在したことを示している。さらにラジオにおける「教養」を巡っても賛否入り乱れた議論が展開された。「最新の大衆教育手段」を放送に求める見解の典型はイエナ大学教授J・シャクセルの論文「放送の学術講演」である。

「この時間の大半が文化的饒舌に占められている。歴史は感傷的にキッチュ化され愛国心をかき立てることも稀でない。〝教養人〟サークルの限定された常連だけが文学や芸術についてお喋りできるのだ。……実際にはラジオの学術講演はラジオ聴取者の居眠り時間である。[20]」

以上のように教養番組における教養市民的閉鎖性を指摘したシャクセルは、労働者のラジオ参加運動として社会学や自然科学の大衆教育プログラムを要求した。だが、人文的教養に対して科学的教養を対置するシャクセルの見解に対して、ジームゼンは「ニューメディア」の性格を無視した古風な教養主義的戦術としてこれを退け、ラジオに適した番組はルポルタージュや報道番組であると主張した。この二七年段階ではSPD放送政策の指導者ハイルマンもラジオ聴衆の受け身的性格を理由に放送の教育的価値を評価しておらず、同年のキール文化会議でもクリスピエンの以下の見解が採択された。

「SPDが放送会社に十分な影響力をもって初めて、特定の教育活動が実行できる。[21]」

それでは、より積極的には如何なるイメージをSPDは「新しい放送文化」に抱いていたのであろうか。すでに二七年社会主義教育活動全国委員会編集の『労働者教育』には、新しい労働者文化として放送劇を発展させることを要請する論文が登場している。[22] しかし、この要請は「新しい労働者文化」に力点があるのではなく、伝統ある労働者合唱団や人民劇場協会同盟と新参の労働者ラジオ運動を都合よく折衷させる組織論上の要請に力点があったようである。放送劇の可能性に関しても『文化意志』誌上の議論は対立している。「労働者に詩歌と哲学による洗練の幸運を与える手段があったとすれば、それはラジオの発明であった」と始まるオッフェンブルク論文「文学と放送」は労働者文化の高尚化戦術に立つものであり、総合芸術である演劇から視覚効果や観客との相互作用を排除した放送劇の可能性は否定されていた。[23] 他方、ヴィッテは高尚化の手段としてのラジオ観では同じでありながら、オッフェンブルクとは逆にまだ未熟な放送劇に「演劇への道先案内人」の可能性を求めていた。[24] 放送劇の可能性にテーマを絞ったヴィッテは、「放送は平準化を行うべきか、番組の中に人々が愉快に苦労なく巡礼できる快適な道筋をつけるべきか、それとも人々を多少の突出点を持った山岳渓谷に導くべきなのか」と自問する。「ダンス音楽かベートーベンの交響曲か」の選択を迫るヴィッテにとって、ラジオ聴取は教育過程そのものであり、「詩人と哲学者の国民」に詩歌との関係を回復させるものこそ放送劇であった。

この両者に共通であった高尚化メディアとしてのラジオという前提を批判した放送劇論も党内に存在した。二九年フランクフルト大会では「イェスナー階段」の名で知られる表現主義演劇の旗手イェスナーが「放送と演劇」と題した報告を行っている。そこで、彼は現行の演劇やオペラの中継放送を新しい音響ドラマの過渡的現象とみなし、レビュー形式の放送劇を提唱した。そして、放送を教育手段とのみ考えるヴィッテ流の古典的教養主義を否定し、労働者のための放送劇ではなく「完全に新しい芸術ジャンルの民衆芸術」として、一日の放送全体を「大きな放送レビュー」、つまり「日常生活のドラマトゥルギー」と考えることを提唱した。(25)しかし、「日常生活のガラクタ」も放送番組には必要と考えるイェスナーの見解は、「自家製」の番組を求める労働者合唱団や労働組合の政治的参加の伝統的スタイルとは距離がありすぎた。放送番組を「生活の共時現象の似姿」とみなすイェスナーの本当の狙いは、それにより文化番組と政治番組の境界を取り除くことで、つまり非政治的な「文化」概念を破壊することにあったはずであるが、そうした意図が党内で十分理解されたとは言えない。結論からすれば、放送劇論争においても、SPDは高尚化の伝統に立つ教養主義と「国民政党」たらんとして模索する新しい大衆文化との緊張の中で明確な指針を見出せなかった。

ラジオ文化論で放送劇と並んで取り上げられた音楽番組についても、同様な矛盾が存在した。確かに、教養市民層の文化的牙城としてコンサートの閉鎖性は非民主主義の象徴であった。それゆえ、音楽の機械化と複製化による音楽の受容形態の民主化が求められたが、トーキーやレコードが商業資本の支配下にあっただけに、「非商業的な文化放送」の音楽番組に強い期待が寄せられた。だが、ラジオ音楽を「情操の非人間的機械化」と考える文化ペシミズムは極論としても、レコード・映画産業が放送会社へ積極的に資本参加したように音楽放送が他のメディア市場の拡大促進と密接に結び付いていたことは無視できないはずであった。しかし、こうした市場との連関は議論されず、二七年特集号のA・ボーゲン論文「放送と音楽」が典型的なように、労働者大衆に良質な音楽を与える教育メディアとして放送の可能性が強調され、「教養を志す者の精神形成の偉大な手段としてラジオを利用すること」が期待された[26]。

ここにも「プロレタリア文化」ではなく「労働者文化の高尚化」を目指したSPD文化運動の伝統が横たわっていた。そもそも『文化意志』を発行する労働者教育研究所にしても、本来は労働者のために良質なコンサートやオペラの切符を手配する組織であった。そう考えれば、コンサート中継を情操の非人間的機械化とみなし、結局は音楽市場を拡大するだけであり、精神生活の全面的商業化をもたらすとする見解が党内に存在したとしても驚くにあたらない。結局、それは『文化意志』という機関誌自体の矛盾でもあった。創刊号で「階級意識ある労働者の領域から発展する新しい文化」の創造を目指すことを宣言しているものの、労働者教育研究所の文化活動全体としては、国民文化の古典的遺産と「高級文化財」への方向づけが明白であった。また、その受容者である労働者においても民主的前衛劇や社会主義作家の演劇よりも、古典的なオペラやコンサートの人気が圧倒的に高かった。[27]

「放送の小児病」、進歩的技術と市民的イデオロギーの矛盾

こうした矛盾は、「ニューメディアのマスメディア化」と二八年SPDの共和国政権への復帰によって一層顕在化してきた。未来社会の知的平等を夢みる技術オプティミズムを冒頭で謳った二七年特集号とは異なり、三〇年「映画と放送」特集号の巻頭論文「瓢箪から駒」は、映画やレコードが晩期資本主義の体制維持手段になったことの確認から始めねばならなかった。[28] いきおい、映画と比較してラジオの影響力の大きさが強調され、娯楽メディアとしての映画に対するラジオの教育的使命が前面に押し出されることになった。二七年には消極的であった教育放送要求の盛り上がりは、全国短波放送「ドイチェ・ヴェレ」が二七年より連続講座「現代思想」を開始したことを直接の契機としている。教育放送は教師と生徒の共同作業とならないというジームゼンの批判に答えるように、『文化意志』三〇年特集号ではラジオの講義から共同学習を引き出す集団聴取運動が唱えられ、「放送人民大学」が議論に上っている。[29]

フランクフルト大会報告の再録であるS・マルク「放送の文化的課題」は『文化意志』に載った最後のラジオ論文でもあり、編集部のラジオ観とその矛盾を象徴するものであった。マルクはまずラジオを「高度に発展した進歩的技術と支配的ブルジョアの古びたイデ

オロギーの矛盾」の中に位置づけた。その上で、文化と文明、有機的生活と機械化を対置する教養主義的ペシミズムを退け、「我々はラジオによって途方もない大衆が形成されたこと、貴族主義的閉鎖性から文化を解放し大量に普及させる手段を手にいれたこと」を歓迎した。しかし、彼もラジオのメディア特性である「間接性」のために生じる文化的問題点を無視できなかった。不特定の聴衆が可能性としてのみ存在する以上、放送は連続して行われるが、長時間の精神集中は不可能であるから、連続放送の大半は凡庸な「晩期資本主義ブルジョア文化」の気晴らしが中心となる。「それを労働者の内なる小ブルジョア的心性が歓迎し」、加えて「人は講演や集会、劇場や映画館に〝行く〟ようには、放送に〝行かない〟」ために、この「間接性」は聴取者の受動性も強化すると指摘している㉚。

しかし、こうしたメディア特性から引き出してきた欠陥をマルクは「ラジオの小児病」と片付け、ブルジョア的娯楽性と聴取者の受動性の問題はSPDの影響力行使による番組の時事化と労働者の集団聴取によって解決されると主張した。だが、一見もっともなマルクの議論は実践のオプティミズムによって取り繕われていたと言える。なぜなら、放送局に対する時事化要求と組織内の集団聴衆の呼び掛けは、実際にSPDがある程度成功した活動分野であって、問題はそれにもかかわらず見通しの効かない放送文化の困難性にあった。そうした活動の限界は論文の末尾で次のように訴えたマルクも判っていたはずである。

「あらゆる文化運動は我々に新しい権力をもたらすことを我々は知っているが、新しい文化は権力関係から獲得されるという逆も知らねばならない。確固たる財産と教養を引き継いでおらず、それを政治的権力によってまず創出せねばならない労働者運動のような運動においては、まさにこうした計慮が必要である。[31]」

文化が権力をもたらすという思考はラサール『学問と労働者』以来のＳＰＤの高尚化運動の伝統であったが、政治権力、その究極の形態である暴力もまた文化を生みだすという大衆社会の発想は党内で十分理解されることはなかった。実際、マルクが「確かに政治は最重要な本質的文化活動の一つだ[32]」と前置きせねばならないほどに市民的公共性の教養主義的「文化」概念は党内にも浸透していたのである。

『労働者新聞協会報』におけるＳＰＤ編集者の放送観

以上で見てきたＳＰＤ文化理論家のラジオ論に対して、実際に党員大衆の政治的啓蒙を担った党機関紙編集者はラジオ放送にどう対応したであろうか。『労働者新聞協会報』が初めてラジオに言及したのは、機関紙へのラジオ批評導入が決議されたキール大会直後の二七年八月号巻頭のＥ・プラーガー論説であった。[33] しかし、プラーガーはラジオを文化メディアとしてではなくタイプライターや電話と並べて編集作業を近代化する情報メディアとみなしていた。実際、党機関紙のラジオ批評欄の充実は遅々として進まず、二九年九月フランクフルト大会でもラジオ同盟議長バーケによって機関紙でのラジオ聴取者教育の必要が再度強調されている。この大会の代議員の一人は、党におけるラジオ問題の大半は強力な機関紙組織のおかげで新聞によって解決されると語ったが、[34]『労働者新聞協会報』で読み取れる編集者のラジオ放送認識はそうした楽観的な展望を否定している。概して、ラジオに対する関心が高いとは言えない『労働者新聞協会報』でも二九年一〇月号のW・ヴィクター論説「ラジオについて」以後、三〇年二月号F・ハービヒト論説「放送番組」までの七本の論説が集中的に掲載された。その争点は、ラジオ受信機購入問題、番組参加問題、批評対象問題の三つである。

ヴィクターは、三〇〇マルクもする編集部用のラジオ受信機を誰が支払うのか、という実際的問題を提出した。[35]その背景には、経済不況下の厳しい新聞経営の他に、共和国放送会社は公共事業体であるから、「放送の所有者であり執行者である国家」が新聞に意見と批評の機会を提供することはその公共性からして当然とする見解が存在した。同一二月号でE・レーヴェントゥロー「党新聞におけるラジオ批評」がこの議論に答えて、番組批評担当者だけでなく政治記者も聞くはずの受信機はタイプライターや電話などの備品同様新聞社が購入するべきであると主張した。[36]放送の国営化を要求したSPDにとって受信機購入問題は無視できない公共性の論点であったはずだが、実際には既に多くの編集部で購入済みであり、この問題はレーヴェントゥロー論説以後は副次的な問題として片付けられた。むしろ次号以下でレーヴェントゥロー論文が批判の槍玉に上がったのは、彼女が放送批評に中立性のモラルを強調し、放送担当記者の番組参加を戒めた点にあった。ハービヒトは放送批評家が放送局と関係を持ち、進んで番組に登場することはむしろ義務であると反論した。(37) 続いてJ・ヴュルト「放送批評家は語らざるべきか」も社会主義的影響を与えるすべての手段が採用されるべきだとして、編集者の積極的番組参加を訴えた。(38) しかし、レーヴェントゥローの論説が、放送出演料と記事執筆料の格差の指摘から自分たち編集者の給与増額を要求して結ばれたように、こうした議論が実際のラジオ参加活動に結びつく性格のものかどうかは疑わしい。

むしろ二九年末から三〇年初頭における議論で興味深いのは、批評対象番組をめぐる論争である。一二月号のjs署名「放送批評」は「勤労者の夕べ」など特に労働者向け教養番組の解説記事を書くことを訴えた。(39) しかし、一月号のハービヒト論説は書斎のインテリと疲れきった労働者のラジオ観の違いを指摘し、もっぱら教育手段とのみラジオを考え、労働者が息抜きとして期待する軽音楽を軽薄でブルジョア的幻想だと批判する自称社会主義批評家を攻撃した。(40) これに対して、二月号のjs署名論説はラジオは教育手段であることを再度強調し、批評が必要なのは講演番組であると主張した。その上で、労働者の娯楽欲求は否定しないまでも「ブルジョア的イデオロギーへの精神的堕落」の可能性を指摘した。(41) しかし何れにしても、七月号でハービヒトが指摘しているように、党機関紙によるラジオ番組欄は質量ともに不十分であった。ハービヒトはナチ党や共産党の機関紙が番組各々に「スイッチ・オン」「スイッチ・オフ」の表示を出して聴取教育をしており、敵性番組から聴取者を防衛している点を評価している[42]。しかし、SPDがこうした聴取指導を放棄したのは、放送の公共性に共和国の民主主義を重ね合わせようとしたSPDの宿命であったといえよう。社会主義文化同盟は各編集部への三二年一月二八日付回状でも、SPDに好意的でない番組の批評も行うよう指示していた。もっとも、この時期にSPDに好意的な番組を探すことはほとんど困難であったろうが。この回状に答えて、三二年三月号では、各放送局圏内で党機関紙が放送批評の共同作業を行うことが提案された[43]。この提案もSPD機関紙の放送批評に対する取り組みの遅れを示す証拠にすぎない。

「新聞政党」の遺産と桎梏

『労働者新聞協会報』一九三一年五月号は編集長E・プラーガーの論説「労働者からジャーナリストへ」を載せている。すでに前章で党エリートの昇進における編集部の機能と「宣伝政党」から「大衆組織政党」に至る過程での構造変化を論じたが、編集者たちの意識においては「新聞政党の神話」がどれほど根強く残っていたかをそれは示している。一九三〇年九月一四日付『国会便覧』から以下の数字を挙げることから論説は始まる。

「以前に編集者であったか、あるいは今なおジャーナリスト活動を続けている四十六人の社会民主党議員のうち（社会民主党議員団総数は百四十三人。括弧内は訳注、以下同じ）、九人は高等教育歴があり、三十七人は労働者の職歴がある。共産党議員団（総数七十七人）には十二人のジャーナリストがいるが、五人が教養人、七人が労働者上がりである。ナチ党議員団（総数百七人）における十一人のジャーナリストは全員が高等教育歴を持ち、彼らの中には唯一人の労働者も見いだせない。さらに言えば、機関紙で働く編集者とジャーナリストの人数と出自を公表しているのはSPD新聞だけである。彼らは恣意的に雇用、任命されたのではなく、組織に選び出された者である。通常は、組織に設けられた新聞委員会が党員同志に欠員の公募を行なって選抜し、地区総会でその結果を報告をしている。[44]」

党活動の中で選抜された労働者出身エリートの活躍を称えたこの論説は以下の言葉で締めくくられている。

「今や公共的生活において、知識を絶え間なく伸ばし活かす機会が労働者に与えられている。だから、労働者がこれまで閉めだされていたドイツ出版界という領域においても、彼らは国家組織と経済における彼らの位置から見て相応しい地位を獲得すると期待しても良かろう。[45]」

実はこの「新聞政党の神話」を誇る論説は、三一年初めにベルリン放送局で放送された講演の原稿であった。結局、SPDのメディア政策は党のコミュニケーション・システムの維持に失敗したために破綻したのではなく、むしろ確立した編集部エリート調達システムの維持に固執したために行き詰まったといえようか。確かに、ラジオ放送に強い関心を示したものの、プロレタリア独裁を実質的に放棄したSPDは党エリート養成課程として機能した編集部システムにかわるシステムを、放送局に求めることはできなかった。そのため、大衆運動のマシンとして、ラジオ放送を自らの宣伝戦略に位置づけることには失敗した。一九世紀的活字メディアの政治システムと二〇世紀的電子メディアの政治システムには大きなギャップがあり、SPDは自らが創出した一九世紀システムに余りにも固執しすぎていたといえよう。

パーペン・クーデターによる放送国営化の直前、三二年六月号のJ・ヴュルト「新聞のライバルとしてのラジオ」は最後のラジオ関連論文である。二四年のラジオ開始時の「空想熱」から、四百万の受信者を持つ「第二の情報伝達手段」となったラジオと新聞の関係を要領よくまとめている。ラジオは新聞を駆逐することなく前代未聞の発行部数を持つラジオ番組雑誌を生んだ。全体的情報を一瞬に把握でき、時間に拘束されない新聞の特性のため新聞は生き残ったが、時事放送にイメージ映像を補うべく新聞のイラスト化が進展する。やがて「何気なく新聞をめくるラジオ聴取者」という新しい世代が登場する、とヴュルトは言う。さらに、新聞と放送の競争はテレビの実用化によって初めて、勝負がつくだろうと予測している。(46)

今日から振り返っても、SPD編集者ヴュルトのメディア認識はおおむね正しい。ただ一つ、テレビの実用化よりも先に第三帝国の成立によって勝負がついたという点を除けば。

4 大衆的公共性としての国家放送

市民的公共圏の自己崩壊——ラジオは婦人・青年の政治化を加速する！

以上ワイマール期SPDのラジオ政策と放送観を概観したが、本章を終えるにあたりメディア論的視点[1]から問題を整理しておきたい。第一節で指摘したように、放送の政治化を要求したSPDも「中立性」概念自体までは否定できなかった。これは一九世紀の市民的公共圏の周縁で対抗的に成長を遂げたSPDサブカルチャーの限界であった。党内反主流派であったジームゼンは当時、SPDを含む既存政党がこの中立性を支持した理由をこう説明している。

「人々はなお存在してもいない公論の悪用乱用を恐れていた。だから曖昧で現実味のない中立性概念にしがみついたのだ。[2]」

しかし、この時まさに新しい大衆的公共性が登場しつつあった。もちろん、そこでの「教養の壁」の破壊には「公共性の悪用」の危険性も同時に存在していたのだが。

『文化意志』に登場した理論家の多くは、たとえ放送番組の内容に問題はあっても、ラジオの普及が国民レベルで大衆文化を成立させるメカニズムを、そしてそこに、ブルジョア階級的＝個人主義的な教養市民層の特権的文化体系、つまり市民的公共性が内的に解体してゆく可能性を認めていた。印刷メディアの権威失墜は、これに依拠する伝統的政治エリートの威信をも粉砕するはずであった。ラジオは物理的場所と社会的状況の伝統的結合を破壊し、帰属集団の境界を曖昧化する。それが、労働者の市民化を、あるいは諸階級の国民的統合を、つまり「壁の崩壊」を、期待させたわけである。

だが、市民的公共圏の自己崩壊がそれに対抗する労働者的公共圏を支配的文化として浮上させるわけではない。労働者的公共性が市民的公共性の下位システムである以上、市民的公共性の崩壊にSPDサブカルチャーが無傷でありえるはずはなかった。

また、情報回路が労働現場での集会や労働者酒場での新聞閲覧から、日常生活空間でのラジオ聴取へと変われば、伝統的な運動形態にも変化が生じるはずであった。例えば、家事労働に従事していた婦人と政治との距離感覚はラジオの出現によって根本的に変わるであろう。SPDの組織と宣伝はこうした事態を十分に予想していたであろうか。さらに、活字情報と異なり段階的教育を必要としないラジオ情報の吸収は青少年の政治化を加速させたはずであり、就労前の政治化した青年が大量に生み出された。彼らが伝統的な労働組合的利害からの政治争点の設定で満足できるはずはあるまい。こうした婦人や青年の政治的情熱の受け皿となる用意がSPDにあったであろうか。

その問いについては、次章で改めて考えることになる。ここでは、こうしたメディア環境の変動を積極的にSPDの自己改革に結び付けようとしたジームゼンのような理論家が、結局、党を去らねばならなかったことだけを指摘しておくとしよう。他のインテリ党員の市民的教養への固執や『労働者新聞協会報』の議論の消極性が示すように、党組織全体としては、ラジオというニューメディアの可能性の前に立ちすくんでいたのである。

労働者的公共圏の崩壊

つまり、支配的文化である「教養」の閉鎖性に対する批判は、同様に閉鎖的な自己のサブカルチャー「労働者運動文化」とそのメディアである新聞に固執していたSPDに跳ね返ってくるはずの批判であった。結果的には、機関紙網に張り巡らされたこの強固なサブカルチャーこそ、政権の座にあったSPDがラジオを十分に活用できなかった要因であった。ナチ党が政権獲得後速やかに宣伝メディアの重点を機関紙からラジオに移動したのに比べ、長らく政権の座にあったSPDは最後まで「新聞政党」に留まった。ラジオ放送とほぼ同時に政治の表舞台に登場したナチ党には伝統的な「運動文化」は存在しない。SPDと異なりナチ党にとっては、「ガラスの壁」で分節化された社会の全体構造を破壊したときに失うべき自らのサブカルチャーは存在しなかったのである。逆にいえば、印刷メディアの発展とともに成長したドイツの教養市民層と、その成果を労働者階級にまで及ぼそうとしたSPDは、支配文化と対抗文化の姿をまといつつも、大衆社会の文化的相互依存システムとして機能していた。それは、大恐慌によって生じた失業者の救済に、つまり資本主義システムを救済することに責任を負いつつ、一方では資本主義の没落を夢みていたマルクス主義政党を待ちうけたアポリアの文化的反映でもあった。

ラジオの政治化、国家管理、中央集権化から廉価な受信機の製造まで、「既に階級政党たらず、未だ国民政党たりえない」SPDの諸要求は、確かに「一つの民族！一つの国家！一つの放送！」（帝国放送長官E・ハダモフスキー）というスローガンの下に実現をみた。「国民車《フォルクス・ヴァーゲン》」の先駆けとなったナチ党の「国民受信機《フォルクス・エンプフェンガー》」（図75）とSPD系ラジオ番組雑誌『国民放送《フォルクス・フンク》』Volksfunk（1932-33）の名称の類似性も偶然などではなく、文化のチャンネルを「同調する《グライヒシャルテン》」ことで教養の壁を克服するという目標の一致によると言える。しかし、「階級政党」と「国民政党」の間の文化的ジレンマ

図75 「全ドイツが国民受信機で総統が語るのを聴く」。1933年5月の宣伝ポスター。

ナチ党の放送体制における「国民政党」それに続く、放送政策に、のSPDの象徴であった「強制的同一化《グライヒシャルトゥング》」の責任までは問えまい。それでも、「強制的同一化」による「教養」と「労働者運動文化」の崩壊後、つまり第二次大戦後にSPDが「国民政党」となった事実だけはここでも書き留めておくべきだろう。

第六章　「鉤十字」を貫く「三本矢」

「戦後、私はベルリンの王宮とルストガルテン前でマルクス主義の大衆デモを体験した。大海をうめ尽すが如き赤旗、赤い腕章、それに赤い花が、おそらく十二万人も参加したと思われるこのデモに、純粋に外観だけでも力強い威信を与えた。私自身、このような壮大な躍動する光景の暗示的魔力に民衆が如何にたやすく屈服してしまうかを直感し、理解できた。」

アドルフ・ヒトラー『わが闘争』(一九二七年)

1 知られざる宣伝理論家チャコティン

「三本矢」とは何か？

ワイマール共和国から第三帝国へと歴史の歯車が急回転する一九三二年、ドイツの政治状況を象徴するイラストとして、風刺漫画雑誌『ジンプリツィシムス』に掲載されたE・シリングの手になる「諸政党の新〝リュートリ誓約〟」（図76）は頻繁に引用されてきた。暴君打倒のために結ばれた『ヴィルヘルム・テル』のリュートリ誓約の故事に因んで、共和国首相F・フォン・パーペン打倒に足並みを揃えた左右野党の同舟を戯画し、「我々は団結してパーペンと闘おう、だがいつも通り互いに憎しみ合おう！」という台詞が加えられて

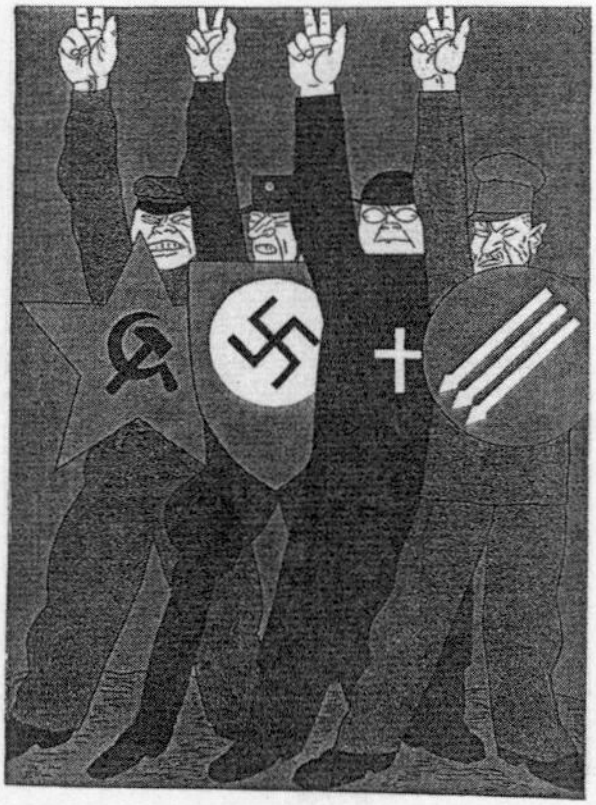

図 76 「諸政党の新 “リュートリ誓約” 」(Simplicissimus, 1932, Heft 29)

いる。この戯画はワイマール共和国末期の政治的混乱を象徴するものであり、そこに登場する世界観政党のシンボルは、左からドイツ共産党の「ハンマーと鎌」、ナチ党の「鉤十字」、カトリック政党である中央党の「十字架」だが、最後の「三本矢」は一体、如何なる世界観のシンボルであろうか。

本章では、この「三本矢」、当時「自由の矢」とも呼ばれたシンボルの歴史を取り上げ、ナチズムの政治美学においてクライマックスに達する大衆政治におけるシンボルの役割を、それに対抗したSPDの側から考察する。この「三本矢」は、政治的テロやユダヤ人迫害を含むナチ党行動プラン「ボックスハイム文書」がナチ党の内紛から暴露された三一年一一月に、一人の亡命ロシア人によって発案された。シンボル誕生の瞬間を彼はハイデルベルク街頭の出来事として回想する。

「壁の隅に描いてあった鉤十字が白墨の濃い線で十字に抹消してあった。私は、これこそ我々が探していた適切な戦闘的シンボルという難題を解決するものだ、と直観した。これこそ正に、我々が求めていたものだ！　すぐに私はこの落書きの心理を読み取った。ボックスハイム事件で興奮し、自らの感情を押さえられない興奮した労働者が、激しい反応へと駆り立てられたのである。彼は一本の白墨を取り出し、憎むべきシンボル、鉤十字を貫いた。こうすることで、彼は蓄積した憎悪に捌け口を与えたのだ。彼が誰であったか、我々は知るよしもない。偉大な労働者階級の無名戦士のイメージが突然目の前に浮かび上がった。強い感動の中で私は簡単明瞭な計画を創造した。これを至る所でやらねばならない。全ドイツの鉤十字を今後見逃してはならない。ヒトラーに好都合な条件反射の形成手段であるヒトラー主義者のシンボルの効果を逆転させて、我々の役に立てねばならない。それで反対者の不屈の闘争精神を顕示せねばならない。……次の夜、私は、国旗団所属の青年労働者を同行した。私は我々の闘争について語り、シンボルの意義を解説し、白墨を一本ずつ与えて彼らの情熱を煽った。「若者よ、武器を取れ！鉤の怪物を電光の一撃で貫け！」その線は矢に変わったが、我々の闘争のダイナミックな性格を表わすにはこれが良かった。喜びに震えながら、彼らは夜の闇の中へ駆けだした。指導者達から出た規律により、また秩序の要求により制止され嫌々押さえ付けられていた行動欲は、遂に解き放たれた。続く数晩は無我夢中のうちに過ぎた。我らの敵は何かが起こったことを直ちに理解し、目を醒した。新しい鉤十字が出現し、すぐに我々はそれを貫いた。ヒトラー主義者は激怒し、全力で新しい鉤十字を描いた。奇妙なゲリラ戦がこの町で勃発した。[1]」

図 77 「32 年メーデーにおけるベルリン・ガルテンの集会にて」

Morgenausgabe

Sonnabend 9. Juli 1932

Vorwärts

Berliner Volksblatt

Zentralorgan der Sozialdemokratischen Partei Deutschlands

Vorwärts-Verlag G. m. b. H.

Grüße an den „Vorwärts"

„Vorwärts" jetzt und immer „Vorwärts"!

Franz Künstler.

図78「『前進』発禁解除号タイトル頁」(*Vw*. 9. Jul. 1932)

やがて、矢印は三本になり、その半年後にヒトラー政権成立を控えた三三年六月、この「三本矢」は中央機関紙『前進』のタイトルマーク(図78)にも採用された。ついには、ナチ党ブランドの煙草『鼓手』に対抗して「三本矢」印をつけた並から極上まで三種類のSPDブランド煙草『活動』『自由』『規律』も登場する。[2]この時代、シンボルは目撃されたのみではなく、空気とともに体内奥深く浸透していた。第三帝国成立の前史として、ワイマール民主主義の新聞史を論じたM・エクスタインズがその著作を『理性の限界』と銘打ったように、[3]共和国の議会主義は反理性的な「神話と崇拝のドラマトゥルギー」によって機能麻痺に陥っていった。

危機のシンボル政治とシンボルなき大衆組織政党SPD

伝統的な言論機関が輿論形成機能を喪失し、既存の諸政党が組織としての統合機能を喪失した時、ワイマール共和国の政治舞台に躍り出たのは、突撃隊が街頭行進で掲げた「鉤十字」、あるいは共産党の赤色前線兵士同盟が押し立てた赤旗上の「ハンマーと鎌」であった。こうしてシンボルが政治闘争の前面に登場した時、明確なシンボルを持たなかった中道から保守にわたる「市民的」政党は、ものの見事に「シンボル戦争」の渦に飲み込まれて敗退していった。市民的公共圏を基盤とした名望家政党の伝統を持つ国家人民党から民主党までの「シンボルなき政党」は大衆政治に押し流されたのである。一方、そうした文筆的公共性の市民政党とは異なり、代表具現的公共性の伝統を保持したカトリック中央党は「シンボル闘争」においてもその地盤を守ることができた。この意味では、大衆政治とは何よりもシンボル政治であった。ナチ党が凡百の右翼政党の中から頭角を現した理由の一つとして、K・ブラッハーは拘束力あるシンボルを「他の競争相手よりも一層決意をもって、目的意識的に、かつ統一的に利用した」ことを挙げている。「鉤十字」の創造はヒトラー個人に帰するものではない。既に、一九年にトゥーレ協会に属した歯科医F・クローンが帝政旗「黒白赤」の伝統を踏んで赤地に白丸、その中に黒の鉤十字を「国民的＝社会主義的諸政党のシンボル」とした覚書をものしている。しかし、その価値を真に理解し「シンボルなき共和国」の弱点を見抜き、意識的なシンボル攻勢に出たのはヒトラーであった。(4)

「共和国には国旗はなく、ただ官庁命令と法律規定によって導入監視されている意匠登録商標だけしかない。そのためドイツ民主主義の悪代官ゲスラーの帽子と感ぜられるこのシンボルに、我が民衆も内心違和感を持ち続けている。伝統に無感覚で、偉大な過去への畏敬の念もなく、当時のシンボルに泥を塗った共和国は、何時かその臣民が共和国を示すシンボルに感じている愛着がいかに皮相的であったかに驚くだろう。」(5)

共和国旗「黒赤金」へのヒトラーの予言が実現へと向かうワイマール末期の大衆政治状況の中で、それまで政治の大衆化をリードしてきたSPDはナチ党のシンボル操作に如何なる対応をしたであろうか。すでに、第四章で論じたようにSPDは帝政期の国民国家シンボル「ゲルマーニア」へ愛着を抱きつつも、社会主義シンボルとして掲げてきた「マリアンヌ」を共和国に嫁することで、シンボル・レベルでは共和国と一体化しようと努めた。周知の如く、SPDは中央党、ドイツ民主党とともにワイマール連合を成して共和国の生みの親となり、二〇年以降共和国レベルでは政権を投げ出すことがあったとはいえ、人口の三分の二を占めるプロイセン邦においては三二年七月二〇日の「パーペン・クーデター」まで邦政府首班としてワイマール民主主義の主柱であった。それゆえ、これまでのワイマール期SPD史研究では、議会第一党であり、自由労働組合や労働者文化同盟など最大規模の大衆組織を傘下に擁しながら、「なぜヒトラーを阻止できなかったか」という問題関心から、その待機主義、組織防衛至上主義を批判するかたちで研究が進められた。R・ハントはワイマール期SPDの内的変化の特徴として「党官僚による寡頭化＝ボス化」「党員数の停滞と老齢化＝硬直化」「脱労働者政党化と中間層的価値観の浸透＝ブルジョア化」の三点を挙げ、SPDは闘争性を失い「議会へのドイツ労働者の陳情団体」に留まったと指摘している。[6] にもかかわらず、SPDは二五年カウツキー＝ヒルファーディング草案のハイデルベルク綱領を掲げた「マルクス主義」政党を自称していた。こうした組織とイデオロギーのギャップはSPDのシンボル対策を困難にしたが、それは反ナチ・シンボルの評価と採用をめぐる党内の対立の中に集約して現れることになる。

シンボル闘争、忌まわしき反民主主義思想?

しかし、この「三本矢」はドイツでも長らく歴史の闇に忘れ去られており、一九八〇年代の「労働者運動文化」研究によって漸く関心が持たれるようになってきている。[7] それまで「三本矢」が黙殺された理由を推し測る資料として、F・ノイマンの古典的名著『ビヒモス——ナチズムの構造と実際』の一節を見ておこう。ノイマンは、この「三本矢」が共和国防衛にとって無益だったと断言し、これを利用した反ナチ宣伝の試みを次のように批判した。

「主に宣伝手段によってファシズムに挑戦する試みは、殆ど不可避的に民主主義に対する確信の放棄につながる。セルゲイ・チャコティンの最近の著作はその適例である。彼は人口を、積極的な態度をもっている一〇％の人々と怠惰な性格か疲労困憊しているか、あるいは注意力をすべて日々の生活苦に奪われてしまっているために、単なる生物学的水準にまで引き下げられている九〇％の人々に分ける。もしも民主主義がこの生物学的水準に安住し、しかもその九〇％の人口が宣伝に支配される道具以上のものでないならば、強制と権力が成功の必要条件となる。チャコティンはこれを認めるのだ。」[8]つまり、ノイマンは反ナチ・シンボル闘争をナチズムと同根の反民主主義思想と批判している。ノイマンに名指しで糾弾されたチャコティンなる人物こそ、「三本矢」の創案者である前出の亡命ロシア人であり、ここで引用された「最近の著作」とは、シンボル闘争の理論と実践を論じた『大衆の強奪――全体主義政治宣伝の心理学』である。この衝撃的タイトルがヒトラー『わが闘争』の次の言葉を前提としていることは言うまでもない。

「民衆の圧倒的多数は女性的な素質と志向を持っているので、分別ある熟慮よりもむしろ情動的な感性がその思考や行動を決定するのである。」[9]

こうした大衆観を暗黙の前提としたタイトルを持つ著作が、戦後「民主主義」の伝統を説いてきた東西ドイツ史学界で長らく忌避されたこともやむなしと言えよう。

謎の宣伝家セルゲイ・チャコティン

それゆえ、ワイマール共和国末期のSPD史において、「シンボル闘争」は抵抗運動の断片的な挿話以上の重みをもつにもかかわらず、「三本矢」シンボルの創案者チャコティンは長らく歴史家の関心を引かなかった。[10]しかし、ノイマンが否定的に引用したチャコティンの主著『大衆の強奪』は明らかに第二次大戦前夜の読書界を席巻したベストセラーであった。ヒトラーのポーランド侵攻に先立つこと二カ月、三九年五月にパリでフランス語初版が刊行され、異常な売れ行きを示した。その年の内に、ニューヨーク、ロンドンで、さらに波高き太平洋を越えて東京でも緊急出版された。昭和一五年、内閣情報部嘱託の鍵本博により訳出された『大衆は動く』がそれである。もっとも、明白に「戦闘的社会主義」を主張するこの文書が翼賛体制下でファシズム宣伝教本の名において翻訳された事実に、ノイマンが指摘した反民主主義的性格を読み取るべきか、反ファシズム宣伝がファシズム宣伝に転用できる事実が宣伝技術の価値中立性を示すのか、この段階では性急な結論は下すべきではない(11)。

戦前の邦訳書では著者チャコティンを「条件反射の理論を以て有名なパヴロフの一派に属する生理学者、心理学者であるが、この理論を基礎として、政治宣伝の諸法則を樹立し、実践的には、社会主義者たると共に、民衆宣伝のエキスパートとして、大いに活躍した人」とのみ紹介している(12)。だが、『大衆の強奪』の成立状況と「シンボル闘争」の政治的意義を理解するためには、この意図的に曖昧な紹介では不十分である。ここではまず、歴史に翻弄され歴史の闇に忘却された知識人チャコティンの起伏に富む経歴から始めねばならない。

セルゲイ・チャコティンは一八八三年九月一三日コンスタンティノープルのロシア領事

館副領事を父として生まれた。オデッサのギムナジウムを卒業後、一九〇一年モスクワ大学医学部に入学したが、翌年ドイツ留学に出発した。一年目はミュンヘン大学、二年目はベルリン大学で自然科学を学んだが、「生の哲学」を説いた社会学者G・ジンメルの講義を聴講したことは、後年の「シンボル」理論形成に影響があったはずである。精神分析の始祖フロイトも八目鰻やザリガニの神経細胞の生理学的研究で学会デヴューしたが、チャコティンも一九〇七年、ハイデルベルク大学に蝸虫の平衡器官に関する博士論文『異形足生物の平衡嚢胞』を提出した。その後、ヨーロッパ各地の研究所に滞在し、専門である紫外線顕微穿刺法研究の他、自然科学における研究所組織論や実験室運営法についても研究を行った。一二年、条件反射理論で名高いパヴロフの求めに応じ、助手としてペテルブルク軍事医学アカデミーに赴き、下等生物を対象として条件反射理論を検証するかたわら、研究組織の合理化を行った。おそらく、第一次大戦がなければチャコティンは細胞生理学者として学究に勤しむ生活を続けたことであろう。だが、革命はチャコティンに実験室内での研究生活を許さず、二月革命後は「自由インテリゲンチャ委員会」に参加して積極的にケレンスキー臨時政府を支援した。さらに革命状況の進展に伴い、メンシェヴィキに加わったチャコティンは「精神労働者ソビエト」で活動したが、ボルシェヴィキによる十月革命後、同ソビエトが解体されると逮捕を避けて、翌年初頭にはドン川流域のコルニロフ将軍指揮下の白衛軍支配地に亡命した。当時三十五歳のチャコティンはボルシェヴィキ独裁と闘うため、一八年春からクラスノフ将軍の下で白衛軍情宣部長に就任した。しかし、学究生活から突如転身した「不慣れな宣伝家」の活動はままならず、この「政治的冒険」で心身共に疲れ果てたチャコティンは、西欧での「学問的生活」を求めてパリに政治亡命した。

パリでのチャコティンは革命内戦の鎮静化、特に二一年三月よりソビエトでいわゆる新経済政策《ネップ》が実施されると、協調和解を唱えて親ソ派亡命知識人と目されるようになった。二二年三月末、当時左翼亡命ロシア人の拠点であったベルリンに移り、ロシア語日刊紙編集者となった。その新聞社を二三年七月退社した後は、ソビエトの駐ベルリン通商部に勤務したが、学問研究への志は捨て切れず論文の発表を続け、アメリカの研究財団奨学資金を得て、三〇年からハイデルベルクのカイザー・ヴィルヘルム医学研究所（現マックス・プランク研究所）で客員研究員となった。ここにようやく流浪の生活から解放されたチャコティンは、自然愛好クラブや労働者エスペラント運動への参加を通じてSPDの政治活動にも身を投じていった。

チャコティンがSPDの反ナチ闘争に加わるのは、三〇年九月の国会選挙でナチ党が大躍進した後である。その活動舞台はナチ党や国家人民党、鉄兜団など右翼勢力の結集した「ハルツブルク戦線」に対抗すべく三一年末にSPDが中心となって結成された「鉄戦線」Eiserne Front であった。この組織の中核はナチ「突撃隊」や共産党「赤色前線兵士同盟」

などの準軍事組織に対して共和国を防衛するため二四年に設立された「国旗団－黒赤金」であり、その「シンボル闘争」をチャコティンは理論的に指導した[13]。そのため、三三年一月三〇日ヒトラーが首相に任命されると、チャコティンは再度の亡命を強いられることになった。三月一〇日、ハイデルベルクの研究所を襲った突撃隊の捜索を間一髪で逃れ、五月にはデンマークに亡命した。まずコペンハーゲン大学総合病理学研究所で働きつつ、デンマーク社会民主党の青年組織に宣伝技術の講義をしたが、当地で出版した小冊子『三本矢VS鉤十字』において激しくSPD指導部、とりわけ党首O・ヴェルスの待機主義を批判し、共産主義者も含めた「行動的社会主義」を唱えたため、「モスクワのスパイ」と目されデンマーク社会民主党から疎《うと》んじられた。『三本矢VS鉤十字』の序文執筆を三三年一〇月チャコティンは同じく亡命中のL・トロツキーに依頼している。トロツキーは返信で次のように謝絶している。

「尊敬する同志チャコティン、私は今、新しい党とインターナショナルの創設で手一杯だ。ドイツの労働者運動の敗北はシンボルの問題ではなく、労働者運動の二大政党の日和見的な政策が原因である[14]。」

三四年春にパリに居を構えたチャコティンは、苦労の末フランス科学アカデミーの財政的支援を受けて、ソルボンヌの進化研究所で研究を行うかたわら、フランス社会党革命的左派に加わり、その指導者M・ピヴェールに働き掛け、人民戦線のシンボルとして「三本矢」を採用するよう訴えた。チャコティンは「フラム教授」の変名の下で三六年六月七日ヴェロドローム・ディヴェールにおいてL・ブルムを人民戦線の英雄として神格化する大キャンペーンを演出した（図79）。集まった群衆を前にフット・ライトを浴びたブルムが演壇に向かい、オーケストラが「インターナショナル」を奏でる中、青シャツに身を固めた青年親衛隊が二列横隊で拳を振り上げ合唱した。群衆から沸き起こる「ブルム、万歳！」「ブルム！　ブルム！」の連呼が会場を揺るがした。D・ゲランは次のように回想している。

図79　「1936年6月7日ヴェロドローム・ディヴェールにおける社会党集会」

「彼はファシズムの流派《エコル》に加わった。ヒトラー主義者は、彼によれば、直感的に人間の本性を理解したのである。群衆は辱かしめられることを熱望しているのだ。視覚的聴覚的な「毒」によって、彼らを興奮させる必要がある。ムッソリーニとヒトラーはその技巧を、否定的、反人間的な目的に利用した。社会主義はこの「有害な」兵器に対し、同様の兵器で応じ、ファシズムに対しても「強迫観念」という同じ方法を用いねばならない。マルソー・ピヴェールはこの「フラム教授」を引き入れて、ブルム神話をつくらせたのであ

図80 「1936年6月14日ルノー工場ストにおけるフランス共産党の人民戦線デモ」

る。⒂」

市民的公共圏の崩壊感覚

かくして、三本矢シンボルはフランス社会党のシンボルとしても採用された（図80）。こうした状況下にフランスで執筆された著作が『大衆の強奪』であるが、その内容に立ち入る前に再度強調しておきたいことは一八八三年生まれの科学者の政治体験の意味である。それは、七九年生まれのスターリンから八九年生まれのヒトラーまで含めたこの世代の「市民」が共有した市民的公共圏の崩壊感覚である。

八一年生まれの作家S・ツヴァイクがチャコティンと同様、ナチズムからの亡命の途上で残した自伝的作品『昨日の世界』の表現を借りればこうである。

「第一次大戦前において私は個人の自由というものの最も高い段階と形態とを知り、その後に数百年以来の最も低い状態を知った。私は賛美されもし弾劾もされ、自由であったし不自由でもあり、富みもし貧しくもなった。黙示録に出てくる蒼ざめた馬たちが、私の人生をよぎって殺到した。革命と飢饉、貨幣の下落とテロ、疫病と亡命。私は大衆のイデオロギーが眼の下に育ち拡がるのを見た。イタリアのファシズム、ドイツのナチズム、ロシアのボルシェヴィズム、そして何よりもあの最大の悪疫、わがヨーロッパ文明を毒した国民主義である。私は無防備で無力な証人として、ずっと以前に忘れられたはずの野蛮へと、人類が想像もつかぬように堕ちてゆくさまを見なければならなかった。その野蛮たるや、意識的で筋書を着々進めて行く反人道の教義を持つものだった。[16]」ツヴァイクのこの回想は、おそらくチャコティンにも共有されるものであったろう。その野蛮さに絶望した文学者ツヴァイクは「昨日の世界」を愛惜しつつ自殺し、科学者チャコティンは野蛮の本質を解明し「行動的社会主義」へ未来を託すために「今日の世界」、すなわち『大衆の強奪』を書き上げたと言えようか。

このようなチャコティンの政治的遍歴を見た以上、『大衆の強奪』の議論がノイマンが言うように「デモクラシーに対する確信の放棄と結びついている」とか、さらにはゲランの言うように「ファシズムの流派《エコル》に加わった」という類の安易な断定には慎重でなければならない。なるほど、危機的政治状況での究極の選択としてファシズム宣伝に対して、同じ水準で対抗しようという発想は、『大衆の強奪』の随所に確認できる。「聖像や祈禱をもって毒ガスに対抗することは、自殺の一形態にすぎない[17]」というわけだが、毒ガスに対しては毒ガスで対抗せよと、チャコティンは主張しているのであろうか。あるいは、「防毒対策」が別にあると言うのであろうか。『大衆の強奪』の終章「文化社会主義」がこの問に対する回答となっている。だが、この著作に立ち入る前に、第二次大戦後のチャコティンについて知られていることを補足すれば次の通りである。

四〇年六月、ドイツ軍のパリ占領後チャコティンはコンピエーニュ強制収容所に入れられたが、幸運にも面識のあるドイツ人科学者の仲介により釈放された。戦後もパリにとどまったチャコティンがソビエトに帰国したのは、スターリンの死後十年を経た六三年であった。チャコティンはソビエト生物学アカデミー名誉会員として迎えられたが、その政治的経歴については沈黙が守られた。東西ドイツがようやく国連に加盟した七三年、チャコティンはモスクワにて波乱の生涯を閉じた。出版当時、四カ国語に翻訳された『大衆の強奪』のドイツ語版とロシア語版は今日に至るまで存在しない(二〇一七年、ロシア語版刊行)。

2『大衆の強奪――全体主義政治宣伝の心理学』

国民主義と社会主義の融合

マイネッケは、一九世紀末以降、伝統的な文化世界に襲いかかった二つの大波である社会主義的運動と国民主義的運動の融合から、大衆民主主義における『ドイツの悲劇』を論じている。[1]実際、ラサールが普通選挙を最大の煽動材料としたように、大衆民主主義の進展は「財産と教養」をもった上層「市民」から圧倒的多数の「労働者」へと「国民」概念の正当性を引き下げるものであった。教養なき労働者を啓蒙して、等しく教養のある市民的公共圏の構成員とすることを目指した労働者教育協会の理想は色褪せていった。いまや大衆社会の労働者は「国民」として、あるがままの存在の正当性を要求していた。その意味では第一次大戦の体験は決定的であった。第二インターナショナルのシンボルでもあった「マリアンヌ」がSPDにおいて「ゲルマーニア」に変身した時、社会主義もその正当性を国民主義に求めざるをえなくなった。ヒトラーの「国民社会主義ドイツ労働者党」とは、そうした時代を背景に生まれた政党であった。「ドイツ的＝国民的」公共圏と「社会主義的＝労働者的」公共圏の流動的磁場の中でこそ、この党名は法外な誘引力を発揮した。「一九一九年にはすでに、新しい運動は最高目標として、差し当り大衆の国民化を実現せねばならぬことが我々には自明であった」と回想するヒトラーは、「それ故この若い運動がその支持者を汲み出さねばならぬ貯水池は第一にわが労働者大衆である」と『わが闘争』で宣言している。[2]

それゆえ、ナチ党の擡頭にともなうSPDの反ファシズム闘争は一九世紀以来の伝統的な労働者大衆政党であるSPDにとって「大衆心性の争奪戦」を意味していたはずである。

予め言っておけば、そうした現状を直視し、その枠の中でワイマール共和国の大衆民主主義を保持しようとしたSPD内の国民主義者たちが、「ラサールに戻れ！」を合言葉に「三本矢」シンボルを支持したのであり、市民的公共性が機能麻痺に陥った時点の切り札として提起されたのが「シンボル闘争」であった。

条件反射理論と精神操縦術の書『大衆の強奪』

この前提の上で、問題の著作『大衆の強奪』を読んでみよう。序文で執筆目的をチャコティンは次のように述べている。

「ファシズムは悪意に満ちた宣伝で大衆の心理を強奪した。その道を塞ぐために我々に何ができようか。まず必要なことはファシストの宣伝活動の本質的メカニズムを理解することであり、それは我が偉大な恩師パヴロフ博士の他覚的心理学上の発見を通じて可能になる。理解の次は行動が続かねばならない。社会主義、人類の運命への信仰、現代科学のデータに裏付けられた熱狂こそ、次の行動の前提条件である。(3)」

第一章「厳密な科学としての心理学」は、パヴロフの条件反射の原理を解説し、政治宣伝と大衆行動への応用を論じている。ここで注目すべきことはチャコティンが「無知はたやすく暗示にのる大衆を形成する最上の媒体である」と述べ、言語や象徴による暗示への抵抗の可能性を「文化水準」の高さに求めていることである。一方、チャコティン自身の精神教育療法 Psychagogik は人間の意志や思考の凌辱ではなく、「文化の崇高な目的へと人類を導く」ために利用されるべき手段であった。このようにチャコティンの論旨は「文化」というマジックタームによって整合されている。つまり、大衆へのペシミズムと社会主義へのオプティミズムが「文化」によって架橋されている。

第二章「集合心理学」では、群衆の君臨を予言するル・ボンの『群衆心理』を批判して、むしろ公共圏における自律的集団の影響力の縮小こそ現代の特徴なのだと主張する。チャコティンによれば「群衆は常に大衆であるが、個人の集まりである大衆は必ずしも群衆ではない。大衆は通常分散していて、個人では相互に接触しない」のであり、近代国家が可能にする高度な技術的手段と「心理的レイプ」の方法を使って、独裁者が原子化《アトム》された隷属的な個人を操作することが問題なのだ。そして、独裁的統治技術に内在する本質的な二段階を、(一) 大衆を集めて群衆となし、特定のシンボルを掲げ、シンボルへの信仰を呼び醒すこと、(二) この群衆をもう一度大衆に分解して、彼らの全生活を取り巻くシンボルの影響の下で行動させること、と規定している。この現代独裁、つまりヒトラー主義と、ル・ボンの「群衆の支配」は全く異質なものであり、シンボルの操作によって受動的・服従的になった孤立した「大衆」が行動的な「群衆」になることこそ、ル・ボンの懸念とは反対に、人間性の解放につながるとチャコティンは主張する。それを実現させる手段として、条件反射形成が可能な四本能への働き掛けのメカニズムを解説する。チャコティンは

表3　チャコティンによる四本能の文化展開
（出典：Chakotin, *Rape.*, p. 46.）

	本能Ⅰ	本能Ⅱ	本能Ⅲ	本能Ⅳ	
（体系的理論家）	A・アドラー	K・マルクス	S・フロイト	キリスト教	
変質	無秩序	神秘主義	超現実主義	機械主義	
文化所産	社会主義	哲学	芸術	科学	高尚化
感情	国民的	宗教的	恋愛的	親和的	↑
本能	闘争心	食欲	性欲	母性	↓
悪弊	専制	貪欲	放蕩	人間不信	堕落
（歴史的発展）	社会主義	資本主義	ルネッサンス	封建時代	

（潮流）　行動的社会主義←社会民主主義

本能と人間行動の体系を（表3）のように図式化した。四本能はそれに伴う「感情」の中で高尚化と堕落のいずれかの方向へ展開し、特有の文化的所産を形成する。例えば、チャコティンが最重要視する闘争本能は、「国民的」感情の中で高尚化すれば「社会主義」を生みだすが、それが過度に発展すると「無政府主義」となり、あるいは堕落すれば「専制」を生みだすことになる。さらに、この四本能は独特の発展段階論に位置づけられ、母性本能に基づくキリスト教の時代、性本能の解放によるルネッサンスと摂取本能に根ざす資本主義時代を経て、闘争本能が中心となる社会主義時代に至っており、ファシズムは資本主義から社会主義への過渡期の産物であるとされた。そこから、経済原則の優越を前提とするメンシェヴィキや改良主義の運動が、闘争本能を全面的に肯定するボルシェヴィキやナチ党の前で屈服するのは、摂取本能に対する闘争本能の優越によるという結論が導かれる。その意味でチャコティンは摂取本能の理論家マルクスよりも闘争本能の理論家アルフレート・アドラーを高く評価している。シュペングラー的文化類型学の発想に近い「本能‐文化」図式の科学的な検証はここでは必ずしも必要ではない。重要なことは、闘争本能は「国民的」感情の中で「社会主義」へと昇華すると位置づけられ、「国民的社会主義」を称する「心的勢力において同等な二つの系統」としてナチズムと行動的社会主義をとらえていたことである。

「闘争本能」、政治シンボルの条件反射

第三章「闘争本能」では、現代の政治的行動領域で中心となる闘争本能の条件反射における「シンボル」の機能を説明している。鞭で殴打された（絶対因子）犬が鞭を見て（条件因子）逃走する（効果）事例とパラレルに、「脅迫」は「シンボル」という条件因子によって「賛成投票」を引き出すと規定され、ファシズム宣伝の基礎はこの「シンボルによる脅迫」だと指摘する。チャコティンは条件因子としてのシンボルを軍服、グーツ・ステップ、敬礼、軍事的音楽など歴史的事例に即して解説し、当時の軍隊心理学の研究を紹介している。そして、それまでは規律の観念を植えつけるために使われていた「軍隊のメカニックな外観を大衆の心理的凌辱への宣伝の一要素として利用する発想」こそ、ヒトラー運動の特徴であるとチャコティンは主張する。

第四章「シンボリズムと政治宣伝」以下は、第三章までの理論篇に対してナチズム宣伝とそれに先行した宣伝の歴史的分析となっている。政治的観念をチャコティンはピラミッド型の階層構造としてとらえ、シンボルをその頂点に位置づける。SPDを例にとれば、底辺に「教義」であるマルクス主義、その上には行動の指針となる「ハイデルベルク綱領」、さらにその上に綱領の一般概念である「スローガン」があり、頂上に「三本矢」のシンボルが位置する。そう定義した上で、チャコティンはSPDがなぜ宣伝戦においてナチズムに敗北したかという問いに、次のように答えた。拘束される「教義」や「綱領」を持たず「シンボル」宣伝に徹するヒトラー主義者に対して、SPDは余りにも「教義」であるマルクス主義に拘束され、心理学的視点を欠いた唯物論的発想からシンボルを軽視して選挙戦に臨んだ、と。さらに皮肉なことには、そうしたナチズムのシンボル利用は本来SPD起源のものであり、ボルシェヴィキからドイツ共産党やイタリア・ファシストにも受け継がれ、それをヒトラー主義者は採用した。一方、赤旗、釦穴に挿したカーネーション、「同志《ゲノッセ》」という呼称など社会主義運動史上で重要な役割を果したシンボルを採用し、大衆宣伝のモデルを創出したSPDはどうであったか。二〇世紀になると、SPDの指導者は「リスペクタブル」になって、感情の激昂を恥じるようになり、シンボルを掲げることを避けはじめた。その原因をハイデルベルク綱領に反映されたカウツキー主義にあるとして、こう批判する。

「新理論は世界の全機構を単に一連の経済的作用と考え、人間はチェスの駒に過ぎず、消化器の他は余り重要でない器官を持った均一なロボットであり、経済的動因にのみ反応すると考えた。つまり、全ては本来的に不可避な過程を歩むと言うのである。(4)」このように硬直化した史的唯物論の普及にSPDがかかずらわっている間に、「鉤十字」はその図案の簡便さから、ドイツ全土で模写、複製された。それはヒトラーの激越な演説と結合して大衆の条件反応を形成したが、いわゆる強制的同一化《グライヒシャルトウング》はパヴロフの条件反射理論を政治社会的に表現したものである。それゆえ、これに対抗するにはナチ・シンボルを滑稽化させて「条件因子」の効果を低減させるか、集会や分列行進などの「絶対因子」を法律で禁止するかのいずれかが必要であった。ところが、SPDは政治的関心のない大半の一般大衆を前にして、シンボルも使用せず論理的な説明のみで対応しようとしたのである。これとは逆に、ヒトラーは実際の投票で決定権を握る「消極的人間」に的を絞ってその本能をシンボルによって刺激したとチャコティンは分析している。こうした前提に立って「三本矢」の使用は提起された。

「図像シンボル」「形象シンボル」「音響シンボル」の結合

SPDにこのシンボルを採用させる過程で、チャコティンは「三本矢」にさまざまな意義づけを行っている。反復によるシンボル効果の増幅、運動の集団的思想の強調、「聖数三」の潜在意識領域への効果、をまず挙げている。さらに、一九三一年一二月に結成され

図81 「“自由”の挨拶」広告（*Vw.* 10. Jul. 1932）

た「鉄戦線」のシンボルに採用された際には、それを構成する三組織「党・組合・国旗団」の提携を意味すると解説され、SPD自体のシンボルへの採用を求める過程では運動の三要素である「経済力・政治的知識・肉体的力」あるいは闘争に必要な「活動・規律・団結」、さらにはフランス革命の理念である「自由・平等・友愛」とも説明された。亡命後、ナチズムの国際的脅威がより現実的になると、その「並行する向き」は「共通の敵に対する総動員の統一戦線」を意味するものとも主張された。つまり、チャコティンにしてみれば「三本矢」が示すものはそのいずれでもよく、むしろこのシンボルの最大のポイントは「どんな子供でも描けるほど簡単」であり、シンボル闘争でこちらから仕掛けたようにナチが「三本矢」の上に「鉤十字」を重ねて書きつけても「貫く」というイメージが破壊されない構図こそが重要な利点とされた。こうした「図像シンボル」に加えて、「形象シンボル」や「音響シンボル」を投入して演出した共和国防衛の宣伝戦をチャコティンは次のように報告している。

形象シンボルとして、ヒトラーのローマ式敬礼に対して鉄戦線は拳を握って腕をまっすぐ伸ばす身振りを採用した（図81）。因みに共産党の赤色前線兵士同盟の敬礼は腕を曲げて拳を握るものであり、これはナチ党と共産党の折衷である。また、音響シンボルではナチが「ハイル・ヒトラー！」、共産党が「ロート・フロント（赤色戦線）！」と唱えたのに対し、「三本矢」の記章を付けた隊員が「フライハイト（自由）！」と挨拶を交わしながら人込みを往来する「シンボル遊歩」を鉄戦線は実践した。また、壁に書かれた「ハイル・ヒトラー！」Heil Hitler!（ヒトラー万歳！）にはtを書き加えて「ハイルト・ヒトラー！」Heilt Hitler!（ヒトラーの頭を治してやれ！）として滑稽化するよう指示が出された。

神話と儀式と共同体

さらにこの章では、大衆宣伝に不可欠な神話、儀礼、信仰についても論じられている。R・カイヨワの『神話と人間』を引用しつつ、神話の重要性を「社会の恩恵により、かつまた社会のために尽くす」神話の集団的・社会的傾向においている。「神話は魅力と感じる行為のイメージを意識に表出させる。……神話は集団に属しており、共同体の存在を正統化し、維持し強化する。それが民族であろうと職業団体、あるいは秘密結社であろうと。」[5] そして、「儀式が一人一人の個人を神話に導く」以上、社会生活に儀式が存続する限りは、神話は人間にたいする支配力を維持し、それを発揮することができる。だが、儀式が行われなくなると、神話もそれとともに消滅する。しかし、神話と儀式の重要性の指摘がナチ宣伝の分析に有効であったとしても、いったい既に「世俗化」を達成したSPDが神話を保持できたのか、できたとしてその神話が何なのかは、ここでは明らかにされない。それは終章で「フランス革命神話」であると説明されるのだが、G・L・モッセが『大衆の国民化』で明らかにしたようにナチズム自体もフランス革命が生みだした神話体系のクライマックスである。[6] 実際、チャコティンも「心的勢力において同等な二つの系統」であ⑥る社会主義とナチズムが起源において同根だと見なしている。現役の神話的運動であるナチズムを前にして、「世俗化」したSPD指導部の念頭に浮かんだ神話があるとすれば、社会主義者鎮圧法下における英雄神話であったとでも言えようが、それは余りに消極的な神話であったことは否定しがたい。

自律的能動的個人は全体の一割のみである!

さらに新聞や機関誌などメディアについて論じた上で、現代政治宣伝の原則について以下のように総括している。選挙投票から革命的騒擾まであらゆる大衆運動は個人の慎重な判断の結果ではなく、外部からの「精神教育療法」により捏造されたものであり、これは人権宣言を掲げる民主主義から独裁政治に至るまで例外ではない。つまり、大衆の内の自律的能動的分子と受動的分子の割合が一対九であるという「実験や統計に裏付けられた現代生物学理論」を認めなかったことが、民主主義がファシズムに圧倒された原因なのである。

さらにチャコティンは、ワイマール期SPDが行った「大衆の良識に訴える宣伝」を次のように批判している。「民主的宣伝」は敵の攻撃的性格を強調するが、そのこと自体が戦闘的対応でなく冷笑的静観に自分を陥らせ、むしろ相手の力量に評価を与えてやっている。しかも、その宣伝の教条的かつ抽象的な内容は大衆にとって無味乾燥であり、実践も場当たり的で脈絡がない。加えて致命的な欠点は宣伝への対応が遅いことである。こうした「民主的宣伝」に対してチャコティンは条件反射形成の原理に基づく「合理的宣伝」を主張する。これは一元的指導によるターゲットを絞った時間的空間的に集中した大規模宣伝であり、しかも審美性を重視した宣伝である。つまり、敵の「精神的レイプ」に対し説得的宣伝で大衆の理性に訴えれば十分だとする見解は危険な幻想であり、憲法上の自由を保証する唯一の手段は、合理的な対抗宣伝によって精神的な免疫装置を備えることである、とチャコティンは訴える。この章はこう結ばれている。

「いわゆる出版の自由、宣伝の自由に関する先入観は全く疑わしいといって良かろう。ヒトラーの共和国解体は、ドイツ共和国の法律が保証したこの自由を利用しただけのことであった。(7)」

「ヒトラーの成功の秘訣」

第五章「過去の政治宣伝」では古典古代からキリスト教、社会主義、ナチズムまでの宣伝史をシンボルと神話の活用を中心に概観し、第六章「ヒトラーの成功の秘訣」ではパヴロフの条件反射理論の政治行動への応用をナチ宣伝を例に確認する。そして、レーニンとヒトラーが共に峻別した「宣伝と煽動」の差異を大衆社会における圧倒的多数の受動的人間と少数の能動的人間の存在から説明する。もっとも、チャコティンが引用するレーニンの言葉「革命的宣伝家は数百単位で考えねばならず、煽動家は数万単位で、革命の組織者および指導者は数百万単位で考えねばならない」と、ヒトラーの言葉「宣伝の仕事は支持者を惹きつけることであり、組織の仕事は同志を集め、党員にすることである」では宣伝の定義に相違がある。チャコティンはこれを統合して「宣伝家が行う政治活動のこの二機能とは、二つの異なる人間の型を考えることである」と再定義する。これに対して、宣伝と組織化の区別を見失ったSPDは、対抗関係にあったにせよ市民的公共性の伝統に縛られていた。市民的公共性の平等幻想を破棄して、暗示に抵抗できる一割の人間には「理性的宣伝」を行い、残りの九割には実際の脅威を絶対因子としたシンボル利用の「感覚的宣伝」を行うべきだ、とチャコティンは主張している。

ナチ宣伝の三要素を「知的考量の無視」「大衆の闘争本能刺激」「大衆を同一化させる条

件反射形成の合理的方法」と定義するチャコティンは、SPDがこれと同じ原理と方法を採用しなかったためにヒトラーの勝利を許したと総括した。実際、ナチ宣伝に対抗してチャコティンがSPDに提案した「集会において熱狂を作りだす方法」が引用されているが、要約すれば次のようになる。(8)

一　威勢の良く親しみやすいメロディをかけて入場してくる聴衆を浮き足だたせよ。
二　聴衆の興奮を維持し、集会の終わりにむけて聴衆を徐々に高ぶらせよ。
三　群衆への問いかけと「然り」「否」の集団的返答を繰り返せ。
四　演説の前後に起立させて合唱させせよ。
五　演説は三十分を超えるな。
六　閉会では人気のある闘争歌を歌って聴衆を鼓舞せよ。
七　娯楽的な寸劇、合唱、朗読を効果的に盛り込め。
八　バックミュージックにあわせた象徴的絵画、風刺画、照明を気晴らしに使え。
九　時々、聴衆が拳を挙げて「フライハイト！」と叫ぶように仕向けろ。
十　スローガン、シンボルをつけた垂れ幕、旗を会場に飾り、制服を着て記章、腕章を付けた若い活動家に会場整理をさせよ。

この指令が出された三二年の鉄戦線の宣伝活動は、第七章「ヒトラー主義に対する抵抗」で論じられている。宣伝理論を論じた『大衆の強奪』の中でも特に同時代の証言としての性格が強い第七章の内容は、以下でSPD宣伝活動の実態に照らしつつ資料としての価値を吟味することにしよう。

第八章「国際心理戦争」は本書が執筆された第二次大戦勃発前までのヒトラー外交を「精神的暴力」の国外への発動として叙述しているが、概説的な状況説明にとどまっている。

文化と神話の弁証法＝「行動的社会主義」

第九章「行動的社会主義」はナチズムの猛威に対抗する具体的な方策が論じられている。チャコティンは第一次大戦下の総動員体制成立において資本主義の時代は終わり、「究極目標としての自由」は社会主義を活性化することによってのみ達成されると考えた。その上で、行動的社会主義は人類を精神的凌辱から救い、「独裁主義の毒素」に対して免疫をつけるものであった。(9)

そのために必要な手段とはまず第一に「教育」であり、社会の全構成員に啓蒙的理性を行き渡らせねばならない。その教育を実行するために、活動家のための理論的宣伝と、大衆に対する条件反射形成による感情的宣伝、チャコティンの表現を使えば「非暴力の暴力的宣伝」を行動的社会主義が採用することは正当であり、そのためには「理論に照応する神話の創造」が必要条件であるという。

「我々の情動的宣伝に必要な神話は既に存在し、この神話から力を得ている民主的原理と完全に一致する。これは、人間の自由に関する偉大なる神話、すなわちフランス革命の神話である。フランスにおける民衆運動の底に横たわり、世界の民衆に対して灯台の役目を果たすのは、この神話ではないか？」[10]

かくして、近代的啓蒙の象徴であるフランス革命神話を媒介として、「大衆の強奪」は「大衆の啓蒙」へと再度、弁証される。この神話の下では「人間的社会の基礎たる道徳原理を破ることなく、暴力的宣伝を行うことは可能である。」

この議論の進め方は、本書第一章で触れたラサールの「見識の独裁」論に極めて近い。それもそのはずである。『大衆の強奪』の扉の頁には以下のエピグラフが置かれている。

「学問と労働者の同盟、その結合によってあらゆる鎖から文明を解放できる。これこそ私がわが生涯を捧げると決めた目標である！」ラサール『学問と労働者』

「第一に、それは是非とも宗教に身を捧げた男女の戦闘的な一団の仕事でなければならない。彼等こそ新しい生活に挑戦し、それを確かなものとした上で、我々人類に模範を示すであろう。」H・G・ウェルズ『世界はこうなる――最後の革命』

結論から言えば、この二つの文章に集約的に表現された「文化社会主義」と「宗教社会主義」こそ、シンボル闘争を担ったSPDの思想的潮流であった。

3　戦闘的改良主義者ミーレンドルフのシンボル闘争

ゲッベルスのライバル

チャコティンが博士号を得たハイデルベルク大学に一九二一年秋、注目すべき二つの博士論文が提出された。一方のタイトルは『劇作家としてのヴィルヘルム・フォン・シュッツ――ロマン派演劇史の一考察』であり、他方は『ドイツ共産党の経済政策』である。この二論文により翌二二年、二人の「博士」が誕生する。およそ十年後、両者は国民《ナチィオン》の争奪に激しく華麗なレトリックを国会演壇上に現出することになるが、三一年二月七日付『前進』第一面の論説で両者は次のように対比された。

「ゲッベルスとミーレンドルフ、この同い年〔一八九七年生〕の両者は青年の代弁者であるが、しかも二つの世界の代弁者である。ゲッベルス、〔志願兵検査失格の〕郷土防衛兵だったが、今や戦争と旧官権体制の賛美者にして、新国家に対する最も口汚い煽動家。ミーレンドルフ、最前線の塹壕で数年間も闘った戦闘的な前線兵士にして、同時に戦争の破滅から、つまり貧困化し権利を剥奪され辱められたドイツ民族から新しい国家と新しい国民を勃興させるという言語に絶する困難な任務を負った新しい前線の兵士。[1]」同じ二二年にゲッベルスはナチ党、ミーレンドルフはSPDに入党し、二五年には前者はナチ党左派G・シュトラッサーの『国民社会主義通信』National-Sozialistische Briefe に、後者はSPD地方紙『ヘッセン人民の友』Hessischer Volksfreund（1907-33）の編集部にポストを獲得し、翌二六年には前者がナチ党の大管区長として、後者はSPDの国会議員団書記局次長としてベルリン入りした。二八年前者がナチ党宣伝部長に就任すれば、後者はSPD選挙宣伝本部の責任者として同年の総選挙を勝利に導いた。「プロパガンディスト」の代名詞となったゲッベルスについてはここで多く述べるつもりはないが、後の抵抗運動の過程で再建後のSPD党首とまで嘱望されながら四三年空襲の犠牲者となったSPDの「プロパガンディスト」カルロ・ミーレンドルフに触れずして「シンボル闘争」は語りえない。[2]

そもそも、チャコティンの理論は当時、党内で「チャコティン＝ミーレンドルフ方式」と呼ばれており、シンボル闘争の実践においては、三〇年九月選挙でヘッセン－ダルムシュタット選挙区より選出された三三歳のSPD最年少議員であり、また国旗団・鉄戦線の有力なメンバーであるとともに党国防委員会委員を務めたミーレンドルフの活動は決定的であった。[3]党組織に基盤を持たないチャコティンに発言の場を与え、「三本矢」を現出させた者こそ、ミーレンドルフである。

「国民」的問題としてのシンボル問題

大衆運動として「シンボル闘争」が展開された期間は、三二年四月大統領選挙から同年一一月六日総選挙まで、わずか半年にすぎない。二九年以来、ミーレンドルフは国会議員であると同時に、「抵抗運動の英雄」として名高いヘッセン邦内務大臣W・ロイシュナーの右腕として内務省公報局長を務めていた。この党内屈指の右派コンビの下で行われた「ヘッセンの実験」こそ、シンボル闘争のクライマックスであり、彼らにとってシンボル闘争とは「すでに純粋な労働者階級政党でなくなったが、いまだますますもって国民政党になっていない」[4]ジレンマの中で受動的な寛容政策に陥っていたSPDを、反ナチ大衆闘争の中で真の国民政党へ脱皮させようとする試みであった。

ミーレンドルフが最初にシンボルを「国民」問題として取り上げたのは、「国旗条例」をめぐる論争の中で改良主義派の『社会主義月報』に寄稿した論文「共和国か君主制か？」においてであった。旧帝政旗「黒白赤」を外交上で国旗と認めるべく、二六年五月五日に公布された法律に対して、共和国旗「黒赤金」を護持するSPDは第二次ルター内閣に不信任案を提出し、五月一二日内閣を退陣に追い込んだ。だが、「シンボルを巡る闘争は対象それ自体をめぐる闘争なのである」とするミーレンドルフは、共和国旗「黒赤金」とは別に社会主義のシンボルをも要求している。

「今日、我々社会主義者も共和国旗の下で、信念をもって民主共和国を防衛できる。だが、社会主義団体の記章は〔共和国の旗とは〕別のものである。それは過去とは無関係で、先例なく新鮮で、未来を約束し、その理想そのもののように魅力的なシンボルであろう。そのシンボルはまだ存在しないが、新しいもの自体を巡る闘争から生まれてくるだろう。しかし、共和国の防衛に勝利してはじめて、それは可能になるのだ。」⑸

ミーレンドルフはこうしたシンボル問題への視点を持ったことで、いち早く大衆運動としてのナチズムの脅威を察知することができた。

「国民社会主義運動の特徴と性格」論文

ナチ党が第二党に大躍進する三〇年九月選挙の二カ月前にミーレンドルフはSPDのナチズム論のなかでも傑出した論文と評される「国民社会主義運動の特徴と性格」をヒルファーディング編集の『社会』Die Gesellschaft（1924-33）に発表した。その中でミーレンドルフは、ナチ党が北ドイツの「民族派」との提携を清算し、その結果一二議席に減少した二八年総選挙をナチズムの勢力減退とみなすのではなくナチ党の持続的な組織発展と正しく評価し、二九年一一月一六日のプロイセンやヘッセンでの邦議会選挙に注目した。その結果、今や「結集性と戦闘力」において類を見ないナチ党組織は大衆運動としてのSPDが一度も浸透できなかった地方村落にまで全国的な組織化を達成したと分析して、次期総

選挙でのナチ党擡頭にミーレンドルフは警鐘を鳴らしていた。(6)

さらにこの論文で特筆すべきは、ナチ運動の基盤が市民的中間層、サラリーマン、農民層にあることを指摘するにとどまらず、「どの程度、国民社会主義運動がプロレタリアートの陣営において地盤を固めているか?」という問題にまでミーレンドルフが踏み込んでいたことである。特に「ホワイトカラー・プロレタリアート」がナチ運動の拠点であり、未組織の青年労働者のナチ党への流入も無視できないことを指摘している。また、政治的に啓蒙されていない最下層と政治に失望した不満層からなる棄権者層の政治動員におけるナチ党の成功要因として、その「反資本主義的傾向」と「創造的独裁は無能な民主主義に勝る」というスローガンの効果を挙げている。その上で、実はナチ党が浸透に成功した選挙民こそ共和国防衛のためにSPDが是非とも獲得せねばならない投票者であるとミーレンドルフは主張し、ナチ党の宣伝活動との対比から、SPDの宣伝活動を批判している。

「国民社会主義運動は、SPDがほとんどしないこと(政治的意思形成における感性的要素の強調)を過剰に行い、SPDがほとんど独占的に行ったこと(選挙民を意識的で明快な政治思考に導くこと)を国民社会主義運動がほとんどしていない。」(7)

改めて言うまでもなく、SPDの得票総数と肩を並べる膨大な数の棄権者層に対してSPDの伝統的な啓蒙手段では全く効果がないことが明らかである以上、ナチズムの浸透を寄せ付けない強固なSPD支持層の存在とてナチズムの脅威を否定することにはならない。

「今日またSPDのボーダーライン上の投票者もまた重要なのである。つまり、すでに専ら政治的分別によるのではなく、より感情的な（そして機械的な！）誘因からSPDに投票したSPD投票者の一部が重要なのだ。(8)」

この実践的な投票分析から導かれる帰結が、棄権者を含めた浮動層に対するシンボル動員となることは確認するまでもない。さらにこの論文からは、情熱的で信仰告白にも似たナチ宣伝の表現形式の中に、単に非科学的、反道徳的と片付けることのできない、共和国支持政党が満たしえない政治的ユートピアへの欲求が存在している状況をミーレンドルフが熟知していたことも読み取れる。科学主義を突き進めば、「政治」は科学的な社会の中で理性化されずに残された領域の総称となる。それは、E・ブロッホの言葉を想起させる。

「国民社会主義的イデオロギーの成功は、ユートピアから科学へと社会主義があまりにも大きく進歩をとげてしまったことに対するそれなりの受領証なのだ。(9)」

「ナチズムの超克」

こうした洞察と危機感が党内で理解されるためには、ある意味ではミーレンドルフの予想さえも上回った三〇年九月総選挙の衝撃が必要であった。この選挙でナチ党は十二議席の泡沫政党から百七議席の第二党へ飛躍を遂げた。この結果、宣伝活動への関心がようやく党内で高まった。ナチ党の成功を煽動手段と政治技術の威力と分析し、党に方針転換を迫った左派の論客A・シフリンの論文「選挙後の党問題」もその一例である。

「反ファシズム防衛の課題は第一に煽動・宣伝の方法であり、つまり大衆心理の問題、政治における大衆的要素の問題である。ドイツにおけるファシズム脅威の特徴は我々に大衆獲得闘争の手段、さらに我々の政治技術全般の強度と効果の再検討を迫っている。今日、宣伝手段への消極性と保守的態度ほど危険なものなど存在しない。[10]」

しかし、左派によるこうした宣伝「手段」の強調は、本来ならまず第一になされねばならなかったはずの具体的政策論争を避けて、イデオロギー的対立に発展する可能性の少ない「宣伝・煽動」の技術領域に問題を限定することにあったとも言える。宣伝の実践者としてミーレンドルフはそうした議論の歪曲を『社会主義月報』三一年三月号の論文「国民社会主義の超克」において痛烈に批判した。

「誰も反ナチズム対抗運動の意義を軽視することはできないだろうが、この手段で十分だろうなどと思うことは大間違いである。国民社会主義運動は宣伝と煽動では超克できないし、自己の組織力を高めることでも打倒するには至らない。それはこの運動の性格に由来するものである。この運動を超克しなければならない以上、この運動の根源を把握しなければならない。煽動、選挙民の啓蒙、世論への徹底した働き掛けの意義は少しも過小評価されるべきではないし、それが単なるまじないのジェスチャーにとどまるべきでないとするならば、それは積極的な政策によって補強されねばならない。その時はじめて、継続的な成功への展望が開けるのだ。[11]」

この年の五月三一日から始まったライプツィヒ党大会では第一報告「資本主義経済の無秩序と労働者階級」に続いて、第二報告「ファシズムの克服」でSPD議員団長ブライトシャイトは「政党史上に前例を見ないほどの啓蒙活動の実行」を報告した。[12]しかし、ミーレンドルフは「遺憾にもアカデミックな考察でごちゃごちゃと飾り立てた」ブライトシャイト報告を激しく論難する「ライプツィヒの総括」を『社会主義新報』七月号に発表した。この論文においては、「社会主義」宣伝を声高に要求するものの内容空疎な伝統的レトリックに終始して、何ら具体的イメージを与えない社会主義労働者青年同盟の指導者E・オレンハウアーの第三報告「党と青年」もミーレンドルフの槍玉に挙げられていた。

「オレンハウアー自身は一言も触れていないことだが、社会主義という言葉から具体的で判りやすく最大の吸引力を持つイメージをつくることが青年にとって重要課題である。今日、『党と青年』問題とは、旧世代が当時ドイツ労働運動の枠内で青年期に特有な生きがいを満喫したのと同じように、若い世代を満足させる生きがいを彼らに与えることである。……だが、オレンハウアーは学会で新種の病気の研究結果を解説する教授のように語るばかりであった。[13]」

ミーレンドルフは「効果的な反ファシズム対抗イデオロギー」の必要性を訴えたこの論文に続いて、『社会主義新報』Neue Blätter für den Sozialismus（1930-33）三一年九月号では

「目標とするイメージの具体化」を提言している。

「我々青年は党とその精神的指導に対して以下のことを要求する。より攻撃的になること、そして社会主義の抽象的概念を生活感あるリアルな、さらに目に見えるかたちで最も単純な人間にも理解でき、身体の隅々まで生気を与える社会主義の目標となるイメージを作り上げることである。……社会主義の運命は我々の目標を大衆の目の前に壮大な規模と心を奪う荘厳さで具体的に現示することができるかどうかにかかっている。(14)」

グレンロー署名論文「政策と煽動――社会民主主義の危機への考察」

ミーレンドルフの具体的戦術は三一年の各地方選挙におけるナチ党躍進を、従来の棄権者と新たな投票者の動向から分析した『社会主義新報』三一年六月号の「オルデンブルクの教訓」以下一連の「教訓」論文を経て、「ヴァルター・グレンロー」の筆名を使った『社会主義新報』一二月号の「政策と煽動――社会民主主義の危機への考察」で提起された。SPD指導部の体質を徹底的に糾弾したこの論文がペンネームで掲載されたことは、国会議員であり党国防委員の重責にあったミーレンドルフにとってはやむをえないことであったろう。だが、そのことがかえってミーレンドルフの理論的立場や宣伝観をより明瞭に提示する結果となっている。まず、ミーレンドルフは「煽動」をSPDが直面する内面的な危機の問題として取り上げた。

「今日、党が苦境にある原因は、党が行う政策ではなく、党の政策を全く関知しない大衆の無関心と無知である。憂うるべきは、政治的手段の急激な転換にもかかわらず、党の大衆性、心理学的パンチ力、そして全階層の勤労者を自らの目的にむけて動員する能力がまったく発展ないかもしれないことである。というのも、時代のあらゆる悪条件とせせこましく心身を擦り減らす日常政治のあらゆる困難の裏で、全ヨーロッパの社会主義を襲った、より一層深刻な危機が顕著になっているからである。[15]」

ヨーロッパ社会主義運動の心臓部であるSPDでもっとも深刻化したこの危機は、個々の政策が原因ではないし、不人気な寛容政策を必要性に迫られて行ったせいでもなく、次のようなSPDの困難性の本質に由来していると、ミーレンドルフは主張した。

「SPDは資本主義的経済秩序に対する原則的な敵意を放棄することなく、共和国において民主主義的・共和主義的政党となった。SPDは戦前から国家体制を経済体制と形式的に同一視することを余りに頻繁に繰り返してきたので、政治的にも理論的にも啓発されていない数百万の選挙民に民主主義的体制の根本的な新しさを一挙に理解させることはできなかった。一九一八年一一月九日以来、突如として党が直面した精神的障壁を取り除くことがおよそ簡単ではなかったことは認めるとしても、これを目指した真摯で客観的にみても満足できる試みがまったく行われなかったことは指摘されねばならない。[16]」

ヒルファーディングの組織資本主義論は「資本主義に対する持続的な敵意と共和国への積極的な評価との辻褄合わせ」を可能にしたと評価できるとしても、それは党内の合意形成に利用されただけで広く大衆に向けて宣伝されることはなかった。この「自己閉塞化」をミーレンドルフはSPDの「寛容政策」とからめて論じている。

「俸給と賃金に一層の介入を行う第三次緊急勅令がSPDにより寛容されたこの六月に、全ドイツで公開集会の大波を起こし非組織労働者にこの処置の理解を呼びかけることは、不可欠であったはずだが、それは行われなかった。この処置により物質的犠牲を求められる大衆がこの政策を納得しないだろう〔から集会は無意味だ〕という反論は、まったく近視眼的でありほとんど有害ですらある。……SPDに属さない大衆はSPDの政策を理解する能力がないと仮定した場合でさえ、それは試みられねばならないはずだったし、まさにこうした大衆に、まさにこうした政治を一度は説明しなければならなかったはずだった。……強力な心理的作用についての感受性はこの党にはほとんど失われており、それが党と広汎な国民各層との深刻な乖離をもたらしている。……また党新聞もその解説が党組織の枠を超えて届けられることはほとんどない。我々の新聞の大半は団体機関紙であって日刊紙ではなく、党と直接的な繋がりを持たない読者にとっては、絶え間なく何度も繰り返された古くさい表現によってしばしば眠気を誘われる代物である。党の祝祭日のレトリックや素朴なシュプレヒコールの詩句と党の政治的実践の間に口をあけた厄介な分裂もこれと同じ関係にある。この分裂を党員は少なくとも本能的には正しく感じ取っている。確かに、宣言の詩句は心を引きつけ、時として感動させるが、効果は内面に残らない。なぜなら、生き生きした行動と詩的な響きの繋がりは完全に破壊されているからである。それは決して政治的実践の責任ばかりではない。政治的実践は、どもりがちなシュプレヒコールや合唱団のプチブル的願望よりはるかにましである。最良の党員闘士は祭典の演目をイローニッシュな好意をもって片付けてしまうのだが、それを一度体験した者なら我々の言う意味が理解できるに違いない。つまり、ここに救い難い内的混乱状況と恥ずべき二重道徳《ドッペル・モラール》が危険なかたちで出現している。(17)」

同じことは党の教育体制にも妥当する、と続ける。

「党の古い理論的相続財産は穏健なマルクス神学の枠内で反芻されるが、それは現実の問題に関わることなく活性化されることもない。その結果、まさに青年において、冷却した溶岩のようなドグマの重荷が積極的・現実的・行動的な全ての運動を窒息させている。さらには、実践的な闘争を行う同志を拒絶することを当然とみなすような精神的老衰がまさに青年において深刻になっている。繰り返し教えられているマルクス主義とダーウィン主義が役に立たない代物であり、若者が年配者の仕事に取り組むことをそれは妨げ、時として有害な影響を与えるとしても、マルクス主義とダーウィン主義をなおも実際にラディカルな信念の標識として評価しようというのだろうか。現実にはこうした態度すべてがラディカルなど冗談でもなく、せいぜい学校教師ぶるぐらいのことであり、それは性格を歪めるのに効果があっても、覚醒を促すことや政治的に成熟させることには一切役立たないのだ。[18]」

この前提に立って、ミーレンドルフは党の出版活動をはじめとした宣伝の具体的事例を検討している。例えば、高い学問的水準を誇る理論機関紙『社会』は、その名称に反して「社会」に与える影響力は乏しく、大衆に影響力あるグラフ誌は「現代的な要請を無視し、労働者公共圏の関心をあつめるテーマに無知のまま、ぞんざいに編集されている。[19]」

このように、党組織の精神世界が労働者的公共圏から遊離した結果、奇妙な現象が起こることになる。つまり、現代資本主義社会における社会主義の有効性を明確に理解しているのは、SPD支持の大衆よりその敵対勢力であり、社会主義の成果もむしろ右翼新聞で具体的に読み取れるという皮肉な事態に陥っている、とミーレンドルフは指摘する。こうした情況を打破するために、ミーレンドルフはマルクスの教義にとらわれずSPDが自らの現実的政策に自信を持つことを要求し、SPDが来るべき大統領選挙で堂々とヒンデンブルクを支援し、共和主義路線を強化することを求めている。この議論の基底に、国民国家と普通直接選挙実現のためにビスマルクと手を結ぼうとしたラサール流の現実主義を読み取るならば、以下の文章の含意を理解することも容易であろう。つまり、「ラサールに戻れ！」ということである。

「政治的必要性に基づく政策なら、たとえ不人気であっても、それは英雄的で偉大な行為である。だが、そのような行為をより小さな悪の政策と姑息に表現しようとする者は、必要性という概念の致命的な重要性が全然判っていないことを自ら暴露している。遺憾と陳謝で選挙民に必要性の理解を得ようとするような政治家には、今日、人間の精神を連帯させ納得させる威力についてのセンスが欠落しているのである。これとの関連で言えば、アジテーションの演出についての問題をすべてお芝居という人口に膾炙したレッテルで片付けることは、一種の自滅である。つまり、こうした慇懃な言葉使いに内在する完全な軽慢《きょうまん》が、今日SPDが精神的に陥っている恐るべき無知を物語っている。演劇の役割が人間の精神を覚醒させ高揚させることだとすれば、あらゆる演劇は——それが舞台であろうと集会であろうと——まったく真剣なものであり、怠惰な大人がからかっていいような〝児戯〟では決してない。[20]」

それではミーレンドルフがこの論文で党に要求しているものは一体何であったろうか。

「党の活性化！　それは我々の批判の発端、つまりアジテーションにおいて始まる。アジテーションは単なる広告作業《レクラーメマッヘン》以上のものであり、選挙民を煽り立てたり、宥めたりするための抜け目ない方法以上のものである。アジテーションの中で運動の自己意識は成長し、自己自身、つまりその使命と希望と限界を示すイメージが明らかになる。同時にそれは、党の一兵卒がその中で独力で闘士に、立役者に、歴史を創造する要素になる活動である。[21]」

この論文は新しいアジテーションを担う青年社会主義者への呼びかけで結ばれている。「時としてドラムとファンファーレは、年配者の小市民的高慢と彼らの反心理学的ピューリタン主義を抑止するためには、それほどまずい道具ではない。昔から、それを合図に、あらゆる英雄的行為がなされたのだ。そして、社会主義こそ英雄的なものであって、決して趣味や道楽ではないのだ[22]!」

鉄戦線と大衆心理戦

それにしても、こうしたミーレンドルフの危機意識がなお例外的であり、依然として党中央ではナチ宣伝に対する啓蒙主義的楽観論が如何に根強かったかは、党執行部編集の『一九三〇年度SPD年鑑』に掲載されたブラウンタール論文「国民社会主義者の〝社会主義〟」に典型的にあらわれている。それによれば、ナチ党宣伝の成功は同時に労働者に対する社会主義宣伝の有効性を証明するものである。というのも、ヒトラーが大衆獲得のため疑似〝社会主義〟的要求を採用するのは、君主制、排外主義、ファシズムが労働者を十分に惹きつける力を持たないことを示しているからであり、社会主義的スタイルの採用によってのみ、資本主義に絶望した労働者をナチ党支持へ導くことができたからである。ここまでの現状認識はミーレンドルフと等しいが、その帰結は逆転する。つまり、ナチ党の「社会主義」宣伝は、結局はSPDによって数十年来行われてきた啓蒙活動に効果的に作用すると言うのである。「ファシズムが社会主義を偽装することは、ファシズムの宿敵たるマルクス主義の究極的な勝利を全労働者に確信させることである」とブラウンタールは結論づけた。(23)

こうした党内の楽観論に対して、「敵から学べ」をモットーとした大衆心理戦の推進派が擡頭するのは、右翼連合「ハルツブルク戦線＝国民的反対派」への対抗として三一年一二月一六日に鉄戦線が結成された後である。鉄戦線は国旗団を中心に自由主義からカトリック勢力まで含む反ファシズム＝共和国防衛組織を唱ったが、実際にはSPDと労働総同盟、労働者スポーツ協会の運動であった。そのため、「鉄戦線＝国民戦線《ナチイオナーレ・フロント》」の全国本部はSPD党本部に置かれ、その指揮権はSPD議長ヴェルスが握ることになった。ちなみに、中央党を中心にしたカトリック勢力もシンボル戦争に巻き込まれて三二年初めに「民族戦線《フォルクス・フロント》」を結成し、青い制帽と「稲妻」のシンボル、「右」拳を掲げて「自由《フライ》－民族《フォルク》－自由《フライ》！」と挨拶する敬礼を制定した。しかし、鉄戦線が友好団体とみなしたこの組織とその影響力は、比較を絶して小さかった。(24)こうして三二年に入ると、政治的な生き残りをかけて政党は全てナチ流のシンボル動員体制を採用した。さらに、「経済民主主義」を掲げ改良路線を推進してきた労働総同盟も各傘下労組内部に鉄戦線への参加部隊としてハンマー部隊《ハマーシャフテン》の設置を決議した。鉄戦線設立大会で労働総同盟執行部副議長グラスマンは反転攻勢の必要性を次のように表明していた。

「労働者の大衆諸組織はその組織強度の自信のために、これまでの傍観的、防御的態勢から攻撃態勢への移行を余りにも長く躊躇していた。勤労国民大衆がナチ宣伝愛用の手段をほんの少しでも利用すれば、多くのものが防衛されるであろう。いまや毒をもって毒を制することが必要なときに至ったのだ。[25]」

だが、労働総同盟執行部議長ライパルトを中心にした主流派は財政的負担への警戒心と党からの自律性という組合の伝統に縛られてハンマー部隊の投入をほとんど経営内部の防衛闘争に限定したため、鉄戦線との協同は必ずしも成功しなかった。そのため、反ナチズム対抗宣伝が具体的にシンボル闘争という形をとって現れるまでには鉄戦線設立から更に半年以上にわたって、SPDは理性的宣伝の試行錯誤を重ねることになる。

それでも、もう一度、理性的説得の試みを！

まず、ナチ党のデマゴギーに対して「国民社会主義の本質」を暴露する運動が呼びかけられ、廉価な解説パンフが大量に印刷された。いくら安くても失業者にとっては経済的に負担であり、それが本来啓発の対象とした党外読者層へはほとんど浸透しなかった。その対策として、三一年末に各地区組織に文献指導者《リテラトウア・オブマン》を配置し、売上の二割を報償金とした普及促進活動が始められた。[26] また、集会での視覚的宣伝の目的で啓発ポスターや『国民社会主義の特徴』『第三帝国における婦人』と題されたスライドが作成されたが、これとて理性的説得の枠組みを超えるものではなかった。こうした旧式な宣伝は結局、三二年三月一三日の第一回大統領選挙、四月一〇日の決戦投票まで継続されたが、チャコティンはその実態を次のように批判している。

「党パンフレットは、余りにもくどくどと理屈をこね、欠伸せずには読めないしろものであった。陳腐で平凡な、二三の拙いポスターが壁にかけられたが、それは嘆きながら第三帝国の接近を不安な面持ちで語っている貧者の姿を描いたものだった。これは全く気違い沙汰であり、心理的直観の全く欠けていることを証明するものではないか。これは実際、ヒトラーに役立つものではないか？　ヒトラーが脅迫の言葉を吐いている時に、我が党のポスターはそれに具体的な形態を与え、脅迫の宣伝を誤った方向へと導いている（図82）。人々は我が党の集会に出席していた。しかし、そこで何を得たか？　長ったらしい演説、歴史的叙述、図表や統計、野卑な冗談や機知

図 82　鉤十字の宣伝になっていないか？「鉤十字の帝国における労働者：だから、リスト 1、SPD を選べ！」

ぐらいしかほとんど救いのない議論などにすぎない。[27]」

もっとも、大統領選挙で利用されたパンフレットの中でも最大のヒット作は啓蒙的内容のものではなく、元ナチ党員による『レーム書簡』であった。三十万部を刷ったこの冊子は、突撃隊幕僚長レームの私生活と突撃隊内部のホモセクシュアル的傾向を暴露したもので、特にナチ党員やヒトラー・ユーゲントの親元、教師、牧師などへ郵送された。確かに、この「スキャンダル」宣伝はナチ党を激怒させたが、莫大な資金を費やした割に労働者を奮い立たせる効果があったかは疑問であった。[28]

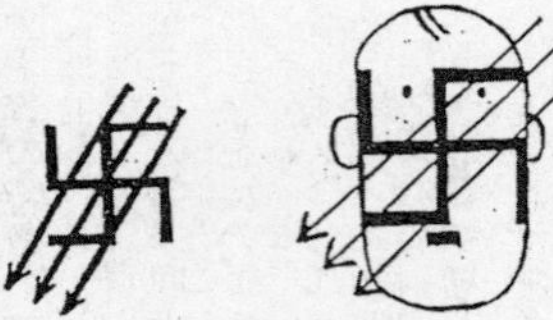

図 83 「鉤十字の消し方」
（a：初級向き　b：上級向き）

「シンボル闘争」開始——三二年大統領選挙

『社会主義新報』三二年三月号の論説「労働者の活性化」において初めて、チャコティンは「鉤十字」に対する白墨闘争を紹介し、大統領選挙に向けての大衆宣伝の実行を要求した。[29] しかし、二月以前に執筆されたと考えられるこの論説にはまだ「三本矢」シンボルが登場しておらず、「三本矢」シンボルの成立は三二年二月中であろう。というのは、大統領選挙の決戦投票を控えた三月中旬チャコティンは鉄戦線ベルリン本部に招聘され宣伝本部の指導を任されているが、[30] その直後三月二三日付

「国旗団ハノーファー地区指導部回状」では以下のようにシンボル闘争の具体例が指示されていた。

「この三本矢は鉄戦線のシンボルを表現しており、それによって鉤十字と国民社会主義運動は抹消されねばならない。鉤十字から顔を描きあげれない同志の場合、鉄戦線のシンボルが何時も目につき、同時に鉤十字が抹消されるように、上から下へ鉤十字を貫通する三本矢を描くよう努めなければならない（図83）。……下に付け加えたスケッチは、逃亡するヒトラーの顔と唸りをあげて追いかける三本矢のスタンプ（図84）である。このスタンプを封筒などすべてに使うことは効果的である。[31]」

図84　「鉄戦線のスタンプ」

かくして、チャコティン＝ミーレンドルフの「新戦術」はようやく実行に移されたが、党や組合はもちろん、国旗団の指導部からも激しい抵抗に遭遇した。チャコティンによれば国旗団の前議長O・ヘルジンクの反対理由は以下のようであった。

「その新しい考えは余りにモダン、余りに危険であり、警察の規定に触れ、その上、滑稽にみえるし、公衆が誤解する危険に晒される。[32]」

新戦術の支持を求め東奔西走したチャコティンは党幹部の有様を苦々しく回想している。

「私は労働組合本部へと急いだが、ここでも、ブルジョア的宴会の最中だった。華美に着飾った淑女や、フロックコートを着て大きな葉巻をくわえた男たちが部屋をぶらついていた。それは哄笑と冗談の一幕だった。私は急いでそこを去って、最高幹部の一人に会いにいった。私は彼が庭の中で忙しそうに薔薇の花壇をいじっているのを見た。[33]」

再び、グレンロー署名論文「プロイセン選挙闘争の精神と技術」

かくして四月二四日のプロイセン、バイエルン、ヴュルテンベルク、アンハルト、ハンブルクの地方選挙でもシンボル闘争の全面的採用は見送られた。確かにSPDの牙城であるプロイセンの党組織がこの選挙に全力を投入したことは間違いない。新たに百五十台の街宣車を投入し、これまでほとんど行われなかったナチ集会への侵入や、個別訪問と日曜新聞の投函、楽隊と旗を押し立てた防衛部隊《シユーフオ》の街頭行進も展開された。既に三〇年九月二〇日に国旗団全国評議会で設立が決定され、軍事訓練を受けた国旗団内の精鋭部隊である防衛部隊は、三二年初頭にはナチ党の突撃隊と同じ二十五万人を組織しており、この選挙戦で初めて大々的に動員された。[34]

それにもかかわらず、シンボル闘争が見送られた責任は党議長ヴェルスにあるとしてチャコティンは批判している。「社会主義労働者が壁にチョークで三本矢を描いても、警察は抗議せず干渉しない」と書かれたベルリン警察本部の公印入り文書が提出されるまで、警察ヴェルスは鉄戦線にシンボル闘争を許可しなかったというのがチャコティンの批判だが、それは幹部保守主義《フンクツイオネア・コンゼルヴアテイスムス》による宣伝機関の機能不全を象徴している。(35) 実際、中央機関紙『前進』のフロントページに「三本矢」が掲載されたのも、シンボルが正式に党決定されて二週間も経過した六月二九日である。

シンボル闘争の採用に煮えきらない党指導部を批判するグレンロー署名論文「プロイセン選挙闘争の精神と技術」は『社会主義新報』五月号に掲載された。先のグレンロー論文を除いた一連のミーレンドルフ署名論文では、ブリューニング外交を後押しし、賠償金及び軍縮問題における「国民的成果」を挙げることで危機を打開することが要求されていた。(36) この議論を踏まえて宣伝家グレンローは、鉄戦線の奮闘にもかかわらず敗北に終わったプロイセン邦議会選挙の敗因を次のように分析している。

「集団心理と階級心理への傑出した理解により、異なる諸階層を自らの下に結集した敵に対して、SPDの運動はドグマ化した自己節制というある種のゲットーに壁を造って立て籠ったのであり、その結果、国民全体と育んできた絆を失ってしまったことは衝撃的なことであった。(37)」

ミーレンドルフはシンボル闘争の採用の度合いによって地区ごとに異なる選挙結果を引用し、プロイセン政府の連立政策や不人気な経済政策に対するSPDの「寛容」的現実路線に敗北の責任を転嫁する見解を激しく批判した。その上で、選挙自体は敗北に終わったものの、「宣伝活動の新方法」の登場により、今後の取り組み方次第では運動の内的性格に決定的変化がもたらされると主張した。

「この新方法は敵対者や無関心者にはなお効果が及ばなかったかもしれない。だが、重要なことはその導入以後、個々の党員が再び自主的に独力で解決する課題を手にしたことである。何年もの間、全くもって重要な下からのイニシアティブは融通のきかない闘争技術の規格化によって完全に妨げられてきた。[38]」

ビラ、集会、口コミといった煽動の手段そのものは新方法によっても変化しないが、その運用はかなりの程度まで改善された。たとえば、ビラの文句も簡潔化され、表現の構成も考慮されるようになったし、集会技術では鉄戦線やハンマー部隊の制服部隊投入、旗行進、演説の合間の音楽演奏により、かなりの刷新がなされた。だが、ミーレンドルフはそれ以上の変化を要求していた。

「常に感動的でおよそ他の何物にも代え難い軍隊音楽をボイコットすることによって、運動が持つ平和の意志を明示しようとした時代は、とっくに過ぎ去ったのである。この軍隊音楽に対抗できる何があるというのか？　闘争の意志、勝利の意志、抵抗の意志を究極にまで呼び起こす以外の何を行うというのか？[39]」

軍隊音楽の採用の他にも、演説、集会、新聞に関する伝統的形式を刷新する要求が行われた。演説については、公務や党務に忙殺されている党幹部に依頼するのではなく、専門弁士の養成学校を設けて煽動を強化するべきであると論じている。[40] そのために、ミーレンドルフは数人単位から政治集会を波状的に繰り返すことを要求する。さらに、党外の世論に訴える手段として、政治的議論に応じる可能性のないナチ党指導者にも集会への招待状を送りつけ、それを黙殺した敵の「道徳的敗北」を新聞、ビラで繰り返し宣伝することなど具体的事例を挙げて反ナチ・キャンペーンを提案している。こうして、旧世代幹部の伝統的な啓蒙宣伝との摩擦の中で、チャコティンとともにミーレンドルフはシンボル闘争を具体化していったのである。

退陣せよ、「新聞政党」世代指導者

シンボル闘争のより詳細なマニュアル化は『社会主義月報』五月九日号に掲載されたチャコティン論文「政治宣伝の技術」において達成されたが、この論文は次のように結ばれている。

「一九世紀には全ての青年の陣営であったSPDは、戦後青年の意識においては次第に分別と飽食の政党になっていった。新たな目標を求めて、青年はこの党に背を向けている。もちろん、その新しい目標は他のどこでも見出せない。それゆえ、青年の多くはすぐ幻滅して、政治活動全般から身を退ける。ここに我が党の大いなる怠慢の罪がある。党は新たな目標を提示し、実感できる創造的な作業の道筋を青年に示さねばならない。

それを実行せよ、そうすればここに概説した宣伝技術の方法は確実に偉大なる貢献をなすであろう。[41]」

さらにチャコティンは『ドイツ共和国』Deutsche Republik 五月二四日号に「我々の敗北における積極的側面」を執筆し、「一八九〇年代のメンタリティー」に拘束された錆び付いた宣伝がプロイセン邦選挙でも繰り返されたと批判し、敗北から教訓を引き出すことを要求している。[42] おそらく、チャコティンの主張するとおり、宣伝技術の革新には指導部の構造改革が、つまり一八九〇年代の「新聞政党」で成長した党幹部の退陣による若返りが必要であった。『ドイツ共和国』七月二八日号でも、旧「宣伝政党」批判は繰り返された。

「四十年前に上手くいったことが今日でもなお有効であると依然として考える者が我々の側にいる。いまだにもっぱら集会と新聞に全力を注ぎ、それが無駄な足掻きだとは思いもよらない者たちである。……〔九割の政治的〕無関心者は我々の新聞を読まないし、我々の集会に来ない。しかし、彼らにこそ我々は訴えなければならない。それは唯、街頭においてのみ可能である。……このシンボル戦争の特別な形態が旗闘争である。[43]」

確かに、大衆宣伝メディアとしての新聞の役割はSPDの発展期でもあった世紀転換期からワイマール期に至る大衆社会状況の進展のうちに、大きく変化していた。SPDは三〇年末に百七十四の日刊紙を擁し総発行部数は百三十五万部を誇ったが、ナチ党はわずか十九の日刊紙と総発行部数二十五万部で、SPDの得票数の七五％（三〇年九月選挙）を獲得しており、三二年七月選挙では総発行部数七十万部で千三百七十四万票に達し、第一党に躍り出た(44)。ナチ党の得票が、機関紙による伝統的宣伝の成果というより、旗闘争に代表される街頭公共圏のシンボル動員効果であったことは否定できない。

新しい宣伝政党のための「ピオニール・システム」

そのことはSPDがシンボル闘争に示した積極性の度合いと選挙結果の相関によって裏付けられた、とミーレンドルフは主張した。結局、プロイセン邦との比較で「三本矢」の旗闘争をより積極的に展開したハンブルク(図85)の選挙結果が、SPD指導部に「三本矢」採用の決定を促す契機となった。

図85 「ハンブルクにおける旗闘争」(*IRZ*. 30. Jul. 1932. S. 501)

だが、ミーレンドルフの要求したシンボル闘争は「三本矢」の採用を意味するにとどまらなかった。というのも、シンボル闘争の「技術」にはシンボルをナチ党のテロから守りつつ宣伝する「組織」的裏付けが不可欠であった。ハンブルクの地区組織は既に三二年初頭より青年党員幹部を集めて「ピオニール部隊」を組織していた。ハンブルク党指導部の「党宣伝拡大のための指針」によれば、「ピオニール・システム」の目的は、(一)宣伝により世論に効果的な作用を与えること。(二)党と友好組織の全ての活動的構成員を動員・活用・展開すること。(三)共同作業により世代間の結合を形成すること。(四)次世代を教育して党活動家にすること。(五)党の積極性を再活性化し党の基盤を拡大すること、以上であった。軍事組織的に構成されたこのシステムこそ、ミーレンドルフの望んだ宣伝マシーンの姿であったが、強固な党組織を持つハンザ都市を中心に導入されるにとどまった。(45)

党指導部はミーレンドルフの技術的提案(「三本矢」シンボル、「自由」挨拶、街頭旗行進)の採用を決定したが、それ以上の宣伝組織改革要求は棚上げしてしまった。それにも拘わらず、この「三本矢」採用はまさしくシンボリックな意味で重要である。この結果、労働総同盟や国旗団のシンボルとして一部で使用されていた「ハンマー」シンボル(46)は退けられた。このことは単に「ハンマー」か「三本矢」かという記号の選択ではなく、「ハンマー」を握る労働者層を対象とした階級政党の宣伝からの決別を意味した。しかも、実態はともかく「共和国防衛の国民戦線=鉄戦線」のシンボルとして既に採用されている「三本矢」」が新たにSPDのシンボルとなることは、シンボルのレベルで国民とSPDが「共和国」を媒介として一体化することであった。その意味では「三本矢」採用はSPDの遅すぎた

「国民政党」宣言であったといえよう。

4 「三本矢」シンボルの効用と限界

「心理大決戦」ヘッセン邦議会選挙

「三本矢」がSPDのシンボルとして正式に決定された五日後に行われたヘッセン邦選挙は「三本矢」の威力を全党に印象づけることになった。この宣伝戦を指導した人物こそ、ヘッセン邦内務省報道官ミーレンドルフその人であった。ヘッセンSPDの総力を結集して展開された「心理大決戦」をチャコティンは次のように回想している。

「既に最初の晩に、合理的組織化の一切の法則に従って、運動の計画が起草された。それは十分に討議され、我が党組織網へ送られた。地図を利用した現代的な効果調査が開始され、闘争の全経過が観察できるようになった。力強く書かれたパンフレットがばらまかれた。それは大衆の頭に我々のシンボルの威力に対する信頼を叩き込み、闘争精神と我々の持つ力への自信を喚起し、とくに我々が選挙戦に採用した三大原則のスローガンを掲載していた。「蘇る行動力」「鉄の規律」「プロレタリア的連帯」。週ごとに緊張が高まってゆくように、選挙戦は数週間に区分された。……三本矢の付いた赤旗が窓から吊るされ、全ての人が三本矢の記章を着けた。ヘッセンにおいて組織されたSPD党員は一万人しかいないのに、二週間で五万個の記章が売れた。自転車に乗った人が、三本矢の小旗を翻しながら、街頭を行進した。至るところで、振り上げた拳と「フライハイト」の叫びが挨拶として用いられた。……我々の支持者は旗を翻し、闘争歌を奏でながら長い列を作って街頭行進をした。我が党の歌は群衆の拍手喝采をうけた。[1]」伝統的な労働歌に加えて、「三本矢」ソングとして「鉄戦線行進曲」などの新曲も作られた。この新曲は『前進』にも掲載され、H・シェルヒェン指揮によるレコードも発売された。[2]当然、集会のスタイルも刷新された。

「理論的な討議はほとんどなかったが、無意識的自我に働きかける宣伝により、信念と闘争精神とが一層効果的に我が闘士に吹き込まれた。一方、意識への訴えは忠誠の誓いによって行われた。いわゆる〝革命体操〟である。これは演説家と群衆の対話であって、演説の合間に群衆に〝フライハイト〟と叫ばせ、拳を振り挙げさせた。それは集団的自覚行為によって戦闘的情熱を人心に注入し、これを呼び起こし易くするためであった。[3]」もちろん、狭義のシンボル闘争もヘッセンの街頭で展開された。「鉤十字」が「三本矢」の攻撃を受けると、ナチ党も「矢」を白墨で「コウモリ傘」に変えて、SPDのブルジョア性を揶揄した（図86）。これに対してSPDは「コウモリ傘」を再び射抜くことで抵抗した。また、矢の両端に矢印を書き付けることで躍動性の効果を喪失させようとするナチ党の試みに対しては、片方の矢印を矢羽根に書き改めて攻撃性が回復された。(4) 六月一六日、パーペン内閣により制服禁止令が廃止され、突撃隊の街頭行進が認められたが、制服をまとい三本矢の腕章を付けた防衛隊もこれに対抗して出動した。

「ヒトラーが行進すると、我らも壮麗と豪奢を極め、楽隊に先導され群衆からの歓呼に迎えられて行進した。旗を翻し、真新しい制服に身を包み、我が編隊はダルムシュタット駅へ行進し、そこでハンブルクで勝利をもたらした三本矢の旗を受け取った。この象徴的行為は我々がヘッセンにおいて攻撃の準備ができていることを示した。(5)」

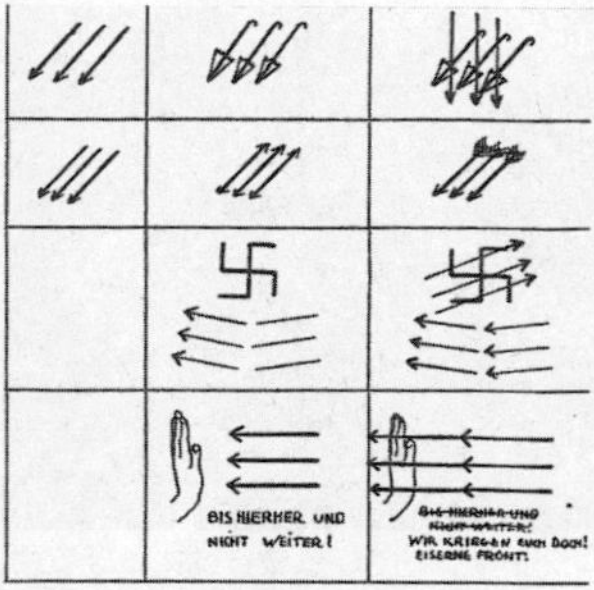

図86 「壁上のシンボル闘争」敵のシンボル攻撃への反撃方法。

「マリアンヌ」の松明パレード

こうしたシンボル宣伝は選挙前夜に行われた松明パレードで絶頂に達した。この大パレードは見物人をSPD支持に向かわせるために起承転結の四幕構成の物語として構成された。つまり、最初の一団は「陰鬱なる世界」を視覚化して現状への不安をかき立て、続いて「我が党の闘争」を表現するオブジェを持った一団が続き、さらに「敵への風刺」、最後

図87　ダルムシュタットでの示威行進における生身の「マリアンヌ」

に「我が党の目的・理想」が象徴的に表現された。これこそ、シンボル闘争のクライマックスであると同時に、SPDの社会主義運動文化の体系化であった。

第一幕ではブレヒト「三文オペラ」の葬式場面が引用され、孤児、未亡人、戦争犠牲者、さらには大恐慌の犠牲者である失業者、浮浪者、最後にナチ党テロの犠牲となった負傷者が包帯を巻いて続いた。

第二幕では音楽隊を先頭に、光に照らされた制服党員がシンボルを掲げて行進する。三十秒ごとに繰り返される「フライハイト！」の掛け声の中を、三本矢の旗を左手に持ち、右手で敬礼する国旗団員を乗せた山《だ》車《し》、続いてベーベル像を乗せた山車、左手に三本矢の赤旗を右手に剣を持ち赤いドレスにフリジア帽を被った「マリアンヌ」の乗った山車（図87）が進み、それに続いて社会主義青年団が赤旗を林立させた。最後に三本矢の赤旗をまとって、右肩を露にし松明をかざした少女団が「生ける自由の松明」として進んだ。

第三幕は起承転結の「転」に相当し、攻撃目標たるナチ党への攻撃が中心となる。ヒトラー人形を逆さにつるした死刑囚護送車。民謡を改作したざれ唄。鉤十字をくし刺しにした民族衣装の農民姿。これらの間に国旗団傘下のスポーツ団体が「フライハイト！」を連呼しつつ行軍した。

第四幕では、太鼓とラッパを先頭に「若者、それは人民の希望」の横断幕を持った青年団に続いて、様々な民族衣装をまとって「諸国民の友愛」を示す男女を乗せた山車、音楽に合わせてハンマーを交互に振り下ろす職人を乗せた「労働の権利」の山車が進む。さらに農耕馬に乗った農夫を中心に各職種の標識を掲げて「労働者と農民の同盟」を表現した手工業者の一群が続き、最後は「三本矢の勝利」と題され、花で飾った美しい三人の少女が金色の矢をもって「光明」を指し示した。音楽隊は「兄弟よ、太陽へ、自由へ」やJ・シュトラウスのワルツを演奏して、群衆を行進へと導いた。

「これは神格化であった。音楽や労働者大衆のリズミカルな行進に溶け込んだデモ隊や見物人の絶え間のないフライハイト！　の叫びに群衆は感動し、興奮した。これら全てが打ち消し難い印象を生み出した。最後に、「行動への勧告」という一群が登場し、「1」という巨大な数字が赤で彩られ、〈リスト1に投票せよ〉と示していた。その山車の上では、投票箱の周りに農夫、労働者、婦人、知識人の四人がそれぞれの特徴を示す衣装で立っていた。彼らは投票用紙を示す白紙を絶え間なく箱に投げ入れた。」(6)

「ヘッセン選挙大勝、ナチ党敗れたり！」

さて、翌朝六月一九日に投票されたヘッセン邦議会選挙では三〇年国会選挙以来はじめてSPDの得票率が上昇した。結果が明らかになった翌二〇日の『前進』夕刊は「ヘッセンの躍進」の大見出しをつけ、一面トップでナチ党と右翼諸派での多数派形成を阻止したことを報じた。翌二一日朝刊第一面にはミーレンドルフの勝利宣言が掲載された。

「SPDの勝利は新しい宣伝方法に基づく集中的・体系的な活動の賜物である。シンボル戦争と外向宣伝が主要兵器であった。[7]」

さらに、ミーレンドルフは『社会主義月報』『社会主義新報』は勿論のこと、一般紙『ケルン新聞』Kölnische Zeitung まで彼が利用できる全媒体を通して「ヘッセン選挙の成果」を喧伝した。その結果ともいえる「新兵器」への期待の高まりは、それから一週間後の六月二九日、シンボル採用に躊躇してきた『前進』のタイトル上の「三本矢」として結実した。同日の夕刊では英紙『マンチェスター・ガーディアン』特派員のヘッセン邦選挙の報告を転載している。

「市街地か、工場のある集落に近づいてみれば、どのくらい三本矢が鉤十字に取って代わり、あるいはどのように突き刺しているかが見てとれる。そこでは、人々はもはや手の平を広げてハイル・ヒトラー！　と挨拶するのではなく握り拳を掲げてフライハイト！　と挨拶する。自由などという時代遅れの言葉が大衆的な叫びに成りえると想像することは、すこし前なら気違い沙汰とみなされたであろう。しかし、この叫びは革命このかた比類無きほどにドイツの労働者階級に覚醒をもたらした。」(8)

この「イギリス人」の言を借りた三本矢の評価は、遅まきながらシンボル闘争に参入した『前進』編集部の言い訳とも受け取れる。重要なことは六月二九日の『前進』タイトル欄における「三本矢」シンボルの登場とその前日二八日付『前進』の「ドイツ国民よ！」(9)での呼びかけに始まる七月三一日国会選挙に向けたキャンペーン開始のタイミングである。「労働者の活性化」を目指したチャコティン＝ミーレンドルフのシンボル闘争も、党指導部にとっては狭義の選挙対策でしかなかったのではあるまいか。

中央機関紙『前進』紙上のシンボル闘争

そこで、『前進』紙上のシンボル闘争から、党中央におけるシンボル闘争の評価を考察しておこう。『前進』最初のシンボル採用宣言は六月三〇日付「いでよ、三本矢！」である。

「鉤十字が街角を支配すると、政治的に移り気か無関心な市民はこう信じ込むだろう。鉤十字のみが存在し他には何も存在しない、と。ところが、突然まったく新しいシンボルが登場する。それは電光の如く光り、火花の如く輝く三本矢である。あらゆる民主主義的かつ共和主義的な社会主義の目印である。[10]」

七月三日付『前進』の週刊付録『国民と時代』Volk und Zeit（1919–33）の表紙には三本矢の腕章をつけた「防衛隊」の旗行進の写真が掲載された（図88）。ナチ党突撃隊の禁止解除への風刺が大統領と政府への侮辱として、五日間の発行停止処分を受けた『前進』は三日夕刊から七日まで休刊したが、八日以後もほぼ毎号で三本矢シンボルと「自由の敬礼」を宣伝する関連記事が掲載された[11]。このように紙面を見る限り『前進』によるシンボル闘争の取り組みは真剣であり、次のような否定的なチャコティンの回想には違和感を覚える。

「遂に『前進』ですら、そのタイトル頁に修辞的な絶叫「我々は攻撃する！」とともに我々の三本矢を掲載した。しかし、実際は「デモ禁止！」の大見出しと、この連中の本当の心理的傾向を示唆している「理性に従い？」という副題が並存することの内に別の文脈が存在したのだ[12]。」

図 88 「デモ行進する防衛隊」
(*VZ*. 3. Jul. 1932)

チャコティンが槍玉に挙げた記事は七月一九日付『前進』の第一面に確認できるが、公正さという観点でみると、その一方的な『前進』批判に問題がないわけではない。実際、その前号に載った「教師としてのクラッゲス」と題する四コマ漫画（図89）は、ナチ党の制服部隊への対抗として、三本矢を付けた鉄戦線の出撃を呼びかけている。

これを見る限り、また「シンボル闘争」を狭義に解するならば、『前進』の紙面は断固たる決意を示すものとして評価できる。こうした戦闘的な『前進』の姿勢にもかかわらず、チャコティンが激しい『前進』批判を行う背景には、公式に三本矢を掲げて闘った国会選挙における敗北の責任をめぐる思惑が存在したとみるべきだろう。シンボル闘争の有効性を主張し続けるためには、シンボル闘争の効果が発揮できなかった理由が必要であった。チャコティンが糾弾するのは、『前進』では「街頭へ！」と呼びかけながら、街頭テロによる内乱状況を恐れて街頭行進の

図89「教師としてのクラッゲス（ナチ党員、1931年よりブラウンシュヴァイク邦内務大臣）」（*Vw.* 17. Jul. 1932）。「止まれ！　疑似軍事団体のみデモが許されている！」「よかろう。我々も軍事化しよう」「労働者大隊ー集合、駆け足！」「戦闘用意、進め前進！」

禁止を支持した党指導者の対応である。七月一七日SPD議長ヴェルスとブライトシャイトは大統領ヒンデンブルクに街頭行進の禁止を要請し、翌日「集会及び示威行進に関する第二次内務大臣令」が布告された。これによりチャコティンが一九日に計画していたベルリンの大デモ行進は挫折した。

「予想外にして不可解なことは、党指導者たちが、至る所で現れていた民衆の熱狂を見て、奇妙なことだが一貫して警戒を強めたことである。彼らは依然として目前で進行している事態の重要性を理解していなかった。もちろん、指導者は大衆との接触を失っており、彼らが恐れ憎んだ制服やデモによるナチスの宣伝方式が突然ナチスに対して向けられ、しかもこの巧妙な攻撃が我々のものであることに唖然としたのである。」(13)

七月二〇日午後五時「ラサールの政党が死亡した時刻」

チャコティンによれば、その末路こそ国会選挙を十日後に控えた七月二〇日のいわゆる「パーペン・クーデター」に際してSPD指導部が示した絶望的な無気力であった。共和国成立以来、ブラウン＝ゼーヴェリングのSPD首班プロイセン邦政府はワイマール民主主義の牙城であったが、国防相シュライヒャーと共和国首相パーペン、同内相フォン・ガイルは共同でプロイセン政府の解体を謀議し、「プロイセン警察が共産主義者を庇護している」との口実を挙げ、国防軍の治安出動を準備して非常事態令を布告した。午前一〇時、パーペン首相の官邸に呼び出され、辞表と権限委譲を求められたゼーヴェリングは「役職交代の通常の形式で権限委譲を行うこと」を拒否しただけで、午後五時プロイセン警察に対する監督権を明け渡した。SPDの警視総監グルツェズィンスキ指揮のプロイセン警察隊と鉄戦線を反クーデターに出動させる勇気もなく、ゼネストの呼びかけも組合幹部の拒否にあい、SPDは最後の権力基盤を喪失した。それはチャコティンの言葉を借りれば「ラサールの天才の産物にして、ベーベルとリープクネヒトによる最高の政党であったSPDの公的な死亡時刻」であった。[14] 結局、『前進』紙上でSPD指導部は「結集した力で七月三一日のSPDの勝利を！」[15]と投票による決戦を訴えたが、鉄戦線や国旗団の活動家たちの意気消沈は著しかった。

「フライハイト！　の挨拶を交わす人々の数は目に見えて減少し、もはやこの挨拶が昔日の確信をもって行われないことが往々にしてあった。三本矢の記章を身に付けた者の数も減少した。[16]」

もちろん、「パーペン・クーデター」後も例えば、七月二二日付『前進』では地方都市からの通信として「赤いベルリン」を励ます次のような報告も掲載された。

「目抜き通りでは二十歩も進まないうちに、必ず自由バッチを付けた人と大声で挨拶することになった。ここでは多くの市民が夕方に遊歩している。否応なく彼らの耳にフライハイトの叫びが響き渡る。三本矢を付けた男女があちこちにいる。鉤十字を付けた者などまったくいない。[17]」

七月二四日付『前進』では「旗戦争」を伝える「目覚めたベルリン」と題した論説、日曜版では「ベルリン街頭におけるSPDの選挙宣伝」が特集された（図90）。第一面に「あと五日！　選挙は日曜日！　最後の一人まで動員せよ！」との大見出しを打ち出した二六日号では「自由の旗を先頭に！」と題した旗闘争の続報が続き、ベルリン・ノイケル

図 90　「ベルリンのテニス・ハレにおける鉄戦線のデモ行進」（*VZ*. 24. Jul. 1932）。「三本矢」の衣裳をまとった女性宣伝隊（左上）。「三本矢」を担いで行進する労働者スポーツ団（右上）。演壇でのゼーヴェリング（二段目左）。ヴィルマースドルフでの街頭デモ行進（二段目中央）。党議長ヴェルスの挨拶（二段目右）。大衆で満たされたホール（三段目）。デモ行進の一部（四段目）。

ン駅での鉄戦線の大集会が行われた二九日の夕刊では「消え失せろ鉤十字！」と題して写真入りで「白墨闘争」を中央機関紙として初めて呼びかけた。選挙当日付日曜版でも「三本矢の印で必ず勝利する」と題した特集が組まれた[18]。しかし、こうした『前進』の目をみはるような紙面に対しても、チャコティンの評価は厳しい。

「必要なのは大衆の戦闘的熱情を精力的に鼓舞し、即座に議会外闘争の組織化に着手し、犠牲を伴うにしろ確実な勝利を意味した革命が今こそ避けがたいことを人々に説明することだった。しかし、それを放棄してSPDの指導者とその新聞は滑稽ともいえるジェスチャーを行った。もはや誰も真面目には受け取らない陳腐で時代掛かった空文句を絶え間なく繰り返した[19]。」

この批判自体は厳しすぎるとしても、シンボル闘争をもっぱら選挙戦対策とみなした党指導部の政治判断の深層心理を突いている。実際、『前進』のシンボル闘争に疑問があるとすれば、むしろ選挙戦以後の三本矢の扱いに如実に現れていた。

七月三一日選挙ナチ党大躍進後の衝撃

七月三一日選挙の結果、ナチ党は百七議席を二百三十議席に倍増する大躍進を遂げ、ついにSPDを蹴落として議会第一党となった。SPDは三〇年の前回選挙に比べ、六十万票を喪失し、一九一二年より二十年間も維持してきた第一党の地位から滑り落ちた。

図 91　「三本矢で必ず勝利する」(*VZ.* 31. Jul. 1932)

「パーペンに対する国民の判決――右翼は多数派たらず。ナチス停滞。SPD再び上昇。共産党に有利」と虚報と呼ばずんば詭弁と呼ぶべき大見出しを掲げた八月一日の選挙結果報告号以後も、確かに『前進』タイトルの横に三本矢のマークは残ったが、選挙以前には毎号で繰り返されたシンボル闘争の関連記事は影をひそめた。ようやく、八月六日になってわずかに四行の囲み記事として、以下のスローガンが埋め込まれた。

「今こそますます！　闘争は継続している！　三本矢は我らの胸に残っている！　我らの挨拶は今もフライハイトだ[20]！」

だが、このわずか四行の埋草の存在こそ、その主張とは逆にシンボル闘争からの急速な後退を暗示している。この現象は選挙結果がシンボル闘争への幻滅を機関紙編集者たちにもたらしたというべきか、あるいはシンボル闘争を選挙対策としてのみ扱ったSPD指導部の限界というべきであろうか。それは、ワイマール共和国最後の国会選挙となった一一月六日選挙に向けた宣伝で、「三本矢」がどう扱われたかを見れば、判るはずである。

てそれを明らかにする前に、一一月選挙に至るまでの三カ月間のシンボル闘争の実態をみておこう。九月一日付『労働者新聞協会報』に載ったH・ヤーコプスの論説「党新聞とシンボル宣伝」は、七月選挙後の党機関紙におけるシンボル闘争の問題点を明快に示している。ヤーコプスは先の総選挙における鉄戦線の「成果」が計画的に行われたシンボル宣伝に基づくことを認め、これを機関紙がさらに一層全面的に支援することを要求している。「国会選挙前の数日はどれでも好きな機関紙を手にとれば、タイトルに鉄戦線のシンボルが飾られていた。だが、選挙後はどうなったか？　二、三日後にはすでにそのマークがないことに気がついた。選挙戦が終われば、今や三本矢はタイトル欄から消えてもよかろうということか。思うにこれは根本的に誤っている。我々が既にシンボルを持った以上（しかも三本矢が本当に効果的である以上）、如何なる場合でも我々はそれを掲げるべきである。それも、人目を引く箇所にである。今日ではわずかな機関紙のみが我らのマークを付けている。一体どうしたことか？　闘争が終わったというわけか？　歌声も響きもなく鉄戦線の大衆運動は消滅する運命なのか？　誰もそれを望みはしない。それならば、三本矢を取り出そう！」(21)

シンボルへの不信を、ヤーコプスはシンボルがまだ新しく統一が取れていないからだと推測する。本来、左上から右下に四五度の角度で表記されるはずの三本矢が機関紙によって、向きや角度、矢の長さがまちまちであることも批判している。これを切迫した危機状況の中で、慌てて採用されたシンボルの宿命と片付けてはならない。それこそ、シンボル闘争を全党的に統括するシステムの不在を象徴している。それはシンボル闘争の周知徹底を求めてミーレンドルフとチャコティンが共同執筆した『政治宣伝の原則と形式』の、党内における取り扱いで一層明らかになる。

危険文書！『政治宣伝の原則と形式』

すでに指摘したように、チャコティン＝ミーレンドルフの「新方式」の主張は単に三本矢のシンボル採用ではなく、そのシンボル闘争を指導し監督する機関の設置を要求するものであった。しかし、各地区の党支部に「宣伝部」Werbeabteilungの設置が指令されたのは、選挙敗北後の三二年八月四日である。しかも、宣伝部は党組織の指揮系統を根本から変えるほどの権限を持たない下部機関にすぎなかった[22]。

党のこうした対応へのチャコティンの苛立ちは指導部批判として現れる。

「彼らは形式を採用して新しいシンボルを身にまとったが、その精神は改めず、狡猾にして臆病で、状況や新時代の速度、闘争の切迫に対応することができなかった。彼らは計画を持たず、計画を持つことの必要性すら理解せず、新方式を利用した時はこれを効果のない旧方式と混ぜ合わせ、新方式の有効性を破壊してしまったのだ[23]。」

この批判に半世紀以上の歴史を持つ大衆組織政党が急転換することの困難さを見て取る

ことができよう。市民的公共性はおろか既存の労働者的公共性の「秩序」さえ破壊しかねない「大衆的熱狂」という未知のエネルギーに、組織指導者が本能的な恐怖を感じたのは、ある意味で当然である。

結局「旧組織による新技術」の限界は明らかであり、七月選挙の結果が示すように、鉄戦線の影響力の強い、つまり伝統的にSPDが優勢な都市部でのみシンボル闘争による選挙運動の活性化が見られた。強固な組織網のない地域で三本矢の旗を立てることは、ナチ党にテロの目標を与えたにすぎなかった。というのも、三本矢の登場を最も注目したのは他ならぬナチ党指導部であった。投票日の七月三一日ミュンヘンで、ゲッベルスは次のように演説している。

「今や奴らは我々から方法を盗み取ろうとしている。我々は十二年にわたって我らの鉤十字記章を付けてきたが、今や奴らは「〔ベルリン市役所汚職スキャンダルの〕スクラーレク三兄弟の矢」を付けてやってきた。我々は十二年にわたってハイル・ヒトラー！と挨拶してきたが、奴らが今、手を掲げフライハイト！と言っている。」(24)

しかし、結果的にはゲッベルスの懸念は杞憂に終わった。七月選挙でSPDは前回得票数の七％、十議席を失ったが、この敗北の挫折感からシンボル闘争推進の主体であった鉄戦線も党指導部の抵抗を押し切ってシンボル闘争に邁進する意欲を喪失した。それを証明したのは、ミーレンドルフとチャコティンが共同執筆した『政治宣伝の原則と形式』に対

図92　「鉄戦線ベルリン部隊の閲兵に臨む国旗団長カール・ヘルターマン」（*IRZ*. 9. Jul. 1932. S. 433）

し、「ナチスがそれで学ぶかもしれぬ」という滑稽な理由で廃棄命令が出されたことである。(25)この文書は国旗団本部で印刷されたが、その廃棄命令は鉄戦線が「新宣伝」採用で一致していなかったことを示している。三十八歳の指導者ヘルターマン（図92）を中心とした国旗団と五十九歳のヴェルスを指導者とする党は、鉄戦線の内部でヘゲモニー争いを演じたが、旧世代の指導者は半世紀にわたる「宣伝」の伝統になおも固執し続けた。国旗団の九月九日付回状は次のように述べている。

「三本矢が共和主義的住民の大半からもはや見捨てられたことは、遺憾ながら確認されねばならない。しかし、我々は三本矢を身に着けることを全ての同志に義務づけ、各地区で共和主義的住民がこの記章をつけるよう喚起することを命令する。」(26)

だが、三本矢シンボルを普及させる中心メディアであった国旗団のイラスト週刊誌『共和主義画報』Illustrierte Republikanische-Zeitung（1929-33）でさえ、八月以後の誌面では三本矢の登場回数が減少し、一一月六日選挙を控えた一〇月発行分全号の表紙に三本矢は一度も登場していない。ちなみに、共和国末期にはシンボル闘争向けの大衆的読者を想定したグラフ機関紙として、共産党は発行部数四五万の『労働者画報』を、ナチ党も三〇万部の『観察者画報』を擁した。しかし、SPDは伝統ある風刺雑誌『真相』に固執して党独自のグラフ機関紙を確立できなかった。『共和主義画報』も発行部数でも十万部以下で低迷し、シンボル政党であるナチ党・共産党のそれに、メディアとして互角には対抗できなかった。(27)

「ビーダーマイヤー的宣伝」の近代化

それでは一一月総選挙へ向けて『前進』は三本矢を如何に扱ったであろうか。それまでタイトル欄の右下にあった三本矢シンボルはタイトル欄の中央に移され、ある意味では七月選挙を上回る積極的なシンボル闘争が展開された。投票日直前の五日間分の紙面の中でタイトル以外で三本矢が登場した回数は、七月選挙では七カ所、一一月選挙では十カ所とむしろ増加している。だが、七月選挙時に頻出した「シンボル着用のデモ参加」の呼びかけはほとんど消滅している。この結果からも、SPD指導部がシンボル闘争を単なる一時しのぎの選挙戦対策と考えていたことは明らかであろう。一一月六日以後、再び三本矢が紙面から激減することは、もはや確認するまでもあるまい。

それにしても、時機を失したとはいえ、シンボル闘争を通じて表面的には「ビーダーマイヤー的宣伝」の近代化が達成されたことは同時代の証言の通りであり、プラカード技術の進歩や機関紙街頭販売の開始、討論隊による街頭宣伝の実行など、これまでの組織内向的な宣伝に刷新の兆しが見えたことも事実である。(28) そうした変化をさらに一層促進させるべく、ミーレンドルフは三二年一〇月号『社会主義新報』に「新宣伝の意義」を発表した。この論文でミーレンドルフは、シンボル闘争の全面的展開の障害が次の二点であったと指摘した。まず第一に、シンボル闘争は「ナチ宣伝方法のコピーである」という批判、第二に「三本矢の意味的空疎さ」への反発である。前者に対しては、シンボルを利用した大衆宣伝の方法に原「著作権」を持つのはSPD自身であり、それは党の歴史を見れば明らかであると主張する。後者に対しては、大衆社会における選挙宣伝の本質を次のように論じて批判している。

「宣伝の中心課題は以下の通りである。もっぱら理性で判断する政治的活動分子の極く少ない一部分とは反対に、決まって感情的に決断する政治的無関心層であるこの選挙民を如何にして獲得するか、である。新しいシンボル宣伝は堂々めぐりの議論を突き破った。まさにこの部類に属する投票者を宣伝で説得すること、彼らを追い回し、無気力から呼び醒し、態度決定を強要することにこの上もなく適し、かつまた容易にして同時に最も大衆的な手段をシンボル宣伝は我々にもたらしたのだ。だから、我々がまず手始めにシンボル戦争を行ったからといって、それはおふざけでもなければ、空虚な構成主義《フォルマリスム》でもない。また、我々が自由の印を絶えず身に付け、自由の叫びと自由の挨拶を絶えず行ったとしても、決して選挙戦のロマン主義などではない。自分が望むものが何かを知らない大半の選挙民が労働者運動の存在とその闘争への決意と自由の意思をいつでも目撃できるようにすることが重要なのである。(29)」

この論文の中でミーレンドルフはシンボル闘争の目的を「公共圏への接近」と略言しているが、それは市民的公共圏から排除されつつ独自の労働者公共圏を形成し、やがてその内部に自閉したSPDに対して、新たなメディア環境下に浮上した国民大衆的公共性への参入を迫るものであった。

「ヘッセンの実験」結果は本当に有効か?

以上のようなミーレンドルフの主張は、すでに言及した六月一九日のヘッセン邦議会選挙、いわゆる「ヘッセンの実験」の成果を前提としていた。

「ヘッセンの実験は自由のシンボルに秘められている有効性の決定的な証拠である。過去二年間のうちヘッセンにおけるSPDの得票数は著しい減少の後に急速な再増加というカーブを描いた。あまりに急速な変化のため新しい闘争手段の採用以外にこれを説明することはできない。(30)」

ここで、シンボル闘争の「実験結果」がミーレンドルフの申告通りの成果を挙げたか、

表4　1932年6月19日ヘッセン邦議会選挙結果（括弧内は前回31年11月15日選挙の結果）。
＊社会主義労働者党（SAP）と共産党反対派（KPO）

政党	得票数	増減	議席数
共産党	82,111（106,790）	－24,679	7 →（10）
社共分離党*	11,697（ 23,108）	－11,411	1 →（ 2）
社会民主党	172,545（168,101）	＋ 4,445	17 ←（15）
ヘッセン民主党	4,925（ 4,613）	＋ 312	0 ＝（ 0）
中央党	108,603（112,444）	－ 3,841	10 ＝（10）
国民統一リスト	25,175（ 68,205）	－43,030	2 →（ 5）
国家人民党	11,267（ 10,857）	＋ 410	1 ＝（ 1）
ナチ党	328,313（291,183）	＋37,130	32 ←（27）

という基本的な問題に立ち返ってシンボル闘争の意味を検討しておきたい。表4は三一年一一月と「実験」が行われた三二年六月のヘッセン邦議会選挙の結果である。確かにSPDは四千四百四十五票を増やして新たに二議席を獲得したが、ナチ党はその約八倍の三万七千百三十票を増加させ新たに五議席を獲得している[31]。それでも、ナチ党が得票数を二・一五倍も増やした三〇年九月と三二年七月の国会選挙と比較すれば、三本矢がナチ党の躍進をヘッセンでは最小限に食い止めたと主張することは苦しいながらも、あながち誤りではない。しかし、問題はSPDの増加票数の七倍に達する共産党と社会主義労働者党からの流出票の受け皿にSPDがなれなかった事実である。つまり、ラジオを党改革に結び付けようとしたジームゼン（第五章参照）など党内左派が三一年に結成した社会主義労働者党とフックス（第三章参照）が参加

した共産党反対派の二党が失った一万以上の、さらに共産党が失った二万五千の投票者の圧倒的多数が「三本矢」に投票しなかったということである。さらに投票率の減少は「シンボル闘争」が棄権票の掘り起こしにも成功しなかったことを示している。一方で、ナチ党、国家人民党の反共和国勢力がいずれも票を伸ばしている事実にミーレンドルフが口を閉ざすことは欺瞞といわれても仕方ない。結論から言えば、SPDが結集できた票は共和国支持層の一部にとどまり、「あらゆる宣伝の最終目標である浮動者層と無関心層を熱狂させることも達成された(32)」と総括できるほどの成果ではない。そのため、ミーレンドルフの論文は用心深くヘッセン邦全体のこの数字に言及せず、中心都市ダルムシュタットの得票数のみを俎上にのせている。

「残念ながら、新方法を邦全体で徹底的に実行するには時間が短すぎた。実施時間に応じて結果もまちまちである。……ダルムシュタットの結果は特に喜ばしいものである。ここではナチ党を含めた市民政党が顕著な取りこぼしをしている。つまり、国家人民党五百票、国民統一リスト千三百票、ナチ党六百票の減少である。だが、SPDは千三百四十票の増加を記録した。しかもほとんど理想的にナチ党への道がつけられていたこの都市においてである。この成果は新しい大衆宣伝の効果を証明している。ダルムシュタットでのみ、この方法が一〇〇％実施可能であった。ダルムシュタットでの猛烈な行進の衝撃で市民層の一部は動揺し始め、団結した自由の決意と掲げた拳の防壁に対して、

表5　ダルムシュタット市における各政党得票率

選　挙	28.5 国会	29.11 市議会	30.9 国会	31.11 邦議会	32.6 邦議会	32.7 国会	32.11 国会
投票率	71.0%	62.8%	85.6%	86.0%	79.5%	88.2%	86.1%
共産党	2,229 (4.7)	1,260 (3.0)	3,987 (7.3)	6,579 (11.5)	4,202 (7.9)	3,840 (6.8)	5,509 (9.6)
SPD	15,402 (32.5)	13,230 (31.8)	15,536 (28.4)	12,465 (21.8)	13,805 (25.8)	16,050 (28.6)	14,594 (25.3)
民主党	3,766 (8.0)	2,802 (6.7)	3,602 (6.6)	935 (1.6)	632 (1.2)	408 (0.7)	534 (0.9)
中央党	3,146 (6.6)	2,965 (7.1)	3,532 (6.5)	3,944 (6.9)	4,002 (7.5)	4,523 (8.1)	4,098 (7.1)
人民党	13,697 (28.9)	7,995 (19.2)	9,089 (16.6)	2,789 (4.9)	4,322 (8.1)	1,936 (3.5)	3,866 (6.7)
国家人民党	3,885 (8.2)	2,452 (5.9)	1,405 (2.6)	1,377 (2.4)	911 (1.7)	1,827 (3.3)	3,809 (6.6)
ナチ党	1,429 (3.0)	4,251 (10.2)	13,341 (24.4)	25,832 (45.1)	25,330 (47.2)	26,234 (46.8)	23,585 (40.9)

このままナチ独裁の実験をしてもよいものかと自問したのは当然である。[33]」

それでは次に、二八年からナチ政権成立までのダルムシュタットの選挙結果である表5を見てみよう。[34]まず、三一年と三二年の邦選挙の投票率が八六％から七九・五％に減少している事実は、シンボル闘争が政治的無関心層の動員を可能にしたというミーレンドルフの主張の有効性に疑問を投げ掛ける。確かに、ナチ党は五百二票を失ったが得票率では四五・一％から四七・二％へ増加している。この選挙結果からミーレンドルフのいう「市民層の一部の動揺」を読み取ることが可能であろうか。

むしろ、表5の数値から読み取れるのは共産党からSPDへ、国家人民党からナチ党へという、おそらくシンボル闘争によって引き起こされた左右陣営の成極化現象である。つまりSPDの下降現象の歯止めの要因は「市民層の動揺」ではなく、この都市に限っては共産党票への食い込みであった。

三二年七月国会選挙で一四・六％を獲得している全国レベルの共産党得票率に比較して、ダルムシュタットにおける共産党の圧倒的な弱さこそがこの選挙区の特徴であった。つまり、国会選挙においてはSPDのシンボル闘争でナチ党と並ぶ敵手であった共産党の弱体さこそ、「ヘッセンの勝利」のポイントであった。その意味では、ヘッセン邦議会選挙も実際には「SPD左派に影響力を強めていた共産党との角逐にほとんど専ら費やされた」三二年の諸選挙の一つであり、「鉄戦線の催しは、主として自己を慰撫するために役だった」と結論づけるほうが妥当かもしれない[35]。

「国民政党」ナチ党の勝利

表6はダルムシュタット市の四十五の投票地区を住民台帳に基づき「ランク1　貴族および大ブルジョアの住民」から「ランク5　最下層市民およびそれ以下の階層の住民」まで分類した上でSPDとナチ党の各ランクごとの得票率の変動を示したものだが[36]、シンボル闘争の開始によって上層および中間層でのナチ党支持が急増したという事実は読み取れ

表6　ダルムシュタット市における所得階層別45地区の各ランク平均得票率（SPDの得票率に付けた＋記号は前回選挙の数値からの上昇を示す。）

		ランク区分	ランク1	ランク2	ランク3	ランク4	ランク5
		45投票区	9地区	14地区	15地区	5地区	2地区
28年国会選挙	SPD	33.1	48.0	39.7	25.6	18.3	14.2
	ナチ党	3.0	2.5	2.7	3.4	3.2	4.0
29年市議会選挙	SPD	33.0	48.1	38.8	25.5	＋19.3	＋15.2
	ナチ党	10.5	8.9	9.7	12.1	10.8	10.2
30年国会選挙	SPD	28.7	39.3	33.7	23.4	17.1	14.5
	ナチ党	25.5	21.4	23.5	27.2	24.8	23.1
31年邦議会選挙	SPD	21.9	28.7	25.9	18.3	13.2	11.4
	ナチ党	44.9	35.3	42.6	50.0	51.6	50.5
32年邦議会選挙	SPD	＋25.9	＋35.1	＋30.5	＋21.2	＋15.5	＋13.4
	ナチ党	47.1	37.9	45.3	52.2	51.9	51.0
32年7月国会選挙	SPD	＋28.5	＋38.4	＋32.8	＋23.8	＋18.2	＋15.1
	ナチ党	46.7	37.7	45.1	51.5	51.1	52.5
32年11月国会選挙	SPD	25.6	34.1	29.4	21.4	16.6	13.9
	ナチ党	40.8	34.5	40.6	44.7	41.0	40.1

ない。むしろ、全国的にはナチ党の大勝となった三二年七月の国会選挙では「高ステータス地区」を中心にナチ党はわずかながら得票率を下げている。ワイマール共和国を構成する十八邦国のなかでヘッセン人民国家《フォルクスシュタート・ヘッセン》はプロイセン、バーデンと並んで一九年の共和国成立以来三二年までSPDを中心とするワイマール連合が政権を維持した三邦国の一つであり、当然その中心都市ダルムシュタットには共和国支持の官吏なども多数存在した。それは「ランク1」の高級住宅街でSPDが

最高の平均得票率を維持した事実に反映している。低所得者地区においてSPDはナチ党に圧倒され続けており、「シンボル闘争選挙」である三二年邦議会の増加率も「ランク1」の六・四%に対して「ランク5」では二・〇%に留まった。さらに注目すべきことは、ランク上位地区でナチ党の得票率が軒並み減少した三二年七月選挙で最下位地区でのみナチ党の得票率が増加し、最も高いナチ党への支持率五二・五%を記録したことである。この統計に拠るかぎり、「三本矢」の効果は「教養なき九割の大衆」より「残りの一割」により強く作用したと言えようか。いずれにしろ、ナチ党の全階層での高得票率とSPD支持者の上位クラスへの偏差はいずれが「国民政党」と呼ぶに相応しいかを如実に示している。

図 93　シンボル闘争の敵はナチ党だったか？「パーペン・ヒトラー・テールマンに反対！　リスト 2、SPD」

もっとも、「三本矢」が狭義にSPDと労働組合と国旗団の三位一体を意味したとすれば、それは所詮、「国民」を包括するようなシンボルではありえず、党公共圏向けのシンボルでしかありえなかった。

以上で明らかなように、「ヘッセンの実験」結果は操作された、かなり怪しい「効果」にすぎない。シンボル闘争の採用に煮え切らない態度を示す党中央へのデモンストレーションであることは、実はチャコティン自身、論文で報告している。それによれば、予めヘッセンの主要五都市の内、対照サンプルとしてシンボル闘争を実施しないギーセンを除いたオッヘンバッハ、ダルムシュタット、マインツ、ヴォルムスではシンボル闘争突入の日時を二三日ずつ段階的にずらして設定している。その目的は「この方法においては成功はただ時間の関数にすぎない」という「説得力ある結論」を引き出すことであった(37)。皮肉な言い方をすれば、この場合シンボル宣伝は選挙民大衆に向けられたのではなく、党指導部に向けられていた。その限りでは、シンボル闘争はナチ党との「大衆心性の争奪戦」とはなり得ず、SPD内での宣伝をめぐる指導権争いにとどまっていた。

ミーレンドルフの「党宣伝の改革案」

一一月選挙以後もシンボル闘争の完遂を求めるミーレンドルフの主張は、結局SPDの組織改革に収束する。

「宣伝機関の徹底的な組織化が必要である。とりわけ、以下の次元が含まれるべきである。入念な闘争計画を仕上げること、(宣伝の意味を理解させるため)システマティックに繰り返し頻繁に活動家に発破をかけること、その後で絶えず成果を監督し、闘争に採用された宣伝の行動と手段の仕上がりを継続的に監視することである(38)。」

この参謀本部方式の採用は当然、SPDを戦闘的組織に再編する要求に行き着いた。三二年末に「『(社会主義)新報』サークルからの党改革案」として配布された「党宣伝の改革案」をハウバッハと共同執筆したミーレンドルフは議会主義が形骸化していく時代状況に基づき党組織の抜本的改革を次のように要求している。

「ヴィルヘルム時代のドイツ、そして今や幕を閉じた共和国の第一期において、党の主要活動は議会活動に集中されていた。選挙協会《ヴァール・フェアアイン》という名称がこの本質的な特徴を表現している。今始まっている事態の展開に際して、党活動の重心は最も広汎な国民層の動員へと移されるであろう。将来、宣伝活動は多くの党活動の一つにとどまらず、そのものずばり中心的活動であり、それは途切れてはならず、選挙あるいはメーデーや憲法記念祭、革命記念祭などのような何らかの期日に関係なく、もっぱら絶え間なくあらゆる身分・集団・全職種の勤労層に社会主義を浸透促進させる活動となろう。宣伝活動はあらゆる議会外行動の基盤であり、それによって勇敢な個人行動にしろ、とてつもない規模の大衆行動にしろ高揚させることが可能になる。その行動の過程で大衆は社会主義政党の指令に従うことを学習する。規模において、また部分的には本質においても新しいこの活動のためには、現在の党組織体制と折り合うことはもはやできない。組織の管理運営と外部への闘争活動を同時に果たすことを活動家に強いる今日の状況は維持できなくなっている。党は機関活動家の組織とならんで新しい活動家団体、つまり野外活動家、煽動活動家、闘争活動家の組織を必要としている。この分離は闘争を目的に組織された団体、つまり軍隊、警察、または共産党やナチ党のような戦闘的政党を手本としている。例として挙げるならば、党のいくつかの地区、つまりヘッセン、ハンブルク、ベルリンで、類似の新組織化が既に実施され、それが出色の出来栄えであることは証明済みである。[39]」

三三年一月七日、ハンブルク地区組織はこの戦闘組織改革案に支持を表明し、次期党大会に議案として提出した。[40]だが、現実に次期党大会がドイツ国内で催されるまでには、SPDは十二年におよぶナチ党支配を亡命あるいは地下活動として体験せねばならなかった。

終章 シンボルの黄昏——大衆政治におけるシンボルの可能性

「啓蒙時代に至って初めて、神々はやはり実在せず、投影物であったことがわかってきた。こうして神々は片付けられてしまった。が、神々の存在を捉えるのに役立った心理的機能は決して片付けられてしまったわけではなく、その機能は無意識の手中に帰してしまった。しかしそのために、以前は神々の像の崇拝のうちに費やされていたリビドが使用されずに蓄積されることになって、人間自身は却って禍を招くに至った。宗教的機能の如き強烈な機能の貶下と抑圧とは、個々人の心理に著しい変化を齎すことは必至である。無意識はリビドの逆流のために異常に強大となり、その結果、無意識はその古代的（神話的）集合内容をもって意識に巨大な影響を及ぼし始めるのである。啓蒙時代は周知の如く残虐なるフランス革命をもって終わった。現在もわれわれは再び集合的心の無意識な破壊力の氾濫を経験している。その結果は史上に類例を見ぬ大量殺戮であった。」

カール・グスタフ・ユング『無意識の心理』（一九一六年）

『社会主義新報』サークル

シンボル闘争をSPD内部の思想潮流に位置づけようとすれば、ミーレンドルフが『新報』サークルからの党改革案」を提起した理論誌『社会主義新報――精神的および政治的形成のための雑誌』が重要である。「戦闘的改良主義者」ミーレンドルフやチャコテインの論文は『社会主義月報』や『ドイツ共和国』など他のSPD右派系理論雑誌にも多く掲載されたが、ミーレンドルフ自身が編集委員に加わり三年たらずの間に十七本の論説を執筆した『社会主義新報』こそ、シンボル闘争の思想史的意味を解明する手掛かりとなる雑誌である。ワイマール期のSPD理論機関誌の中でも、『社会主義新報』は、ヒルファーディング編集の理論誌『社会』やE・ハイルマン編集の討論誌『自由発言』Das Freie Wort (1929-33) など党公認の理論誌と異なり、党の公式路線から大きく右に偏した非公認雑誌であった。創刊資金の調達では党内改良主義者の大立者であるプロイセン内務大臣ゼーヴェリングに支援され、中央機関紙『前進』から酷評されつつも購読者拡大に関しては国旗団、鉄戦線から組織的支持を受けた極めて傾向性の強い雑誌であった[1]。

『社会主義新報』の編集と執筆の中心には、二九年に正式に党員となったプロテスタント神学者P・ティリッヒを中心とする宗教社会主義グループ、A・ラートマンやH・ヘラー、G・ラートブルフなどを中心に「社会主義とナショナリズム」の結合を主張する青年運動グループ「ホフガイスマー・クライス」、さらに文化社会主義者H・ド・マンも創刊に参加した。そして、この雑誌上で実践的論議が活発化する三〇年秋以降、ミーレンドルフ、ハウバッハなど戦闘的改良主義者グループが中心的役割を演じるようになるが、彼らの実践論の中にも右記の思想潮流は深く浸透していた。特に、三一年一〇月に編集評議員となったミーレンドルフは党指導部の待機主義と左派の非現実主義に対して激しい論戦を展開するが、(2)彼の論争語彙はその多くが『新報』サークルに共有されたものであった。

この雑誌への寄稿者は、文化社会主義、国民的社会主義、宗教社会主義、戦闘的改良主義の何れに分類されたとしても、労働総同盟の経済民主主義とマルクス主義的伝統への回帰であるハイデルベルク綱領に拘束されて身動きのとれない現状から跳躍することを目指すことで一致していた。(3)その「革命的ロマン主義の動態性追求」において、また新しい国家論の模索において『社会主義新報』は他のSPD機関誌より、むしろ保守革命の理論誌『タート』Die Tatと境を接していたのである。(4)

大衆社会における神話

以上のような前提にたって同誌上でのシンボル闘争論を検討すれば、チャコティン＝ミーレンドルフの思想史的位置づけも可能になる。『タート』派がイデオロギー批判の展開において依拠したC・シュミットは、既に一九二三年の『現代議会主義の精神史的地位』

においてソレル『暴力論』を援用しつつ「神話の必要性」を論じているが、それがチャコティンの神話論と奇妙なほど同調することも決して偶然ではない。

「一民族または他の社会集団が歴史的使命を有しているか否か、また彼らの歴史的時期が到来したか否かを決定する基準は、神話のうちにのみある。偉大なる熱狂、偉大なる精神的決断および偉大なる神話は、理性的判断や合目的な考慮から生じるのではなく、真の生本能から生じる。熱狂した大衆は直観のみを介して神話像を創造する。この神話像こそ彼らのエネルギーを昂進させ、殉教への力や暴力行使への勇気を彼らに与えるのである。(5)」

両者に違いがあるとしても、それはシュミットがムッソリーニの出現から現代の最強の神話を民族神話とみなすのに対し、チャコティンがファシズムの民族神話への対抗からフランス革命神話の復興を要求するという見かけ上の相違に過ぎない。というのも、政治的シンボルの歴史からファシズムと社会主義の関係を考察すれば、両者が同じ起源神話に由来していることは明白であるからである。「ファシズム」という言葉の語源であるイタリア語「ファシズモ」fascismo の語幹ラテン語「ファスケス」fasces は、ローマ時代の政務官が行進で掲げた権威標章であった。(6) それは、フランス革命において国民的統合、さらに共和制下の国民主義シンボルとして蘇り、さらにジャコバン主義と結び付いた。その結果、第一次大戦までSPDの宣伝ポスターや雑誌イラストにもしばしば登場している（図94）。

そうしたシンボルの系譜からもファシズムが革命神話を媒介とした社会主義と国民主義のアマルガムであることは確認できる。

図 94　1906 年『真相』メーデー号(*WJ.* 1906. Nr. 516)。「ファスケス」を持つ「マリアンヌ」！　社会主義もファシズムもフランス革命の神話である。

「霊的体験としての社会主義」

『社会主義新報』創刊号巻頭言の草案を、文化社会主義者として知られたH・ド・マンが書き残している。それによれば、『社会主義新報』はSPDの「ブルジョア化」に対抗して「青年社会主義」を掲げ、「霊的体験としての社会主義、労働運動における宗教的衝動の復活、今日の偉大な文化的課題としての社会主義的人間の育成」[7]を目標としていた。逆に言えば、それはSPDがその発展過程で軽視するようになった「神話とユートピアへの渇望、体制的諸制度への容赦ない批判の欲求、直截で攻勢的な戦闘性へ大衆を駆り立てる衝動、指導者的人格への願望」[8]を満たすナチズムへの応戦を意味した。近代的生活の合理主義によって閉ざされた集合的無意識の暗流は、大衆社会の諸集団のイデオロギーの中に宗教に代わるその発現の代償機能を見出す。大衆民主主義下の世界観政党、とりわけ全体主義を唱える政治運動は、過度の個人主義化の反作用であり、集合的人間へと逆流する集合的無意識の自己回復運動を意味していた。チャコティン論文のタイトル「労働者の活性化」は、まさにシンボルを触媒にした「集合的無意識の自己回復運動」を意味していた。『大衆の強奪』の不完全な文献リストには、ル・ボンやフロイト、アドラーのほか、同時代の著作ではR・カイヨワ『神話と人間』や共産党の宣伝家W・ミュンツェンベルク『武器としての宣伝』などが挙げられていたが、「シンボル闘争」をSPDの社会思想史的文脈で読み取るには、チャコティンが敢えてリストアップしていないが、『タート』発行元のE・ディーデリヒス出版社から二六年に出たド・マンの主著『社会主義の心理学』が重要である。その第五章は「連帯感・終末論《エシャトロギー》的世界観・宗教的シンボル使用」であり、ラサール時代の宗教的情熱を持った倫理社会主義がマルクス主義的合理主義によって排除された過程にSPDシンボルの貧困化を重ねている。

「全ての社会的苦難と不正に終止符をうつ社会主義の未来国家を大衆が今日信じるとす

れば、それは終末論的希望の発現であって科学などではない。……一定の方向を示す表象シンボルが単純な感情反応に取って代わることで、未来への意志は信仰から生まれ、信仰のうちに育まれる。預言的社会科学の未来像は、現在ここに生まれている意志に目標を与える表象シンボルそのものである。それゆえ、社会主義を信仰と理解し、この信仰のシンボル創出だけにあらゆる科学的装飾を投入する者だけが、社会主義の本義を理解するのだ。」(9)

ド・マンがミーレンドルフの親友であり、チャコティンもヒトラーから逃れて国境を越えて間もなくベルギーのド・マン家に立ち寄っていることを考えれば、シンボル闘争の精神が『社会主義の心理学』に由来することは明らかであろう。ミーレンドルフが『社会主義の心理学』を愛読したことは、その刊行直後に自らが編集長を務めた『ヘッセン人民の友』に「社会主義の革新」と題する書評を執筆していることからもうかがえる。その中でミーレンドルフは、心理学的見地からマルクス主義がもはや現在の社会問題を社会主義の精神において解決する力を持たないことを解明した、とド・マンを絶賛している。ド・マンが説いた「魂を獲得する闘争としての倫理社会主義」の視点に立たねば、「無数のプロレタリアートが民族陣営に転向し、……そして、最も悲惨な貧困者やインフレの犠牲者が社会主義政党ではなく、ドイツ国家人民党へと足を向ける」事実は説明できないとミーレンドルフは論じている。(10)

国民社会主義《ナチズム》でない「国民的社会主義」

『社会主義新報』における強烈なナショナリズムを考えるとき、実践家ミーレンドルフのほうが宣伝理論家チャコティンよりも重要となる。シンボル闘争を主唱した党指導者はミーレンドルフ、ハウバッハ、シューマッハーなどいずれもラサール主義者として知られていた。その「新ラサール主義」を代表する『社会主義新報』誌上の論文は、今日「ドイツ基本法の父」とも呼ばれるH・ヘラーの「国民的社会主義」Nationaler Sozialismus 論文であろう。ヘラーは次のようにSPDの「国民」政策を批判している。

「世界大戦とルール進攻において、ドイツ労働者は最も重く、かつまた報われることの少ない犠牲を払った。SPD指導者の国民的責任意識によってのみ、一九一八年一一月のカオスは回避され、ドイツ国家《ライヒ》の統一は維持されたのである。だがSPDの政策に欠けていたもの、それは国家と国民を綱領において承認することであった。ドイツの社会主義者自身が確定した公式から自らを解き放つことができなかったために、理論と実践が明白に矛盾しているとSPDに烙印を押す願ってもない根拠を一方で共産主義者に与え、他方では市民階級に、最近では国民社会主義《ナチズム》の小市民階級にSPDの社会主義的実践の国民的本質をも否認する余地を与えたのである。……SPDはその政策を国民的と名付けることが可能だし、これからは今までより明白にそれを行わねばならないのだ[11]!」

社会主義の目標を「国家の止揚ではなく、国家の高尚化[12]」に求めた国家学者ヘラーと同様、経済学博士ミーレンドルフも第二インター流の「国際」感覚にとらわれたSPD指導者のナショナリズム音痴へ批判の鉾先を向けている。

「新たに獲得された国家と国民の関係を党の全体性のために強化し確定する試みは全て失敗した。その端緒が、しかも大いなる契機が確かに存在していた。インターナショナルの問題を新たに定義し直す試み、つまり精神的にも現実的にもそれを一九一四年の位置から展開する試みは机上の空論にとどまった。その再定義は中堅以上の活動家には全く無視されたわけでもないが、党指導部が顧慮することはなかった[13]。」

つまり、国民主義の問題は、労働者的公共圏が共和国を媒介に国民的公共圏へ発展すると期待して新たに入党した若き同志博士《ゲノッセ・ドクトーア》たちと、「祖国なき輩」との罵倒の中で国家疎外の「陣営心性」を培った旧世代指導者たちとの間の最大の対立点であった[14]。

この国家ないし国民をめぐる問題に関しても、『タート』派が「資本主義の廃棄は、全体に関わり、それは民族全体のシンボルたる国家によってのみ成就されうる」として中間層を軸に国民的問題の解決を考えたのに対して[15]、『社会主義新報』派は結集の軸を労働者層に求めたという差異が存在するのみである。さらに、『タート』派によって行われたSPD批判、つまり、「保守的」で俗物化し、党官僚支配により戦闘性を失い、俗流啓蒙主義と合法性信仰に固執した、との現状分析は『社会主義新報』の党批判と一致しており、「国民的社会主義」の境界線を一層曖昧にしている。(16)

宗教社会主義者ティリッヒの『社会主義的決断』

ド・マンの創刊趣意書草案を出発点とすれば、その到着点にあたるのがティリッヒの『社会主義的決断』(一九三三年)である。創刊時より『社会主義新報』の共同編集者として影響力をもち、アメリカ亡命後にプロテスタント神学のシンボル論を体系化したティリッヒの議論は「社会主義新報双書」として第三帝国成立の直後に刊行された。ティリッヒの主張する宗教社会主義は、啓蒙的合理主義ないしブルジョア的理性と、それが近代資本主義と結びついて生じる人間の物象化とに対抗する思想である。それは、人間の生に「内容」と「深み」を与える「根源的なもの」を過去の宗教(社会)意識に戻ることなくより高い次元で獲得する試みであった。近代的啓蒙的合理主義によってブルジョア化した社会主義を批判して、人間的生の根源を解放しデモーニッシュな力への視野を回復する「シンボル力による解決」symbolkräftige Lösung を試みたティリッヒの思想は、ミーレンドルフの方法と通底していた。ミーレンドルフもそうした思想をSPD指導部を批判する文脈で次のように表現している。

「彼らは知らず知らずのうちに、金ピカの心臓を持ちブラシをかけたフロックコートを着た地味で質素な市民を人間的理想と考える、おぞましいプチブル的自由主義の相続人たちとなっている。だから、以下のことも驚くにあたらない。労働者運動の公式的世界観である自由信仰運動がダーウィンとヘッケルの自然科学的唯物論を超えて進展せず、物理学自らによって放棄された自然科学的世界像を彼らは今なお崇拝している。科学者がとっくに根底から破壊してしまった唯物主義的世界観を今もって賛美しているので、世界観と精神の諸問題の議論においては全く救い難い無知に陥っているのだ。[17]」

この帰結が、ティリッヒの以下の現状分析になることは明らかであろう。

「社会主義がブルジョア的人間観を採り入れて、その人間評価から中間段階〔主観的理性の抽象化されたものと客観的欲動メカニズムの間にある根源的なるもの〕を排除したことで、カリスマ的人格性の無視が引き起こされた。カリスマ的人格とは、理性的形成とか理性的調和とは全く異なり、その存在《ザイン》と霊気溢れる本質《ミッテ》によって確信を与えるような人間である。これこそ、エロスや献身を生みだすシンボル的にも存在においても強力な人物をドイツ社会主義のうちに欠く事態の原因であり、同じくこうした社会主義への反動によって、存在力に乏しい人格が、革命的ロマン主義運動のシンボルや指導者《フューラー》になりえたのである。――社会主義運動内の思弁と行動における異常ともいえる強烈なシンボルの欠乏も、これと同じ根を持っている。ようやく最近になって変化が生じたが、それでも起源神話による諸運動のもつシンボル形成力に匹敵できないことは言うまでもない。[18]」

ワイマール期SPDの「実証主義的社会主義」が「予言」や「根源」といった人間存在にとって普遍的な思考と経験の次元＝層位を見失って「ブルジョア原理」へと矮小化され、社会主義に本来固有なものを喪失したというティリッヒの主張は、SPDが伝統的なシンボルを放棄したことを批判するチャコティンの以下の言葉と深く共振する。

「時が経つにつれて、SPD、特にその指導者は、ますますリスペクタブルになった。彼らは以前の感情的爆発を恥じるようになり、象徴主義を子供騙しと考えた。指導者は、論拠や統計の蓄積や経済理論や歴史でないと気が進まないのである[19]。」

確かにティリッヒが「三本矢」に論及した箇所は先に引用した「最近の変化」の記述のみである。しかし、社会主義シンボルである「待望」Erwartungと「三という数字の魔力」の関係を指摘する『社会主義的決断』が三本矢シンボルと無関係であるはずはない。

「中間層の革命的運動が社会主義を自称したことをデマゴギーとのみ考えることはできない。実際、その運動は待望を有しているのだ。例えば、第三帝国というシンボルは、第三のドイツ帝国を表象するのみならず、それは、三という数の魔術がその表象を第三時代の到来という太古の待望と結び付けているのだ[20]。」

それゆえ、「第三帝国」に対抗すべくティリッヒも『社会主義的決断』を「根源」「自律」「予言」の三つの基本概念から構成し、その三概念を社会主義の方向において統合することを主張したのである。また、シンボルとその表現形式を破壊してきた啓蒙的合理主義と対立する「根源の力」として、「エロス」「運命」「死」の三つの力を挙げている。さらにティリッヒは社会主義原理を以下の如く三要素の構成として説明した。「社会主義を相互作用のうちに構成している三要素は、根源の力、調和の破壊、要請への照準である。社会主義原理においては、政治的ロマン主義の前提である根源の力を肯定すること、ブルジョア原理の前提、つまり無制限な要求による起源の拘束の破壊を肯定すること、ブルジョア原理の形而上学的中核である調和信仰を否定することが並存する。これら三要素は相互に結びついているので、ブルジョア原理の前提への肯定によって政治ロマン主義的意味では起源への拘束は解き放たれ、ブルジョア的調和信仰への拒否によって起源の力に活動の場が与えられる。この三要素は待望の概念に総合されるのだが、その概念は統合によって狭い意味の概念からシンボルに発展する。社会主義は待望のシンボルをもって起源神話と調和信仰に対抗する。社会主義は調和信仰と起源神話への契機を含むとともに、同時にそれらを超越する。したがって社会主義原理とそれに内在する力についての議論は、待望のシンボルと関連付けられねばならない。これら社会主義原理の三要素を待望というシンボルに統合することによって、社会主義運動は預言的なものと明らかに結び付けられる[21]。」「社会主義原理は実質において預言的であり、社会主義は起源神話が打破されブルジョア的原理が支配している現実の上に立った一種の預言者的運動である。社会主義は自律的で自己形成的世界を基盤とした預言である。」[22]

とすれば、「根源の力」「調和の打破」「要請への照準」という三要素を統合する「待望」というこの宗教社会主義シンボルは、闘争への「決断」Entschlossenheit と「忠誠」Treue と勝利への「信仰」Glauben の統合であり、「能動性」Aktivität「規律」Disziplin「団結」Einigkeit のシンボルであると『前進』で告示された「自由の矢」シンボルと重ねることも可能であろう。[23] ティリッヒのシンボル論にチャコティン＝ミーレンドルフによって大衆化された「三本矢」シンボルの思想的位相を読み込むことは恐らく誤りではあるまい。さらに以下に引用するティリッヒのシンボル論は、『大衆の強奪』におけるマルクス主義経済学の批判に根拠を与えるものとして読める。

「代替宗教としての学問は一度も学問的実際生活に参与しなかった人々にのみ、見出される。彼らにとってのみ、学問研究の暫定的結果はドグマ的性格を獲得できるのである。学問的ドグマは社会主義プロレタリアートの中にも多く見出され、外見は学問的成果として、しかし実際は社会主義的信仰を展開する教義として機能している。そのことの結果として、研究の進歩と新しい学問的解釈の浸透が社会主義の概念形式のみならずシンボルの本質、つまり社会主義的信念さえも揺さぶるという危険をもたらしている。社会主義運動指導者にとって最重要な課題は、この危険な現状を出来るだけ速やかに認識し、脅かされ、まさに危急に瀕している大衆の学問信仰を打ち消して、社会主義的信仰自体をシンボルの新形式において表現することである。そのようなシンボルは、おそらく宗教的シンボル表現の伝統とまるっきり離れたものではないだろう。[24]」

このように学問＝科学信仰を批判するティリッヒも結局は、シンボルを教育による文化の発展に結び付ける。

「現実の社会主義運動も敵対する陣営のより古い政治運動も、それが人格であれ行動であれ記号であれ、シンボルの威力の絶えざる表出である。シンボルはプロレタリアートをも含むあらゆる集団において概念や論証に優越することは明らかになっている。これは意識の不十分な進歩のせいでなく、生身の偉大さの全体性を把握できない概念の無効性、つまり存在の力を表現できるシンボルの有効性への正当な感覚のためである。だが、シンボルが起源的なものにも属する以上、シンボルが直接的な威力を保持する程度に応じて、社会主義教育は教育の本質、すなわち共同体を担う集団への統合を実現できるようになる。[25]」

シンボル闘争のアポリア

これに対応する文章をミーレンドルフやチャコティンの著作に探すことは容易である。おそらく、起源の両義性のうちにあるシンボルを掲げること、そして政治的ロマン主義の前提である「根源の力」を肯定することを唱えたティリッヒの「決断」とほぼ同じ結論にミーレンドルフも達していたはずである。ティリッヒの『社会主義的決断』とほぼ同時期に執筆された「社会主義の道」と題した論文で、ミーレンドルフはSPD指導者の行動様式の根底にあった大衆に対する恐怖を排して「大衆の想像力」と「政治的ロマン主義」を無条件に受け入れることを要求している。[26] さらに、同時期の論文「明日の共和国」の次の文章を読めば、ナチズムから学び、それを乗り越えるという方向においてミーレンドルフの実践がティリッヒの理論的試みに対応することは明らかであろう。

「ドイツの社会主義は民衆運動 Volksbewegung となることに成功していない。戦後の社会構成と経済状況が民衆運動へのあらゆる前提を備えていたにもかかわらずである。それだけで大衆を熱狂させられるような明確な社会主義のヴィジョンが社会主義の中核的要求に欠けているのだ。国民社会主義者は確かにその単純さにおいて批判的評価に耐えないが、それにもかかわらず大衆を熱狂させ、いずれにせよ煙にまくような目標をもって活動している。[27]」

だからこそ、ティリッヒにおける理論的隘路がシンボル闘争のアポリアともなったはずである。ティリッヒはナチズム運動を、市民原理（近代的啓蒙的合理主義）の貫徹に抗する伝統的保守勢力と中間層からなる革命的ロマン主義勢力が、伝統的な起源神話を掲げて結集した反抗運動とみなした。この反抗運動はそのままでは虚偽意識にとどまり変革の理論を見出せず、市民社会の中に取り込まれて支配的イデオロギーの道具として利用されるに

図 95 「SPD とナチ党の差異」(*Vw.* 2. Jul. 1932)

すぎないはずである。それにもかかわらず、ティリッヒによれば、ナチズムは潜在的にはブルジョア原理への批判として正当かつ深い洞察の面をもっており、それゆえにナチズムの「根源論」を社会主義は受けとめねばならないのである。しかし、その前にナチズムにおいて同一視される「起源神話」と「根源的なもの」を切り離さねばならず、社会主義は血や土といった「根源的なもの」の物神化である「起源神話」をまず廃して、その中から「根源的なもの」を回復しなければならない。

一方では、市民原理を解体する「根源的なもの」を説きながら、他方では「根源神話」の跳梁を批判するという、ティリッヒの困難性はシンボル闘争における「大衆宣伝」の困難性につながるはずである。バンド・ワゴン効果による「大衆動員」を唱えながら、「大衆の強奪」を批判するチャコティンの大衆観の問題性もそこに由来していた。

「宣伝の課題はまさしく、ポスターの場合同様、群衆に注意を喚起することになければならず、もともと学問経験のある者や教養や見識を求める者の教化にあるのではないので、常にその作用もより感情に向けられ、厳しく限定した上でのみいわゆる知性に向けられる。宣伝はすべて民衆的であるべきで、その知的水準は宣伝が想定する対象の中で最低級の知能が理解できるように設定すべきである。したがって、掌握すべき大衆が多くなればなるほど、宣伝の純粋な知的レベルは一層低くしなければならない。」[28]

このヒトラー『わが闘争』の有名な一節と新ラサール主義者の大衆観とを隔てたものは、長期的展望に立って想定された文化社会主義の理想でしかなかったといってもよかろう。『前進』に掲載された漫画「その差異」(図95)は、「知は力なり」を掲げたSPD集会と突撃隊の訓練風景を対比し、こう主張している。「社会主義は民衆運動である。国民社会主義はせいぜい部隊運動である。」

今日この漫画を見る者が、その「差異」をヒトラーと彼らの間にあった「博士号」の有無ほどに大きい差異と見るかどうか。

「博士同志」のシンボル闘争

ティリッヒの宗教社会主義の諸概念が彼の友人E・ヒルシュにより「ナチ神学」として再構成され、結果的にはナチズムを利することにもなったとの指摘もあるが[29]、同じことはド・マンの文化社会主義にも言えよう。ド・マン自身は『社会主義新報』創刊直後にベルギーに帰国し、ベルギー社会党の指導者として蔵相に就任するが、彼の「国民的社会主

義」は「国民社会主義」に接近してゆき、占領下のベルギーでナチ協力者となっていった。(30)

こうした帰結は、「国民的社会主義」と「国民社会主義」の限界的な差異の危うさを示すとともに、逆説的にではあれナチズムにおける「文化社会主義」の可能性をうかがわせる。SPDの文化社会主義が「博士同志」による伝統的な教養の枠組み、つまりは市民的公共圏の下位システムにとどまっていた以上、教養なき大衆を教養なきまま、あるいは新たな教養で抱きとめようとするナチズムの大衆的公共性に抗うすべはなかったといえよう。

つまり、チャコティンにしろ、ミーレンドルフにしろシンボル闘争を要求しつつも、それをナチ党との内戦状態を回避する「手段」と位置づけ、「三本矢」シンボル自体を「文化」として称揚することはなかった。「シンボル闘争」を乗り越えて守るべき文化とは伝統的な教養であったに違いない。それは、いずれにしろインテリ党員であった彼らの限界であった。労働者の「文化」的向上を叫び続けた社会民主主義の運動に対して、「文化」自体の切り下げを要求した国民社会主義の運動はいわば、社会主義におけるコロンブスの卵であった。その限りでは、「鉤十字」が「文化」そのものであったナチ党との間でのシンボル闘争で勝敗はあらかじめ明らかであったのかもしれない。

第三帝国への足音を聞きつつ書かれた『社会主義的決断』の次の言葉に「博士たちのシンボル闘争」への反省を読み取ることもおそらく誤りではない。

「最も理想的な啓蒙、いわゆる最も進歩的な意識が歴史を動かすのではなく、存在の豊穣と深遠から溢れだし、光に高まるエネルギーをもつ意識が歴史を動かすのである。このようなエネルギーを社会主義知識人はしばしば欠いており、それゆえ、実に高い啓蒙水準にあり、驚くほどの進歩的意識をそなえているにもかかわらず、彼らはシンボルの力を持たず、歴史の形成力もないのだ。社会主義におけるそのような啓蒙的要素の過剰な影響力は、プロレタリアートの起源の力を解き放つこと、プロレタリアート以外の根源の力を受け入れることによって対処されねばならない。(31)」

「世論＝沈黙の螺旋」を打ち破るシンボル闘争

最後に、ナチズム崩壊の産物であったヤルタ＝ポツダム体制さえも既に歴史となり、シンボルを掲げた世界観政党が風化しつつある現在（初版刊行の一九九二年）から振り返って、「シンボル闘争」の意味を考察しておこう。

ドイツ同様、我が国でも戦後民主主義の風土の中で、「シンボル闘争」を積極的に論ずることが長らく困難であった理由は以上で明らかになったはずである。確かに、全体主義論の視座から見る限り、『大衆の強奪』の記述そのものは「反民主主義的」である。だが、歴史的文脈に立ち返って議論すればそうした否定的評価を覆すことも不可能ではない。つまり、たとえバンド・ワゴン効果の大衆動員であったとしても、「シンボル闘争」はナチ党のテロによる「沈黙の螺旋」を打ち破り共和国支持の世論を形成する手段として必要であった、と論じることも可能なはずである。E・ノエル‐ノイマンは世論形成過程のモデルとして「沈黙の螺旋」仮説を次のように説明している。勝利の信念、つまり「神話」をもって語られた雄弁は異なる見解を持つ者の沈黙を生み、その沈黙はさらにその雄弁に拍車をかけるという螺旋状の自己増幅プロセスの中で、ついには特定の見解だけが公共圏を支配する。それ以外の見解を支持する者が沈黙したまま公共圏から消失すると、集団から相対的に孤立した人々や政治的無関心層は自分が社会的に孤立することへの恐怖から、群れとなり勝ち馬を追う「雪崩現象」を生み出す。(32) 実際、西ドイツの代表的な政治史家ブラッハーは名著『ワイマール共和国の崩壊』において「民主主義を防衛するための毅然とした意思を、さしあたりは優勢であった暴力行為に抗してでも表明し、それを持続的に示威すること」が重要であった、と民主主義勢力の消極性を批判している。(33) 当時の労働組合幹部の亡命後の証言もまたそれを裏付けている。

「誰もが、他の同志が一歩を踏み出せば、自分もそうにする意思を持っていた。従って、誰もがその意思を持っていたのであるが、同時に誰も持っていなかった。(34)」

歴史に連なるシンボルのみが神話に連なる

こうした証言からシンボル闘争の必要性が認められたとしても、「三本矢」が適切であったかどうかは別問題である。M・ピカートは『われわれ自身のなかのヒトラー』において、ヒトラーを出現させた時代状況を「象徴の記号への転落」から批判している。

「ヒトラーの世界におけるほど、シンボルについて、つまり鉤十字について、喋々せられた世界はかつてなかった。しかも、このヒトラーの世界ほどシンボルがそのところを得にくい世界はまたなかったのである。なぜといって、シンボルの本質はその背後にある世界、過去の世界をふたたび指し示すところにあるからだ。この過去のもの、はるか以前に過ぎ去ったものが、シンボルのなかで総括され、現在化されるのである。……だからシンボルは過去を、したがってまた持続性を前提としている。そして、シンボルはあらためて過去への記憶を、したがってまた連続性を生みだすのである。[35]」

ピカートによれば鉤十字はシンボルではなく、「人間を、というのはつまりナチを明確にするためだけの役目を持つものなのだ。こんなものは決してシンボルではなく、単なる記号であるに過ぎない。[36]」(傍点は原文)

この「記号」批判に、歴史的連続性を軽視した「三本矢」は耐えうるであろうか。「三本矢」の有効性は構図的簡便性において強調され、歴史性は論じられなかった。

歴史的連続性を重視しようとすれば、第一インターナショナル以来、社会主義運動が「三角形」(図96)をシ

図96 「1869年第一インターナショナル・バーゼル大会におけるインターの旗」

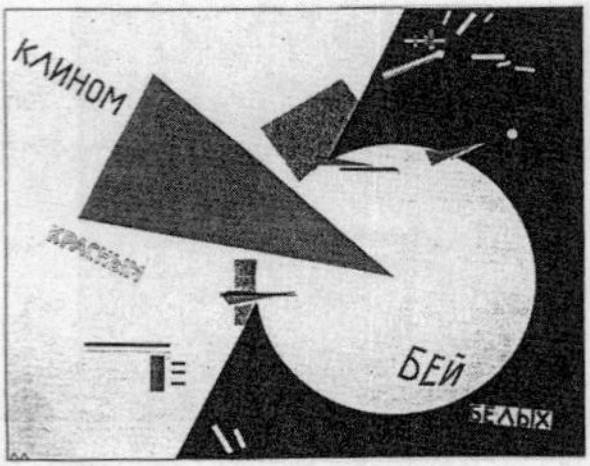

図 97　「赤い楔で白を打て！」(エル・リシツキー、1919 年作)

ンボルとしてきた事実と結び付けることも可能であったが[37]、それすら『大衆の強奪』において引用されることはなかった。むしろ「三本矢」のデザインに関して言えば、ロシア構成主義の主導者E・リシツキーの代表的ポスター「赤い楔で白を打て」のデザインや非対称的構成で「運動」を表現したカンディンスキーの抽象絵画の影響が明らかであった[38]。チャコティンが「三本矢」の構成的意味をより詳しく説明していたとすれば、今日、ポストモダンの論客として名高いJ＝F・リオタールが「造形的空間と政治的空間」においてリシツキーの「赤い楔」ポスター（図97）に付した次の解説に似たものとなったはずである。この場合、政治的空間とは市民的公共圏であり、白い球状性はその「教養」による閉鎖性を意味する。

「赤い角で白を打つことは、革命後の内戦に勝利し、経済を立て直し、集団主義を建設することだけを意味するのではなく、体験とイデオロギーと制度のあらゆる白い地帯のなかにこの赤い角を突入させることをも意味している。それは、社会的・政治的・倫理的・美的なあらゆる前提を、欲望がポスター中で受けたのと同じ転倒の操作に従属させることだ。白の包囲の閉ざされた球状性は、いたるところで赤の鋭角性によって開かれ、打ち破られねばならない(39)。」

つまり、構成主義《フォルマリスムス》美学とパヴロフの条件反射理論を結合したシンボル闘争の構想は『大衆の強奪』におけるフランス革命神話の強調にもかかわらず、むしろポストモダンの志向を内包していた。市民社会のサブカルチャーに留まることを拒否して大衆社会の戦闘的社会主義を唱える限り、シンメトリーで安定したヒエラルキーを暗示する伝統的「三角形」は受容できなかったはずである。だが、チャコティンより一層徹底的にナチ党が政治的空間把握に構成主義を採用したことは、一九三七年の「頽廃芸術展」宣伝ポスター(図98)を見れば一目了然である。「鉤十字を貫く三本矢」は、鉤十字の上を滑り去ったというべきであろうか。

図98 「黒い楔で赤を打て!」(黒い楔の先端は白、球状部分は赤)。1937年ミュンヘンのナチ「頽廃芸術展」宣伝ポスター。「黒白赤」は旧ドイツ帝国旗であり、鉤十字は黒色である。

結局、SPDは自らの政治的ロマン主義に利用できるような新たな「社会主義シンボル」を見出すことに失敗した。労働者的公共圏が市民的公共圏の下位システムである限り、おそらくそれは不可能なことであった。そして、市民的公共圏が解体された時、この労働者的公共圏の独特な文化も崩壊した。

「ファシストの殺人部隊が拍子をとって行進した以上、最も古い労働歌さえも嘘っぽく響くのである。また、労働者の記念日、メーデーも楽しいダンスや祝祭の喜びよりも、強制収容所に掲げられた「労働は自由にする《アルバイト・マハト・フライ》」の標語を思い出させるだけである。労働運動の強調語である「連帯」という言葉でさえ、連帯と共同意識が欺瞞と略奪の類義語となっていた以上、嘲笑を呼び起こすだけである。[40]」

だが、イデオロギーの終焉どころか、歴史さえもが終焉したと主張されるなら、希望もまた終焉するのではなかろうか。

あとがき

本書は、この度書き下ろした第一章「預言のメディアから予言のメディアへ」を除き、既に雑誌ないし紀要に発表した論文をもとに構成されている。それを発表順に原題のまま示せば、以下の通りである。

第四章「〈宣伝政党〉ドイツ社会民主党と風刺漫画雑誌『真相』」『史林』七〇巻一号（一九八七年）

第二章「社会主義者鎮圧法下のメディア環境と社会主義大衆紙の起源――一八八六年『バイエルン人民の声』を例に」『史林』七三巻二号（一九九〇年）

第三章「世紀末ミュンヘンのモデルネと大衆宣伝のモラル――SPD風刺漫画雑誌『南独郵便御者』編集長エドゥアルト・フックスを例に」『西洋史学』一五八号（一九九〇年）

第五章「ワイマール期ドイツ社会民主党の〈ニューメディア〉観と『教養』の崩壊」『思想』八一〇号（一九九一年）

第六章・終章「鉤十字を貫く三本矢――ワイマール共和国のシンボル闘争」『東京大学新聞研究所紀要』四五号（一九九二年）

この初出一覧が示すように、本書は京都大学大学院文学研究科西洋史学専攻に提出した修士論文（一九八六年）のダイジェスト版である『真相』論文から、ミュンヘン大学近代史研究所留学中（一九八七年―一九八九年）にG・A・リッター教授のゼミで発表したものを帰国後、加筆した鎮圧法論文とフックス論文、そして東京大学新聞研究所（現・情報学環）の助手に採用されて以後、発表したラジオ論文とシンボル論文に祝祭論文を加えて構成されている。各論文を本書にまとめるにあたり、重複を削除し字句の修正加筆を行った。最初の論文を脱稿してから既に五年以上たった現在、個別のテーマに関しては、参考とすべき文献がドイツでは続々と公刊された。今回、出来る限りそうした文献の成果を取り入れようとも思ったが、論旨の上で大きく修正する必要を感じなかった。もちろん、より具体的で詳細な資料を加筆するとすれば切りがなく、註記のみで膨大なものになることが予想され、これ以上記述量を増やすことは断念した。それについては今後の研究の中で別に発展させたいと思っている。その意味で本書はドイツ政治メディア史、また狭義にSPDメディア史としてもその出発点に過ぎず、文献資料を収集しながらもここに収載できなかった未完のテーマも多い。「SPDとプロレタリア映画」や「インテリ党員の大衆文化観」に関するものなどである。

想えば、一九八〇年、京都の吉田に住みついて以後、ミュンヘンのシュヴァービィング、東京の本郷と、学生街にのみ寝起きしてきた。本書の各章から、その街の匂いを思い出せることをまずは人知れず喜びたい。良き師に、また良き友人に恵まれたこの「長期の学生時代」の産物である本書は、また多くの幸運の結果である。大学生時代、当時教養部のゼミで教わった野田宣雄先生の切れ味に魅せられなかったなら恐らく西洋史を専攻することはなかったであろう。また、大学院時代は風刺漫画雑誌の研究という異端の「歴史」研究で修士論文を書き、博士課程の大半を留学で過ごした「新人類」院生を根気よく指導していただいた越智武臣先生、藤縄謙三先生、服部春彦先生にはただ感謝のみである。さらにドイツ史研究においては、飯田収治先生、望田幸男先生、中村幹雄先生をはじめドイツ現代史研究会の諸先生には多くのご指導を賜わった。

本書の研究プランは既に留学時に策定済みであり、留学中も二年目はミュンヘン大学コミュニケーション学（新聞学）研究所に入り浸っていたが、東京大学社会情報研究所でマス・コミュニケーション学、情報学の世界に身を置くことで、新たな視点を獲得できたことは有り難かった。日本学術振興会特別研究員として受け入れてくださった研究所の諸先生、特にさまざまな御指導と御助言を頂いた杉山光信先生にはお礼の言葉もない。また、山之内靖先生をはじめ現代社会論研究会の先生方には、その都度発表を聞いていただき貴重な批評を賜った。記して感謝したい。

いずれにしろ、本書の刊行がこうして実現したことは、弘文堂編集部の中村憲生氏のお陰である。中村氏から単行本の執筆を持ちかけられたことが、学問的禁欲を冒して他領域に寄り道しがちな小生には何より有り難かった。心よりお礼申し上げたい。

最後に、妻八寿子は出合いの地であるミュンヘン以来、文献収集から原稿校正まで手伝ってくれた、最初の読者にして最良の理解者であった。この刊行を共に喜んでくれる八寿子に本書を捧げたい。

一九九二年　盛夏

佐藤卓己

補論

風俗史家フックスにおける政治

エドゥアルト・フックス（一八七〇―一九四〇年）は謎の多い人物である。我が国ではわずかに『風俗の歴史』（角川文庫）の訳者安田徳太郎氏の解説やヴァルター・ベンヤミンの小論「エドゥアルト・フックス――収集家と歴史家」によって知られてきたが、不明な点や事実誤認も見受けられる。ドイツ語圏でも、フックス再評価は一九八〇年代の社会史隆盛の影響下に進められたが、トーマス・フォンカー『革命、道徳、芸術――エドゥアルト・フックスの生涯と著作』（Thomas Huonker, *Revolution, Moral & Kunst, Eduard Fuchs: Leben und Werk*, Zürich 1985）まで体系的な研究がなかったくらいだからやむを得ないことではある。たとえば、山口昌男『本の神話学』（中公文庫）所収の「もう一つのルネサンス」においてフックスは「『猟奇学者』にしてユダヤ人」と紹介されている。こうした誤解の生じる可能性は既にベンヤミンの原稿を読んだホルクハイマーも予期しており、ベンヤミンに掲載前の修正を要求している。フランクフルト学派との関係では、運営資金提供者フェリックス・ヴァイルの管財人として研究所創設に関与したフックスを「ユダヤ人の知的情熱」の系譜に位置づけたいという気持もわからぬではない。が、フックス＝ユダヤ人説を喜ぶのは、彼の著作を愛読し、かつ焚書したヒトラーだけであり、事実関係が明らかになった今日では修正されるべきである。フックスの波瀾に満ちた生涯については、本書の一三八―一四〇頁に略述した通りである。

ベンヤミンのフックス論（一九三七年）は、フックスの生涯のうち、第二帝政期SPD党員時代しか扱っていない。パリ亡命中のフックスにベンヤミンは直接インタヴューしているが、当時フックスはドイツに残してきた風俗史・東洋陶芸品などの膨大なコレクション（結局は競売、破棄された）の返還をヒトラー政府相手に交渉中であり、彼の経歴のうち都合の悪い部分は語られていない。それは、特に青年期のアナーキスト活動とワイマール期における共産党・コミンテルン活動である。

ここでは、フックスがベンヤミンに語らなかった政治的経歴の一端を、旧東独の研究者ウルリッヒ・ヴァイツの、五百頁を超える新著『サロン文化とプロレタリアート――収集家・風俗史家・社会主義者としてのエドゥアルト・フックス』（Ulrich Weitz, *Salonkultur und Proletariat: Eduard Fuchs-Sammler, Sittengeschichtler, Sozialist*, Stuttgart 1991）を参照しつつ紹介してみよう。

「若きアナーキスト」フックス

ヴュルテンベルク邦警察当局が社会主義者鎮圧法時代に作成した「アナーキスト手配書」五二号に登場する、「社会民主党とはほとんど関係ない」アナーキスト青年二十名ほどのグループの指導者、若きフックスの姿は以下のとおりである。

「フックス、エドゥアルト。商業従事者、一八七〇年一月三一日ゲッピンゲン生まれ、身長一七八センチ、やせ形、金髪、碧眼、高く狭い額、鼻先が幾分幅広、唇はやや捲れており、歯は良いが不揃い気味である。顔はふっくらというほどではないが卵形でニキビなどあるが青白い。腕はたいへん長い。シュトゥットガルト在住。」

同時期、フックスが書いたビラが残っている。「一八八七年一一月一一日、チューリヒ」と偽の日付・場所を記した手書きの回覧煽動ビラ「復讐をめざせ!」である。シカゴのヘイマーケット爆破事件の犯人として八七年十一月十一日に処刑された四人のアナーキストの復讐を誓う文書は、次のような文句で結ばれている。時にフックス十七歳である。

「万国の労働者よ、奮起せよ、武装せよ、

可能なかぎりの拳銃、ナイフあるいは毒薬をもってしても。

大砲のかわりにダイナマイトを調達せよ。

それを合図に社会革命が勃発すれば、
　圧政者に対して手をこまねくことなく立ち上がれ！
　虐政打倒！　社会革命万歳！」

人が若き日にのみ書ける激情は伝わるが、定型的で（ヨハン・モストの文章を下敷きにした）個性に乏しい檄文である。さらに言えば、やがてフックスが「労働者運動詩人」として挫折するであろうことを予感させる文章である。こうした評価は私見に限らない。八八年四月五日、フックスは煽動活動によって逮捕され不敬罪および国家反逆罪で起訴されるが、その最終弁論で弁護人が述べた言葉からもそれはうかがえる。「彼は機械的な書き写し屋にすぎず、意味も判らず行動したのである」。

この服役を契機にフックスは「アナーキズムとの連帯」を唱えるヤーコプ・シュテルンを介してSPDに接近する。鎮圧法下でのSPD亡命機関紙『社会民主主義者』配布の「赤色野戦郵便」活動を通じマルクス主義を学習し、八九年末にはアナーキズムと訣別している。九〇年八月一八日のミュンヘン転入以後、約十年間の『南独郵便御者』編集長時代は「マルクス主義風俗史家」としての修業時代であり、ユーゲント様式に彩られたフックス栄光の時代なのだが、それは本書に詳述したので再論しない。

ワイマール期の「オールド・コミュニスト」フックス

一九〇一年『南独郵便御者』編集長を解任されベルリンに移って以後、漫画研究家・風俗史家としてのフックスの才能が開花する。しかし、以後のフックスは芸術の世界でも政治の世界でも「時代の精神」と奇妙なすれ違いを演じていく。

フックスは『ヨーロッパ諸民族のカリカチュア』『カリカチュアのエロス的要素』などの著作によって研究「対象」を拡大したが、ワイマール期には「対象」の拡大ばかりか「方法」の刷新まで目ざす表現主義が開花する。「世紀末シュヴァービング」で育まれたフックスの芸術観は「メトロポリス・ベルリン」では古臭くなってしまった。フックス自身、かつて自然主義やユーゲント様式に示したような同時代の芸術への興味を失い、かわって中国や日本の工芸品などに関心を寄せていく。彼はまさしくユーゲント（青春）時代の感性のままその後の時代を生き抜いたといえる。G・グロスやJ・ハートフィールドなど共産党の若き芸術家の目には、この古参スパルタキストが旧世代の変わり者に映ったとしても致し方ない。

ローザ・ルクセンブルクとは『ライプツィヒ人民新聞』編集を通じて、レーニンとは亡命紙『イスクラ』漫画欄の協力により、ミュンヘン時代からフックスは両者と交流があった。一九一八年革命勃発後、ルクセンブルクの共産党綱領案を手にしたフックスは密かにモスクワのレーニンを訪ね、コミンテルン創設に大きく関与する（この件について、J・P・ネットルの名著『ローザ・ルクセンブルク』〔諫山正訳、河出書房新社〕の記述は誤りが多い)。しかし、このコミンテルン創設の陰の立役者はやがて共産党内部で次第に孤立していくことになる。特に、彼が二三年設立以来指導し党外からはトーマス・マンなども結集した「新生ロシア友好協会」に対し、共産党の若き宣伝家ヴィリー・ミュンツェンベルクが二六年「ソビエトロシア友好クラブ」を結成するとフックスは党内での活動基盤を失う。二八年、ヴィルヘルム・ピークの調停空しく、親友ヤーコプ・ヴァルヒャーが右派として共産党国会選挙リストから削除除名されたのを機に、「社会ファシズム」論に反対するフックスは共産党反対派KPOに加わった。ナチズム擡頭を横目にフックスは『メーリング全集』(一九二一―二三年)編集に専念することになる。かつて『ヴァイトリング全集』編集を決意して果たせなかったミュンヘン時代への固執を、ここでも見ることができる。

フックスとは一体何者だったのか。十八歳の時「書き写し屋」と呼ばれた彼は、後にベンヤミンには歴史の「拾い屋」と呼ばれた。独創性ではなく徹底性、それがフックスの本質であろうか。亡命先のパリで没したフックスは、憧れの漫画家オノレ・ドーミエとパリ・コミューン戦士の眠るペール・ラシェーズ墓地に葬られている。詩人たりえず、なお夢を政治に追い求めんとする時、人はかくして歴史に亡命せざるをえないのだろうか。

百年後の世紀末、ここ日本で『ユダヤ人カリカチュア』を始めとしたフックスの著作が柏書房から復刊されようとしている。折しも「博物学」が昨今ちょっとした流行になっている。偉大なる「おたく」フックスが今、見直されていい。

「ナチ宣伝」という神話

「武器」としての宣伝

幻の名著『武器としての宣伝』（星乃治彦訳、柏書房、一九九五年）が半世紀を経て翻訳された。一九三七年パリで刊行されて以来、一九七二年に西ドイツの新左翼系出版社が刊行したダイジェスト版を除けば、今回邦語版が初めての復刊となる。著者のヴィリー・ミュンツェンベルクとは、知る人ぞ知る「赤いゲッベルス」の異名をとったコミンテルンの宣伝家である。

ワイマール期ドイツで「ミュンツェンベルク・コンツェルン」と呼ばれた共産主義宣伝組織をつくりあげた彼は、第三帝国成立後パリに亡命して反ファシズム統一戦線の活動に尽力するが、ヒトラー＝スターリン協定（独ソ不可侵条約）締結後はスターリン批判に転じ、一九四〇年に謎の死を遂げている。そうした人物の著作が、冷戦下の東ドイツや正統的共産主義者に黙殺されてきたことはいうまでもない。

「赤いゲッベルス」は、宣伝を、またその限界を熟知していた。宣伝は「武器」である以上、武器としての限界を認識しているものこそ、それを最大限まで使いこなすことができる。それは、ほぼ同時代に一世を風靡したセルゲイ・チャコティン著『大衆の強奪』（佐藤卓己訳、創元社、二〇一九年）が宣伝の弾丸効果を説いたのと対照的であった。『武器としての宣伝』自体も反ナチ宣伝の性格をもつ歴史的文書だが、序章で「宣伝の限界」から出発するミュンツェンベルクの議論は、今日でも十分意義を失ってはいない。

さて、ヒトラーを論ずべき本稿をミュンツェンベルクから書きおこしたのはなぜか。答えは「宣伝の神話化」である。彼こそ、ヒトラー宣伝の神話化について最初に指摘した人物の一人であり、それゆえに、かくも長らく歴史家によって無視されてきたといえるのかもしれない。

周知のごとく、「ヒトラー神話」は現代における神話のうちで最大のものの一つである。ドラマに描かれたり、マスコミで取り上げられることはきわめて多い。そして、そのヒトラーの力が、巧妙な大衆操作術であるところの「宣伝」によって発揮されたということも（ヒトラーが立て役でゲッベルスはその演出家、という図式とともに）、ほぼ周知の事実として信じられている。しかし、当のナチ宣伝そのものについては、正統な研究と呼べるものは極端に少ない。

それは何故か？　そもそもナチの権力掌握はその宣伝力によるものなのか？

こうした懐疑が、ようやくドイツ本国でも歴史家によって問題にされ始めている。ゲルハルト・パウルは『イメージの反乱——一九三三年以前のナチ宣伝』(Gerhard Paul, Aufstand der Bilder. Die NS-Propaganda vor 1933, Bonn 1990) で、「政権を取る以前のナチ宣伝はうまく組織化されておらず、資金不足で、いわれるほどには作用していない」ことを実証している。むしろ、ナチ宣伝組織の強化は選挙の勝利に遅れをとっており、ナチ党大躍進の一九三〇年の選挙結果は、党宣伝の組織強化とは無関係だったというのだ。

ここで一度私たちは、今なお「宣伝の魔力」だの、「集団催眠術」だのと呼ばれ続けているものの正体を、改めて直視するべきではなかろうか。

「宣伝神話」の自己演出

まず、私たち自身のもつナチ・イメージを検証してみよう。

整然と行進してくる茶褐色の突撃隊と軍靴の響き。波打つハーケンクロイツの旗。神々しく夜空に放たれるサーチライトの柱。大群衆を前に熱っぽく演説するヒトラー。歓呼の声。高々とヒトラーに向けて挙げられた手、手、手——。

しかし、これらすべてが、実はナチ自身によって演出された映像であるということを見落としてはならない。それは、レニ・リーフェンシュタール監督のナチ党大会記録映画『意志の勝利』(一九三四年)に典型的なナチ党自演自作のイメージである。

つまり、私たちのナチに対するイメージは、ナチ側から提供された記録にまったく依拠している。ナチズムを批判する側においてすら、与えられたイメージを歴史的「事実」として無批判のうちに記憶しているのだ。

ヒトラー宣伝神話の最初の「語部《かたりべ》」は、誰あろうヒトラー自身やゲッベルスを始めとするナチ・プロパガンディストたちであった。

ヒトラーは政権獲得以前に出した『わが闘争』で、すでに宣伝の威力について力説している。『わが闘争』中、もっとも読み応えのある部分でもある第一巻の第六章「戦時宣伝」、第二巻の第七章「赤色戦線との格闘」、第一一章「宣伝と組織」は、ナチ宣伝神話の存在証明として引用されることも多い。

権力掌握後もヒトラーは宣伝の絶対的威力を強調し続けた。しかしそれは、裏を返せば第三帝国が未だナチ一色に染め抜かれてはいなかったこと、つまり抵抗や不服従の存在に対して、「宣伝の威力」が必要とされたということの証明に他ならない。

第三帝国成立後、宣伝大臣に就任したゲッベルスは、繰り返し「宣伝だけが阻むべくもない威力を発揮した」と主張することで発言力を獲得し、国家官僚組織としての宣伝マシーンをつくりあげた。その啓蒙宣伝省の成り上がりエリートが、自らの地位向上のために「宣伝神話」の創造に血道をあげたのは当然ともいえる。

こうして、ヒトラーの神格化、ナチ運動をめぐる英雄神話は、宣伝者自らの手によってプロモーションされた。

敗者たちの心情と責任

奇妙なことに、こうしたナチ宣伝の「自己申告」を無批判に裏書きしたのは、まず亡命した社会民主党・共産党、あるいは自由主義政党の政治家たちであった。上記『武器としての宣伝』の著者ミュンツェンベルクとて例外ではない。

ワイマール期のドイツ共産党国会議員でもあったこの「赤いゲッベルス」は、確かに宣伝の限界についてはよく理解していたはずだが、彼もまたナチ党の権力掌握をその宣伝力に帰している。彼ら社会主義者にしてみれば、ナチ宣伝の絶大な威力をその手法において強調することは、ワイマール共和国で強勢を誇ったドイツ労働運動のあまりにも呆気ない敗北の責任を心理的に軽減すること、つまり、第三帝国を招来した自らの政治責任を免ずることにつながる。

「ヒトラー運動のイデオロギーなき宣伝」の謂は、自らのイデオロギー上の敗北に目をつぶるものである。彼らにとっても都合のよいナチ宣伝の神話化が、ここでも半ば無意識のうちにおし進められた。

こうした「ナチ宣伝」神話は、戦後ドイツの歴史研究にほぼ完全に引き継がれた。また、宣伝威力の強調は、第二次大戦中の連合国における国家的な戦時宣伝研究によっても補強された。

戦後、西ドイツでは特に共産主義とファシズムを同一視する全体主義論の枠で「宣伝還元論」が、東ドイツでは資本主義体制下の独占資本（その操り人形であるナチズム）による「デマゴギー論」が、新生ドイツ民主主義の正当化のためにいっそう喧伝された。「絶対の宣伝」というナチ自身に由来する神話はゆるぎないものとなっていった。

免罪符としての宣伝神話

では、実際のヒトラー宣伝はどうであったかといえば、理論でも実践でも画期的であったわけでは決してない。むしろ、その宣伝技術の多くがドイツ社会主義運動の伝統を継承したものであることは、本書を一読いただければ明らかであろう。

ヒトラーが政権をとった一九三三年以後、いわゆる「第三帝国」時代の宣伝に関していえば、そこには国家規模で予算と人材が投入されたわけであり、資源動員論の観点からもある程度の威力があって当然である。

だが、この第三帝国期の宣伝さえ、ソビエト連邦という「宣伝国家」の前例と比較可能なものであり、空前と呼べるものではない。まして、政権掌握以前の一野党であったナチ党「闘争時代」の宣伝にまで、「魔力」を見出すべきかどうか、これは十分検討されねばならない問題である。

ドイツ人歴史家を含め当時の証言は、ヒトラー宣伝の魔力や情報操作の巧妙さを強調することで、「ヒトラーに投票した人間一人ひとり」の政治的責任を軽減しようとしていないか、冷静に吟味する必要がありそうである。ナチ体制に対して大衆的な抵抗を行うこともできず、「騙され続けた」ドイツ国民の言い訳の弁として、「絶対の宣伝」は絶大な効果を発揮する。

卑近な話に譬えれば、霊感商法など詐欺事件の被害者は、言葉巧みな手口にのせられたと宣伝の魔力を訴えるわけだが、実際には大半の「騙された弱者」もまた欲望をもち、どこかに不合理があると感じつつも、あえて知ろうとせずに話にのったのである。非人間的なものとして「魔力」を糾弾する声には、責任逃れと自己正当化の色合いがある。

シンボル政治史の名著『大衆の国民化』(拙訳・ちくま学芸文庫)で、ナチズムの政治的祭祀をフランス革命以来の大衆運動の伝統に位置づけた亡命ユダヤ人歴史家ジョージ・L・モッセは、「ナチズムの成功をプロパガンダという言葉で理解すること」を厳しく批判している。

ヒトラーの成功は、人々を操る宣伝技術によっていたのではなく、大衆が参加し体験を通じてアイデンティティを獲得するシンボリックな合意形成によって達成された、とモッセは指摘する。「ナチを選んだ者」が語る「ヒトラー宣伝の魔力」を鵜呑みにできないのはいうまでもない。

ヒトラーの民主主義

実は、このような心理的な合理化過程は、すでに第一次大戦におけるドイツ帝国の敗北と、ドイツ革命の勃発を説明する手段として持ちだされている。特にドイツ軍最高司令部で戦争を指導したルーデンドルフ将軍の『戦争回想録』(一九一九年)が有名である。それによれば、戦場では敵軍をドイツ領に入れなかったドイツ軍の敗北は、連合国、とりわけイギリスのノースクリフ卿による戦争宣伝が引き起こした「道徳的崩壊」によるものであり、また、開戦時には熱狂的に愛国主義に合流したドイツ労働者階級が革命を起こしたのは、ボルシェヴィキ宣伝によって騙されたものであったというのだ。

この「宣伝神話」が軍部の敗戦責任の言い訳のみならず、苛酷なヴェルサイユ条約で傷ついたドイツ・ナショナリズムを、心理的に防御する機能を果したことはいうまでもない。この結果、第一次大戦後のドイツでは、宣伝技術や大衆心理の研究と称する書物が一種のブームとなったが、その時代的潮流の中にヒトラーの『わが闘争』も生まれたのだった。

教養あるエリートが一様に顔をしかめて「無内容」と呼ぶ『わが闘争』が爆発的に売れた秘密は、著者ヒトラー自らが傑出した「大衆人」だったことにある。そこでヒトラーが繰り返し大衆を罵倒しているのも、大衆が無力だからではなく、むしろ大衆が政治の舞台で主役に躍り出ようとしていたからである。

大衆を見下し、軽蔑するヒトラーは、民主主義の不倶戴天の敵とされてきた。だが、自ら大衆人であることを十分自覚しているヒトラーの大衆人に対する侮蔑は、読み手が大衆人である場合、教養エリートが牛耳る名望家政治に対する憎悪に転化し、「大衆民主主義」を推進するアジテーションとなる。政治に疎外されていると感じる大衆は、ヒトラーの罵声を浴びることで自分たちが政治の真っ只中にいると感じるのだ。「政治への参加感覚」から民主主義を理解するならば、ヒトラー主義者の民主主義もまた存在する。議会主義必ずしも民主主義ならず、そして、議会制に依拠しない民主主義もありえるわけである。政治学を戦争から、経済学を恐慌から発想することが許されるのなら、民主主義をナチズムから思考実験することも許されてよいだろう。

街頭公共性の争奪戦

こうした大衆民主主義に結びつく宣伝神話は、必ずしもドイツ製ではなかった。フランス人G・ル・ボン『群衆心理』（一八九五年）や、イギリス人W・マクドゥーガル『集団心理』（一九二〇年）の大衆論が、ドイツで多くの亜流「大衆心理学」として結実する。実際、『わが闘争』の宣伝論は、ル・ボンやマクドゥーガルの著作に原型を見出すことができる。『わが闘争』においてヒトラーは、大衆宣伝の模範として、ウィーン市長でキリスト教社会党指導者カール・ルェーガーの反ユダヤ主義運動、第一次大戦での連合国の「残虐宣伝」、社会民主主義の大衆組織宣伝を挙げている。

近年のナチズム研究で特に強調されているように、ナチ党の正式名称「国民社会主義ドイツ労働者党」の「労働者」は、決してお飾りではない。「市民」社会への疎外感をもってマルクス主義政党に組織された労働者層を、「国民」に再統合することを目標とした国民政党こそが、ナチ党であった。

「一九一九年にはすでに、新しい運動は最高目標として、差し当たり大衆の国民化を実現せねばならぬことが我々には自明であった」と回想するヒトラーは、「それゆえ、この若い運動がその支持者を汲み出さねばならぬ貯水池は、第一にわが労働者大衆である」と、『わが闘争』で宣言している。

それゆえにナチ党は、獲得対象を同じくする社会民主主義運動から、赤旗の色や演説集会でのかけ声なども模倣し、社会主義の伝統にならって、「街頭の征服による世論の攻略」、つまり、デモの組織化やポスター宣伝を強化していった。この「街頭公共性の争奪戦」は、活字的教養の世界から排除されていた労働者の争奪戦を意味した。

ナチ・ポスターが一見して、社会民主党・共産党の二大左翼政党のポスターに似ているのは偶然ではない。ナチの選挙宣伝の最大のターゲットは労働者層であり、宣伝も組織も左翼政党のものが模範として採用された。一九三二年にナチが「国民政党」となって以後、

「社会主義」色は褪せてはいくものの、従来ナチ党支持層と見なされてきたサラリーマン・農民・女性などが、ナチ選挙戦の中心ターゲットとされたことはなかったのである。

視覚による共感の宣伝

パウルの著作『イメージの反乱』のタイトルは、次のような含意で使われている。「ナチズムは映像によって人々の脳裏に定着し、映像によってそのイデオロギーを感情的に結びつけた。……ナチズムは反革命的イメージの運動であった。つまり、民主主義の貧弱な言葉と理性的対話に対する情緒刺激的映像と神秘的ユートピア的表象の反乱であった。宣伝という近代的なジャーナリズムの武器を使った近代のプロジェクトに対する反乱であった」

あるいはそれを「趣味の反乱」といってもよい。教養という「文化資本」を欠いているため、議論の場にすら参入できなかった大衆人の反乱であった。ヒトラーのカリスマとして結晶したものは、立派な背広を着こなせず、紳士然とは振る舞えない反エリートの心性である。

ナチの演説会は「共感するイメージ」を生むことが主眼で内容は二の次であり、絵画的に構成された。それは「政治のスペクタクル化」と呼ばれるが、演説時のヒトラーのジェスチャーは、視覚を意識して美的に構成されたものであった（この美的基準は舞台演劇時代のもので、同じ視覚的表現でも今日のテレビ時代のものとは異なる）。

しかし、演説会はすでにシンパシーを持つ支持者を熱狂させても、ナチ党が獲得すべき大半の労働者に影響を与えることができない内向きの宣伝であった。外向きの宣伝として威力を発揮したのは、それまで労働者運動が独占してきた街頭の公共圏、つまり、政治コミュニケーション形成の場としての街頭宣伝であった。旗を掲げた行進とポスターにナチ党が力を入れた理由はそこにあった。

「俺の目を見ろ、何にも言うな」というコミュニケーション様式は確かに存在する。論理的思考によらない視覚による共感の宣伝である。それは財産と結びついた「教養」という社会的壁を打ち破るコミュニケーションであり、そのスタイルにおいて明らかに解放的であった。こうしたナチ宣伝の方法はむしろ、反体制運動に伝統的なものであった。

もしナチ宣伝が今日の私たちをも惑わせる何がしかの力を持っているとすれば、それはその宣伝が非人間的だからではなく、その受容があまりに人間的だからだといえよう。もしヒトラーという人物が未だに我々を惑わせる何がしかの力を持っているとすれば、それは彼が異常で非人間的だったからではなく、むしろ異常なまでに人間的だったからだろう。

プロパガンディスト・ヒトラーは「普通の人間」に対する理解において、他のいかなる知識人よりも優れていた。ナチズムは私たちの歴史意識を、その宣伝の魔力や虚偽性のゆえにではなく、宣伝神話を求める人間の切実性のゆえに当惑させるのである。

宣伝と疑似イベント

D・J・ブーアスティンは『幻影の時代《イメジ》』(東京創元社、一九六四年)で、ナチ宣伝とテレビ時代の疑似イベントを比較して次のように述べている。

宣伝はヒトラーの定義では、「故意に歪めた情報」であり、その効果は感情的な訴えに依存する。つまり、宣伝は「魅力ある嘘」であるが、疑似イベントは「曖昧な事実」である。疑似イベントが増えるのは情報への欲求を満たすためであるが、宣伝は興奮したいという感性を満たしてくれる。宣伝は事実を意見で置き換えるのに、疑似イベントは合成的事実である。この合成的事実は、人々が自ら判断を下す「事実」の基礎を提供することによって、人々を間接的に動かす。しかるに、宣伝は人々のために明白な判断を下すことによって、人々を直接的に動かす。宣伝の目的は、事実を実際以上に単純で理解しやすいものとして信じ込ませることにある。しかし、疑似イベントは単純な事実を実際以上に微妙で曖昧なものにすることで人々を引きつける。つまり、宣伝は経験を極度に単純化し、疑似イベントは経験を極端に複雑化する、と。

ナチ・オリンピックの例を引くまでもなく、ナチ宣伝も一面では「疑似イベント」であった。「ヤラセ」的情報操作は、初期のラジオや映画の時代、つまりナチ時代のメディア技術では当然のことであり、「記録」映画でさえ「ヤラセ」なくしてはありえなかった。

逆にいえば、映画館の中の非日常生活と現実の生活世界に、明確な境目があった時代なのである。

「ヤラセ」が問題になる現在は、エレクトロニクス技術とコンピュータ制御によって、神話的世界と現実世界の区別がよりいっそう曖昧になった「ヴァーチャル・リアリティー」の時代である。いやしくも「表現」たるものが「ヤラセ」なしにありうるなどと信じる人々は、逆にメディア技術の神話に支配されているとしかいいようがないだろう。

私たちをとりまくメディア環境の変貌は、そうした高みにまで到達している。もはやナチ宣伝を神話のままに語りついではならない。本書（歴史群像編集部編『アドルフ・ヒトラー――権力編』学習研究社・一九九五年）のような「ヒトラー」本が神話をふくらませるものではなく、むしろそれを打ち砕き、透徹した歴史へのまなざしを私たちに与えるものとなることを祈るのみである。

学芸文庫版あとがき

デモ(ラサール祝祭)で始まりデモ(シンボル闘争)で終わる、本書はある意味で「デモのメディア史」となっている。それは偶然ではない。初版が刊行された一九九二年はソビエト連邦崩壊の翌年である。修士論文を発展させた第四章を除けば、一九八九年二月にミュンヘン大学での留学を終えて東京大学新聞研究所に在籍していた時期に発表した論文で構成されている。その当時も、一九八九年六月の天安門事件や同年一一月のベルリンの壁崩壊などを契機として「街頭公共性」、つまりデモによる民主化運動が注目されていた。

それから二〇年を経て、三・一一以後の反原発運動で「デモというメディア」が日本で再発見されたことと、この文庫化の企画もおそらく無関係ではないのだろう。しかし、私自身にとっては必然とも思える。

二〇一二年夏の論壇に溢れた無条件なデモ礼讃論に対して、私は疑念を呈する「論壇時評」(八月二八日付『東京新聞』夕刊)を執筆した。特に柄谷行人「人がデモをする社会」(『世界』九月号)を取りあげ、私は次のように書いている。

「だが、「デモによってもたらされる社会」は、必ずしも幸福な社会とは限らない。ドイツのナチ党はデモや集会で台頭したし、それを日常化したのが第三帝国である。街頭の世論形成を無条件に肯定する議論に私は違和感を覚える。デモの称賛は「代議士の選挙」への絶望感の裏返しだからである。」

この文章は注目されたようで、二日後の八月三〇日付『朝日新聞』論壇時評（高橋源一郎「新しいデモ　変える楽しみ　社会は変わる」）でも私の顔写真入りで紹介された。

「もちろん、「『デモによってもたらされる社会』は、必ずしも幸福な社会とは限らない」という佐藤卓己の懐疑には、十分な理由がある。「ドイツのナチ党はデモや集会で台頭したし、それを日常化したのが第三帝国である」ことは事実だからだ。

だが、ナチ党が主導したデモや集会は「独裁と暴力」を支えるものだった。いま、ぼくたちが目にする「新しいデモ」は、その「独裁と暴力」から限りなく離れることを目指しているように見える。」

個別的には、あるいは短期的にはその通りだろう。だが、本書の著者として私はもう少し長い射程で「新しいデモ」を見つめていた。この論壇時評から二週間後、二〇一二年九月一五日には日本政府の尖閣諸島国有化に反発する中国の「反日デモ」が暴徒化した。このデモが新しいか古いかはともかく、放火、略奪までともなったデモを誰も暴力的でないとは言えないだろう。同時に日本国内でも反原発デモとは異なる「市民」のヘイトスピーチ・デモ、たとえば「在日特権を許さない市民の会（在特会）」の街宣活動がメディアで注目されるようになっていった。この新しいデモは「市民による市民運動」ではなく、「市民に対する市民運動」とよぶべきなのだろう。新聞や雑誌が真実もデマも伝達できるように、「動員のメディア」であるデモは革命にも反革命にも利用可能だ。この自明の事実から目をそむけるべきではないのである（詳しくは、拙著『災後のメディア空間――論壇・時評2012―2013』中央公論新社・二〇一四年の第一部「ことばからデモへ？」を参照）。

まさにいま、目の前にある街頭公共性と動員のメディアを考えるために、本書が若い世代の読者に届くとすれば幸いである。

*

「マルクスからヒトラーへのメディア史」をサブタイトルとする本書は、厳密にいえばドイツ社会民主党のプロパガンダ研究であって、国民社会主義ドイツ労働者党（ナチ党）のプロパガンダ研究ではない。しかし、本書が研究者の枠を超えて読まれてきた理由は、それが「マルクスからのメディア史」であったからでなく、むしろ「ヒトラーへのメディア史」だったためである。その意味で、本書刊行後に執筆した「ナチ宣伝」に関する文章の中から、補論として「「ナチ宣伝」という神話」（原タイトル「ヒトラー神話を解体せよ！」歴史群像編集部『アドルフ・ヒトラー――権力編』学習研究社・一九九五年）を本書に収載した。この文章は本書初版刊行直後に依頼された同名のエッセイ（京都コンピュータ学院発行『ACCUMU』第五号・一九九三年）の改訂版だった。それは一般読者に向けて本書の「ヒトラーへの」射程を語った内容であり、ここに再録した。

私の研究関心はその後、ナチ宣伝そのものの分析よりも、ナチ宣伝を神話化したマス・コミュニケーション研究の学説史に向かい、以下の論文を執筆している。関心のある方はご参照いただきたい。「第三帝国におけるメディア学の革新――ハンス・A・ミュンスターの場合」(『思想』第八三三号・一九九四年一一月号)、「ドイツ広報史のアポリア――ナチ宣伝からナチ広報へ」(『広報研究』第四号・二〇〇〇年)、「ナチズムのメディア学」(『岩波講座・文学2 メディアの力学』岩波書店・二〇〇二年)などである。

もう一つ補論として追加した「風俗史家フックスにおける政治」(『リベルス』第九号・一九九三年五月号)は、第三章に関連する文献紹介として執筆したものである。この原稿も個人的には忘れがたい。原著初版刊行から間もなく、付箋いっぱいの拙著とノートをもって柏書房の編集者だった山口泰生さんが研究室に来られた。私が本書で使った英独書のいくつかを翻訳できないか問い合わせを受けた。意気投合して「パルマケイア叢書」創刊の相談にのり、佐藤八寿子との共訳でジョージ・L・モッセ『大衆の国民化――ナチズムに至る政治シンボルと大衆文化』一九九四年、サム・キーン『敵の顔――憎悪と戦争の心理学』一九九四年、ジョージ・L・モッセ『ナショナリズムとセクシュアリティ――市民道徳とナチズム』一九九六年を次々と刊行していった。さらに山口さんと訳出を検討したジョージ・L・モッセ『英霊――創られた世界大戦の記憶』(宮武実知子訳・柏書房・二〇〇二年)、ウォルター・リップマン『幻の公衆』(河崎吉紀訳・柏書房・二〇〇七年)、ヘンドリック・ド・マン『社会主義の心理学』(川口茂雄訳、柏書房・二〇一〇年)なども、私のゼミに参加した若手研究者によって翻訳された。その後、山口さんには『ヒトラーの呪縛』(飛鳥新社・二〇〇〇年)などでもお世話になった。

そうした一連の企画のきっかけとなった最初の原稿依頼が「風俗史家フックスにおける政治」である。いまでこそ、漫画を分析した学術論文など珍しくないが、最初の論文(本書第四章)を発表した当時、西洋史学会で「あなたが『史林』に漫画を載せた佐藤さんですか」と年輩の先生に言われたものである。その後、フックス本は『ユダヤ人カリカチュア——風刺画に描かれた「ユダヤ人」』(羽田功訳、一九九三年)、『諷刺図像《カリカチュア》のヨーロッパ史』(高橋憲夫・石塚正英編・一九九四年)など次々と柏書房から刊行されている。

＊

以上に述べたように、本書は私のメディア研究の原点である。まだ論文が二、三本あるだけだった二十代の私に本書の執筆をすすめてくれた弘文堂編集部の中村憲生さんに改めて感謝したい。とはいえ、いま読み直してみると、いかにも若書きの硬質な文体である。また、博士論文であり、一般読者向けに補足・加筆したい箇所は少なくない。しかし、「時代の空気」を反映した著作であるため、誤字脱字の訂正、読みやすさを考慮した表記変更などに止めた。ただ一か所(具体的には一八頁)だけ例外として内容にかかわる重要な加筆を行った。原著でカッコつきで「世論」と表記した公共性論への追記である。

原著刊行後、私はファシズムの世論形成の研究を念頭に「ファシスト的公共性―公共性の非自由主義モデル」（『岩波講座　現代社会学24』岩波書店・一九九六年、拙著『ファシスト的公共性――総力戦体制のメディア学』岩波書店・二〇一八年に所収）を執筆した。そうした研究の過程で、戦前には使い分けられていた輿論 public opinion と世論 popular sentiments を意識的に区別して記述するようになった（詳しくは『ヒューマニティーズ　歴史学』岩波書店・二〇〇九年）。そのため、ユルゲン・ハーバーマスの「公共性の構造転換」を説明した以下の一文に、傍点を付した文言を説明的に加筆している。

「本書ではこの対話的理性に基づく価値概念としての公共性に対して、歴史的実体概念としての公共性をただ「輿論／世論を形成する社会関係」とのみ定義し、その社会空間を公共圏と呼ぶ。戦後の当用漢字表によって「輿」の使用が制限され、輿論 public opinion と世論 popular sentiments の使い分けができなくなったこともあり、我々はつい「印刷された意見」published opinion を「世論」（セロンと書いてヨロンと読む民意）と見なしがちだが、O・ネークトの「プロレタリア公共性」論を引くまでもなく、規範としての輿論はともかく、現実の世論が自律的な知性や公開の討論によって生じたものではなく、暴動やストライキ・デモ行進によっても醸成されてきた事実は看過しがたい。」

つまり、市民的（文筆的）公共圏で生まれる輿論と大衆的（街頭的）公共圏で生まれる世論を、一応は区別して表記している。もちろん、輿論と世論の境界は現実にはあいまいだが、私は大衆社会化を「輿論の世論化」と考えている（詳しくは『輿論《よろん》と世論《せろん》――日本的民意の系譜学』新潮選書・二〇〇八年）。いずれにせよ、輿論と世論を峻別しようとする私の議論の出発点も、本書一九頁の図版「二つの公共圏」にある。こうした議論の原点であるために、原文のままにとどめることも考えたが、この文庫で最初に出会う新しい読者のことを考えると、この加筆だけは不可欠に思えた。特に註記するゆえんである。

最後に、こうして本書が新たな読者と出会う機会を設定していただいた湯原法史さんには特に感謝申し上げたい。

二〇一四年二月吉日　佐藤卓己

解説　ナチス擡頭が物語る「宣伝」の可能性と限界

古市憲寿

佐藤卓己さんは「神話」を解体する名手だ。膨大な歴史資料を丹念に紐解きながら、鮮やかに読者を常識や偏見から自由にしてみせる。

たとえば『八月十五日の神話』（ちくま新書、二〇〇五年）によれば、「終戦といえば八月十五日」という国民的常識は、戦後しばらくしてから定着したものであるという。玉音放送に泣き崩れる数々の写真が「やらせ」であったことを明らかにした上で、なぜ終戦の日が御前会議のあった八月十四日ではなく、ミズーリ艦上で降伏文書が調印された九月二日でさえもなく、「八月十五日」として記憶されるようになったかが解き明かされる。

他にも、戦時下に言論弾圧を行った人物として悪名高い鈴木庫三の「素顔」を明らかにした『言論統制』（中公新書、二〇〇四年）、戦中期を含む岩波書店の幸せな時代を描いた『物語　岩波書店百年史2』（岩波書店、二〇一三年）など読むべき本は多い。少なくない読者は「戦争」や「言論弾圧」なるものを、いかに貧困なイメージで捉えていたかを思い知らされることになるだろう。

最近では、良識派知識人たちが官邸前デモに盛り上がる中、『東京新聞』の論壇時評で「デモする社会」を非常にクールに分析してみせた（論文は『災後のメディア空間』〔中央公論新社、二〇一四年〕に収蔵されている）。

佐藤さんはデモや集会など「街頭の世論形成を無条件に肯定する議論」に違和感を覚えたという。なぜならば「デモによってもたらされる社会」は「必ずしも幸福な社会とは限らない」からだ。あのナチスドイツがデモや集会で台頭したように、「動員のメディア」であるデモは、しばしば「独裁と暴力」を助けてしまう。

デモへの称賛の裏側には「代議士の選挙」への絶望感があると佐藤さんは分析する。しかし、デモにおける直接民主主義の有用性を強調すると、それは議会制民主主義を否定するファシズムと親和性を持ってしまうのだ。こうした佐藤さんのクールな分析の裏側には、実証的な研究の積み重ねがある。

佐藤さんのアカデミック・キャリアは、ドイツ近現代史の研究から始まった。まさに本書『大衆宣伝の神話』が、佐藤さんにとって最初の単行本であり、京都大学大学院文学研究科に提出された博士論文でもある。一八六三年に結党されたドイツ社会民主党（SPD）が、一九三三年にナチスドイツの前に崩壊してしまうまでの七十年間を、メディア史の観点から分析したものだ。

本書の初出は学会誌に発表された真面目な論文であり、前提知識のない人間が読み通すのはちょっとだけ大変だ。また「終戦記念日」や「岩波書店」といったテーマと比べて、どうにもSPDという存在は身近とは言えない。僕なんてこの本を読み始めた時は「SPD？　それってEXILEの所属する事務所だっけ」というありさまだった（ちなみにEXILEが所属するのはLDHである。Dしか合ってない）。

しかし、ドイツ近現代史や社会主義政党に興味がないという理由で本書を読まないのは、あまりにも勿体ない。そこで完全にお節介なのだが、木村靖二編『ドイツ史』（山川出版社、二〇〇一年）や坂井榮八郎『ドイツ史10講』（岩波新書、二〇〇三年）などを参考に、ドイツ近現代史を簡単におさらいしておこう。

一九世紀初頭、ドイツはヨーロッパの「後進国」だった。イギリスでは植民地経営が成功し、国民経済も好調、産業革命が順調に進展していた。またそれを追いかけるフランスも重商主義政策に支えられて、産業化が急速に進んでいた。

それに引き替えドイツといえば、統一もままならない農業国だった。ドイツ連邦内には様々な国が存在し、複雑な関税制度が領邦内外の交易を妨げている始末。日本の江戸時代よりも前近代的と言っていい。

そんなドイツが統一を果たし、近代国家として本格的な歩みを始めたのが一九世紀という時代である。一八三四年にはドイツ関税同盟が成立し、同時に鉄道網も発達、国内市場は統一され、遅まきながら各地で工業化が始まった。

しかし、急速な工業化は貧困層の拡大、伝統的手工業の衰退といった社会不安をも同時にもたらす。一八四八年から翌四九年にかけてはヨーロッパ諸国と呼応する形で、革命が起こった。ドイツ統一には至らなかったものの、各国で立憲主義が実現し、自由主義・民主主義を求める運動は盛り上がった。

農業国から工業国に転換すると、当然工場などで働く「労働者」なる存在が生まれる。「万国のプロレタリアよ、団結せよ!」というスローガンが有名なカール・マルクスの『共産党宣言』が発表されたのも、まさに一八四八年のことであった。

労働者運動は本格化する。一八六三年には本書の主役の一人、フェルディナンド・ラサールが全ドイツ労働者同盟(ラサール派)を設立、一八六九年にはアウグスト・ベーベルらによって社会民主労働者党(アイゼナハ派)が結成された。

一八七一年にはプロイセン国王ヴィルヘルム一世を皇帝、ビスマルクを首相としたドイツ帝国が成立する。そのドイツ帝国下、ラサール派とアイゼナハ派が合同して、ドイツ社会主義労働者党が設立され、「ゴータ綱領」が採択された。

ドイツ社会主義労働者党は、一八七七年の帝国議会選挙で九・一%の支持を得て、十二議席を獲得するまでに成長した。しかしビスマルクは一八七八年に、帝国議会に社会主義者鎮圧法を提出し、社会主義政党は非合法化されてしまう。社会民主主義者が帝国議会や州議会の議員になることはできたが、国家転覆を謀るような社会主義的な結社は禁止され、集会や出版活動も制限された。

しかし一八九〇年、ビスマルクの引退を機に社会主義者鎮圧法は廃止され、社会主義政党は再び合法化された。ドイツ社会主義労働者党は党名をドイツ社会民主党（以下、本稿でもSPDと記す）と変え、マルクス主義で体系化されたエアフルト綱領を定めた。

その後、SPDは急速に支持者を増やし、一九一二年の帝国議会選挙では三四・八％の支持を得て百十人の議員を送り込む第一党になる。党員数も百万人を超えた。「史上初の百万党員を擁する大衆組織」として、SPDは組織的膨張のピークを迎えたのである。

だが、栄華は長く続かない。一九一四年には第一次世界大戦が勃発したが、長期に及んだ総力戦にドイツは疲弊、国民生活は逼迫した。一九一八年には戦争継続に反対する暴動やストライキが広がり、帝国政府は崩壊し、ついに戦争は終結した。新たにドイツ民主共和国が成立し、男女に普通選挙権を与えたワイマール憲法が発布された。

しかしSPDは一九一七年以降分裂、一九二〇年の選挙以降は野党になってしまう。一九二二年には再び合流するが、もはや大戦前夜のような勢いはなかった。そもそも国会ではどの党派も主導権が取れずに、議会主義の機能不全が露呈することになった。

一九二八年にはSPDのヘルマン・ミュラーを首相とする大連合内閣が成立するが、選挙の投票率で見れば共和国期を通じて最低であり、国内では政党政治への不信が進んでいた。SPDを含めた既存の政党がかつての勢いを失う中で擡頭しつつあったのが、ナチ党の突撃隊（SA）などの新しい大衆組織である。

経済も持ち直し、都市型の大衆文化が花開きつつあったドイツだが、一九二九年に世界恐慌が勃発、失業者は急増し、失業保険制度の赤字が膨れあがってしまう。一九三〇年にミュラーは閣内不一致で退陣、その後は大統領の非常大権によって政治を行う「大統領内閣」が続いた。

恐慌は長引き、失業率は一九三一年には二一・九％、一九三二年には二九・九％にまで達する。この非常事態の中、勢力を伸ばしたのがアドルフ・ヒトラー率いるナチスだった。一九二八年に初めて国会で十二議席を得た彼らは、一九三二年七月選挙には二百三十の議席を獲得する第一党になった。

そしてついに一九三三年一月、ヒトラーは首相任命を受ける。全権委任法を採決させ議会は機能停止、SPDも六月までに全ての活動を禁止された。ここに一八六三年から始まったSPDの歴史は一度幕を閉じることになった。

……みたいなことが、ドイツの近現代史を解説した教科書などには書いてある。すごく単純に「社会民主主義政党は、工業化する国の苦しい労働者たちを束ね、大きな影響力を持った。しかし敗戦や世界恐慌による閉塞感の前に、人々は新しい希望を求めた。それがヒトラー率いるナチスドイツであった」と要約することもできそうだ。

このような歴史叙述は一見もっともらしい。最近、知識人たちがやたら語りたがる「現代日本とワイマール時代のドイツはそっくりだ」といった議論とも一致する。しかし、本当にSPDの躍進と衰退、ナチスドイツの台頭の理由を、「貧困層の拡大」や「社会の閉塞感」という曖昧なゆえにもっともらしい事象だけに求めてしまっていいのだろうか。その議論って、雑すぎないだろうか。

そこで本書の出番である。「貧困層の拡大」や「労働者階級の出現」は自動的にSPDの大躍進には結びつかない。一体、SPDはどのような手法を用いて労働者たちを動員していったのだろうか。本書では「大衆宣伝」という観点から、漫画雑誌や祝祭、デモなどを通じたSPDの大衆プロパガンダの模様が詳細に描かれている。

まず第一章から面白い。SPDの創設者ラサールは、自分のことを「キリストの再来」と言ってしまうような、「感嘆すべき自負心の持ち主」だった。

一言でいって、彼はカリスマだった。数千人規模の演説会がたびたび開催され、労働者たちは興奮した様子で「ラサール万歳」を叫ぶ。そして赤旗に先導されたラサールが現れ、演説中には挙手の宣誓を呼びかける。あれ、何かに似てないだろうか。そう、「ヒトラー」の演説にそっくりだ。ただしヒトラーと違い、ラサールは死んでからもなお崇拝の対象となり、扇動演説と歌、身体儀式を組み合わせた祝祭が定着していった。今でいえば「お祭りデモ」のようなものである。

第二章では社会主義者鎮圧法時代のSPDが描かれる。社会主義者が鎮圧されているのだから、当然SPDにとって冬の時代なのかと思ったら、どうやらそんな単純な話でもないらしい。確かに中央機関紙は衰亡したが、代わりにそこまでイデオロギー色の強くないSPD系地方紙が数多く誕生した。さらに無党派を標榜する総合新聞と競合する中で、SPDの新聞は着実にマスメディア化し、「宣伝」ツールとしての役割を強めていった。

第三章はミュンヘンで発刊されていたSPD系風刺漫画雑誌『南独郵便御者』を題材としながら、実はそれがいかに大衆的価値観に依存したかが明らかにされる。前衛性を売りにした雑誌だったが、実のところ女性軽視、反ユダヤ主義など男性中心の既存文化の延長線上にあるものだった。ところで『南独郵便御者』は何度も出版差し止めにあっているが、裁判沙汰がかえって売上増につながるなど、今の炎上マーケティングを連想させて興味深い。

続く第四章では風刺漫画雑誌『真相』が題材とされ、シンボルの変化が丁寧に読み解かれる。時代は二〇世紀初頭、SPDの最盛期だ。『真相』は党員二・五人に一人が読む怪物雑誌となっていた。『真相』の広告費は党の重要な収入源だったが、「身長増伸法」や「鼻型矯正器」「毛髪活性櫛」といった「ペテン広告」が掲載され、党大会でその是非が真面目に話し合われていたという。『真相』は「宣伝政党」SPDの核として大衆社会と歩みを共にしながら、驚異的な成功を収めたのである。

第五章は当時の「ニューメディア」であるラジオが主役だ。ラジオといえばナチスのプロパガンダを思い浮かべてしまうが、実は一九三四年の段階でドイツのラジオ普及率は高いとは言えず、政権を取るまでナチ党員はおろか、ヒトラーの声が電波に乗ることはなかったという。だが、SPDのあまりにもお粗末なラジオ戦略は、ナチスの擡頭とも無縁ではないだろう。SPD内には活字メディアで躍進してきた「伝統」があるという理由でラジオ反対論が根強く、結局このニューメディアを散発的にしか活用できなかったのだ。

やたら長い第六章と最終章では、ナチス政権成立前の緊迫した状況と滅び行くSPDの様子がスリリングに描かれる。ナチスといえば「鉤十字」のシンボルが有名だが、実はSPD側にも「三本矢」を対抗シンボルとして押しだそうという一派がいた。しかしラジオ同様、党本部は「伝統」にこだわり、「三本矢」に消極的だった。

ラジオや「三本矢」の活用は、党の創設者であるラサール型の扇動と言えるが、この頃までにすっかりSPDは大衆を啓蒙する理性的宣伝を是とする組織になっていた。ドイツの近代化と共に発展してきたベンチャー政党は、いつしか古臭い体制側の組織になり、新しいベンチャーの前に敗れ去ったのである。皮肉にも、新しいベンチャーであるナチスは、SPDを参考にしながら、末期のSPDよりもSPDらしくさえもあった。

もちろん本書では、ナチスの「神話」にさえもきちんと冷静な目が向けられている。文庫化に際して収録された補章では、資金不足だったナチスの宣伝力は大したものではなく、現代の人々が思い浮かべる「ナチス」のイメージさえも、実はナチスによって提供された記録に依拠しているという目の覚めるような指摘がされる。僕たちはナチスといえばすぐ、熱っぽく整然とした行進、熱狂する大衆、演説する指導者ヒトラーといった光景を思い浮かべてしまう。しかしその映像自体、彼ら自身によって演出・編集されたものなのだ。

本書を読みながら、読者は何度も「これって今と同じじゃん」というデジャヴのような経験をするだろう。繰り返し発見される「市民社会」、神話化されるカリスマ、間違った「伝統」にこだわり衰退していく組織。それは「社会の閉塞感」によって社会主義政党が衰退し、ファシズムが擡頭したという単純な話ではない。

「市民社会」を巡る議論には必ずといっていいほどユルゲン・ハーバーマスが登場する。しかし彼の議論には「教養＝資産なき民への視点が欠落」している。そこで本書は「市民的公共性」に対置する形で「労働者的公共性」という概念を導入しているのだが、「労働者」を別の用語に置き換えれば、現代日本でも十分に通用しそうだ。佐藤さんの『輿論と世論』（新潮選書、二〇〇八年）などにもその問題関心は受け継がれている。

佐藤さんは、本書について「あんなに贅沢に時間を使って資料を集めるなんて、いまでは夢みたい」と語る。

執筆時は、ベルリンの壁が崩壊し、「東欧市民革命論」が『世界』や『朝日ジャーナル』を賑わせていた頃だったという。二十年以上の時が経ちながら、あまりこの国の「輿論」

がバージョンアップされないことは残念だが、それはこの本がまるで価値を失っていないことを意味する。

本書はどちらかといえば「宣伝」の限界を丁寧に描いた本であるが、同時に「宣伝」の可能性を示すものにもなっている。ネット選挙に浮かれ、ソーシャルメディアを活用して人々の「啓蒙」や「動員」を夢見る人が、本書から学べることはあまりにも多い。SPDの興亡とナチス擡頭の歴史を丁寧に描くこの本は、安易な「神話」にすがらないための貴重なケーススタディである。

†註

☆本書初版（弘文堂、一九九二年）のままであるが、その後に邦訳された文献は初出で書誌情報を補った。

☆邦訳書は初出の註記に記載し、以後の註には「邦訳＊＊頁」とのみ記載した。ただし、引用は既存の訳を参考にしつつ必要に応じて拙訳に改めた。

☆同一著者の複数著作を繰り返し引用する際は、書誌事項を省略した略タイトルを用いた。

☆頻出する雑誌／全集／議事録／年鑑等の略号は初出箇所に記した。

はじめに

（1）G. Sorel, *Réflexions sur la Violence*, 6. Éd. 1925 Paris, p. 32. ソレル（木下半治訳）『暴力論（上）』岩波文庫、一九六五年、四八頁。

（2）『レーニン全集』第九巻、大月書店、一九五三年、三〇三頁。

（3）個別テーマを扱った膨大な数の著作に言及する余地はないが、ワイマール共和国成立までの総合的な著作としては、安世舟『ドイツ社会民主党史序説』御茶の水書房、一九七三年が貴重である。文献解題では西川正雄編『ドイツ史研究入門』東京大学出版会、一九八四年所収の西川正雄／伊藤定良「労働者と労働運動」が参考になる。また我が国のSPD史研究文献については山本佐門『ドイツ社会民主党とカウツキー』北海道大学図書刊行会、一九八一年の文献目録が便利である。

第一章

1

（1）E. Bernstein（Hg）, *Intime Briefe Ferdinand Lassalles an Eltern und Schwester*, Berlin 1905, S. 28.

（2）邦語文献は西尾孝明「ラッサールの社会主義」『ドイツ社会主義研究』勁草書房、一九八九年参照。

（3）A. Hitler, *Mein Kampf, Bd. 1; Eine Abrechnung*, München 1938, S. 13f. 平野一郎／将積茂訳『わが闘争（上）』角川文庫、一九七三年、二二一二三頁。

（4）K. Haenisch, *Lassalle, Mensch und Politiker*, Berlin 1923, S. 72f.

（5）F. Mehring, *Gesammelte Schriften, Bd. 2; Geschichte der Deutschen Sozialdemokratie*, Teil 2. Berlin 1960, S. 49. フランツ・メーリング（足利末男／平井俊彦／林功三／野村修訳）『ドイツ社会民主主義史（下）』ミネルヴァ書房、一九六九年、三六頁。SPD党首（一九八七―九一年）ハンス・ヨッヘン・フォーゲルは創設者ラサールを称える演説で次のように述べている。「ラサール主義の国家理解の基本思想は社会民主主義にとって今日まで、その実践活動に決定的な意義を持つものであった。」H. J. Vogel, Das Erbe Lassalles und der Auftrag des demokratischen Sozialismus in der Gegenwart, in: *Neue Gesellschaft*, 1987, Nr. 6, S. 506. 山本佐門訳「ラッサールの遺産と現在における民主社会主義の使命」『法学研究（北海学園大学）』第二四巻第三号、四九五頁。なお、わが国でのラサール研究の問題点については、森田勉「フェルディナント・ラサール研究の諸傾向」三重大学教育学部『研究紀要（社会科学）』第三三巻（一九八二年）参照。

（6）S. Na' aman, Lassalle-Demokratie und Sozialdemokratie, in: *Archiv für Sozialgeschichte*, Bd. 3（1963）, S. 57f.

(7) ラサールとマスメディアの問題を扱った研究として以下を参照した。R. Hildebrandt, *Ferdinand Lassalle und die Anfänge der modernen Massenpublizistik*, Diss. Berlin 1951. ラサールの演説スタイルが社会主義のレトリックに与えた影響の研究として、F. Como, *Die Diktatur der Einsicht: Ferdinand Lassalle und die Rhetorik des deutschen Sozialismus*, Frankfurt a. M. 1991. 伝統的な社会主義労働運動史の立場からラサールのアジテーションを扱ったシュティルナーの著作は「ラサール的ボナパルティズム」(S. 97)のデマゴギーと新聞政策(S. 163ff., 195ff.)を批判している。H. Stirner, *Die Agitation und Rhetorik Ferdinand Lassalles*, Marburg 1979. 我が国でも、アジテーションとその政治的意味については、篠原敏昭「労働者アジテーション(一八六三―六四年)におけるラサールの挫折によせて――ビスマルクに対する普通選挙権欽定の慫慂に関連して」(一)(二)『一橋研究』第五巻四号、第六巻二号(一九八一年)、「カリスマ的支配主《ヘル》としてのラッサール――労働者アジテーション研究序論」『一橋論叢』第八九巻六号(一九八三年)、同「労働運動と社会政策――ラッサール『公開返書』をめぐる論議から」『一橋論叢』第一〇〇巻一号(一九八七年)が存在するが、アジテーション自体をメディア論、コミュニケーション論的文脈から捕える視角ではない。

(8) J. Habermas, *Strukturwandel der Öffentlichkeit: Untersuchungen zu einer Kategorie der bürgerlichen Gesellschaft*, Neuwied/Berlin 1962, ユルゲン・ハーバーマス(細谷貞雄訳)『公共性の構造転換』未來社、一九七三年。ネークトの批判の概要は、O. Negt, Öffentlichkeit, in: W. W. Mickel (Hg), *Handlexikon zur Politikwissenschaft*, München 1983, S. 318f. 但し、本書における「労働者的公共性」はネークトの分析的な概念「プロレタリア的公共性」よりも歴史的な実体概念を志向している。

(9) ハーバーマス自身は、「教養市民」ではなく無教養な「人民」Volk を主体とする「平民的公共性」Plebejische Öffentlichkeit の存在を指摘しながら、それを非主流的として度外視した。だが、これを「非文筆の公共性」illiterate Öffentlichkeit と呼び、ナチズムやスターリニズムにおける独裁下の「脱文筆の公共性」postliterarische Öffentlichkeit と明確に区別することも主張している。*Ibid.*, S. 8f. 邦訳、二一三頁。vgl. O. Negt/A. Kluge, *Öffentlichkeit und Erfahrung: Zur Organisationsanalyse von bürgerlicher und proletarischer Öffentlichkeit*, Frankfurt a. M. 1972, S. 8-10.

（10）K. Marx, Grundrisse der Kritik der politischen Ökonimie. in: Institut für Marxismus-Lenismus beim ZK der SED (Hg), *Karl Marx-Friedrich Engels Werke*, Berlin 1956-68.（*MEW* と略記）Bd. 1, S. 153. 大内兵衛／細川嘉六監訳『マルクス＝エンゲルス全集』（『全集』と略記）第一巻、大月書店、一九五九年、一七八頁。

（11）Lassalle an Marx und Engels. Ende Feb. 1860. in: G. Mayer (Hg), *Ferdinand Lassalle Nachgelassene Briefe und Schriften*, 6 Bd. Berlin 1921-25.（*FLNBS.* と略記）Bd. 3, S. 262.

（12）Lassalle an H. von Stücker. Wohl Jul. 1845 in: *FLNBS.* Bd. 1, S. 168f.

（13）Lassalle an A. Mendelssohn/K. Grün. Mitte Nov. 1846. in: *FLNBS.* Bd. 1, S. 288f.

（14）Kriminal-Prozedur gegen Ferdinand Lassalle wegen Verleitung zum Diebstahl, in: *Neue Rheinische Zeitung: Organ der Demokratie*, Neudruck. Glashütten 1973, S. 340. 350. 355f. 361f. 368. 374. 402. 412. 424. 432. 442f. マルクス、エンゲルスの『新ライン新聞』でのラサール弁護記事は *Ibid.* Nr. 237. S. 1305.（『全集』第六巻、三一七―三一九頁）Nr. 238. S. 1316.（補巻二、一五八―一六〇頁）Nr. 283. S. 1595.（第六巻、四三九―四四一頁）、Nr. 287. S. 1623.（同、四四八―四五二頁）。

（15）ハーバーマスは「社会圏と親密圏の両極分解」として、次のように説明する。国家と社会が相互浸透するに従って、家族制度は社会の再生産過程との連関から解放され、「家族はますます私的になり、労働と組織の世界はますます公的になる」*Ibid.*, S. 184. 邦訳、二〇八頁。

（16）「プロイセン憲法」条文は高木八尺／末延三次／宮沢俊義編『人権宣言集』岩波文庫、一九五七年、一九三—一九四頁。「出版条例」「団結禁止令」などは望田幸男『近代ドイツの政治構造——プロイセン憲法紛争史研究』ミネルヴァ書房、一九七二年、七六—七七頁。

（17）Mehring, *op. cit.*, S. 43f. 邦訳、三一—三三頁。

（18）安、前掲書、一三頁。あくまでも「一説」である。vgl. Stirner, *op. cit.*, S. 65f.

（19）Lassalle an Marx, 11. Sep. 1860. in: *FLNBS*. Bd. 3, S. 319.

2

（1）O. von Bismarck, *Die gesammelten Werke*, Bd. 10, Berlin 1928, S. 140.

（2）B. Emig, *Die Veredelung des Arbeiters: Sozialdemokratie als Kulturbewegung*, Frankfurt/New York 1980, S. 41f.

（3）Das Arbeiterprogramm: Über den besonderen Zusammenhang der gegenwärtigen Geschichtsperiode mit der Idee des Arbeiterstandes, in: E. Bernstein (Hg), *Ferdinand Lassalle; Gesammelte Reden und Schriften*, 12 Bd. Berlin 1919.（*FLGRS* と略記）Bd. 2, S. 183f. F・ラサール（森田勉訳）『憲法の本質・労働者綱領』法律文化社、一九八一年、一六七頁。

（4）*Ibid.*, S. 184. 邦訳、一六八頁。

（5）Über Verfassungswesen., in: *FLGRS*. Bd. 2, S. 60. 邦訳、七六頁。

（6）*Ibid.*, S. 58. 邦訳、七四頁。

（7）望田、前掲書、二四八—二五一頁。

（8）Verfassungswesen., in: *FLGRS*. Bd. 2, S. 104f., S. 112. 邦訳、一〇七頁、一一四—一一五頁。

（9）Macht und Recht., in: *FLGRS*. Bd. 2, S. 133f. 邦訳、一二二頁。

（10）*Ibid.*, S. 130. 邦訳、一二〇頁。

（11）Die Wissenschaft und die Arbeiter, in: *FLGRS.* Bd. 2, S. 246f. フェルディナント・ラッサール（猪木正道訳）『学問と労働者・公開答状』世界古典文庫、一九四九年、三六頁。

（12）Offenes Antwort-Schreiben, in: *FLGRS.* Bd. 3, S. 58. 邦訳、九三頁。

（13）Lassalle an S. v. Hatzfeldt. 13. Apr. 1863. in: *FLNBS.* Bd. 4, S. 343.

（14）Lassalle an die Redaktion der Volkszeitung. 11. Apr. 1863. in: *FLNBS.* Bd. 5, S. 137.

（15）B. Becker, *Geschichte der Arbeiter-Agitation Ferdinand Lassalle's*, Braunschweig 1875, S. 54.

（16）Offenes Antwort, in: *FLGRS.* Bd. 3, S. 89f. 邦訳、一二〇―一二一頁。

（17）V. Lenin, *Agitation und Propaganda*, Wien/Berlin 1929, S. 33f.

（18）蔑称としての「労働者」については、Emig, *op. cit.* S. 52f. アジテーションの概念史については、W. Schieder/Ch. Dipper, Propaganda, in: W. Conze (Hg), *Geschichtliche Grundbegriffe*, Bd. 5, Stuttgart 1984. S. 96–98.

（19）ヘルツィッヒは「名望家政党」に対する「大衆政党」の意味で「煽動政党」の名称を使っている。いずれにしても閉鎖的結社に対する新しい政治組織であることには違いない。A. Herzig, *Der Allgemeine Deutsche Arbeiter-Verein in der deutschen Sozialdemokratie*, (*ADAV.* と略記) Berlin 1979, S. 2.

（20）Arbeiterprogramm., in: *FLGRS.* Bd. 2, S 147. 邦訳、一三一頁。Wissenschaft und Arbeiter., in: *FLGRS.* Bd. 2, S. 217. 邦訳、九頁。

（21）A. Bebel, *Aus meinem Leben*, Berlin/Bonn 1986, S. 61f.

（22）Arbeiterprogramm, in: *FLGRS.* Bd. 2, S. 200. 邦訳、一八四頁。

（23）Lassalle an den Vater. 21. Mai 1844. in: *FLNBS.* Bd. 1, S. 98.

（24）野田宣雄『教養市民層からナチズムへ——比較宗教社会史のこころみ』名古屋大学出版会、一九八八年、三二一—三二六頁。

3

（1）Statut des Lasselleschen "ADAVs"., in: *FLGRS.* Bd. 4, S. 246.
（2）林健太郎「ビスマルクとラッサールの会談について」『ドイツ史論集』中央公論社、一九七六年。
（3）Mehring, *op. cit.*, S. 89f. 邦訳、六八—六九頁。
（4）現代ドイツの公共性論議における『祝祭、新聞、フランクフルト代議士大会』の意義については、以下を参照。P. Glotz, Was haben die Presse-Reformvorschläge von Ferdinand Lassalle oder Karl Bücher mit dem Fernseh-Streit zu tun? in: O. B. Roegele (Hg), *Presse-Reform und Fernseh-Streit*, Gütersloh 1965, S. 9-13. この演説の重要性を我が国で指摘したのは林論文のみである。ただし、林は「この演説の内容からも彼の戦術の転換を見ることはできない」と結論している。前掲論文、一六二—一六五頁。全集編者ベルンシュタインは、この演説に以前のアジテーションと異なる傾向を指摘している。*FLGRS.* Bd. 3, S. 335f.
（5）Mehring, *op. cit.*, S. 85. 邦訳、六五頁。
（6）*Ibid.*, S. 87. 邦訳、六六頁。
（7）Becker, *op. cit.*, S. 82.
（8）Mehring, *op. cit.*, S. 88. 邦訳、六七頁。
（9）zit. nach *FLGRS.* Bd. 3, S. 392-396.
（10）Die Feste, die Presse und der Frankfurter Abgeordnetentag, in: *FLGRS.* Bd. 3, S. 349.
（11）*Ibid.*, S. 350.

（12）*Ibid.*, S. 365f.

（13）*Ibid.*, S 343.

（14）*Ibid.*, S. 367f.

（15）*Ibid.*, S. 379.

（16）Mehring. *op. cit.*, S. 102. 邦訳、七七頁。

（17）Bekanntmachung. 27. Jun. 1863. in: *FLGRS*. Bd. 4, S. 260.

（18）*Volksstaat*, 30. Juli 1870. zit. nach *FLGRS*. Bd. 3, S. 176.

（19）Bernsteins Vorbemerkung des “Prozesses wider Ferdinand Lassalle” in: *FLGRS*. Bd. 3. S. 405f. Mehring, *op. cit.*, S. 105. 邦訳、七八頁。

（20）Arbeiterprogramm., in: *FLGRS*. Bd. 2, S. 184. 邦訳、一六八頁。

（21）Arbeiterlesebuch; Lassalles Rede am 16. Apr. 1863. in: *FLGRS*. Bd. 3, S. 232f.

（22）Herr Bastiat-Schulze von Delitzsch, Berlin 1864, in: *FLGRS*. Bd. 5, S. 350. この箇所に編者ベルンシュタインは次のような註を付けた。「無限定にこう唱えることは、断じて誤りである。輿論からの自立とは非常に高度かつ深遠な知的道徳的見地からの表現としてありうる。労働者階級の意識に目覚めた分子は市民的輿論から自立しており、彼らは自分たち独自の輿論を形成している。また、ラサールの新聞についての発言も、保守系新聞が自由主義新聞よりましだという訳ではまったくなかったのに、自由主義新聞のみを批判したことを問わないとしても、ひどく一方的な見方に捕われている。ラサールは大学教養人の精神にかなり強く感染していた。」Ebenda.

（23）Erwiderung auf eine Rezension der “Kreuzzeitung” am 2. Jun. 1864, in: *FLGRS*. Bd. 5, S. 379f.

（24）サブカルチャーとしてのSPD文化については以下参照。G. Roth, *The Social Democrats in Imperial*

Germany; A Study in Working-Class Isolation and National Integration, Totowa N. J. 1963. ロートのサブカルチャー論に対する批判として、V. L. Lidtke, *The Alternative Culture; Socialist Labor in Imperial Germany*, Oxford 1985. pp. 3-20.

(25) Hildebrandt. *op. cit.*, S. 198.

(26) Lassalle an Willms. 27. Jul. 1864. in: *FLGRS*. Bd. 4, S. 336.

(27) Instruktion für die Bevollmächtigen des ADAV. in: *FLGRS*. Bd. 4, S. 256.

(28) B. Becker an Lassalle. 29. Jun. 1864. in: *FLNBS*. Bd. 5, S. 245f. ラサール派には、こうした戦闘的スタイルが長く残った。一八七〇年六月のアイゼナハ派シュトゥットガルト大会へラサールは二五〇名の突撃隊を送り込み、公開会議を粉砕している。Mehring, *op. cit.*, S. 363. 邦訳、二八三頁。

(29) Die Agitation des Allgemeinen deutschen Arbeitervereins und das Versprechen des Königs von Preußen (Ronsdorfer Rede), in: *FLGRS*. Bd. 4, S. 194.

(30) B. Becker an Lassalle. 29. Jun. 1864. in; *FLNBS*. Bd. 5. S. 346.

(31) Der Hochverrats-Prozess am 12. Mär. 1864. in: *FLGRS*. Bd. 4. S. 97f.

(32) Lassalle an V. A. Huber. 24. Feb. 1864. in: G. Mayer (Hg), Lassaleana; Unbekannte Briefe Lassalles, in: *Archiv für die Geschichte des Sozialismus und der Arbeiterbewegung*, 1911, S. 193.

(33) Becker, *op. cit.*, S. 231f.

(34) Ronsdorfer Rede., in: *FLGRS*. Bd. 4, S. 226f. この「見識の独裁」をもって、ラサールが自由な議論の封殺を目指したと考えるのは正しくない。それはハーバーマスが市民的公共性の理念を次のように表現していることからも明らかである。「〝権威にあらずして、真理が法を作る〟。それは公論を異論のない見識においてのみ貫徹する、あの足取りも軽やかな強制へと支配を止揚する理念である。」Habermas, *op. cit.*, S.

110f. 邦訳、一一九頁。「見識の独裁」をこの理念の一変種とみることも可能である。
(35) Mehring, *op. cit.*, S. 142. 邦訳、一一〇頁。
(36) Ronsdorfer Rede., in: *FLGRS*. Bd. 4, S. 228f. ラテン語引用文は Vergilius, Aeneis. 4-625.
(37) *Ibid.*, S. 229.
(38) R. Schlingmann an Lassalle. 28. Mai 1864. in: *FLNBS*. Bd. 5, S. 323.
(39) Alexi an Lassalle. 2. Aug. 1864. in: *FLNBS*. Bd. 5, S. 357.

4

(1) 安、前掲書、三七頁。
(2) ラサール祝祭についての研究論文としては以下を参照。A. Herzig, Die Lassalle-Feiern in der politischen Festkultur der frühen deutschen Arbeiterbewegung, in: D. Düding/P. Friedemann/P. Münch (Hg), *Öffentliche Festkultur; Politische Feste in Deutschland von der Aufklärung bis zum Ersten Weltkrieg*, Reinbek 1988.
(3) 3. Volksgesang der Harzburger Programmbroschüre, in: *Archiv für Sozialgeschichte*. (*AfSG*. と略記) 1963, S. 481.
(4) Herzig, *ADAV.*, S. 127.
(5) Schweitzer an Lassalle, 12. Jun. 1863., Lassalle an Schweitzer, 14. Jun. 1863. in; *FLNBS*. Bd. 5, S. 83-85.
(6) B. Becker, *Enthüllungen über das tragische Lebensende Ferdinand Lassalle's*, Schleiz 1868, S. 124f.
(7) Mehring, *op. cit.*, S. 137, S. 142. 邦訳、一〇五、一〇九頁。
(8) G. Eisfeld/K. Koszyk, *Die Presse der deutschen Sozialdemokratie: Eine Bibliographie*, 2. Aufl. Bonn 1980, S. 69.

(9) zit. nach Becker, *Geschichte*, S 264.

(10) R. Rocker, *Absolutistische Gedankengänge im Sozialismus*, Darmstadt o. J. S. 37.

(11) Herzig, Lassalle-Feiern, S. 328f.「一九世紀のメシア」の表現はカール・フロインドシュー作「ラサール派の信仰宣言」でも使われている。E. Heilmann, *Geschichte der Arbeiterbewegung in Chemnitz und dem Erzgebirge*, Chemnitz 1912, S. 40f.「ラサール＝救世主」観については、以下も参照。E. Colberg, *Die Erlösung der Welt durch Ferdinand Lassalle*, München 1968, S. 113.

(12) Mehring, *op. cit.*, S. 145. 邦訳、一一一頁。

(13) Becker. *Geschichte*., S. 81f.

(14) zit. nach *FLGRS*. Bd. 4. S. 233. 家庭的祝祭と政治煽動の意識的な結合はラサール自身が意図していた。Becker. *Geschichte*., S. 233.

(15) Lassalle an S. von Hatzfeldt. 20. Mai 1864. in: *FLNBS*. Bd. 4, S. 355.

(16) E. Willms an Lassalle. 1. Dez. und 23. Dez. 1863. in: *FLNBS*. Bd. 5. S. 256f. S. 268.

(17) J. Audorf an Lassalle. 3. Dez. 1863. in: *FLNBS*. Bd. 5, S. 258.

(18) zit. nach Hildebrandt. *op. sit.*, S. 201.

(19) G. Korff. Rote Fahnen und geballte Faust: Zur Symbolik der Arbeiterbewegung in der Weimarer Republik, in: D. Petzina (Hg), *Fahnen, Fäuste, Körper: Symbolik und Kultur der Arbeiterbewegung*, Essen 1986, S. 120f.

(20) J. Loreck, *Wie man früher Sozialdemokrat wurde: Das Kommunikationsverhalten in der deutschen Arbeiterbewegung und die Konzeption der sozialistischen Parteipublizistik durch August Bebel*, Bonn/Bad Godesberg 1978, S. 206f.

(21) Bebel an Engels. 19. Mai 1872. in; Werner Blumenberg (Hg), *August Bebels Briefwechsel mit Friedrich Engels*, London/Den Haag/Paris 1965, S. 15.

(22) *Ebenda.*

(23) P. von Rüden, Anmerkungen zur Kulturgeschichte der deutschen Arbeiterbewegung vor dem Ersten Weltkrieg, in: Ders., *Beiträge zur Kulturgeschichte der deutschen Arbeiterbewegung: 1848-1918*, Frankfurt a. M. 1981, S. 27f.

(24) zit. nach Herzig, Lassalle-Feiern., S. 328.

(25) Bebel. *op. cit.*, S. 408.

(26) H.-U. Wehler, *Das Deutsche Kaiserreich: 1871-1918*, Göttingen 1983, S. 96f. ハンス-ウルリヒ・ヴェーラー（大野英二／肥前榮一訳）『ドイツ帝国 一八七一－一九一八年』未來社、一九八三年、一四五－一四六頁。但し、ロートの定義した「消極的統合」とはニュアンスが異なる。国家が反体制運動を合法的に許容しつつ、政治権力から疎外することをロートは消極的統合と呼ぶが、この結果、反体制大衆運動は自足的なサブカルチャーを形成し、結果的に支配システムに統合される。Roth, *op. cit.*, p. 315f.

(27) G. Eckert, Der Arbeitertag in Bad Harzburg und der Kampf gegen die Privatisierung der Braunschweiger Staatsbahn, in: *AfSG*. 1962, S. 479ff.

(28) Becker, *Geschichte.*, S. 72. Herzig, *ADAV.*, S. 122.

(29) A. Herzig, Organisationsformen und Bewußtseinsprozesse Hamburger Handwerker und Arbeiter in der Zeit von 1790-1848, in: A. Herzig/D. Langewische/A. Sywottek (Hg), *Arbeiter in Hamburg: Unterschichten, Arbeiter und Arbeiterbewegung seit dem ausgehenden 18. Jahrhundert*, Hamburg 1983, S. 96f.

(30) *Neuer Social-Demokrat.* Nr. 104. 8. Sept. 1872. zit. nach Herzig, Lassalle-Feiern., S. 330.

(31) Herzig, Lassalle-Feiern., S. 331.

(32) G. Lewy an Lassalle. 29. Jul. 1864. in: *FLNBS.* Bd. 5, S. 353.

(33) Emig, *op. cit.*, S. 60f.

(34) P. Kampfmeyer, *Lassalle; Ein Erwecker der Arbeiterkulturbewegung*, Berlin 1925, S. 40.

(35) D. Düding, Politische Öffentlichkeit-politisches Fest-politische Kultur, in: Ders. (Hg), *Öffentliche Festkultur*, S. 22.

(36) B. J. Warneken (Hg), *Als die Deutschen demonstrieren lernten: Das Kulturmuster "friedliche Straßendemonstration" im preußischen Wahlrechtskampf 1908–1910*, Tübingen 1986, S. 7.

(37) *Ibid.*, S. 22f., S. 33f.

(38) G. Hauk, "Armeekorps auf dem Weg zur Sonne"; Einige Bemerkungen zur kulturellen Selbstdarstellung der Arbeiterbewegung, in: Petzina (Hg), *op. cit.*, S. 80.

第二章

1

(1) Öffentliche Versammlung für Männer und Frauen des Lese-Kulbs "Karl Marx", in: *Vorwärts* (*Vw.* と略記) 1. Jan. 1891.

(2) Emig, *op. cit.*, S. 89.

(3) *Protokoll über die Verhandlungen des Parteitages, Eisenach 1869.* (以下、党大会議事録は *Prot. Ort Jahr.* と略記), S. 40.

(4) *Prot. Stuttgart 1870.*, S. 27.

(5) *Prot. Mainz 1872.*, S. 29.

(6) Emig, *op. cit.*, S. 107.

(7) A. Herzig, *Carl Wilhelm Tölckes Presseberichte zur Entwicklung der deutschen Sozialdemokratie: 1848-1893; Quellen zur Geschichte die deutsche Arbeiterbewegung*, München 1976, S. 48.

(8) Mehring, *op. cit.*, S. 673. 邦訳、五二一頁。F. Osterroth/D. Schuster, *Chronik der deutschen Sozialdemokratie*, Bd. 1. Berlin/Bonn 2. Aufl. 1975, S. 75. ＳＰＤの機関紙統計の概観は、西尾孝明「ドイツ社会民主党の機関紙活動一・二」『政経論叢』三四巻六号、三五巻二号（一九六六年）参照。詳しくは、D. Fricke, *Handbuch zur Geschichte der deutschen Arbeiterbewegung 1869 bis 1917*, Bd. 1, Berlin (O) 1987, S. 495-660.

(9) zit. nach A. Dang, *Die sozialdemokratische Presse Deutschlands*, Diss., Frankfurt a. M. 1928, S. 12.

(10) 鎮圧法を扱った個別論文に西尾孝明「社会主義者鎮圧法の制定過程」田口／田中／西尾編『現代民主主義の諸問題・秋永肇教授古稀記念論集』御茶の水書房、一九八二年。同「社会主義者鎮圧法の制定に向けて」中央大学法学会編『法学新報』第八七巻三・四号、また鎮圧法下のＳＰＤに関しては飯田収治「ドイツ社会民主党と帝国議会対策——一八七一—一八九〇年の時期を中心に」『西洋史学』第六四号（一九六四年）、木村眞樹男「ビスマルクと社会主義者鎮圧法」『近代ヨーロッパ史論集・村岡哲先生喜寿記念』太陽出版、一九八九年などがある。

(11) E. Bernstein, *Von der Sekte zur Partei*, Jena 1911, S. 27.

(12) Roth, *op. cit.*, p. 171.

(13) 主な研究は、F. Pospiech, *Julius Motteler, der „rote Feldpostmeister"*, Esslingen 1977. K. A. Hellfaier,

Die deutsche Sozialdemokratie während des Sozialistengesetzes 1878–1890: Ein Beitrag zur Geschichte ihrer illegalen Organisations- und Agitationsformen, Berlin (O) 1958. E. Engelberg, *Revoltionäre Politik und Rote Feldpost, 1878–1890*, Berlin (O) 1959.

(14) L. W. Pye (ed.), *Communications and Political Development*, Princeton University Press 1963. p. 336. ルシアン・W・パイ編著（NHK放送学研究室訳）『マス・メディアと国家の近代化』日本放送出版協会、一九六七年、三三二頁。

(15) I. Rarisch, *Industrialisierung und Literatur*, Berlin 1976, S. 43.

(16) R. Engelsing, *Analphabetentum und Lektüre: zur Sozialgeschichte des Lesens in Deutschland zwischen feudaler und industrieller Gesellschaft*, Stuttgart 1973, S. 127. R・エンゲルジング（中川勇治訳）『文盲と読書の社会史』思索社、一九八五年、二三三頁。

(17) Ch. Harrer, *Die Geschichte der Münchener Tagespresse 1870–1890*, Würzburg 1940, S. 167.

(18) G・タルド（稲葉三千男訳）『世論と群集』未來社、一九六四年、二一頁。

(19) O. Groth, *Die Zeitung*, Bd. 3, Mannheim 1928, S. 430.

(20) M. Stürmer, *Das ruhelose Reich: Deutschland 1866–1918*, Berlin 1983, S. 67.

(21) D. Basse, *Wolff's telegraphisches Bureau: 1849 bis 1933*, München 1991, S. 48–53.

(22) Mehring, *op. cit.*, S. 412, 邦訳、三三〇頁。vgl. W. Saerbeck, *Die Presse der deutschen Sozialdemokratie unter dem Sozialistengesetz*, Pfaffenweiler 1986, S. 24.

(23) H.-W. Wetzel, *Presseinnenpolitik im Bismarckreich: (1874–1890): das Problem der Repression opositioneller Zeitungen*, Frankfurt a. M. 1975, S. 303.

(24) *Reichs = Gesetzblatt Nr. 16. 7. Mai 1874*. 本稿で引用した帝国出版法の各条文は以下による。K.

Häntzschel, *Das deutsche Preßrecht*, Berlin 1928, S. 81-88.

(25) H. -D. Fischer, *Handbuch der politischen Presse in Deutschland: 1480-1980*, Düsseldorf 1981, S. 70.

(26) *Prot. Gotha 1875.*, S. 67.

(27) Wetzel, *op. cit.*, S. 191-192.

(28) 帝国訴願委員会の裁可記録は以下を参照。L. Stern (Hr), *Der Kampf der deutschen Sozialdemokratie in der Zeit des Sozialistengesetzes 1878-1890: Die Tätigkeit des Reichs-Commission*, Berlin (O) 1956.

(29) D. Fricke, *Bismarcks Prätorianer: Die Berliner politische Polizei im Kampf gegen die deutsche Arbeiterbewegung*, Berlin (O) 1962, S. 81.

(30) H. Thümmler, *Sozialistengesetz §28: Ausweisungen und Ausgewiesene 1878-1890*, Vaduz 1979, S. 116, S. 154.

(31) H. Karasek, *Belagerungszustand!: Reformisten und Radikale unter dem Sozialistengesetz 1878-1890*, Berlin 1978, S. 85.

(32) F. Apitzsch, *Die deutsche Tagespressee unter dem Einfluss des Sozialistengesetzes*, Leipzig 1928, S. 197-202.

(33) K. Koszyk, *Deutsche Presse im 19. Jahrhundert*, Berlin 1966, S. 290-295. 邦語文献としては、近藤潤三「ドイツにおける大衆ジャーナリズムの成立——第2帝制期の新聞の統計的研究」『社会科学論集』愛知教育大学、三〇号(一九九〇年)、八六頁以下。

(34) M. Plewnia, *Auf dem Weg zu Hitler: Der "völkische" Publizist Dietrich Eckart*, Berlin 1970, S. 15f.

2

(1) K. Heuberger, *Der Volksstaat als Beispiel sozialdemokratischer Presse im 19. Jahrhundert*, Magi.

München 1983, S. 28f.

（2）*Prot. Coburg 1874.*, S. 84.

（3）G. v. Eckert (Hg), *Wilhelm Liebknecht; Briefwechsel mit deutschen Sozialdemokraten*, Assen 1973, Bd. 1, S. 546.

（4）*Prot. Gotha 1877.*, S. 75.

（5）Karasek, *op. cit.*, S. 46f.

（6）Fricke, *Handbuch.*, S. 514-517. 鎮圧法後の創刊数は以下のリストより計算。Eisfeld/Koszyk, *op. cit.*, S. 59-206

（7）Wetzel, *op. cit.*, S. 213f. G. Rückel, *Die Frankische Tagespost; Geschichte einer Parteizeitung*, Nürnberg 1964, S. 50f.

（8）Saerbeck, *op. cit.*, S. 63.

（9）R. Jansen, *Georg von Vollmar: Eine politische Biographie*, Düsseldorf 1958, S. 11. 以下、フォルマーに関する事項は特記しない限りこれによる。

（10）U. Heß, *Louis Viereck und seine Münchener Blätter für Arbeiter 1882-1889*, Dortmund 1961, S. 2. 以下、フィアエックに関する事項は特記しない限りこれによる。

（11）W. Albrecht, *Georg von Vollmar; Reden und Schriften zur Reformpolitik*, Berlin/Bonn-Bad Godesberg 1977, S. 10.

（12）*Prot. Gotha 1877.*, S. 62f.

（13）Wetzel, *op. cit.*, S. 202,

（14）*Sozialdemokrat.*（*SD.* と略記）Nr. 10, 7. Feb. 1880, Nr. 11, 14. Feb. Nr. 13, 28. Feb.

(15) *Prot. Wyden 1880*, S. 17, S. 49.

(16) zit. nach Jansen, *op. cit.*, S. 24.

(17) P. Mayer, *Bruno Schoenlank: 1859–1901; Reformer der sozialdemokratischen Tagespresse*, Hannover 1972, S. 65–59.

(18) *SD*. Nr. 35, 25. Aug. 1882.

(19) *SD*. Nr. 46, 9. Nov. 1882, Saerbeck, *op. cit.*, S. 116f.

(20) Stern, *op. cit.*, S. 166–169, S. 179–186. Wetzel, *op. cit.*, S. 227f.

(21) Mehring, *op. cit.*, S. 603, S. 532. 邦訳、四六八、四五二頁。

(22) *MEW*. Bd. 36, S. 155.『全集』第三六巻、一四一頁。

(23) Harrer, *op. cit.*, S. 33f.

(24) Mayer, *op. cit.*, S. 30.

(25) *Ibid.*, S. 28.

3

(1) フィアエック系新聞で一定期間まとまって図書館、文書館に現存するものは、週刊新聞『労働の権利』『ドイツ週報』に限られるが、ともに欠号が多い。『バイエルン人民の声』*Bayerische Volksstimme*. (*BV*. と略記) は完全版がバイエルン邦立図書館に所蔵されている。マルクス主義側の評価は、Fricke, *Handbuch*., S. 534.

(2) Saerbeck, *op. cit.*, S. 145f.

(3) Eisfeld/Koszyk, *op. cit.*, S. 164.

(4) 三三号 (9. Mai 1886) が押収され三八号 (15. Mai 1886) で発行禁止となった。H. Birett (Hr),

Verbotene Druckschriften in Deutschland, Bd. 1, Vaduz 1987, S. 170. Mayer, *op. cit.*, S. 27.

（5）I. Auer, A. Geck, *Nach zehn Jahren: Material und Glossen zur Geschichte des Sozialistengesetzes.* Nürnberg 1913, S. 136. Heß, *op. cit.*, S. 50. ちなみに一八八五年度『ドイツ新聞年鑑』によると、人民党系『バイエルン邦郵便』は発行部数三〇〇〇部と記載されているが、この数値は自己申告のため信頼できない。警察資料では一二〇〇部の『南独郵便御者』が自己申告によれば八〇〇〇部、同じく一〇〇部の『労働の権利』が一万部など、この種の統計の利用には困難がともなう。*Die deutsche Presse; Verzeichnis der im Deutschen Reiche erscheinenden Zeitungen und Zeitschriften*, Bd. 1, Berlin 1885, S. 228. vgl. R. Knaack/W. Schröder, Gewerkschaftliche Zentralverbände, Freie Hilfskassen und die Arbeiterpresse unter dem Sozialistengesetz; Die Berichte des Berliner Polizeipräsidenten vom 4. Sept. 1886 und 28. Mai 1888, in: *Jahrbuch für Geschichte.* 1981, S. 441.

（6）フィアエック社の出版物価格リスト（*Der süddeutsche Postillon*, Nr. 52, 1885.）、求人広告批判（*BV. Pro.* Nr. 2, 14. Mär. 1886.）。もちろん購読料支払いの形態は共同購入が珍しくなかったから新聞購読の家計負担は過大視するべきではない。Loreck, *op. cit.*, S. 15.

（7）『社会民主主義者』購読料の詳細は、Engelberg, *op. cit.*, S. 277f. 購読者数については、Fricke, *Handbuch.*, S. 531.

（8）K. Koszyk, Kultur und Presse der Arbeiterbewegung, in: P. von Rüden (Hg), *op. cit.*, S. 68.

（9）*SD.* Nr. 14, 1. Apr. 1886.

（10）K. Eisner, *Gesammelte Schriften*, Bd. 1, Berlin 1919, S. 455.

（11）H. Hirschfelder, *Die bayerische Sozialdemokratie.* Teil 2. *1878–1914.* Erlanger Studien 1979, S. 361f.

（12）Engelberg, *op. cit.*, S. 205–213.

（13）一九〇九年の代表的新聞三〇紙の平均組面構成比（Koszyk, *Deutsche Presse.*, S. 217.）および O. Groth, *Die politische Presse Württembergs*, Stuttgart 1915, S. 116–142.

（14）Jansen, *op. cit.*, S. 29.

（15）P. Kampffmeyer, *Georg von Vollmar*, München 1930, S. 116.

（16）Loreck, *op. cit.*, S. 74f.

（17）R. Knaack/W. Schröder, *op. cit.*, S. 410.

（18）*SD*. Nr. 15, 15. Apr. 1886.

4

（1）Stern, *op. cit.*, S. 201f.

（2）Heß, *op. cit.*, S. 32. Mayer, *op. cit.*, S. 26. Fricke, *Handbuch.*, S. 527.

（3）Mehring, *op. cit.*, S. 637–643. 邦訳、四九三—四九七頁。

（4）*Prot. St. Gallen 1887.*, S. 47f.

（5）Heß, *op. cit.*, S. 35ff.

（6）Jasen, *op. cit.*, S. 34.

（7）鍋谷郁太郎「ドイツ社会民主党に於ける国家社会主義論争——Georg von Vollmar による問題提起をめぐって」『西洋史学』第一三四号（一九八四年）参照。

（8）*Prot. Halle 1990.*, S. 35.

（9）*SD*. Nr. 39, 27. Sep. 1890.

（10）*Ebenda.*

（11）Bebel an Auer, 14. Nov. 1884. in: U. Herrmann/H. Gemkow（Bear.）, *August Bebel: Ausgewählte Reden und Schriften*, Bd. 2, Berlin 1978, S. 148.

（12）Koszyk, *Deutsche Presse.*, S. 290–296.

（13）Saerbeck, *op. cit.*, S. 116.

（14）*Ibid.*, S. 181.

（15）vgl. Koszyk, Kultur und Presse., S. 65f.

第三章

1

（1）ジョン・トーランド（永井淳訳）『アドルフ・ヒトラー』第一巻、集英社文庫、一九九〇年、二七〇頁。

（2）守田有秋「性慾芸術」『文芸戦線』第三巻第七号、三四頁。

（3）風俗史関係の主要著作は邦訳されている。E. Fuchs, *Illustrierte Sittengeschichte*, 3 und 3 Erg. Bd., München 1909–1912. 安田徳太郎訳『風俗の歴史』全一〇巻、光文社、一九五三－五九年。Ders., *Die Frau in der Karikatur*, München 1906. 清水朝雄訳『おんな』第一巻「ズボンを巡る争い」、第二巻「ミノタウルス夫人とその娘」、第三巻「ヴィーナス夫人に仕えて」刀江書院、一九六〇－六一年。Ders., *Geschichte der erotischen Kunst; Bd. 1. Das zeitgeschichtliche Problem*, München 1908. 安田徳太郎訳（部分訳）『エロチック美術の歴史』第一・二巻、青土社、一九八一年。また、明朝の鬼瓦研究書も邦訳されている。Ders., *Dachreiter und verwandte chinesische Keramik des 15. bis 18. Jahrhunderts*, München 1924. 刀江書院編集部訳『鬼龍子』刀江書院、一九六四年。漫画史、漫画芸術論を中心とした二〇冊に及ぶフックスの著作については、本格的伝記研究 Th. Huonker, *Revoltion, Moral & Kunst: Eduard Fuchs: Leben und Werk*, Zürich 1985, S. 566–568. を参照。また、Huonker 編集で新書版『風俗の歴史』が復刊さ

れた（本稿での引用は同版による）E. Fuchs, *Illustrierte Sittengeschichte in sechs Bänden*, Frankfurt a. M. 1985. また『美学とコミュニケーション』誌がフックスの文化史を特集している。P. Gorsen, Vorbemerkung zum Schwerpunkt Kulturgeschichte: Eduard Fuchs, in: *Ästhetik und Kommunikation.* (*Äk.* と略記) Nr. 25 (1976) 旧東独では、政治的な理由から一八九〇年代に限定してフックスは評価された。初期の研究として、K. Völkerling, *Die politisch-satirischen Zeitschriften „Süddeutscher Postillon“ (München) und „Der Wahre Jacob“ (Stuttgart): Ihr Beitrag zur Herausbildung der frühen sozialistischen Literatur in Deutschland und zur marxistischen Literaturtheorie*, Diss. Potsdam 1969. また E. Fuchs/K. Kaiser/E. Klaar (Hg), *Aus dem Klassenkampf: soziale Gedichte.* (München 1894) Berlin (O) 1978. が復刊された。U. Weitz, Eduard Fuchs und seine Bedeutung für die Kulturpolitik der deutschen Arbeiterbewegung, in: *Wissenschaftliche Zeitschrift der Humboldt Universität zu Berlin, Gesellschaftswissenschaftliche Reihe.* (*WZHU-GR.* と略記) 1985 1/2.

（4）W. Benjamin, Eduard Fuchs, der Sammler und der Historiker, in: Ders., *Das Kunstwerk im Zeitalter seiner technischen Reproduzierbarkeit; Drei Studien zur Kunstsoziologie*, Frankfurt a. M. 1966. 好村冨士彦訳「エードゥアルト・フックス――収集家と歴史家」『ヴァルター・ベンヤミン著作集二――複製技術時代の芸術』晶文社、一九七〇年。ベンヤミン論文については、好村冨士彦「複製芸術時代の収集家」『希望の弁証法』三一書房、一九七八年参照。

（5）*Süddeutscher Postillon* (*SP.* と略記), München 1884-1909, Stuttgart Dez. 1909-Jun. 1910. この章の執筆と図版の引用にあたり、バイエルン邦立図書館の蔵書を利用した。『南独郵便御者』の原稿、編集ゲラを含め、エルンスト社関係の文書も同所に『ポスティロニアーナ』として所蔵されている。Manuskriptssammlung "Postilloniana" der Bayerlischen Staatsbibliothek München. Nr. 1-9. なお、一部の

復刻版として以下がある。U. Achten (Hg), *Süddeutscher Postillon; Ein Querschnitt in Faksimile,* Berlin/Bonn 1979

(6) フックスの経歴は、特に註記しない限り全て以下に拠る。Huonker, *op. cit.*, S. 6-225.

(7) vgl. L. Hollwerck, *Karikaturen: von den Fliegenden Blättern zum Simplicissimus; 1844-1914*, München 1973, S. 79. Völkering, *op. cit.*, S. 18.

2

(1) Fuchs, *Die Karikatur der europäische Völker*, Bd. 2, Berlin 1903, S. 480f. (*Karikatur.* と略記)

(2) Nachruf auf Max Kegel, in: *SP.* 1902, Nr. 18, S. 138.

(3) E. Drahn, Sozialistische Witzblätter, in: *Zeitungswissenschaft*, 1931, Nr. 5, S. 274.

(4) K. Völkerling (Hg), *Max Kegel; Auswahl aus seinem Werk*, Berlin (O) 1974, S. 34f.

(5) Zur Genesis des Süddeutschen Postillon, in: *SP.* 1897, Nr. 3, S. 18. Abonnirt den Süddeutschen Postillon, in: *SP.* 1887, Nr. 1, o. S., vgl. M. Hausmann, *Münchener Zeitschriften von 1870 bis 1890*, Würzburg 1939, S. 162. Völkerling, *op. cit.*, S. 19.

(6) Fuchs, In eigener Sache, in: *SP.* 1894, Nr. 15, o. S.

(7) Völkerling, *op. cit.*, S. 176.

(8) *SP.* 1887, Nr. 1, o. S.

(9) ハレ党大会での報告では両紙合計の購読数は十万七千部、一年後『南独郵便御者』の発行部数は一万七千部と記載されている。*Prot. Halle 1890.*, S. 35. *Zeitungskatalog der Annoncen-Expedition Rudolf Mosse*, Berlin 1892, S. 92.

(10) Drahn, *op. cit.*, S. 276.

（11）G. Piltz, *Geschichte der europäischen Karikatur*, Berlin（O）1980, S. 228.

（12）*Zeitungskatalog der Annoncen-Expedition Rudolf Mosse*, Berlin 1892/94/97/98/1901. 雑誌状況については、近藤潤三「近代ドイツにおける大衆ジャーナリズムの形成」京大政治思想史研究会編『現代民主主義と歴史意識』ミネルヴァ書房、一九九一年参照。

（13）Nachruf auf Maximus Ernst, in: *Münchener Post.*（*MP.* と略記）16. Mai 1929.

（14）*Der Wahre Jacob.* 1910, Nr. 617, S. 6559. *SP.* 1910, Nr. 14, S. 117. *Prot. Magdeburg 1910.*, S. 43.

（15）Zur Genesis des Süddeutschen Postillon, in: *SP.* 1897, Nr. 3, S. 18.

（16）Akten der Polizeidirektion München Pol. Dir. 1045.（Staatsarchiv München.）

（17）*SP.* 1894, Nr. 9, o. S. 復刻広告（1894, Nr. 19, o. S.）、在庫照会（1896, Nr. 8, S. 63.）。

（18）T. Allen, *Satire and Society in Wilhelmine Germany; Kladderadatsch & Simplicissimus 1890–1914*, Kentucky 1984, pp. 39–41. C. Schulz-Hoffmann（Hg）, *Simplicissimus: eine satirische Zeitschrift; München 1896–1944*, München 1977, S. 42.

（19）*Jahrbuch für Partei- und Gewerkschafts-Angestellte.* 1910, S. 96.

3

（1）*SP.* 1898, Nr. 25, S. 213. *Prot. Hamburg 1897.*, S. 22.

（2）z. B., *Der Wahre Jacob*, 1891, Nr. 124.

（3）*MEW.* Bd. 27, passim.,『全集』第二七巻、五三六頁、注解（四七）参照。

（4）z. B. in: *SP.* 1898, Nr. 26, S. 230.

（5）キャラクター規定は、Aus dem Tagebuch eines Abderiten, in: *SP.* 1890, Nr. 10. Briefe aus Sachsen, in: *SP.* 1891, Nr. 13.

(6) 一八九四年に『南独郵便御者』と『真相』のライプツィヒ市内での購読数は一二〇〇部と七八〇〇部であった。K. Haenisch, Was lesen die Arbeiter? in: *Die Neue Zeit.* (*NZ.* と略記), 1900, Bd. 2, S. 695.

(7) vgl. K. Hickethier, Karikatur, Allegorie und Bilderfolge. Zur Bildpublizistik im Dienste der Arbeiterbewegung. in: P. von Rüden (Hg), *op. cit.*, S. 89f.

(8) N. Rothe, *Frühe sozialistische Lyrik aus den Zeitschriften „Der wahre Jacob" und „Süddeutscher Postillon"*, Berlin (O) 1977, S. 35.

(9) Advocatus, Was liest der deutsche Arbeiter? in: *NZ.* 1896, Bd. 2, S. 634.

(10) H. -J. Steinberg. *Sozialismus und deutsche Sozialdemokratie: Zur Ideologie der Partei vor dem 1. Weltkrieg*, 2 Aufl. Hannover 1969, S. 41-86. ハンス-ヨーゼフ・シュタインベルク（時永淑／堀川哲訳）『社会主義とドイツ社会民主党――第一次大戦前のドイツ社会民主党のイデオロギー』御茶の水書房、一九八三年、六五―一〇三頁。西村稔『知の社会史』木鐸社、一九八七年、二七七―二九八頁、保住敏彦『社会民主主義の源流』世界書院、一九九二年、一九五―二一三頁参照。

(11) *Prot. Hannover 1899*, S. 148.

(12) Fuchs, Karikatur., S. 482f.

(13) O. M. Krille, *Unter dem Joch: Die Geschichte einer Jugend*, Berlin 1914. S. 163. vgl. Loreck, *op. cit.*, S. 169-171.

(14) E. Klaar, Weihnacht, in: *SP*. 1892, Nr. 26, o. S. Die zehn Gebote des Kapitalismus, in: *SP*. 1895, Nr. 22, o. S.

(15) Fuchs, An der Wende, in: *SP*. 1892, Nr. 9, o. S.

(16) K. -D. Pohl, *Allegorie und Arbeiter, bildagitatorische Didaktik und Repräsentation der SPD 1890-1914*, Diss. Osnabrück 1986, S. 142-165.

(17) Fuchs, *Karikatur*., S. 478f.
(18) T. Allen, *op. cit.*, p. 89. vgl. G. Sumpf, Die russische Revolution 1905 und die bildende Kunst, in: *WZHU-GR*. 1985, S. 154.
(19) Fuchs, *Frauen*., S. 462f. 邦訳、第三巻、一五八―一五九頁。ドイツでは一九七三年に「女性の社会史」を副題に復刻された。これに対しフェミニスト側からフックスにおける性役割肯定の生物学的二元論、性解放否定の道徳主義を批判する論文がある。S. Bovenschen/P. Gorsen, Aufklärung als Geschlechtskunde; Biologismus und Antifeminismus bei Eduard Fuchs, in: *ÄK*. 1976, S. 10-30.
(20) Der Postillon auf der Anklagebank, in: *SP*. 1894, Nr. 1. なお、党大会議事録ではシュナイダー女史の発言は「我々の雑誌のイラスト」として複数表記で記載されており、特にこの漫画と特定できなくなっている。*Prot. Köln 1893*, S. 136.
(21) *MP*. 24. Nov. 1898.
(22) R. Luxenburg, Briefe an Leo Jogiches, Frankfurt a. M. 1971, S. 166f. 伊藤成彦／米川和夫／阪東宏訳『ヨギヘスへの手紙』第二巻、河出書房新社、一九七六年、二〇六頁。手紙の中で、ローザはレーマンの批判を「かなり馬鹿げた」ものとしており、この論争に参加していない。
(23) Postilloniana. Schachtel. 3.「ブルーマリズム」批判は、Fuchs. *Frauen*., S. 344f. 邦訳、第二巻、二三五―二三六頁。
(24) Das Recht auf Satire in den eigenen Reihen, in: *SP*. 1899, Nr. 25, o. S.
(25) *Ebenda*.
(26) E. Fuchs, *Die Juden in der Karikatur*, München 1921, S. 3.
(27) Werbung von "Die Juden als Verbrecher!" in: *SP*. 1893, Nr. 22, o. S.

（28）Fuchs, Nichts schuldig geblieben, in: *SP.* 1900, Nr. 13, S. 106.

（29）Adelige Weltanschauung, in: *Simplicissimus,* 1900, Nr. 9. この漫画については、P. Gay, *Freud, Juden und andere Deutsche,* Hamburg 1986, S. 217f. ピーター・ゲイ（河内恵子訳）『ドイツの中のユダヤ――モダニスト文化の光と影』思索社、一九八七年、二四五―四七頁参照。

（30）R. Leuschen-Seppel, *Sozialdemokratie und Antisemitismus im Kaiserreich,* Bonn 1978, S. 264.

（31）A. Bebel, *Sozialdemokratie und Antisemitismus,* 2. Aufl. Berlin 1906, S. 35.

4

（1）Benjamin, *op. cit.,* S. 17. 邦訳、一八頁。

（2）T. Allen, *op. cit.,* p. 12f.

（3）R. J. Evans, Wilhelm II.'s Germany and the Historians, in: *Evans (ed), Society and Politics in Wilhelmine Germany,* London 1987, pp. 11-39. リチャード・J・エヴァンス編（望田幸男／若原憲和訳）『ヴィルヘルム時代のドイツ――「下から」の社会史』晃洋書房、一九八八年、一―三四頁。

（4）*Simplicissimus,* 1896, Nr. 13.

（5）Huonker, *op. cit.,* S. 42f.

（6）*Jugend,* 1903, Nr. 51. vgl. E. Inderst. *Karikatur, ein Mittel zur publizistischen Darstellung der gesellschaftlichen Zustände, veranschaulicht am Beispiel der Münchener Zeitschriften "Jugend" und "Simplicissimus" (1896–1914),* Magi. München 1983, S. 70, S. 83.

（7）*Prot. Gotha 1896.,* S. 78.

（8）Fuchs, *Sittengeschichte.,* S. 214. 邦訳、第九巻、二二八頁。

（9）『南独郵便御者』の芸術観がメーリング理論の影響下にあったことは、Pohl, *op. cit.,* S. 117–121. メーリングの文化観と党内論争に関しては、P. von Rüden, *op. cit.*, S. 31f.

（10）Mehring, *op. cit.*, S. 664. 邦訳、五一三頁。

（11）z. B. Ada Negri, in: *SP*. 1897, Nr. 4. Eugen Pottier, in: *SP*. 1897, Nr. 12.

（12）E. Zola, Der Zusammenbruch, in: *SP*. 1899, Nr. 20. G. de Maupassant, Der Bagabund, in: *SP*. 1900, Nr. 19, 20. Fuchs, 1848 in der Karikatur, in: *SP*. 1898, Nr. 4, 5, 6, 7, 15.

（13）Huonker, *op. cit.*, S. 52.

（14）L. Zigarelli, Eduard Fuchs, vom militanten Journalismus zur Kulturgeschichte. in: *ÄK*. 1976, S. 39f.

（15）Fuchs, Der erste Mai im Bilde, in: *SP*. 1898, Nr. 10, S. 78-80.

（16）Fuchs, Geothe in der Karikatur, in: *SP*. 1899, Nr. 17.

（17）Fuchs, Die politische Karikatur im verschlossenen Wahlkampfe, in: *SP*. 1898, Nr. 14, S. 122.

（18）Fuchs, Honoré Daumier, in: *SP*. 1988, Nr. 10, 11, 12. Huonker, *op. cit.*, S. 348-352. フックスの文化史における内在的矛盾については、P. Gorsen, *op. cit.*, S. 5.

（19）Huonker, *op. cit.*, S. 241f.

（20）Fuchs, *Karikatur.*, Bd. 2, S. 483.

（21）Zingarelli, *op. cit.*, S. 41f.

（22）P. Kampffmeyer, Sittengeschichte, in: *Sozialistische Monatshefte*.（*SM*. と略記）1906, S. 195.

（23）R. Luxemburg, Tolstoi als sozialistischer Denker, in: *Gesammelte Werke*, Bd. 2, Berlin（O）1972, S. 253.

（24）Benjamin, *op. cit.*, S. 90. 邦訳、一二〇頁。

（25）Schutz-Hoffmann, *op. cit.*, S. 412.

第四章

1

（1）"*Der Wahre Jacob*"（*WJ.* と略記）というタイトルは、ブロースが"*Frankfurter Latern*"誌から引用して名付けたもので、巡礼地サンチァゴ・デ・コンポステラの故事に由来する。H. J. Steinberg, Satirische Zeitschriften der deutschen Sozialdemokratischen Arbeiterbewegung, in: H.-P. Harstick (Hg), *Arbeiterbewegung und Geschichte*, Trier 1983, S. 74f. F. Knilli, "Der Wahre Jacob": ein proletalischer Superman? Über die Bildsprache der revolutionären deutschen Sozialdemokratie, in: *Akzente*, 1970, S. 355. ドイツではヤーコプ信心会が中心となって庶民的な聖地巡礼を組織していた。ヴォルフガング・シーダー（滝田毅訳）「宗教と社会史——一九世紀ドイツ史の例」『思想』一九九〇年一二月号、一四八—四九頁。本稿で『真相』と訳した理由は、この雑誌中の次の如き自己規定なども考慮した。Wahrheit = Humor = Wahre Jacob（*WJ.* 1900, Nr. 375, S. 3387）。既に水田洋『知の商人——近代ヨーロッパ思想史の周辺』筑摩書房、一九八五年、一四七頁にも『真相』の表記で言及されている。

（2）H. J. Steinberg, *Sozialismus*, S. 124. 邦訳、二四四頁。

（3）Loreck, *op. cit.*, S. 255. 我が国の研究では、山本佐門「第一次大戦前のドイツ社会民主党の教育活動の実態——マンハイム党大会（一九〇六年）以後を中心に」『法学研究』（北海学園大学法学部）第一八巻三号（一九八三年）が参考になる。

（4）A. Hall, The War of Words; Anti-socialist offensives and counter-propaganda in Wilhelmine Germany 1890–1914, in: *Journal of Contemporary History*, 1976, p. 18.

（5）zit. nach H. J. Steinberg, *Sozialismus.*, S. 22. Anm. 57. 邦訳、二九頁。

(6) K. Kautsky, Nachklänge zum Parteitag, in: *NZ.* 1903, Bd. 1, S. 1.

(7) E. Matthias, Kautsky und der Kautskyanismus: Die Funktion der Ideologie in der deutschen Sozialdemokratie vor dem ersten Weltkriege, in: I. Fetscher (Hg), *Marxismusstudien*, 2 Folge, Tübingen 1959, S. 151-197. エーリヒ・マティアス(安世舟/山田徹訳)『なぜヒトラーを阻止できなかったか』岩波現代選書、一九八四年、一七三―二四二頁。

(8) SPDが煽動活動に一面的に全力を集中したため、権力政治上の機能停止に陥ったとする指摘もある。G. A. Ritter, *Die Arbeiterbewegung im Wilhelminischen Reich: Die Sozialdemokratische Partei und Freien Gewerkschaften 1890-1900*, Berlin 1959, S. 128.

(9) *Ibid.*, S. 57-59.

(10) カッツとラザースフェルドによるこの有名な仮説を、一般命題化すれば以下の如くなる。マス・コミュニケーションは受け手の効果の必要かつ十分な原因として作用するのでなく、媒介的諸要因と諸影響の連鎖の中で、その連鎖を通じて機能する。J・T・クラッパー(NHK放送学研究室訳)『マス・コミュニケーションの効果』日本放送出版協会、一九六六年、二四頁。

(11) M. Weber, Politik als Beruf, in: *Gesammelte politische Schriften*, Tübingen 1958, S. 514. マックス・ヴェーバー(中村貞二/脇圭平他訳)『政治論集2』みすず書房、一九八二年、五七七頁。ドイツにおける編集者の社会的地位の低さについては、K. Brunhuber, *Das deutsche Zeitungswesen*, Leipzig 1908, S. 5f.

(12) L. Kantorowicz, *Die sozialdemokratische Presse Deutschlands*, Diss. Tübingen 1922, S. 97-100, G. A. Ritter, *op. cit.*, S. 63. R. Engelsing, *Massenpublikum und Journalistentum im 19. Jahrhundert in Nordwestdeutschland*, Berlin 1966, S. 239.

(13) F. Stampfer, *Erfahrungen und Erkenntnisse*, Köln 1957, S. 27.

(14) W. Sperlich, *Journalist mit Mandat: sozialdemokratische Reichstagabgeordnete und ihre Arbeit in der Parteipresse 1867 bis 1918*, Düsseldorf 1983, S. 114-146. 『真相』編集長のリストは以下も参照したが、同書は誤りが多い。O. Supper, *Witz, Satire und Humor in der Publizistik Würtembergs, mit besonderer Berücksichtigung der schwäbischen periodischen Witzblätter*, Würzburg 1938, S. 44. また、一八八四年以前の『真相』は現存せず、内容、創刊時期について対立する見解がある。Völkering, *op. cit.*, S. 40.

(15) F. Osterroth (Hg), *Biographisches Lexikon des Sozialismus*, Bd. 1., Hannover 1960, S. 26, S. 63.

(16) W. Sperlich, *op. cit.*, S. 29.

(17) 理論と実践の二元論については、D. Groh, *Negative Integration und revolutionärer Attentismus: die Deutsche Sozialdemokratie am Vorabend des Ersten Weltkrieges*, Frankfurt a. M. 1974, S. 58f.

(18) W. Blos, Die sozialdemokratische Presse im Deutschland, in: *Handbuch des Vereins Arbeiterpresse*, Jg. 3 (1914), S. 21.

(19) V. Lidtke, *The Alternative Culture*. p. 140. p. 187.

(20) 党官僚組織形成については、C. H. Schorske, *German Social Democracy 1905-1917: The Development of the Great Schism*, Cambridge, 1955, pp. 122-127.

(21) 追悼記事。*WJ*. 1900. Nr. 560. S. 3244.

(22) R. Michels. *Zur Soziologie des Parteiwesens in der modernen Demokratie*, Stuttgart, 1925, S. 53-55. ロベルト・ミヘルス（森博／樋口晟子訳）『現代民主主義における政党の社会学Ⅰ』木鐸社、一九七三年、五四―五五頁。

(23) *Prot. Erfurt 1891.*, S. 302.

(24) W. Schröder, *Handbuch der sozialdemokratischen Parteitage von 1863 bis 1909*, München 1910, S.

458-460.

(25) *Prot. Köln 1893.*, S. 130ff.

(26) P. Nettle, The German Social Democratic Party 1890-1914, in: *Past and Present*, vol. 30 (1965), p. 68f.

(27) W. Sperlich, *op. cit.*, S. 133.

(28) R. Schmidt, Geschichte des Vereins Arbeiterpresse und der Unterstützungsvereinigung, in: *Jahrbuch für Partei- und Gewerkschafts-Angestellte 1908.*, S. 5-50.

(29) *Prot. Dresden 1903.*, S. 263.『前進』編集部紛争については、A. Hall, *Scandal, Sensation and Social Democracy: The SPD Press and Wilhelmine Germany 1890-1914*, Cambridge 1977, p. 39f.

(30) N. Jacob, The German Social Democratic Party School in Berlin 1906-1914, in: *History Workshop*, 1978/5, p. 181.

(31) ハイマンの経歴は、*Handbuch des Vereins Arbeiterpresse*, Jg. 3 (1914), S. 530.

(32) Sperlich, *op. cit.*, S. 34.「ホッテントット選挙」については、垂水節子「ドイツ社会民主党と帝国主義時代の政治——一九〇七年帝国議会選挙を中心に」『お茶の水史学』一三号(一九七〇年)参照。

(33) Hall, *Scandal.*, p. 32f.

(34) E. Fischer, *Grundlagen der Interpretation der Politik der deutschen Sozialdemokratie durch die sozialdemokratische Presse*, Heidelberg 1928, S. 10.

(35) K. Rickers, Der Wahre Jacob: Zum Tode von Friedlich Wendel, in: *Vorwärts*. Nr. 12 (1960).

(36) E. Fischer, *op. cit.*, S. 9f.

(37) Loreck, *op. cit.*, S. 165-168.

(38) W. Blos, *Denkwürdigkeiten eines Sozialdemokraten*, Bd. 1, München 1914, S. 85.

(39) R. Engelsing, *Massenpublikum*., S. 83.
(40) A. Popp, *Die Jugendgeschichte einer Arbeiterin*, München 1910, p. 54f.
(41) G. Roth, *op. cit.*, p. 246.
(42) E. Fischer, *op. cit.*, S. 22f.
(43) M. Th. W. Bromme, Lektüre eines sozialdemokratischen Arbeiters, in: W. Emmerrich (Hg), *Proletarische Lebensläufe*, Reinbeck 1974, S. 293.
(44) F. Rehbein, Der Weg eines Landarbeiters zum wissenschaftlichen Sozialismus, in: *Ibid*., S. 281.
(45) K. Kautsky, *Der Parlamentarismus, die Volksgesetzgebung und die Sozialdemokratie*, Stuttgart 1893, S. 86f.
(46) vgl. D. Langewiesche/K. Schönhoven, Arbeiterbibliotheken und Arbeiterlektüre im Wilhelminischen Deutschland, in: *AfSG*. 1976, S. 135-204.

2

(1) M. Häckel, *Der wahre Jacob: Lyrik und Prosa 1884-1905*, Berlin (O) 1959, S. 5f.
(2) F. Mering, *op. cit.*, Bd. 2, S. 664f. 邦訳（下）、五一四頁。
(3) H. J. Schütz (Hg), *Der wahre Jacob: ein halbes Jahrhundert in Faksimiles*, Bonn/Bad Godesberg 1977, S. 7f.
(4) *WJ*. 1928, Festschrift, S. 8.
(5) H. Moos, *Zur Soziologie des Witzblättes*, München 1917, S. 62.
(6) H. J. Schütz, *op. cit.*, S. 8. コンテストは、*WJ*. 1900, Nr. 359, S. 3226f. など。審査にはベーベル、メーリング等が加わった。

（7）P. Mayer, *op. cit.*, S. 65–69. シェーンランクと『真相』の関係は、Bruno Schönlank, in: *WJ.* 1901, Nr. 400, S. 3633.

（8）S.-M. Braig, *Die Presse um 1900 im Spiegel der Satire: Unter Zugrundelegung der Witzblätter „Kladderadatsch", „Ulk" und „Wahrer Jacob" (1896–1906)*, Diss. München 1954, S. 121.

（9）*Prot. München 1902.*, S. 111.

（10）H. J. Steinberg, Satirische Zeitschriften., S. 77.

（11）M. Groschopp, Die Proletarische Klassenorganisation als Kommunikationssturuktur der deutschen Arbeiter vor 1914, in: D. Mühlberg/R. Rosenberg（Hg）, *Literatur und proletarische Kultur: Beiträge zur Kulturgeschichte der deutschen Arbeiterklasse im 19. Jahrhundert*, Berlin（O）1983, S. 99.

（12）*Prot. Jena 1913.*, S. 256f. シャイデマン発言は *Ibid.*, S. 226.

（13）*Ibid.*, S. 187f.『真相』が「いわゆる家庭雑誌に堕した」という批判は、既に一九〇八年党大会のレーマン発言に表われている。*Prot. Nürnberg 1908.*, S. 229.

（14）Gegen den Zarismus, in: *WJ.* 1914, Nr. 733, S. 8442. An unsere Brüder im Felde, in: *WJ.* 1914, Nr. 734, S. 8450.

（15）*Prot. Nürnberg 1908.*, S. 227.

（16）*Prot. München 1902.*, S. 82. Antrag 50.

（17）*Jubiläums-Fahrgang; 50 Jahre Wahre Jacobs.* vgl. M. Häckel, *op. cit.*, S. 12f.

（18）K. Hickethier, *op. cit.*, S. 125.

（19）W. Schröder, *op. cit.*, S. 205–209.

（20）vgl. M. Wittwer, *Das deutsche Zeitungswesen in seiner neueren Entwicklung*, Halle 1914, S. 31f.

（21） *Prot. Lübeck 1901.*, S. 91, An. 51. *Prot. Nürnberg 1908.*, S. 178, An. 61.
（22） *Prot. Jena 1913.*, S. 187. An. 56.
（23） A. Hall, *Scandal.*, p. 36.
（24） G. A. Ritter, *op. cit.*, S. 196. vgl. R. Fletcher, *Revisionism and Empire; Socialist Imperialism in Germany 1897-1914*, London 1984, S. 34f.
（25） S. M. Braig, *op. cit.*, p. 209.
（26） 市民的漫画雑誌からの形式、符牒、図案、風刺表現の受容については K. Hickethier, *op. cit.*, S. 86-90.
（27） Keils Zitat nach A. Erdmann (Hg), *Die Sozialdemokratie im Urteile ihrer Gegner*, Berlin 1911, S. 103. H. Braun, *Die sozialdemokratische Presse*, Berlin 1896, S. 31.
（28） *Handbuch des Vereins Arbeiterpresse*, Berlin 1914, S. 143. vgl. O. Supper, *op. cit.*, S. 41f.
（29） *Prot. Leipzig 1909.*, S. 190. An. 24.
（30） F. Wendel, *Wilhelm II. in der Karikatur*, Dresden 1928, S. 43.
（31） vgl. I. Rieger, *Die Wilhelminische Presse im Überblick 1888-1918*, München 1957, S. 16f.
（32） F. Knilli, *op. cit.*, S. 362.

3

（1） *Prot. Jena 1905.*, S. 125, An. 95. *Prot. Leipzig 1909.*, S. 190, An. 19.
（2） モーリス・アギュロン（阿河雄二郎／加藤克夫／上垣豊／長倉敏訳）『フランス共和国の肖像——闘うマリアンヌ一七八九—一八八〇』ミネルヴァ書房、一九八九年参照。
（3） vgl. K. Hickethier, *op. cit.*, S. 137.
（4） H. Moos, *op. cit.*, S. 18f. T. Allen, *op. cit.*, S. 32.

（5） H. Weber, Die Tradition der politischen Karikatur und ihre Aussage 1905 bis 1907, in: L. Stern (Hg.), *Despotie in der Karikatur: Die russische Revolution 1905-1907 im Spiegel der deutschen politischen Karikatur*, Berlin (O) 1967, S. 33f.

4

（1） H. Moos, *op. cit.*, S. 101.

（2） *Prot. Jena 1905*, S. 125, An. 95. *Prot. Mannheim 1906*, S. 113, An. 37. *Prot. Nürnberg 1908*, S. 178, An. 55. *Prot. Leipzig 1909*, S. 190, An. 15. *Prot. Jena 1911*, S. 153, An. 35.

（3） R. G., Eine erste Angelegenheit, in: *Mitteilungen des Vereins der Arbeiterpresse* (*MVAP.* と略記) Jg. 22 (1921), Nr. 206, S. 4.

（4） A. Hitler, *Mein Kampf, Bd. 2; Die nationalsozialistische Bewegung*, München 1938, S. 113f. 邦訳（下）、一四八－一四九頁。

第五章

1

（1） W. Büscher, Rundfunk und Arbeiterklasse, in: *Arbeiter-Bildung*, 1926, S. 117.

（2） ハロルド・A・イニス（久保秀幹訳）『メディアの文明史——コミュニケーションの傾向性とその循環』新曜社、一九八七年、一一三頁。

（3） ワイマール期放送史に関する邦語論文には山口定「ワイマール共和国におけるラジオ放送の中立性」『立命館法学』二九／三〇合併号（一九五九年）、金沢覚太郎編著『放送文化小史・年表』岩崎放送出版社、一九六六年所収「ドイツの放送」がある。また、平井正／岩村行雄／木村靖二『ワイマール文化』有斐閣選書、一九八七年においても大衆文化としてのラジオに関する叙述がある。標準的な概説書のラジオ叙述として、E・コルプ（柴田敬二訳）『ワイマル共和国史』刀水書房、一九八七年、一六五―一六六頁、及び飯田収治／中村幹雄／野田宣雄／望田幸男『ドイツ現代政治史』ミネルヴァ書房、一九六七年、二二五頁。

（4）マックス・ピカート（佐野利勝訳）『われわれ自身のなかのヒトラー』みすず書房、一九六五年、三九頁。

（5）H. Pohle, *Der Rundfunk als Instrument der Politik: Zur Geschichte des deutschen Rundfunks von 1923/1938*, Hamburg 1955. S. 334.

（6）J. Kretzen, Vom Spass zum Ernst. in: *Kulturwille; Organ für Kulturelle Bestrebungen der Arbeiterschaft.* (*KW.* と略記) Nr. 7/8 (1930) S. 126f.

（7）H. D. Iske, *Die Film- und Rundfunkpolitik der SPD in der Weimarer Republik*, Berlin 1985. S. 228.

（8）M. Weber, Wahlrecht und Demokratie in Deutschland. in: Ders., *op. cit.*, S. 235f. マックス・ヴェーバー（中村貞二／脇圭平他訳）『政治論集1』みすず書房、一九八二年、二六六頁。W. Rathenau, *Gesammelte Schriften, Bd. 3: Von der kommenden Dinge*, Berlin 1925. S. 70.

（9）F. Knilli, Die Arbeiterbewegung und die Medien, in: *Gewerkschaftliche Monatshefte*, 1974, S. 356.

（10）Kretzen, *op. cit.*, S. 127.

2

（1）R. E. Peck, Policy and Control; a Case Study; German Broadcasting 1923-1933, in: *Media, Culture and Society*, vol. 5 (1983) p. 351f.

（2）P. Dahl, *Radio: Sozialgeschichte des Rundfunks für Sender und Empfänger*, Reinbek 1983, S. 15-18.

（3）H. Bausch, *Der Rundfunk im politischen Kräftespiel der Weimarer Republik: 1923-1933*, Tübingen 1956, S. 116. H. Pohle, *op. cit.*, S. 24.

（4）H. Bausch, *op. cit.*, S. 22ff. H. Pohle, *op. cit.*, S. 36f.

（5）R. E. Peck, *op. cit.*, p. 345.

（6）E. K. Fischer, Dokumente zur Geschichte des deutschen Rundfunks und Fernsehens, Berlin/Frankfurt a. M. 1957, S. 79.

（7）P. Dahl, *Arbeitersender und Volksempfänger: proletarische Radio-Bewegung und bürgerlicher Rundfunk bis 1945*. Frankfurt a. M. 1978. S. 154. 邦語論文で労働者ラジオ同盟の活動に触れたものに、山本佐門「ヴァイマル共和国期におけるドイツ社会民主党の日常活動」、菅原勝伴編『法学・政治学の動向』北海道大学図書刊行会、一九八六年および津野海太郎「ラジオとブレヒト——小さなメディアは、ぼくらのものだ！」、朝日ジャーナル編『光芒の１９２０年代』朝日新聞社、一九八三年がある。

（8）A. Diller, Arbeiterschaft und Rundfunk in der Weimarer Republik. Die Rundfunkverbände von SPD und KPD. in: *Kirche und Rundfunk*, Nr. 34, 1975, S. 5.

（9）Zit. nach P. Dahl, *Arbeitersender.*, S. 41.

（10）H. D. Iske, *op. cit.*, S. 107.

（11）*Ibid.*, S. 153f., *Jahrbuch der Deutschen Sozialdemokratie für das Jahr 1927.*（*JDS 19*…….と略記）S. 199.

（12）ＳＰＤの国家政党化に関しては、K. Sühl, *SPD und öffentlicher Dienst in der Weimarer Republik: die öffentlichen Bediensteten in der SPD und ihre Bedeutung für die sozialdemokratischen Politik 1918-1933*, Opladen 1988, S. 196.

（13）H. Pohle, *op. cit.*, S. 92.

（14）P. Dahl, *Arbeitersender.*, S. 88f. ちなみに、ブレヒト、ベンヤミンのラジオ番組への関与については、ヴォルフガング・シヴェルブシュ（初見基訳）『知識人の黄昏』法政大学出版局、一九九〇年、第四章「ラジオ・フランクフルト」も参照。

（15）H. D. Iske, *op. cit.*, S. 104f. H. Pohle, *op. cit.*, S. 161.

（16）P. Dahl, *Arbeitersender.*, S. 54f.

（17）H. Pohle, *op. cit.*, S. 161.

（18）*JDS 1928.*, S. 161.

（19）z. B. *Berliner Lokal-Anzeiger*, 28. Nov. 1928. zit. nach H. Bausch, *op. cit.*, S. 80.

（20）W. Bierbach, Die Rundfunkreformvorschläge von Reichsminister Carl Severing; Anmerkungen zur Rundfunkpolitik der Weimarer SPD, in: W. B. Lerg（Hg）, *Rundfunk und Politik: 1923–1973*, Berlin 1973. S. 57.

（21）W. B. Lerg, *Rundfunkpolitik in der Weimarer Republik*, München 1980, S. 421f.

（22）W. Bierbach, *op. cit.*, S. 59.

（23）*Ibid.*, S. 38–40.

（24）E. Heilmann, Die Aktualisierung des Rundfunks, in; Sozialistischen Kulturbund（Hg）, *Film und Funk*, Berlin 1929, S. 62.

（25）H. Vollmann, *Rechtlich-wirtschaftlich-soziologische Grundlagen der deutschen Rundfunkentwicklung: Eine umfassende Darstellung aller die Rundfunkeinheit betreffenden Probleme in Vergangenheit, Gegenwart und Zukunft*, Leipzig 1936, S. 232.

(26) *JDS 1931*. S. 152.
(27) *Ibid.*, S. 151. W. Lerg, *Rundfunkpolitik*, S. 407.
(28) Pohle, *op. cit.*, S. 85f. Iske, *op. cit.*, S. 141-143. 第二帝政期ＳＰＤが宣伝機関として議会を考えたことは、Sperlich, *op. cit.*, S. 46f.
(29) Iske, *op. cit.*, S. 122.
(30) 山口、前掲論文、三七一―三七八頁。
(31) R. Stübling, *Kultur und Massen: das Kulturkartell der modernen Arbeiterbewegung in Frankfurt a. M. von 1925 bis 1933*, Offenbach 1983, S. 101.
(32) zit. nach Iske, *op. cit.*, S. 180.
(33) Pohle, *op. cit.*, S. 118.

3

(1) D. Langewiesche, Freizeit und "Massenbildung": Zur Ideologie und Praxis der Volksbildung in der Weimarer Republik, in: G. Huck (Hg), *Sozialgeschichte der Freizeit*, Wuppertal 1982, 2. Aufl. S. 223.
(2) 田中紀行「ドイツ教養市民層の社会学的考察」『社会学評論』第四一巻第二号（一九九〇年）、一五一頁。
(3) *Prot. Görlitz 1921*, S. 316.
(4) R. Vierhaus, Umrisse einer Sozialgeschichte der Gebildeten in Deutschland, in: *Quellen und Forschungen aus italienischen Archiven und Bibliotheken*, Bd. 60 (1980) S. 417.
(5) P. Panter (i. d. Kurt Tucholsky), Fort mit der Zensur, in: *Deutsche Rundfunk*, Nr. 36 (1929) S. 1145. zit. nach Lerg, *op. cit.*, S. 412.

(6) K. Baake, Der Rundfunk im Volksstaat, in: *Film und Funk.*, S. 71.

(7) H. A. Winkler, *Der Schein der Normalität; Arbeiter und Arbeiterbewegung in der Weimarer Republik 1924 bis 1930*, Berlin/Bonn 1985, S. 322.

(8) F. Heidenreich, *Arbeiterbildung und Kulturpolitik: Kontoroversen in der sozialdemokratischen Zeitschrift. "Kulturwille" 1924–1933*, Berlin 1983, S. 46f.

(9) V. Hartig, Die Tagungen in Düsseldorf und Blankenburg. in: *KW.* 1926, H. 11, S. 226.

(10) O. Jenssen, Kulturtagung in Blankenburg. in: *KW.* 1926, H. 12, S. 258.

(11) A. Siemsen, Kunst und Sozialismus. in: *KW.* 1926, H. 12, S. 258. V. Hartig, Kunst und Sozialismus, in: *KW.* 1927, H. 1, S. 19.

(12) Heidenreich, *op. cit.*, S. 103. W. L. Guttsman, *Workers' Culture in Weimar Germany; Between Tradition and Commitment*, New York 1990, p. 259.

(13) V. Hartig, Radio, in: *KW.* 1924, H. 6, S. 98f.

(14) Kulturbedeutung des Radio. in: *KW.* 1927, H. 2, S. 26.

(15) A. Crispien, Fort mit der Kulturdiktatur! in: *KW.* 1927, H. 2, S. 27.

(16) Bausch, *op. cit.*, S. 123.

(17) A. Siemsen, Rundfunkprogramm, in: *KW.* 1927, H. 2, S. 28.

(18) *Ibid.*, S. 29.

(19) F. Osterroth (Hg), *Biographisches Lexikon des Sozialismus*, Hannover 1960, S. 289.

(20) J. Schaxel, Wissenschaftliche Vortrage im Rundfunk, in: *KW.* 1927, H. 2, S. 34.

(21) Iske, *op. cit.*, S. 195.

(22) L. Märten, Die Eigengesetzlichkeit des Rundfunks, in: *Arbeiterbildung*, 1927. S. 115–117.
(23) K. Offenburg, Literatur und Rundfunk, in: *KW*. 1927, H. 2, S. 31f.
(24) J. Witte, "Gas" oder Nicht-"Gas", das ist die Frage, in: *KW*. 1927, H. 2, S. 33.
(25) L. Jessner, Rundfunk und Theater, in: *Film und Funk*., S. 64ff.
(26) A. Bogen, Radio und Musik, in: *KW*. 1927, H. 2, S. 31.
(27) Heidenreich, *op. cit.*, S. 25–27.
(28) Kretzen, *op. cit.*, S. 126.
(29) S. Marck, Die Kulturaufgabe des Rundfunks, in: *KW*. 1930, H. 7/8, S. 139. H. Hartmann, Der Schulfunk, in: *KW*. 1930, Nr. 7/8, S. 14. 集団聴取運動については、*JDS 1930*., S. 234.
(30) Marck, *op. cit.*, S. 137.
(31) *Ibid.*, S. 139.
(32) *Ebenda.*
(33) E. Prager, Vom Redakteur zum Editor, in: *MVAP*. 1927, Nr. 264, S. 1.
(34) Iske, *op. cit.*, S. 156.
(35) W. Victor, Wie ich mir das mit dem Radio denke, in: *MVAP*. 1929, Nr. 294, S. 8.
(36) E. Reventlow, Radiokritik in der Parteipresse, in: *MVAP*. 1929, Nr. 296, S. 7f.
(37) F. Habicht, Radiokritik in der Parteipresse, in: *MVAP*. 1930, Nr. 297, S. 6.
(38) J. Würth, Soll der Rundfunkkritiker nicht sprechen? in: *MVAP*. 1930, Nr. 298, S. 5.
(39) js., Nochmal; Rundfunkbesprechungen, in: *MVAP*. 1930, Nr. 298, S. 6.
(40) fh (i. d. F. Habicht), Rundfunkprogramme, in: *MVAP*. 1930, Nr. 302, S. 6.

(41) ht., Mehr Kritik des Rundfunks, in: *MVAP*. 1932, Nr. 323, S. 8.
(42) Habicht, *Ibid.*
(43) *Ebenda.*
(44) E. Prager, Vom Arbeiter zum Journalisten, in: *MVAP*. 1931, Nr. 313, S. 4. 拙訳「労働者からジャーナリストへ」『東京大学新聞研究所・新聞資料センターニュース』第一一号（一九九一年）、六頁。
(45) *Ibid.*, S. 5. 同上、八頁。
(46) J. Würth, Radio, Konkurrenz der Presse? in: *MVAP*. 1932, Nr. 326, S. 7.

4

(1) ラジオの社会的影響について以下の著作が特に参考になった。J. Meyrowitz, *No Sense of Place; The Impact of Electronic Media on Social Behavior*, New York/Oxford 1985.
(2) Siemsen, Rundfunkprogramm, S. 29.

第六章

1

(1) S. Chakotin, *The Rape of the Masses; The Psychology of Totalitarian Political Propaganda*, New York 1939 (2th. 1971), London 1939, p. 103f. (*Rape*. と略記) なお、本稿執筆にあたってはロンドン発行の一九三九年版、およびヘルゲイ・チヤコテイン（鍵本博訳述）『大衆は動く』霞ケ関書房、一九四〇年を使用した。完訳版として拙訳『大衆の強奪』（創元社、二〇一九年）が刊行されている。
(2) *Eiserne Front*, Nr. 17. (29. Sep. 1932)
(3) M. Eksteins, *The Limits of Reason; The German Democratic Press and the Collapse of Weimar*

Democracy, London 1975.

（4）K・D・ブラッハー（山口定／高橋進訳）『ドイツの独裁I――ナチズムの生成・構造・帰結』岩波書店、一九七五年、一五二頁。ヒトラー自身は「国民社会主義シンボルの説明」として以下のように述べている。「国民的社会主義者として我々は、我々の旗の中に我々の綱領を見る。赤の中に運動の社会的思想を、白の中に国民主義的思想を、鉤十字の中にアーリア人の勝利に向けた闘争の使命を、そして同時に創造的労働思想の勝利をも見出す。創造的労働それ自体永遠に反ユダヤ主義であったし、また反ユダヤ主義であるだろう。」Hitler, *op. cit.*, Bd. 2, S. 137. 邦訳（下）、一八二頁。

（5）Hitler, *op. cit.*, Bd. 2, S. 209. 邦訳（下）、二七九頁。「鉤十字」の起源については、M. Lurker（Hg.）, *Wörterbuch der Symbolik*, Stuttgart 1983, S. 254; S. 180-82.

（6）E. Matthias, Die Sozialdemokratische Partei Deutschlands, in: Ders.（Hg.）, *Das Ende der Parteien 1933*, Düsseldorf 1960, S. 101f. 『なぜヒトラーを阻止できなかったか』、三一四頁。R. N. Hunt, *German Social Democracy 1918-1933*, New Haven/London 1964, pp. ix-x, p. 241.

（7）R. Albrecht, Symbolkampf in Deutschland 1932: Sergej Tchachotin und der 'Symbolkrieg' der Drei Pfeile gegen den Nationalsozialismus als Episode im Abwehrkampf der Arbeiterbewegung gegen den Faschismus in Deutschland（Symbolkampf. と略記）, in: *Internationale wissenschaftliche Korespondenz zur Geschichte der deutschen Arbeiterbewegung*（*IKW.* と略記）1986/4, S. 491-533.

（8）F. Neumann, *Behemoth; The Structure and Practice of National Socialism*, New York 1963（1942）, p. 438. フランツ・ノイマン（加藤栄一他訳）『ビヒモス――ナチズムの構造と実際』みすず書房、一九六三年、三七三頁。

（9）Hitler, *op. cit.*, Bd. 1, S. 186. 邦訳（上）、二六四頁。

(10) チャコティンが名付けた「シンボル戦」Symbolkrieg は、マティアス論文に代表されるように、その挫折をSPDの政治闘争への消極性の論拠として取り上げたり、あるいは「三本矢」を積極的に活用した共和国防衛組織「国旗団」に関するローエの著作で僅かに触れられたにすぎなかった。チャコティン自身については、アルブレヒトの論文が書かれるまで実像は謎に包まれていた。Matthias, *op. cit.* S. 125. 邦訳、四六頁。ただし、邦訳書では省略された「資料編」の Nr. 6–11 および Nr. 16 の文書が「シンボル闘争」には特に重要であり、邦訳では十分な展望が得られない。なお、本稿で明らかにするように、三本矢シンボルに関するマティアスの記述（*Ibid.* S. 125. Anm. 22. 邦訳、二五六―七頁）は、チャコティンに言及せず「三本矢」の起源についても不正確である。ローエはチャコティンの宣伝原則を以下の四点にまとめている。①敵対者と浮動者層を威圧するための示威活動の重要性の指摘②シンボルとスローガンを大衆に叩き込むことの必要性の指摘③大衆の政治的決定における感情的要素の決定的役割の強調④SPDの人間理解の論理的・理性的偏向と雰囲気や感情的刺激の過小評価の修正要求。K. Rohe, *Das Reichsbanner Schwarz Rot Gold: Ein Beitrag zur Geschichte und Struktur der politischen Kampfverbände zur Zeit der Weimarer Republik*, Düsseldorf 1966. S. 405. また、「鉄戦線」の運動が特に成功したハンブルクSPDの研究においても、チャコティンの役割は言及されている。F. -W. Witt, *Die Hamburger Sozialdemokratie in der Weimarer Republik: Unter besonderer Berücksichtigung der Jahre 1929/30–1933*, Hannover 1971. S. 137ff. SPD通史におけるチャコティン評価も、現在ではいくぶん正確になっている。vgl. H. A. Winkler, *Der Weg in die Katastrophe; Arbeiter und Arbeiterbewegung in der Weimarer Republik 1930 bis 1933*, Düsseldorf 1987. S. 515f. S. 544. S. 594f.

(11) ちなみに、「大衆社会」がかまびすしく論じられた戦後我が国の論壇でチャコティンを引用した論者が邦訳『大衆は動く』の存在を伏せた、あるいは無視した事実は、反民主主義のレッテルを貼られかねなかった「シンボル闘争」研究の困難さを想起させる。チャコティンについては、それを引用したチャールズ・W・ミルズ（鵜飼信成／綿貫譲治訳）『パワー・エリート』東京大学出版会、一九五八年などを媒介にして我が国でも知られていた。『大衆の強奪』に注目した高橋徹も、シンボル論が形成された背景まで掘り下げて考察していない。高橋徹「イデオロギー」『講座　社会学　第三巻　社会と文化』東京大学出版会、一九五八年。なお高橋はフランス語版（一九五二年）を利用しているが、五二年版は時代状況に合わせた増補が施されている。

(12)『大衆は動く』、二頁。チャコティンの経歴は、特記しない限り、Albrecht, Symbolkampf. S. 501ff.

(13)国旗団および反ファシズム組織「鉄の戦線」については以下の邦語文献があるが、シンボル闘争に言及していない。岩崎好成「ワイマール共和国防衛組織〈国旗団〉の登場」Ⅰ、Ⅱ、『研究論叢（山口大学教育学部）』三七（一九八七年）、三八（一九八八年）。星乃治彦「反ファシズム運動の模索――ドイツ社会主義労働者党の創立と〝鉄戦線〟」『西洋史学』第一四二号（一九八六年）。

(14) Symbolkampf. S. 515. なお、コミンテルン側からの冷ややかな対応は、Bk. Revolutions-Symbolwart Professor Dr. Tschachotin, in: *Gegen-Angriff*, Prager Ausgabe, Jg. 2 (1934) Nr. 25. o. S.

(15)ダニエル・ゲラン（海原峻訳）『人民戦線――革命の破産』現代思潮社、一九六八年、八四頁。フランス人民戦線におけるチャコティンの働きについては、J. Jackson, *The Popular Front in France Defending Democracy, 1934-38*, Cambridge 1988, p. 217f.

(16) S. Zweig, *Die Welt von gestern: Erinnerungen eines Europäers*, Hamburg 1981, 10f. シュテファン・ツヴァイク（原田義人訳）『昨日の世界Ⅰ』みすず書房、一九七三年、八頁。

(17) Chakotin, *Rape*., p. 114.

2

（1）マイネッケ（矢田俊隆訳）『ドイツの悲劇』中公文庫、一九七四年、一三頁以下。

（2）Hitler, *op. cit.*, Bd. 1. S. 329-333. 邦訳（上）、四七九頁、四八五頁。ナチ党の労働者志向性については、中村幹雄『ナチ党の思想と運動』名古屋大学出版会、一九九〇年、八二―九一頁参照。ヒトラーにおける「社会主義」シンボルの批判的分析として、山口定「ナチズムにおける「社会主義」」『思想』第六六三号（一九七九年）、一三三―一三九頁。

（3）Chakotin, *Rape.*, p. xv. 初版および英語版への序文は戦前の邦訳では当然削除された。本文中でも訳し落しがあるため、以下引用は前記ロンドン版による。

（4）Chakotin, *Rape.*, p. 95.

（5）*Ibid.*, p. 109.

（6）G. L. Mosse, *The Nationalization of the Masses; Political Symbolism and Mass Movements in Germany from the Napoleonic Wars through the Third Reich*, New York 1975, pp. 1-20.、ジョージ・L・モッセ（佐藤卓己／佐藤八寿子訳）『大衆の国民化――ナチズムに至る政治シンボルと大衆文化』ちくま学芸文庫、二〇二一年、一九―四六頁。

（7）Chakotin, *Rape.*, p. 126.

（8）*Ibid.*, p. 171f.

（9）*Ibid.*, p. 270.

（10）*Ibid.*, p. 276f.

3

（1）Trommelfeuer gegen rechts, in: *Vw.* 7. Feb. 1931, S. 1. 二月六日の国会討論の要旨は、Eine Zuchtigung für Goebbels, in: *Ibid.*, S. 2. ミーレンドルフの伝記は、R. Albrecht, *Der militante Sozialdemokrat: Carlo*

Mierendorff, 1897–1943, Berlin/Bonn 1987.（militante. と略記）参照。

（2）E. Hennig, Von der Analyse des NS-Erfolge zur Bekämpfung der NSDAP; Carl Mierendorffs "Kampf um die Massenseele", in: H. Grebing/K. Kinner（Hg）, *Arbeiterbewegung und Faschismus: Faschismus-Interpretationen in der europäischen Arbeiterbewegung*, Essen 1990, S. 264.

（3）S. Höxter, Agitation und Propaganda（I）, in: *Deutsche Republik*. 1932, H. 52, S. 1645. マティアスも「三本矢」導入の責任者がミーレンドルフであると記述している。Matthias, *op. cit*., S. 125, Anm. 22.

（4）H. Grebing, *Geschichte der deutschen Arbeiterbewegung: Ein Überblick*, München 1970, S. 165.

（5）C. Mierendorff, Republik oder Monarchie, in: *SM*. 1926, H. 7, S. 438f.

（6）C. Mierendorff, Gesicht und Charakter der nationalsozialistischen Bewegung, in: *Die Gesellschaft*, 1931. H. 1, S. 493f. この論文の評価については、W. Saggau, *Faschismustheorien und antifaschistische Strategien in der SPD*, Köln 1982, S. 42ff. M. Broszat, Zur Struktur der NS-Massenbewegung, in: *Viertelsjahrshefte für Zeitgeschichte*. 1983, H. 1, S. 54f.

（7）Mierendorff, Gesicht und Charakter., S. 500.

（8）*Ibid*., S. 503.

（9）E. Bloch, *Erbschaft dieser Zeit*, Erweiterte Ausgabe. Frankfurt a. M. 1985, S. 66. エルンスト・ブロッホ（池田浩士訳）『この時代の遺産』三一書房、一九八二年、六二頁。

（10）A. Schifrin, Parteiprobleme nach den Wahlen, in: *Die Gesellschaft*, 1930, S. 401f.

（11）C. Mierendorff, Überwindung des Nationalsozialismus, in: *SM*. 1931, H. 3. S. 225.

（12）*Prot. Leipzig 1931*., S. 104.

（13）C. Mierendorff, Das Fazit von Leipzig, in: *Neue Blätter für den Sozialismus*.（*NBfS*. と略記）1931, H. 7,

S. 328.

(14) C. Mierendorff, Konkretisierung unserer Zielvorstellung! in: *NBfS*. 1931, H. 9, S. 466f.

(15) W. Glenlow, Politik und Agitation; Ein Beitrag zur Krise der Sozialdemokratie, in: *NBfS*. 1931, H. 12, S. 603f. この筆名がミーレンドルフであることは、Albrecht, militante. S. 333f.

(16) Glenlow, *op. cit.*, S. 604f.

(17) *Ibid.*, S. 606f.

(18) *Ibid.*, S. 607.

(19) *Ibid.*, S. 608.

(20) *Ibid.*, S. 609.

(21) *Ibid.*, S. 610.

(22) *Ibid.*, S. 611.

(23) A. Braunthal, Der "Sozialismus" der Nationalsozialisten. in: *JDS 1930*. S. 421f.

(24) Rohe, *op. cit.*, S. 395f.

(25) Zit. nach W. Pyta, *Gegen Hitler und für die Republik: die Auseinandersetzung der deutschen Sozialdemokratie mit der NSDAP in der Weimarer Republik*, Düsseldorf 1989, S. 472.

(26) *Ibid.*, S. 470f. ナチの本質を暴露することでナチ支持者の「虚偽意識」を解消できると考えていた「啓蒙政党」の限界については、H. J. Rupieper, Der Kampf gegen die nationalsozialistische Seuche: Die Werbeabteilung der SPD und die Auseinandersetzung mit der NSDAP 1929-32. in: *IKW*. 1983/12, S. 6f. なお、ルピーパーは二九年設立のSPD中央宣伝部の設立目的の二番目として「三本矢」シンボルの普及に触れているが時期的にも誤りであり、この文脈で言及するべきではない。*Ibid.*, S. 1f.

(27) Chakotin, *Rape.*, p. 191. vgl. Tschachotin, Die Technik der Politischen Propaganda. in: *SM*. 1932, S. 425-427. (Technik. と略記)
(28) Pyta, *op. cit.*, S. 471. Chakotin, *Rape.*, p. 198.
(29) Tschachotin, Aktivierung der Arbeiterschaft, in: *NBfS*. 1932, S. 150f. (Aktivierung. と略記)
(30) Rohe, *op. cit.*, S. 407.
(31) Das Rundschreiben Nr.9/1932 des Reichsbannergauvorstandes Hannover v. 23. Mär. 1932. "An alle Ortsgruppen im Gau Hannover" in: Matthias, *op. cit.*, S. 217f.
(32) Chakotin, *Rape.*, p. 197.
(33) *Ebenda.*
(34) Pyta, *op. cit.*, S. 477. Rohe, *op. cit.*, S. 365-378.
(35) Chakotin, *Rape.*, p. 202. Rohe, *op. cit.*, S. 409.
(36) Mierendorff, Tolerieren-und was dann? in: *SM*. 1931, H. 4. Ders., Brünings einzige Chance. in: *SM*. 1931, H. 7. Ders., Die Unbelehrbaren. in: *SM*. 1931, H. 9. Ders., Der Weg zur Abrüstung. in: *SM*. 1932, H. 1. Ders., Primat der Innenpolitik? in: *SM*. 1932, H. 2. Ders., Bedrohtes Deutschland, in: *SM*. 1932, H. 3. Ders., Deutschland vor Lausanne, in: *SM*. 1932, H. 6.
(37) Walter Glenlow, Geist und Technik des Preußenwahlkampfes. in: *NBfS*. 1932. H. 5. S. 232.
(38) *Ibid.*, S. 234.
(39) *Ibid.*, S. 235.
(40) *Ibid.*, S. 236.
(41) Tschachotin, Technik., S. 430f.

（42）Tschachotin, Die positive Seite unserer Niederlage, in: *Deutsche Republik*. 1932, Nr. 35, S. 1096f.（Niederlage. と略記）

（43）Tschachotin, Lehren der Wahlerkampfe, in: *Deutsche Republik*. 1932, Nr. 36, S. 1132f.（Wahlerkampfe. と略記）ハンブルクのＳＰＤ指導部におけるシンボル闘争への積極性については、Witt, *op. cit*., S. 138.

（44）*JDS 1930*., S. 261., Albrecht, *militante*., S. 101.

（45）Pyta, *op. cit*., S. 478. "Richtlinien zur Erweiterung der Parteipropaganda." は Matthias, *op. cit*., S. 215-217. に資料６として掲載されているが、ピータの指摘するようにこの文書はハンブルク地区指導部から出たものであり、「ピオニール制度導入のための党中央の指針」ではない。ピオニールに関しては、Witt, *op. cit*., S. 134f. ミーレンドルフの組織改革要求は、C. Mierendorff, Bedeutung der neuen Propaganda. in: *NBfS*. 1932, H. 10, S. 519.

（46）Rohe, *op. cit*., S. 407.

4

（1）Chakotin, *Rape*., p. 206f.

（2）Fliege, Pfeil, tritt, Hammer! in: *Der Abend; Spätausgabe des Vorwärts*.（19. Jul. 1932. *VwA*. と略記）18. Jul. 1932. 楽譜は Marsch der Eisernen Front. in: *Vw*. 19. Jul. 1932. レコード広告は "*Schallplattenschau*" in: *VwA*. 6. Aug. 1932.

（3）Chakotin, *Rape*., p. 207.

（4）*Ibid*., p. 208. vgl. Tschachotin/Mierendorff, *Grundlagen und Formen politischer Propaganda*, Magdeburg 1932, S. 13.

（5）Chakotin, *Rape*., p. 208f.

（6）*Ibid.*, p. 212, vgl. Tschachotin/Mierendorff, *Grundlagen.*, S. 34-38.

（7）Mierendorff, Die gute Hessenwahl; Der Bann ist gebrochen, in: *Vw*. 21. Jun. 1932. S. 1f.

（8）Dreipfeil: Freiheit!; Beobachtungen eines Englanders beim Wahlkampf, in: *VwA*. 29. Jun. 1932.「三本矢」シンボル採用への兆候は前々日の『前進』夕刊の次の記事に見られる。Im Zeichen der drei Pfeile! in: *VwA*. 27. Jun. 1932. この日以前にも「三本矢」は紙面に登場したが、十分な扱いを受けているとは言えない。vgl. Freiheitsopfer! in: *Vw*. 19. Jun. 1932.

（9）Deutsches Volk! Wahlerinnen und Wahler! in: *Vw*. 28. Jun. 1932.

（10）Dreipfeil heraus! in: *Vw*. 30. Jun. 1932.

（11）とりわけ以下は重要。Berlin marschiert! in: *Vw*. 4. Jul. 1932. Grüße an den Vorwärts. in: *Vw*. 9. Jul. 1932. Im Zeichen der Eisernen Front, in: *Vw*. 11. Jul. 1932. Das Freiheitsheer marschiert! in: *VwA*. 13. Jul. 1932. Mit Dreipfeile durch Berlin: Ein Spaziergang des Arbeitslosen Ugo, in: *Ebenda*. Der Berliner Westen im Zeichen der Eisernen Front, in: *VwA*. 15. Jul. 1932. Siegeszug der Eisernen Front: Das Freiheitsbanner über Deutschland, in: *VwA*. 18. Jul. 1932. Im Zeichen der Freiheit! Massenkundgebung der Eisernen Front, in: *Vw*. 20. Jul. 1932. Drei Pfeile fliegen übers Land; Die Landarbeiter kämpfen für ihre Freiheit, in: *Ebenda*. Freiheitsschwur der Jugend, in: *Vw*. 23. Jul. 1932.

（12）Chakotin, *Rape.*, p. 222. vgl. Wir greifen an!; Die Nazipartei ist in der Defensive. Das Demonstrationsverbot; Auf Umwegen zur Vernunft? in: *Vw*. 19. Jul. 1932.

（13）Chakotin, *Rape.*, p. 222.

（14）*Ibid.*, p. 227.

（15）Der Parteivorstand, “An die Partei!; Sozialdemokratie im Kampf um Freiheit!”, in: *Vw*. 21. Jul. 1932.

(16) Chakotin, *Rape.*, p. 228.

(17) Nehmet es zum Beispiel!; Üeberall muß unser Freiheits-Ruf erschallen! in: *Vw.* 22. Jul. 1932.

(18) Das erwachte Berlin; Täglich wachst die Heerschar der Freiheitskämpfer. -Getarnte Nazis, in: *Vw.* 24. Jul. 1932. Sozialdemokratische Wahlpropaganda in der Straßen Berlins. Die Eiserne Front in den Tennishallen, in: *Volk und Zeit.* 24. Jul. 1932. Noch fünf Tage!; Sonntag wird gewählt! Mobilisiert den letzten Mann!, Fahnen der Freiheit voran!; Berlin im Flaggenkrieg. —Schlagt das Hungerkreuz! in: *Vw.* 26. Jul. 1932. Hakenkreuz verschwinde! in: *VwA.* 29. Jul. 1932. Im Zeichen des Wahlkampfes, in: *Volk und Zeit.* 31. Jul. 1932.

(19) Chakotin, *Rape.*, p. 228.

(20) *VwA.* 6. Aug. 1932, auch *Vw.* 12. Aug. 1932.

(21) H. Jacobs, Parteipresse und Symbolpropaganda. in: *MVAP*, Nr. 329. 1932, S. 2.

(22) Pyta, *op. cit.*, S. 480.

(23) Chakotin, *Rape.*, p. 216.

(24) J. Geobbels, Gebt Raum dem jungen Deutschland, in: Ders., *Revolution der Deutschen*, Oldenburg i. O. 1933, S. 103.

(25) Chakotin, *Rape.*, p. 219. vgl. F. Trommler, *Sozialistische Literatur in Deutschland: ein historischer Überblick*, Stuttgart 1976, S. 560.

(26) Rundschreiben Nr. 26/1932. An alle Ortsvereine im Gau Hannover, in: Matthias, *op. cit.*, S. 227.

(27) W. Marckwardt, *Die Illustrierten der Weimarer Zeit: publizistische Funktion, ökonomische Entwicklung und inhaltliche Tendenzen*, München 1982, S. 77. 一九二七年には一五万五千部であった『国

旗団画報』は二九年の改題時には七万六千部に減少している。だが、ミーレンドルフは『前進』付録の『国民と時代』を批判する一方で、『国旗団画報』を「素晴らしい編集」と評価していた。Glenlow, Politik und Agitation., S. 608.

(28) L. Frey, *Deutschland wohin?; Bilanz der nationalsozialistischen Revoltion*, Zürich 1934, S. 12, D. Janusch, *Die plakative Propaganda der Sozialdemokratischen Partei Deutschlands zu den Reichstagswahlen 1928 bis 1932*, Bochum 1989, S. 139.

(29) Mierendorff, Bedeutung der neuen Propaganda, in: *NBfS*. 1932, H. 10, S. 517f.

(30) *Ibid*., S. 518f.

(31) 選挙結果については、Vormarsch in Hessen, in: *VwA*. 20. Jun. 1932. ただし、数値は不正確であるので以下に基づき訂正した。*Deutscher Geschichtskalender 1932*, S. 132.

(32) Tschachotin, Das hessische Experiment. in: *Deutsche Republik*. 1932, Nr. 43, S. 1357.（Experiment. と略記）

(33) ナチ党得票数の減少は正確には五百二票。Mierendorff, Die gute Hessenwahl, in: *Vw*. 21. Jun. 1932.

(34) Hennig, *op. cit*., S. 272.

(35) Matthias, *op. cit*., S. 119, S. 147. 邦訳、三七、七八頁。

(36) Hennig, *op. cit*., S. 276. Tabelle 4. より作成。一九三〇年と一九三九年の住民登録に基づくこの地区階層区分の典拠は、E. Wiest, *Stationen einer Residenzgesellschaft: Darmstadts soziale Entwicklung vom Wiener Kongreß bis zum Zwieten Weltkrieg 1815–1939*, Darmstadt 1978. S. 18ff. この統計は世帯主（住民の四〇%）による区分のため、最下層での誤差率はヴィーストの想定した誤差率一〇%よりは高いはずである。Hennig, *op. cit*., S. 282.

（37）Tschachotin, Experiment, S. 1357.

（38）Mierendorff, Bedeutung der neuen Propaganda, S. 519. Tschachotin, Experiment, S. 1356.

（39）Vorschlage zur Parteireform aus dem Freundeskreis der "Neuen Blätter"; Vorschlage zur Reformierung der Parteipropaganda, zit. nach M. Martiny, Die Entstehung und politische Bedeutung der "Neuen Blätter für den Sozialismus" und ihres Freundeskreises, in: *Vierteljahrshefte für Zeitgeschichte.* 1977, H. 3, S. 415f.

（40）Pyta, *op. cit.*, S. 485.

終章

（1）Martiny, *op. cit.*, S. 373f., S. 383f.

（2）D. Beck, Theodor Haubach, Julius Leber, Carlo Mierendorff, Kurt Schumacher; Zum Selbstversändnis der "militanten Sozialisten" in der Weimarer Republik. in: *AfSG.* 1986, S. 92.

（3）Martiny, *op. cit.*, S. 376.

（4）ティリッヒは革命的ロマン主義の基本概念として、運動、実践、飛躍、生衝動を挙げ、「動態的なもの」Das Dynamische と表現する。P. Tillich, *Gesammelte Werke Bd. 2; Christentum und soziale Gestaltung: Frühe Schriften zum religiösen Sozialismus*, Stuttgart 1962, S. 249. パウル・ティリッヒ（古屋安雄／栗林輝夫訳）「社会主義的決断」『キリスト教と社会主義――ティリッヒ著作集　第一巻』白水社、一九七八年。ティリッヒの「動態性」の重要性を指摘し、ワイマール政治文化を分析した著作として、蔭山宏『ワイマール文化とファシズム』みすず書房、一九八六年、一二頁参照。また、柳父圀近「ヴァイマル社会とキリスト教――前期ティリッヒの政治思想を中心にして」宮田光雄編『ドイツ教会闘争の研究』

創文社、一九八六年も参照。H. Mommsen, Der Lange Schatten der untergehenden Republik: Zur Kontinuität politischer Denkhaltungen von der späten Weimarer zur frühen Bundesrepublik, in: *Ders., Der Nationalsozialismus und die deutsche Gesellschaft,* Reinbek 1991, S. 364f. なお、ミーレンドルフやハウバッハなどの「戦闘的社会主義者」の国民思想、指導原理、シンボル概念がナチ党のそれと境界を接する危うさにあることの指摘は、Beck, *op. cit.,* S. 114, S. 119.

(5) C. Schmitt, *Die geistesgeschichtliche Lage des heutigen Parlamentarismus,* München/Leipzig 1926, S 80. カール・シュミット（稲葉素之訳）『現代議会主義の精神史的地位』みすず書房、一九七二年、九〇頁。

(6) Lurker, *op. cit.,* S. 181.

(7) Denkschrift Hendrik de Mans vom 23. Mär. 1926, in: Martiny, *op. cit.,* S. 395.

(8) H. de Man, *Sozialismus und National-Faschismus,* Potsdam 1931, S. 48.

(9) H. de Man, *Zur Psychologie des Sozialismus,* Neue Aufl. Bonn/Bad Godesberg 1976, S. 96. ヘンドリック・ド・マン（川口茂雄訳）『社会主義の心理学』柏書房、二〇一〇年。ド・マンとミーレンドルフとの関係は、同書編者 A. Bratu による前書き参照、*Ibid.,* S. (6). チャコティンとの関係は、Albrecht. Symbolkampf, S. 515.

(10) Mierendorff, Erneuerung des Sozialismus; Hendrik de Mans Kritik am Marxismus, in: *Hessischer Volksfreund,* 1926, Nr. 52, Nr. 53. zit. nach Albrecht, *militante.,* S. 92.

(11) H. Heller, Nationaler Sozialismus. in: *NBfS.* 1931, H. 4, S. 155f. 『新報』グループの「ラサール主義」については、H. Arndt, Zur Lassalle-Rezeption in der SPD während der Weimarer Republik, in: *Beiträge zur Geschichte der Arbeiterbewegung.* 1990, H. 4, S. 537.

(12) H. Heller, *Sozialismus und Nation,* Berlin 1925, S. 68.

(13) Glenlow, Politik und Agitation., S. 608. vgl. Beck, *op. cit.*, S. 97.

(14) インテリ党員の「共和主義運動＝労働者運動」観については、G. Auernheimer, *Genosse Herr Doktor: zur Rolle von Akademikern in der deutschen Sozialdemokratie 1890 bis 1933*, Giessen 1985, S. 176–179.

(15) 中道寿一『ワイマルの崩壊とC・シュミット——C・シュミット研究序説』三嶺書房、一九八九年、五三頁。『タート』派と『新報』サークルの関係に関しては、蔭山宏、前掲書所収の論文「ワイマール共和国の崩壊とタート派」および「社会主義と革命的ロマン主義」を参照。

(16) 蔭山宏、前掲書、二七二頁。

(17) Glenlow, Politik und Agitation., S. 609f.

(18) Tillich, *op. cit.*, S. 288. 括弧で補足した「中間段階」の定義は、*Ibid.*, S. 285. の記述に拠る。

(19) Chakotin, *Rape.*, p. 94.

(20) Tillich, *op. cit.*, S. 334.

(21) *Ibid.*, S. 309.

(22) *Ibid.*, S. 310.

(23) Bezirksverband der SPD Berlin, "Freiheitsopfer!" in: *Vw.* 19. Jun. 1932.

(24) Tillich, *op. cit.*, S. 350f.

(25) *Ibid.*, S. 352.

(26) Mierendorff, Der sozialistische Weg, in: *SM.* 1932, H. 12, S. 991.

(27) Carl Mierendorff, Die Republik von Morgen. in: *SM.* 1932, H. 9, S. 742.

(28) Hitler, *op. cit.*, Bd. 1, S. 183. 邦訳（上）、二五九頁。

(29) 柳父、前掲論文、六六―六九頁。

（30）J. Rovan, *Geschichte der deutschen Sozialdemokratie*, Frankfurt a. M. 1980, S. 132.

（31）Tillich, *op. cit.*, S. 341f.

（32）E・ノエル－ノイマン（池田謙一訳）『沈黙の螺旋理論――世論形成過程の社会心理学』ブレーン出版、一九八八年、六一七頁参照。

（33）K. D. Bracher, *Die Auflösung der Weimarer Republik: eine Studie zum Problem der Machtverfalls in der Demokratie*, Düsseldorf 5. Aufl. 1978, S. 583.

（34）L. Frey, *op. cit.* S. 14.

（35）ピカート、前掲書、一一三頁。

（36）同、一一五頁。

（37）R.-H. Geller, *„Die politische Zeichnung der Laien": Arbeiterzeichner der KPD im Zeitabschnitt der Weimarer Republik; außerkünstlerrische Bedingungen und ikonographische Merkmale: eine Untersuchung*, Bad Honnef 1984, S. 76f.

（38）Albrecht, *militante*, S. 124.

（39）ジャン＝フランソワ・リオタール（今村仁司／塚原史／下川茂訳）『漂流の思想――マルクスとフロイトからの漂流』国文社、一九八七年、三五二－三五三頁。

（40）F. Knilli, Arbeiterbewegung und Medien, S. 361.

ちくま学芸文庫

増補《ぞうほ》 大衆宣伝《たいしゅうせんでん》の神話《しんわ》
マルクスからヒトラーへのメディア史《し》

二〇一四年五月 十 日 第一刷発行
二〇二一年六月十五日 第二刷発行

著　者 佐藤卓己（さとう・たくみ）
発行者 喜入冬子
発行所 株式会社 筑摩書房
東京都台東区蔵前二―五―三 〒一一一―八七五五
電話番号 〇三―五六八七―二六〇一（代表）
装幀者 安野光雅
印刷所 株式会社加藤文明社
製本所 株式会社積信堂

ISBN978-4-480-09609-8 C0163

本書は一九九二年十二月に刊行された『大衆宣伝の神話――マルクスからヒトラーへのメディア史』（弘文堂）を大幅に加筆訂正し、増補した。

†人名索引

あ 行

アイスナー（Kurt Eisner） 121
アウアー（Ignanz Auer） 106, 111, 128, 185, 193
アウドルフ（Jakob Audorf） 65
アギュロン（Maurice Agulhon） 489
アドラー（Alfred Adler） 317, 391
アルブレヒト（Richard Albrecht） 499
イエス・キリスト（Jesus Christus） 39, 155, 156, 234, 238
イェスナー（Leopold Jessner） 279, 280
イェンセン（Otto Jenssen） 273
イスケ（Horst-Dieter Iske） 253
イニス（Harold Adams Innis） 490
ヴァイツ（Ulrich Weitz） 416
ヴァイトリング（Wilhelm Weitling） 157, 420
ヴァイニンガー（Otto Weininger） 169
ヴァイリッヒ（Fr. Weyrich） 48
ヴァイル（Felix Weil） 416
ヴァグナー（Richard Wagner） 245
ヴァルヒャー（Jacob Walcher） 420
ヴィクター（Walter Victor） 285
ヴィッテ（Sergei Witte） 236
ヴィッテ（Julius Witte） 279, 280
ヴィルヘルム・テル（Wilhelm Tell） 297
ヴィルヘルム１世（Wilhelm I） 68, 101
ヴィルヘルム２世（Wilhelm II） 141, 166, 224, 481
ヴィルムス（Eduard Willms） 51
ヴェーバー（Max Weber） 187, 254, 484
ヴェーラー（Hans Ulrich Wehler） 466
ウェルズ（Herbert George Wells） 327
ヴェルス（Otto Wels） 308, 343, 348, 364

ヴェンデル（Friedrich Wendel） 196
ヴォルトマン（Ludwig Woltmann） 153
ヴュルト（Jacob Wurth） 286, 289
エヴァンス（Richard J. Evans） 481
エーザー（Rudolf Oeser） 257
エーベルト（Friedrich Ebert） 194, 211
エクスタインズ（Modris Eksteins） 300
エッカート（Dietrich Eckart） 96
エドワード7世（Edward VII） 224
エルンスト（Maximin Ernst） 105, 106, 128, 140, 141, 144, 146, 175
エングル（Josef Benedikt Engl） 142, 168
エンゲルジング（Rolf Engelsing） 187, 469
エンゲルス（Friedrich Engels） 22, 25, 27, 65, 66, 100, 103, 105, 108, 130, 131, 150, 151, 159, 184, 223, 458
エンゲルト（Max Engert） 142
オコンネル（Daniel O'Connell） 39
オッフェンブルク（Kurt Offenburg） 279
オレンハウアー（Erich Ollenhauer） 335

か 行

カイザー（Karl Kaiser） 144
カイヨワ（Roger Caillois） 321, 391
カイル（Dr. Keil） 222
ガイル（Wilhelm Moritz Egon Freiherr von Gayl） 364
カウツキー（Karl Kautsky） 37, 78, 111, 181, 182, 185, 203, 207, 210, 303, 318, 455
カッツ（Elihu Katz） 484
ガレ（O. Galle） 142
カンディンスキー（Wassily Kandinsky） 408
カントローヴィッツ（Ludwig Kantorowicz） 187
カンプハウゼン（Ludolf Camphausen） 24
カンプフマイヤー（Paul Kampffmeyer） 73
グーテンベルク（Johannes Gutenberg） 206, 245

クニーリ（Friedrich Knilli） 224
クラー（Ernst Klaar） 143, 144
グラートバッハ（Anton Gladbach） 24
クラスノフ（Pyotr Krasnov） 307
グラスマン（Peter Graßmann） 343
グラックス（Gracchus） 227
クラッゲス（Dietrich Klagges） 363
クラッパー（Joseph T. Klapper） 484
クリスピエン（Arthur Crispien） 263, 266, 275, 276, 278
グリム（Richard Grimm） 142
クリレ（Otto Krille） 144, 154
グルツェズィンスキ（Albert Grzesinski） 365
クレーン（Walter Crane） 172
クローン（Friedrich Krohn） 301
グロス（George Grosz） 419
クロムウェル（Oliver Cromwell） 227
ゲイ（Peter Gay） 471
ケーゲル（Max Kegel） 105, 106, 142–145, 150, 199
ゲーテ（Johann Wolfgang von Goethe） 173, 245
ゲッベルス（Joseph Goebbels） 328, 329, 371, 421, 422, 424, 425
ゲラン（Daniel Guérin） 309, 311, 500
ケレンスキー（Alexander Kerenski） 237, 306
ゴーリキー（Maxim Gorki） 157
コルニロフ（Lawr Kornilow） 306
コルブ（Eberhard Kolb） 491

さ 行

シーダー（Wolfgang Schieder） 483
ジームゼン（Anna Siemsen） 272–274, 276–278, 282, 290, 292, 376
シヴェルブシュ（Wolfgang Schivelbusch） 493
シェークスピア（William Shakespeare） 234
シエール（August Scherl） 96
シェーンランク（Bruno Schoenlank） 105, 110–113, 115, 128, 132, 144,

208, 209, 488
シェルヒェン（Hermann Scherchen） 356
ジッキンゲン（Franz von Sickingen） 59
シフリン（Alexander Schifrin） 334
シャイデマン（Philipp Scheidemann） 211, 488
シャクセル（Julius Schaxel） 278
シュー（Ludwig Schuh） 109
シュヴァイツァー（Johann Baptist von Schweitzer） 56, 59, 97, 188
シューマッハー（Kurt Schumacher） 393
シュタイガー（Edgar Steiger） 170, 176
シュタインベルク（Hans-Josef Steinberg） 183, 479
シュタムファー（Friedrich Stampfer） 176
シュッツ（Wilhelm von Schütz） 328
シュティルナー（Hartmut Stirner） 457
シュテュッカー（Hubert von Stücker） 22
シュテルン（Jakob Stern） 418
シュトラウス（Johann Strauß） 359
シュトラッサー（Gregor Strasser） 329
シュトレーゼマン（Gustav Stresemann） 258, 268
シュナイダー（Anna Schneider） 158, 480
シュペーリヒ（Waltraud Sperlich） 187
シュペングラー（Oswald Spengler） 317
シュミット（Carl Schmitt） 388, 389, 510, 511
シュライヒャー（Kurt von Schleicher） 364
シュラム（Carl August Schramm） 110
シュリングマン（Reinhold Schlingmann） 56
シュルツェ＝デーリチュ（Hermann Schulze-Delitzsch） 30, 34, 50
ジョレス（Jean Léon Jaurès） 228
シラー（Friedrich von Schiller） 69, 237, 245
シリング（Erich Schilling） 297
ジンガー（Paul Singer） 132
ジンメル（Georg Simmel） 306
スターリン（Josef Stalin） 250, 310, 312, 421

スレフォークト（Max Slevogt） 177
ゼーヴェリング（Carl Severing） 195, 263–265, 272, 364, 365, 387
ゾラ（Émile Zola） 172
ゾルマン（Wilhelm Sollmann） 258
ソレル（Georges Sorel） 9, 389, 455

た 行

ダーウィン（Charles Darwin） 153, 154, 227, 396
タールハイマー（August Thalheimer） 140
ダマー（Otto Dammer） 34
タルド（Gabriel de Tarde） 469
チャコティン（Sergei Tschachotin） 12, 303–312, 314–320, 322–326, 328, 329, 346–349, 351, 352, 355, 361–364, 367, 370, 371, 382, 387–389, 391–393, 397, 399, 400, 402, 404, 408, 409, 423, 497, 499, 500, 510
ツヴァイク（Stefan Zweig） 310, 311, 500
ディーツ（Johann Heinrich Wilhelm Dietz） 95, 106, 141, 143, 188–191, 197, 206–208, 210
ディーデリヒス（Eugen Diederichs） 391
ティリッヒ（Paul Tillich） 12, 387, 395–403, 509
ティルピッツ（Alfred von Tirpitz） 184
デューラー（Albrecht Dürer） 234
デューリング（Eugen Dühring） 101, 185
テルケ（Carl Wilhelm Tölcke） 67
デンニゲス（Helene von Dönniges） 56
ド・マン（Hendrik de Man） 12, 388, 390–392, 395, 403, 510
トゥホルスキー（Kurt Tucholsky） 270
ドーミエ（Honoré Daumier） 172, 174, 420
トーランド（John Toland） 475
トライチュケ（Heinrich von Treitschke） 16
トルストイ（Lew Tolstoi） 177, 245
トロツキー（Leo Trotzki） 308

な 行

ナポレオン（Napoléon Bonaparte） 207
ナポレオン3世（Napoleon III） 68
ニコライ2世（Nicholai II） 218, 224
ネークト（Oskar Negt） 18
ネットル（John Peter Nettl） 419
ノイマン（Franz Neumann） 303-305, 311, 498
ノエル－ノイマン（Elisabeth Noelle-Neumann） 406, 512
ノースクリフ卿（Northcliffe） 428
ノスケ（Gustav Noske） 195

は 行

ハートフィールド（John Heartfield） 419
ハーバーマス（Jürgen Habermas） 18, 20, 21, 457, 458, 463
ハービヒト（Felix Habicht） 285, 286
パーペン（Franz von Papen） 267, 289, 297, 302, 357, 364, 365, 368
パイ（Lucian W. Pye） 469
ハイナー（Dr. Heyner） 16, 39
ハイネ（Thomas Theodor Heine） 149
ハイネ（Heinrich Heine） 22
ハイマン（Berthold Heymann） 22, 193-198, 486
ハイルマン（Ernst Heilmann） 258, 265, 266, 278, 387
ハウバッハ（Theo Haubach） 383, 388, 393, 510
パウル（Gerhard Paul） 423
パウル（Bruno Paul） 142, 163, 168, 178, 431
パヴロフ（Ivan Pavlov） 305, 306, 314, 319, 324, 409
バスラー（Georg Bassler） 190-192, 197
ハダモフスキー（Eugen Hadamovsky） 293
ハッツフェルト伯爵（Edmund von Hatzfeldt） 23
ハッツフェルト伯爵夫人（Sophie von Hatzfeldt） 23, 35, 57, 64
ハルティッヒ（Valtin Hartig） 273, 274
ハルト（Ernst Hardt） 262

ハンゼマン（David Hansemann） 24
ハント（Richard N. Hunt） 302
ピーク（Wilhelm Pieck） 420
ピヴェール（Marceau Pivert） 308, 309
ピカート（Max Picard） 252, 406, 407, 491, 512
ビスマルク（Otto von Bismarck） 28-30, 32, 33, 40, 41, 44, 46-48, 68, 85, 88, 90, 91, 110, 167, 190, 235, 256, 457, 461
ピータ（Wolfram Pyta） 505
ヒトラー（Adolf Hitler） 9, 10, 16, 17, 137, 140, 247, 248, 251-253, 267, 296, 301, 302, 304, 309, 310, 313, 315, 317-319, 321, 324-326, 345-347, 357, 358, 360, 392, 403, 407, 416, 421-434, 501
ビューロー（Bernhard von Bülow） 224, 243
ピュリツァー（Joseph Pulitzer） 85
ヒルシュ（Emanual Hirsch） 403
ヒルシュ（Carl Hirsch） 100
ヒルト（Georg Hirth） 169
ヒルファーディング（Rudolf Hilferding） 262, 303, 331, 338, 387
ヒンデンブルク（Paul von Hindenburg） 267, 340, 364
ファールタイヒ（Julius Vahlteich） 34, 42, 63
フィアエック（Louis Viereck） 95, 97, 100-103, 105-115, 117, 127-130, 132, 142-144, 184, 471-473
ブーアスティン（Daniel Joseph Boorstin） 433
フーゲンベルク（Alfred Hugenberg） 263
フーバー（Victor Aimé Huber） 52
フォーゲル（Hans-Jochen Vogel） 456
フォルマー（Georg von Vollmar） 97, 100-107, 109-116, 120-122, 124-130, 152, 231, 232, 471
フォンカー（Thomas Hounker） 415
フックス（A. Fuchs） 125
フックス（Eduard Fuchs） 11, 136-142, 144-147, 149, 151, 154, 156-158, 160, 162, 163, 168, 170-178, 376, 415-421, 475-477, 480, 482
プラーガー（Eugen Prager） 284, 287
ブライトシャイト（Rudolf Breitscheid） 335, 364

ブライヒ（Solveig-Maria Braig） 218
ブラウン（Otto Braun） 195
ブラウン（Adolf Braun） 210, 364
ブラウン（H. Braun） 222
ブラウンタール（Alfred Braunthal） 342, 343
ブラッハー（Karl Dietrich Bracher） 301, 406, 498
プランク（Max Planck） 307
ブリューニング（Heinrich Brüning） 349
プルードン（Pierre-Joseph Proudhon） 22
ブルム（Léon Blum） 309
ブレドゥ（Hans Bredow） 257, 258
ブレヒト（Bertolt Brecht） 261, 358, 492, 493
フロイト（Sigmund Freud） 306, 391, 512
フロインドシュー（Carl Freundshuh） 465
ブロース（Wilhelm Blos） 109, 132, 143, 188-190, 197, 200, 206, 207, 483
フローメ（Karl Frohme） 169
ブローメ（Moritz Bromme） 202
ブロッホ（Joseph Bloch） 194
ブロッホ（Ernst Simon Bloch） 333, 502
ヘーゲル（Georg Wilhelm Friedrich Hegel） 153
ヘーヒベルク（Karl Höchberg） 110
ベーベル（August Bebel） 37, 38, 39, 42, 65-67, 81, 104, 106, 107, 111, 125, 128, 132, 144, 153, 165, 222, 223, 228, 229, 231, 232, 365, 487
ヘッカー（Fridrich Hecker） 227
ベッカー（Bernhard Becker） 51, 52, 60
ヘッケル（Ernst Haeckel） 396
ペテロ（Simon Petrus） 39
ヘプナー（Adolf Hepner） 82
ヘフレ（Anton Höfle） 258
ヘラー（Hermann Heller） 12, 387, 393, 394
ヘルジンク（Otto Hörsing） 347
ヘルターマン（Karl Höltermann） 372

ヘルツィッヒ（Arno Herzig） 460
ベルンシュタイン（Eduard Bernstein） 55, 74, 86, 98, 104-106, 110, 111, 144, 181, 182, 184, 189, 192, 221, 461, 462
ヘンチェル（Kurt Haentzschel） 258
ベンヤミン（Walter Benjamin） 74, 136, 138, 157, 166, 177, 415, 416, 420, 476, 493
ボーゲン（Artur Bogen） 281
ホードラー（Ferdinand Hodler） 177
ホーフシュテッテン（Johann Baptist von Hofstetten） 56
ホール（Alex Hall） 222
ポップ（Adelheid Popp） 200
ホルクハイマー（Max Horkheimer） 416
ボルン（Stephan Born） 119

ま 行

マイネッケ（Friedrich Meinecke） 312, 501
マクドゥーガル（William McDougall） 429
マクルーハン（Marshall McLuhan） 84
マティアス（Erich Matthias） 185, 484, 499, 502
マルク（Siegfried Marck） 282-284
マルクス（Karl Marx） 9, 14, 17, 21, 22, 24, 25, 27, 28, 37, 38, 55, 59, 66, 76, 79, 80, 100, 104, 110, 114, 117, 131, 138, 150, 151, 156, 177, 223, 227, 316, 458, 512
マルティン（Martin = Asch） 61
マン（Thomas Mann） 420
ミーレンドルフ（Carlo Mierendorff） 12, 328-338, 340-342, 347, 349-351, 353-355, 360, 361, 370, 371, 374, 375, 377, 378, 382, 383, 387, 388, 392-395, 399-401, 404, 501, 502, 505, 508, 510
ミヘルス（Robert Michels） 191, 485
ミュラー（Hermann Müller） 263, 268
ミュンツェンベルク，W（Willi Münzenberg） 391, 420, 421, 422
ミルズ（Charles Wright Mills） 500
ムッソリーニ（Benito Mussolini） 309, 389

ムニエ（Constantin Meunier） 172
メーリング（Franz Mehring） 27, 41, 54, 88, 138, 144, 171, 172, 176, 181, 206, 209, 420, 456, 481, 487
メッツナー（Theodor Metzner） 79
モーツァルト（Wolfgang Amadeus Mozart） 252
モーパッサン（Guy de Maupassant） 172
モスト（Johann Most） 100, 418
モッセ（George L. Mosse） 322, 427, 501
モッテラー（Julius Motteler） 104

や 行

ヤーコプス（Heinz Jacobs） 369
ヤコービ（Leopold Jacobi） 144
ユング（Carl Gustav Jung） 386
ヨルク（Theodor Yorck） 82

ら 行

ラーテナウ（Walther Rathenau） 254
ラートブルフ（Gustav Radbruch） 387
ラートマン（August Rathmann） 387
ライナート（Robert Leinert） 212
ライパルト（Theodor Leipart） 344
ラヴァント（Rudolf Lavant） 206
ラザースフェルド（Paul Lazarsfeld） 484
ラサール（Ferdinand Lassalle） 11, 15-18, 22-25, 27-69, 71-76, 79-82, 85, 87, 91, 96, 97, 101, 110, 111, 119, 126, 177, 187, 188, 215, 221, 223, 227, 284, 313, 314, 327, 340, 365, 391, 456-465
ランゲン（Albert Langen） 149, 177
リーフェンシュタール（Leni Riefenstahl） 423
リープクネヒト（Karl Liebknecht） 140
リープクネヒト（Wilhelm Liebknecht） 66, 67, 81, 91, 98, 110, 124, 125, 144, 188, 193, 200, 223, 365
リーリエン（Ephraim Moses Lilien） 142, 168

リオタール（Jean-François Lyotard） 408, 512
リシツキー（El Lissitzky） 408
リッター（Gerhard A. Ritter） 187, 217
リヒター（Eugen Richter） 207
ル・ボン（Gustave Le Bon） 315, 391, 429
ルイ16世（Louis XVI） 218
ルーデンドルフ（Erich Ludendorff） 428
ルェーガー（Karl Lueger） 430
ルクス（Heinrich Lux） 162
ルクセンブルク（Rosa Luxemburg） 140, 159, 177, 180, 181, 209, 235, 419, 480
ルター（Martin Luther） 39
ルピーパー（Hermann-Josef Rupieper） 503
レヴィ（Gustav Lewy） 71
レーヴェントゥロー（Else Reventlow） 285, 286
レーニン（Wladimir Iljitsch Lenin） 10, 36, 37, 106, 157, 237, 240, 250, 324, 419, 455
レーバイン（Franz Rehbein） 202
レーベ（Paul Löbe） 267
レーベンベルク（Friedrich Löbenberg） 115, 128
レーマン（Hope Adams Lehmann） 159, 160, 480, 488
レーム（Ernst Röhm） 346
ロイシュナー（Wilhelm Leuschner） 330
ローエ（Karl Rohe） 499
ロート（Roth, Guenther） 86, 463, 466
ロートベルトゥス（Johann Karl Rodbertus） 110
ロベスピエール（Maximilien de Robespierre） 227

図版典拠

＊図版として利用した『真相』Der Wahre Jacob、『南独郵便御者』Süddeutscher Postillon、『人民と時代』Volk und Zeit、『前進』Vorwärts、『共和主義画報』Illustrierte Republikanische Zeitungのタイトルは、それぞれ「WJ」「SP」「VZ」「Vw」「IRZ」で略記した。

①H. P. Bleuel, *Ferdinand Lassalle oder der Kampf wider die verdammte Bedürfnislosigkeit*, München 1979, S. 176-177.
②Deutscher Bundestag (Hg), *Frage an die deutsche Geschichte*, Stuttgart 1980, S. 137.
⑦Bleuel, *op. cit.*, S. 256-57.
⑨U. Achten, *Wenn ihr nur einig seid: Texte, Bilder und Lieder zum 1. Mai*, Köln 1990, S. 87.
⑪Deutscher Bundestag (Hg), *op. cit.*, S. 198.
㉟U. Achten (Hg), *Zum Lichte empor; Mai-Festzeitungen der Sozialdemokratie 1891-1914*, Berlin/Bonn 1980, S. 110.
㊴F. Wendel, *Der Sozialismus in der Karikatur: Von Marx bis MacDonald*, Berlin 1924, S. 63.
(57)M. Agulhon, *Marianne au combat: l'imagerie et la symbolique républicaines de 1789 à 1880*, Paris 1979, p. 219.
(58)H. Hartwig/K. Riha, *Politische Ästhetik und Öffentlichkeit: 1848 im Spaltungsprozess des historischen Bewußtseins*, Gießen 1974, S. 126.
(75)P. Dahl, *Arbeitersender und Volksempfänger: Proletarische Radio-Bewegung und bürgerlicher Rundfunk bis 1945*, Frankfurt a. M. 1978, S. 113.
(76)F. A. Krummacher/A. Wucher (Hg.), *Die Weimarer Republik: 1918-1933, Ihre Geschichte in Texten, Bildern und Dokumenten*, München 1965, S. 374.
(77)G. Mann (Einl.), *Unser Jahrhundert im Bild*, Gütersloh 1985, S. 386.
(79)J. Jackson, *The Popular Front in France Defending Democracy: 1934-38*, Cambridge 1988, p. 176-177, No. 13.
(80)*Ibid.*, No. 14.

⑧②D. Janusch, *Die plakative Propaganda der Sozialdemokratischen Partei Deutschlands zu den Reichstagswahlen 1928 bis 1938*, Bochum 1989, Nr. 39.

⑧③S. Tchakhotine, *Le viol des foules par la Propagande politique*, Paris 2th. 1952, p. 273.

⑧④*Ibid.*, p. 390.

⑧⑥Tschachotin/Mierendorff, *Grundlagen und Formen politischer Propaganda*, Magdeburg 1932, S. 13.

⑧⑦*Ibid.*, S. 37.

⑨③D. Janusch, *op. cit.*, Nr. 51.

⑨⑥R. H. Geller, *„Die politische Zeichnug der Laien": Arbeiterzeichner der KPD im Zeitabschnitt der Weimarer Republik; außerkünstlerrische Bedingungen und ikonographische Merkmale; eine Untersuchung*, Bad Honnef 1984, S. 54–55. Ab. 28.

⑨⑦H. E. Salisbury, *Bilder der Russischen Revolution: 1900–1930*, Berlin 1978, S. 236.

⑨⑧P. K. Schuster (Hg), *Die „Kunststadt" München 1937; Nationalsozialismus und „Entartete Kunst"*, München 1987, S. 94.